Theorie und Praxis der Diskursforschung

Herausgegeben von
R. Keller, Augsburg, Deutschland

Seit Mitte der 1990er Jahre hat sich im deutschsprachigen Raum quer durch die verschiedenen sozial- und geisteswissenschaftlichen Disziplinen eine lebendige Szene der diskurstheoretisch begründeten empirischen Diskurs- und Dispositivforschung entwickelt. Vor diesem Hintergrund zielt die interdisziplinär angelegte Reihe durch die Veröffentlichung von Studien und Diskussionsbeiträgen auf eine weitere Profilschärfung der Diskursforschung. Die aufgenommenen und aufzunehmenden Veröffentlichungen sind im gesamten Spektrum sozialwissenschaftlicher Diskursforschung und angrenzenden Disziplinen verortet. Die einzelnen Bände beschäftigen sich mit theoretischen und methodologischen Grundlagen, methodischen Umsetzungen und empirischen Ergebnissen der Diskurs- und Dispositivforschung. Zudem kommt deren Verhältnis zu anderen Theorieprogrammen und Vorgehensweisen in den Blick. Veröffentlicht werden sowohl empirische Studien wie theoretisch oder methodologisch ausgerichtete Monographien wie auch Diskussionsbände zu spezifischen Themen.

Herausgegeben von
Reiner Keller
Augsburg, Deutschland

Eva Tolasch

Die protokollierte gute Mutter in Kindstötungsakten

Eine diskursanalytische Untersuchung

 Springer VS

Eva Tolasch
München, Deutschland

Dissertation Ludwig-Maximilians-Universität München, 2015

Theorie und Praxis der Diskursforschung
ISBN 978-3-658-11287-5   ISBN 978-3-658-11288-2 (eBook)
DOI 10.1007/978-3-658-11288-2

Die Deutsche Nationalbibliothek verzeichnet diese Publikation in der Deutschen Nationalbibliografie; detaillierte bibliografische Daten sind im Internet über http://dnb.d-nb.de abrufbar.

Gedruckt auf säurefreiem und chlorfrei gebleichtem Papier

Springer Fachmedien Wiesbaden ist Teil der Fachverlagsgruppe Springer Science+Business Media
(www.springer.com)

Danksagung

Die vorliegende Dissertationsschrift ist neben meiner eigenen Arbeit auch das Produkt vieler anderer Stimmen. Entscheidenden möchte ich an dieser Stelle danken:

Dank gebührt unser Gruppe ‚Kellerstraße‘: Anna Buschmeyer, Tina Denninger, Gabriele Fischer und Carolin Küppers. Nicht weniger und ganz besonders danke ich Imke Schmincke, Felix Krämer, Nadine Sanitter, Udo Dengel, Julia Jäckel, Zara Pfeiffer und Maria Bitter für die inspirierenden und anregenden Gespräche in schöner Atmosphäre, in der sich Kritik besonders annehmbar erweist. So haben sich in diesem fruchtbaren Milieu Gedanken entwickelt, aber auch produktiv verwickelt: Gedankenknoten haben sich gelöst – manche sind auch erst entstanden – und neue Gedanken sind angestoßen worden.

Vor allem aber möchte ich Paula-Irene Villa und Mechthild Bereswill danken für die so kompetente fachliche und inhaltliche Begleitung auf den gedanklichen Wegen. Dabei danke ich Paula-Irene Villa sehr dafür, dass sie mir die thematische Freiheit gelassen hat und jederzeit für Fragen ansprechbar war.

Mechthild Bereswill danke ich außerordentlich, dass sie mir als Expertin nicht zuletzt beim Umgang mit Akten beratend zur Seite stand und für ihre wunderbare Art, Feedback zu geben und Arbeitsräume zu schaffen, die zum konstruktiven Gedankenaustausch einladen. Außerdem danke ich ihr – und auch Reiner Keller – dafür, dass sie mir auf dem Weg zur Veröffentlichung beratend zu Seite stand.

Beiden, Paula-Irene Villa und Mechthild Bereswill, danke ich auch für die Unterstützung, die mir half, qualitative Lesarten zu entwickeln und dabei das pragmatische Vorgehen nicht aus dem Blick zu verlieren.

In diesem Zusammenhang danke ich nicht nur den Münchener, sondern auch den Kassler Kolloquiumsteilnehmern und -teilnehmerinnen für all die produktiven Hinweise. Insbesondere Patrik Müller. Vielen Dank!

Andrea D. Bührmann danke ich sehr für die Ermunterung, den thematischen Weg auch zu gehen. Und Barbara Thiessen danke ich für die Ratschläge zu Beginn der Arbeit. Susanne Kunz-Mehlstaub, Andreas Mehlstaub, Markus Feil und Franziska Lamott sei gedankt für anregende Gespräche, die mir psychiatrische und psychologische Perspektiven näherbrachten. Und Dank gilt auch Magdalena Nowicka, Imke Schmincke, Gabriele Fischer und Maria Bitter die in der ganzen Promotionszeit gute Ratgeberinnen waren. Für vielfältige Denkimpulse – aus meiner Studien- und Tutorinnenzeit – danke ich Antke Engel, Katrin Schmersahl und

Marianne Pieper. Auch danke ich Nicole Lühring und Daniel Lehnert, die bei der Recherche eine hilfreiche Stütze waren. Eine hilfreiche Stütze war auch die zuständige Staatsanwaltschaft, über die ich das Datenmaterial erhalten habe und ohne die die Arbeit gar nicht denkbar gewesen wäre. Besonderer Dank gilt auch Miriam Grupe für ihre professionelle Lektoratsarbeit.

Ganz besonderer Dank gebührt auch meiner Familie. Philip Marzahn danke ich dafür, dass er mir in Zeiten als Nicht-Mutter, sondern Promovierende, Zeiten frei gehalten hat und mir damit den Raum zum ungestörten Denken geebnet hat. Ebenso danke ich meinen Kindern Marta und Mattes dafür, dass sie mir immer wieder zeigen, wie wunderbar schön, aber auch anstrengend sich die mütterliche Realität im Alltag anfühlt. Dazu gehört nicht zuletzt auch die zeit- und nervenzehrende Suche nach Krippen- und Kindergartenplätzen! Und mein Dank gilt im Sinne Cheslers (1987) „allen Müttern, die mir ihre Zeit geschenkt haben, vor allem meine[r] Mutter": Sie ist eine interessante Gesprächspartnerin für meine Inhalte und darüber hinaus danke ich ihr dafür, dass sie für ein halbes Jahr die Betreuung unseres Sohnes übernommen hat, einschließlich der unzähligen Stunden, die sie und Annette Marzahn sich um beide Kinder gekümmert haben – und natürlich dafür, dass sie mein Vorhaben immer unterstützt haben. Wenn wir schon in der Kindheit angelangt sind: Meinem damaligen Klassenlehrer Randolf Retzlaff danke ich dafür, dass wir im Deutschunterricht „Häutungen" (1984) von Verena Stefan gelesen haben und er mich nicht zuletzt für Geschlechterfragen sensibilisiert hat.

Danke!

Inhaltsverzeichnis

Einleitung

„Are you mum enough?" titelt das Time Magazin 2012. Auf dem Cover ist die prominente 26-jährige Jamie Lynne Grumet abgebildet, die ihren 3-jährigen Sohn stillt.[1] Der dazugehörige Beitrag thematisiert das „Attachment Parenting" nach Sears (2001), welches eine möglichst enge körperliche Bindung zwischen Kind und Mutter als förderlich für das Kindeswohl postuliert, unter anderem durch den Einsatz von Tragehilfen und langem Stillen. Einschlägige Zeitungen[2,3] und Zeitschriften[4] sind vermutlich nicht unbeteiligt daran, dass auch hierzulande stark in den öffentlichen Medien[5] nicht zuletzt über die Frage, wer, wann und wie eine ‚gute Mutter' sei, diskutiert wird.

Der angemessene Umgang zwischen Mutter und Kind wird im gleichen Jahr auch zum zentralen Gegenstand der sogenannten ‚Tiger-Mum'-Debatte. Das Buch „Battle Hymn of the Tiger Mother" aus dem Jahr 2011 von Amy Chua[6], das nach dem Bestseller „Warum unsere Kinder Tyrannen werden" von Michael Winterhoff (2009) erscheint, wird stark diskutiert. Die Meinungen zum Buch gehen weit auseinander: Die einen fordern einen härteren Erziehungsstil, die anderen plädieren für einen achtsamen Umgang, in dem vor allem die Beziehung zum Kind im Fokus steht (etwa Saalfrank 2013). Neben der Frage, ob Mütter, die sich bewusst für einen Kaiserschnitt entscheiden, eine unnatürliche und minderwertige Geburt hätten (da sie etwa dann keine ‚richtige' Frau wären und ihre Weiblichkeit damit nicht unterstreichen könnten[7]) oder aber weniger Risiken eingehen würden, sind die neuen

---

1   http://content.time.com/time/covers/0,16641,20120521,00.html [Zugriff am 19.06.2014]

2   http://www.fr-online.de/panorama/dreijaehriger-an-muttis-brust-aufregung-um-time-cover,1472782,15383878.html [Zugriff am 19.06.2014]

3   http://www.welt.de/vermischtes/article106298087/Amerika-empoert-sich-ueber-stillende-Mutter.html [Zugriff am 19.06.2014]

4   http://www.spiegel.de/panorama/time-magazine-titelbild-mit-stillender-mutter-erregt-aufsehen-a-832638.html [Zugriff am 19.06.2014]

5   http://www.zeit.de/2011/19/Muetter-Interview-Ahnert [Zugriff am 19.06.2014]; http://www.glamour.de/liebe/liebe-psychotests/mutter-waere-ich-eine-gute-mutter [Zugriff am 19.06.2014]; http://www.eltern.de/kleinkind/erziehung/was-ist-gute-Mutter.html [Zugriff am 19.06.2014]; http://www.hausfrauenseite.de/kinder/mutter.html [Zugriff am 19. 06.2014]

6   Dieses Buch ist 2012 im Deutschen mit dem Titel „Die Mutter des Erfolgs: Wie ich meinen Kindern das Siegen beibrachte" erschienen.

7   http://bfriends.brigitte.de/foren/brigitte-mom-forum/246646-brigitte-mom-kaiserschnitt-auf-bestellung-134.html [Zugriff am 08.08.2014]

‚Helicopter Moms' (auch Eltern und Väter) sehr präsent am Medienhimmel.[8] Diese
Mütter und auch Väter, würden (über-)engagiert ständig über ihre Kinder kreisen
mit dem Ziel, das Beste aus ihnen zu machen. Auch dies wird unterschiedlich bewertet. Einige fordern mehr Freiräume und Selbstgestaltung für die ‚armen' Kinder
und andere – mit Blick auf Bildungsungleichheit – fordern mehr Frühförderung, da
sich nicht jede Person das ‚Helicopter'-Sein leisten könne. Nicht weniger Beachtung findet das Phänomen ‚Social Freezing' und „Regretting Motherhood"
(Donath 2015). Das Einfrieren von Eizellen der Frau – Social Freezing –, um auf
dem Arbeitsmarkt flexibel verfügbar zu sein, wird als Unternehmensstrategie von
Apple und Facebook zwischen individueller Selbstbestimmung und ökonomischer
Selbstunterwerfung diskutiert.[9] Diskutiert werden auch die Studienergebnisse von
Donath (2015) zu Frauen, die das Eingehen von Mutterschaft bereuen, allerdings
nicht ihre Kinder. Alle 23 Mütter, die an der Studie teilnahmen, verneinten die
Frage „If you could go back in time, with the knowledge and experience you have
today, would you be a mother?" auf unterschiedliche Weise (ebd.: 353). Der vermeintliche Geburtenrückgang – ein wiederkehrendes Thema – wird unterschiedlich
betrachtet. Zwischen Kulturuntergangsszenarien, die durch die geburtsstreikende
Frau verantwortet werden hin zur Position, dass der Geburtenrückgang im historischen Rückblick weder ein neues Phänomen noch im Ländervergleich ein vorrangig deutsches Problem sei (Beck-Gernsheim 2006; Etzemüller 2009).[10] Neben
diesen Debatten: Im Sommer 2014 geht das Mum Magazin mit einer Auflage von
80.000 Stück an den Start aufgrund einer enormen Nachfrage eines zuvor heraus-
gegebenen Sondermagazins im gleichen Stile. Die Themen im aktuellen Heft sprechen gleichermaßen die modisch bewusste erwerbstätige Frau als Mutter an und die
Mutter, die zu Hause bleibt, um sich den Reproduktionsarbeiten zu widmen.[11]
     Eindeutig ist – dafür stehen die selektiv herausgegriffenen Beispiele –, dass
Frauen als Mütter adressiert werden und Mutterschaft[12] ein hoch aufgeladenes und
umkämpftes Thema ist, um dessen Bedeutung gerungen wird.
     Ganz im Gegenteil zum populärwissenschaftlichen und -medialen Feld haben
sich allerdings nur wenige sozialwissenschaftliche und noch weniger soziologische
Studien gegenwärtig explizit mit Mutterschaft auseinandergesetzt (Meyer 2002: 1;
vgl. McCarthy/Edwards 2011: 135). Es gibt derzeit viele Publikationen zu den
Themen (neue) Väter, Eltern, Sorge/Care und Familie, aber kaum zu Müttern

---

8   http://www.zeit.de/2011/12/C-Helicopterparents [Zugriff am 08.08.2014]
9   http://www.zeit.de/karriere/2014-10/social-freezing-freiheit-lebensentwurf-frauen [Zugriff am
     19.03.2015]
10   http://www.sueddeutsche.de/panorama/konferenz-mit-scholl-latour-herman-und-sarrazin-die-
     familienverschwoerung-1.1763327 [Zugriff am 19. Juni 2014]
11   https://de-de.facebook.com/mumMagazin [Zugriff am 19. Juni 2014]
12   Wenn im Weiteren nur von Mutterschaft gesprochen wird, heißt das, dass Geschlecht als analyti-
     sche Kategorie stets mitgedacht wird. Zu Mutterschaft und Geschlecht siehe ausführlich Kapitel 2.

(Kapitel 2). An dieser Stelle setzt meine Arbeit an mit der Frage nach der zeitgenössischen normativen Verhandlung von Mutterschaft unter Berücksichtigung des sozialen (Geschlechter-)Wandels.

Mutterschaft wird vor diesem Hintergrund als Konstruktion verstanden. Dies legt eine (de-)konstruktivistische Perspektive nahe. Fokussiert wird aus einer konstruktivistischen Perspektive die ‚soziale Natur' der ‚guten Mutter': Aus welchem körper- und geschlechtersoziologischen Stoff ist das scheinbar ‚natürliche' Gewebe der guten Mutter ‚gemacht'? Und wie ist die Natur in ihren fürsorglich-weiblichen Verstrickungen als ‚soziale Natur' eingebracht? Natur in dieser Denktradition hat mit Villa (2001: 177-178) gesprochen keinen objektiven oder universellen Charakter, sondern ist der Effekt von Normalisierungs- und Naturalisierungsstrategien. Dabei interessiert in der vorliegenden Arbeit ausschließlich die sprachliche Verfassung der Vorstellung von der Natur der gedeuteten ‚guten Mutter' als Subjektposition, um Rückschlüsse auf die Institution Mutterschaft zu erhalten (Kapitel 2; Abschnitt 3.1).

Mutterschaft in ihrer Verflechtung mit anderen Kategorien wie Elternschaft, Geschlecht und Sorge steht damit nicht als ontologische Gegebenheit im Fokus dieser Untersuchung, sondern als kulturelles Produkt in institutionellen Kontexten und auf historischem Boden, die das Thema (be-)deutend machen. Damit sind sie soziale und relationale Kategorien. Mutterschaft, aber auch Geschlecht und Sorge, werden als Deutung verstanden, die sich in Zeit und Räumen verändert und damit in ihrer Bedeutung innerhalb von machtdurchdrungenen Kontexten variiert. So haben sozial-historische Arbeiten gezeigt, dass das Maß der individuellen Einbindung der Mutter im familiären Kontext in Beziehung dazu steht, wie und von wem etikettiert und positioniert wird (Kapitel 2). Es macht einen Unterschied, etwa „ob man als männlich oder weiblich, jung oder alt, schwarz oder weiß" markiert wird oder ob man viele Männer oder Frauen begehrt und wie sich die Sexualität gestaltet (Martschukat 2013: 10). Die familiäre Einbindung wird somit zum Entfaltungsraum der Kategorien, an denen entlang sich soziale Ungleichheiten abzeichnen können (ebd.).

Die empirische Basis der vorliegenden Untersuchung zur Konstruktion von Mutterschaft bilden fünf Fälle aus Strafakten der Staatsanwaltschaft, in denen eine Mutter, ein Vater oder beide Elternteile wegen versuchter oder tatsächlicher Kindstötung angeklagt sind. Alle Fälle sind im Zeitraum 2005 bis 2010 juristisch in einer deutschen Großstadt verhandelt aber nicht notwendigerweise begangen worden und beziehen sich auf Opfer elterlicher Gewalt mit einem Alter unter drei Jahren.

Im Mittelpunkt steht die Frage danach, wie Mutterschaft innerhalb der normativen Verhandlung im Feld des Strafrechts konstruiert wird. Begleitet wird die Frage von der Überlegung, ob es sich ausgehend von einer gegenwärtig auftretenden Krisenerzählung über Mütter, die töten, um eine Re- und/oder Destabilisierung der Geschlechterordnung, handelt (Kapitel 1, 6). Krisenerzählungen erscheinen, diskursanalytischen Perspektiven folgend, historisch gesehen immer dann, wenn Geschlechterordnungen von sozialen Akteuren/Akteurinnen umkämpft sind. Krisen sind insofern produktiv, da sie kollektive Geschlechter-Selbstverständnisse verschieben, verfestigen oder verflüssigen (Martschukat 2005: 82; Mauerer 2002: 28, 210). In diesem Sinne wird die Kindstöterin als (Re-)Produzentin der Geschlechterordnung verstanden und Krisen als Indiz für eine Verschiebung der Geschlechterordnung.

Für die forschungsleitende Annahme wird davon ausgegangen, dass sich über den gewalt(tät)igen Bruch an einer hierzulande gültigen Norm – die Tötung des eigenen Kindes durch die Mutter, den Vater und/oder die Eltern – Aufschluss über kollektive Selbstverständnisse von der ‚guten Mutter' erlangen lässt, die über die konstruierte Mutterschaft in den Akten informieren (vgl. Wiese 1996: 14; Mauerer 2002: 14).

Um Mutterschaft in diesem Sinne zu untersuchen, wird die Mutter auf der methodologischen Ebene primär als mehrdimensionale Fürsorgegeberin aber auch -nehmerin konzeptionalisiert. Mutterschaft wird hinsichtlich der Fürsorgeverhältnisse ausgehend vom Material im Verhältnis zu den anderen untersucht: im Verhältnis zu sich selbst, im Verhältnis zu Müttern, im Verhältnis zu Frauen, im Verhältnis zu (anderen) Kindern und ferner im Verhältnis zu Jungen, Alten, Heterosexuellen, Reichen und Armen und anderen (vgl. Badinter 1987: 13; Martschukat 2013: 12; Glenn 1994: 3, 4). Sorgeverhältnisse sind im familiären Arrangement die „komplexe Schaltstelle, die Individuen auf vielfältige Art und Weise zu einer Ordnung des Sozialen verweben" (Martschukat 2013: 10).

Die gegenwärtig empirisch zu beobachtenden vielfältigen familiären Lebensformen und die theoretischen Mutterschaftskonzepte – dabei nimmt insbesondere die „doppelte Vergesellschaftung" von Becker-Schmidt (1987) eine zentrale Bedeutung in der Empirie ein – bilden die Hintergrundfolie meiner theoretischen und empirischen Überlegungen (vgl. Martschukat 2013: 9), angereichert durch historische Arbeiten, die über bedeutende Verschiebungen im kollektiven Selbstverständnis über die dynamisierte Bandbreite zu Mutterschaft informieren.

Dabei wird in der Hauptsache einem diskursanalytisch-performativen Ansatz gefolgt, der mit wissenssoziologischen Überlegungen erweitert wird. Der diskursanalytischen Perspektive folgend wird Mutterschaft als diskursiv hervorgebracht verstanden. Mit der wissenssoziologischen Perspektive wird der Text der Aktendokumente in den Strafakten als besondere Form des Wissens – als diskursives Aktenwissen – verstanden, das sich vor allem feldbezogen von anderen abgrenzt und damit nicht übertragbar ist auf andere Wissensfelder bzw. verallgemeinerbar auf das Soziale.

Mit dem gewählten (de-)konstruktivistischen Zugang zu Mutterschaft lässt sich das Thema bzw. die Schwerpunktsetzung bei der Bearbeitung von Mutterschaft im Kindstötungsdiskurs soziologisch ab- und eingrenzen. Abgrenzen lässt es sich von Arbeiten, die die Schuldfrage klären möchten, die die Tat oder die Beschuldigten moralisch bewerten möchten, die neue Sicherungsmaßnahmen eruieren möchten und/oder die darauf abzielen, ein Täter-/-innenprofil zu erstellen. Im Gegensatz zu diesen juristisch-psychologischen, kriminologischen sowie pädagogischen, aber auch soziologischen Zugängen von Mutterschaft und Kindstötung geht es in der vorliegenden Arbeit um die Frage, wie Menschen moralisierend über die Beschuldigten innerhalb der Akte über Mutterschaft sprechen und welche kollektiven Selbstverständnisse von ‚guter Mutter' darin unter Berücksichtigung des sozialen Wandels (nicht) aktualisiert werden. Damit werden die Fragen, warum eine Mutter, ein Vater oder auch die Eltern ihr eigenes Kind töten oder versuchen zu töten, unter anderen Vorzeichen relevant für die Arbeit (vgl. Schneider 1999: 9).[13] Mit anderen Vorzeichen ist gemeint, dass es hier nur insofern um die Beschuldigten der Tat und der Tatrekonstruktion geht, als sie für die normative Verhandlung der ‚guten Mutter' am Beispiel der ‚schlechten Eltern' ausschlaggebend sind und damit in die „Wahrheitsspiele" (Foucault 1989a: 13) eingelassen sind. Forschungsleitend ist die Annahme, dass Gewalt kein Geschlecht hat, sondern dies innerhalb der Kultur zugeschrieben bekommt (vgl. Bereswill 2006: 252). So ist Kindstötung in das diskursive Netz eingebunden (vgl. Martschukat 2008: 79). Insofern bietet die Akte als empirische Basis einen „Einblick in das sozialpolitische Normengefüge der Zeit" (Kenkmann 1992: 152) und informiert über kollektive Mutterschaftsverständnisse hinsichtlich Sorge und Geschlecht. Damit geht es in keiner Weise um die Verharmlosung von leidvoller Gewalterfahrung und es geht auch nicht um die Absprache von als subjektiv positiv oder negativ empfundenen Mutterschafts- und Geschlechtsverständnissen und -erlebnissen. Das ist nicht das Ziel (de-)konstruktivistischer Zugänge. Vielmehr geht es darum, dass Gewalt – wie Kindstötung durch die Mutter oder den Vater – immer Aufschluss gibt über Denk- und Wahrnehmungsmuster des Diskursiven bzw. über die Reproduktion des Sozialen (Martschukat 2008: 79-80).

Mit der Fragestellung und dem Forschungsdesign leistet die Arbeit in erster Linie einen Beitrag für die Geschlechter-, Familien- und Elternschaftssoziologie und bietet in zweiter Linie auch Anknüpfungspunkte für Gewalt-, Kindheits-, Rechts- und Ungleichheitssoziologie. Darüber hinaus liefert die Untersuchung Impulse für die Soziologie sozialer Probleme und der kriminologischen Sozialforschung. Durch die Einbindung der Aktenanalyse in diskursanalytische Zugänge bereichert sie in diesen Forschungsfeldern des Weiteren die Diskussion um qualitative Verfahren der empirischen Sozialforschung.

---

13 Knorr-Cetina (1984) hat darauf aufmerksam gemacht, dass in der Soziologie zunehmend die Warum-Fragen in Wie-Fragen transformiert werden. Aber letztlich erhält man im Anschluss an die Frage, wie über Mütter geredet wird, auch Antworten auf die Frage, warum soziale Ordnung erhalten bleibt.

So wird die normative Verhandlung der ‚guten Mutter' im strafrechtlichen Feld untersucht, um nicht zuletzt Ungleichheiten zu beschreiben, die im symbolischen Raum durch soziale Differenzkategorien wie Geschlecht und/oder Alter unter anderem (re-)produziert werden und nicht zuletzt reale Folgen für die Beschuldigten – und dabei insbesondere für die Mutter, aber auch für Mütter, die nicht der tatsächlichen oder versuchten Tötung des eigenen Kindes beschuldigt sind – haben können. Sie werden normativ adressiert als (zu) jung, (zu) alt, (zu) wenig oder (zu) viel arbeitend und/oder die (zu) wenig Geld haben etc. Und eben diese verflochtene Ungleichheitsverknüpfung durch materiellen Status, Alter, Berufstätigkeit usw., die in sozialen „Existenzweisen" (Maihofer 1995) der Mutter wirkungsmächtig werden können, sollen am Beispiel von Kindstötung als Mutterschafts- und Geschlechter-Wissensobjekt unter Berücksichtigung historischer Forschungsstände herausgearbeitet werden. Damit werden soziale Differenzen etwa zwischen Müttern und Müttern, Frauen und Müttern etc. ebenso in die Untersuchung mit einbezogen, wie sozialer Wandel und soziale Institutionen. Sozialer Wandel insofern, als dass die rekonstruierten gegenwärtigen normativen Verhandlungen über die ‚gute Mutter' historisiert werden und nach einer Dynamisierung der Geschlechterordnung gefragt wird. Soziale Institutionen deshalb, weil die Produktions- und Kontextbedingungen der Akten im Feld des Strafrechts bei der Untersuchung reflektiert werden. Daran anknüpfend werden die Konsequenzen und Folgen dieser Bedingungen für konkrete Individuen eruiert. Folglich informiert die Arbeit vor allem über die Konstruktion von Mutterschaft, gerahmt von der Frage nach einer De- und/oder Restabilisierung der (Geschlechter-)Ordnung im Feld des Strafrechts unter Einbeziehung der möglichen Folgen für die Handlungspraxis, die am Rande erwähnt werden. Denn Mutterschaftsdiskurse im Strafrecht sind mit Foucault gedacht (2003: 20) eine ziemlich „ernste [...] Angelegenheit". Dies deshalb, weil es „Wahrheitsdiskurse" (ebd.) sind, die etwa die Macht haben, mit gerichtlichen Entscheidungen über die „Freiheit [...] eines Menschen" zu verfügen (ebd.: 19).

Die Frage nach der gegenwärtigen Konstruktion von Mutterschaft in Aktendokumenten zu Kindstötung im Rückgriff auf (de-)konstruktivistische Perspektiven hat unter Soziologen und Soziologinnen kaum Aufmerksamkeit erhalten (etwa Höynck 2014; Mauerer 2002), obwohl Gewaltforschung in der (Geschlechter-)Soziologie ein etabliertes Thema ist (etwa Bereswill 2006; Trotha 1997; Müller/Schröttle 2006; Hagemann-White 2010: 2002). Akten sind schon immer als bedeutendes empirisches Material berücksichtigt worden (etwa Weber 1980 [1922]; Baumann 1991 und zusammenfassend Muckel 1997) – auch wenn sie derzeit kaum, aber doch zunehmend wieder, in der Soziologie berücksichtigt werden – und auch Diskursanalysen keine randständige Position mehr in den Sozialwissenschaften einnehmen (etwa Moebius/Reckwitz 2008: 8). Vor dem Hintergrund, dass Mütter, die ihre Kinder töten, in den Medien erhöhte Aufmerksamkeit erhalten, scheint mir dieser Zugang besonders interessant (Kapitel 1).

Die vorliegende Arbeit gliedert sich in fünf inhaltliche Kapitel: Im ersten Kapitel wird der Ausgangspunkt, der gleichzeitig als Rahmen der Untersuchungsfrage dient, dargelegt. In diesem Kapitel wird dargestellt, dass es seit 2005 eine „diskursive Explosion" (Foucault 1983: 23) zum Phänomen der Mütter, die ihre Kinder töten, gibt. Diese Explosion ist als „moralische Panik" (Cohen 2011) zu verstehen, da die empirisch-faktischen und rhetorisch-instrumentellen Diskurse auseinanderklaffen. Dabei geht dieses Kapitel der Frage nach der Funktion von Krisenerzählungen ohne Faktenlage soziologisch nach. Im Anschluss an die kritische Männlichkeitsforschung (Martschukat 2013; 2008; 2005) und Geschlechterforschung (Mauerer 2002) wird die Krisenerzählung ohne Faktenlage als Indiz für eine mögliche De- und/oder Restabilisierung der Geschlechterordnung interpretiert. Dies insofern, als dass das Geschlechterarrangement neu justiert (gefestigt, gelockert, verschoben oder auch verworfen) werden könnte. Daran anknüpfend wird im Schlussteil dieser Arbeit danach gefragt, welche Bedeutung die Rede über die Krise für das strafrechtliche Feld bezüglich der vorliegenden Untersuchungsergebnisse zur Konstruktion von Mutterschaft in den Strafakten der Staatsanwaltschaft haben könnte.

Um feldspezifische Einsichten zu berücksichtigen und vor allem eine Grundlage zur Diskussion (Kapitel 4 und 5) der präsentierten Ergebnisse zu haben, wird im zweiten Kapitel ein umfangreicher Streifzug durch die aktuellen sozialwissenschaftlichen Debatten zu Mutterschaft hinsichtlich (Für-)Sorge und Geschlecht unter Einbeziehung historischer Aspekte gegeben. Auch dient das Kapitel dazu, neben der Klärung des Begriffs Mutterschaft, Daten und Fakten zu dem gegenwärtigen Geschlechterarrangement der Fürsorgebeziehungen darzustellen. Des Weiteren werden wissenschaftliche Ansätze zu Mutterschaft skizziert, die für die vorliegende Untersuchung Relevanz haben. Es zeigt sich, dass Mutterschaft derzeit eher eine vernachlässigte Analysekategorie darstellt, an deren Stelle (Für-)Sorge/Care und Elternschaft sowie Vaterschaft u. a. getreten sind. Dies wird als Ausdruck eines neuen Fokus auf Geschlecht als relationale Kategorie zu Beginn der 1990er-Jahre gesehen.

Im dritten Kapitel „Diskursanalytische Aktenuntersuchung" wird der method(olog)ische Rahmen der Arbeit gespannt. Im ersten Teil wird ausgehend von einer Präzisierung der Fragestellung erläutert, wie die Konstruktion von Mutterschaft im empirischen Material der Akten untersucht wird. Dabei wird ein diskursiv-performativer (etwa Foucault 1987; Butler 1997) Standpunkt eingenommen, der durch wissenssoziologische Aspekte (etwa Dölling 2005; Wetterer 2009b) kombiniert und erweitert wird. Mutterschaft verwoben mit Geschlecht wird als diskursanalytisch-performativ hervorgebracht verstanden, sie wird aus wissenssoziologischer Perspektive als eine besondere Form des Wissens betrachtet. Um vor diesem

Hintergrund Mutterschaft zu rekonstruieren, wird die normative Verhandlung der ‚guten Mutter' als Subjektposition im diskursiven Aktenwissen untersucht. Strafakten sind der Ort, an dem dieses Wissen (re-)produziert wird und stellen eine besondere Form des Wissens in Abhängigkeit zu den Regel- und Ordnungsmustern des Feldes dar. Das diskursiv hervorgebrachte Aktenwissen ist ein besonderes, das sich durch die Produktions- und Kontextbedingungen von anderen unterscheidet. Dabei stehen folgende Fragen im Mittelpunkt: Inwiefern können die ‚schlechten Eltern', die beschuldigt werden, ihr Kind getötet zu haben oder versucht haben, ihr Kind zu töten, als Objekt bzw. Träger von gutem Mutterschaftswissen verstanden werden? Wie wird die ‚gute Mutter' als vergeschlechtlichte(s) Subjekt(position) hervorgebracht? Wie kann man sozialen Wandel empirisch wiedergeben? Wie lässt sich das verakte gute Mutterschaftswissen feldspezifisch im Strafrecht bestimmen?

Im zweiten Teil dieses dritten Kapitels werden die Aktendokumente als besonderes empirisches Material vorgestellt, aus dem sich die ‚gute Mutter' als Deutungsmuster rekonstruieren lässt. Dabei werden die Daten sowie ihre Auswahl, Erhebung und das Material im Kontext einer diskursanalytischen Aktenuntersuchung beschrieben. Elemente der Wissenssoziologischen Diskursanalyse nach Keller (etwa 2011) werden mit der Aktenuntersuchung (Müller 1980; Ralser 2006, 2010; Zaft 2011; Muckel 1997) als erweiterte Dokumentenanalyse kombiniert. Besonderen Stellenwert hat dabei die Frage, wie aus diskursanalytischer Perspektive quellenkritisch im Umgang mit Aktendokumenten zu reflektieren ist und aus welchen Gründen eine thematisch-fallbezogene Vorgehensweise bei der Rekonstruktion des Deutungsmusters der ‚guten Mutter' im Kontext von Akten sinnvoll erscheint. Darüber hinaus wird ein Überblick über die untersuchten Fälle gegeben. Am Ende des Kapitels findet sich eine Zusammenfassung. Diese informiert über die wesentlichen Schritte, welche die diskursanalytische Aktenuntersuchung gegenstandsbezogen in der vorliegenden Arbeit method(olog)isch leistet.

Das empirische vierte Kapitel stellt thematisch gegliedert und darin fallbezogen Deutungsmuster von ‚guten Müttern' basierend auf ‚schlechten Eltern' vor. Auf der Empirie basierend, werden die Sorgebereiche „Sorge um die Entscheidung für oder gegen ein Kind", „Sorge um die Ernährung" und die „Sorge um die Hausarbeit" vorgestellt. Am Ende der Darstellung der Fürsorgebereiche findet sich jeweils eine fallübergreifende Zusammenfassung, in der die Deutungsmuster der ‚guten Mutter' skizziert werden. Die ‚gute Mutter' wird als mehrdimensionale Fürsorgegeberin konzeptionalisiert. Das Kapitel schließt mit der Präsentation der Gesamtergebnisse zur normativen Verhandlung der ‚guten Mutter' im strafrechtlichen Diskurs. Dabei werden übergeordnete Deutungsmuster der einzelnen drei Fürsorgebereiche in verdichteter Form beschrieben.

Im fünften Kapitel werden die Ergebnisse der vorliegenden Untersuchung zur normativen Verhandlung der ‚guten Mutter' vor dem Hintergrund sozialwissenschaftlicher Debatten zur Konstruktion von Mutterschaft als vergeschlechtlichte Fürsorgebeziehung diskutiert (vgl. auch Kapitel 2). Es zeigt sich, dass in den untersuchten Akten zur Konstruktion von Mutterschaft vor allem Frauen als Gattungswesen adressiert werden.

Abschließend werden im sechsten Kapitel Schlüsse gezogen. Bezogen auf Kapitel 1, das als Rahmung der Frage nach der Konstruktion von Mutterschaft in den Akten dient, wird danach gefragt, was die Krisenerzählung, die als Verweis auf eine mögliche Dynamisierung der Geschlechterordnung im Allgemeinen gelesen werden kann, für das Feld des Strafrechts im Besonderen bedeutet. Ausgehend von den vorliegenden Untersuchungsergebnissen wird von einer *flexibilisierten Restabilisierung* der Geschlechterordnung und von (Un-)Gleichzeitigkeiten im Sozialen ausgegangen. Die Bandbreite der Subjektpositionen der ‚guten Mutter' und des ‚guten Vaters' und anderer möglicher Fürsorgegeber/-innen wird unter Berücksichtigung des sozialen Wandels diskutiert (Kapitel 2).

Darüber hinaus wird ein Forschungsausblick gegeben, in dem Anschlussgedanken präsentiert werden, wie die Ergebnisse gewinnbringend für weiterführende Arbeiten etwa in der Soziologie genutzt werden können. Abschließend wird ein Fazit gezogen, in dem die Folgen dieses normativen Selbstverständnisses zu Mutterschaft bzw. der ‚guten Mutter' im Strafrecht handlungspraktisch erörtert werden.

1 Krisenerzählung: Wenn Mütter ihre Kinder töten

In diesem Kapitel wird der Ausgangspunkt skizziert, der zugleich den Bezugs-rahmen der Untersuchungsfrage nach der konstruierten Mutterschaft in Strafakten darstellt. Warum scheint die Auseinandersetzung mit Mutterschaft in Verflechtung mit Geschlecht am Beispiel von Kindstötung[14] gegenwärtig von geschlechter-theoretischem Interesse zu sein? In welchem breiteren Geschlechterkontext können die Ergebnisse der vorliegenden Untersuchung zu Mutterschaft in Strafakten reflektiert werden? Inwiefern unterscheidet sich das Erkenntnisinteresse dieser Untersuchung perspektivisch, methodisch und praktisch von anderen Arbeiten zu Mutterschaft im Strafrecht?

Die Fragen zeigen, dass sich das Kapitel als Hinleitung zur Frage nach der konstruierten Mutterschaft in Akten des strafrechtlichen Feldes unter Berücksichti-gung der vorhandenen Forschungslücken versteht. Auf Grundlage der Beantwor-tung dieser Fragen können die Ergebnisse der Untersuchung (Kapitel 5) am Schluss (Kapitel 6) interpretiert werden.

Das Kapitel ist wie folgt aufgebaut: Nach der Krisenerzählung über Mütter, die ihre Kinder töten, wird innerhalb der medialen, wissenschaftlichen und politi-schen Diskursarena (Abschnitt 1.1) die Frage beantwortet, ob es sich auf der dis-kursiven Ebene faktisch tatsächlich um einen krisenhaften Zustand handelt (Ab-schnitt 1.2). Ist dieser laut der medial-instrumentellen Verkündung tatsächlich ein Phänomen, was häufiger auftritt? Ist er empirisch gesehen wirklich ein Delikt, was vor allem Frauen/Mütter ausführen und ist es tatsächlich ein häufiges Delikt? Die fehlende thematisierte Datenbasis zur Krisenerzählung wird als Verweis darauf gelesen, dass es weniger um eine faktische, sondern um eine erzählte Krise inner-halb von gegenwärtigen sozio-strukturellen Umbruchzeiten geht (Abschnitt 1.3).

---

14   Unter Kindstötung wird in der vorliegenden Untersuchung die Tötung inklusive Mord oder Körperverletzung mit Todesfolge eines Kindes unter 18 Jahren verstanden, wobei der Fokus der vorliegenden Untersuchung auf der normativen Verhandlung von unter Dreijährigen liegt. Kinds-tötung ist kein feststehender Begriff. Je nach Studie variieren die Begrifflichkeiten. Häufig wird mit Kindstötung die sogenannte Neugeborenentötung verstanden. Dies liegt vermutlich daran, dass es bis 1998 einen bis 1998 gültigen § 217 mit dem Titel Kindstötung gibt. Darunter werden aus-schließlich Neugeborenentötungen (Neonatizide) unmittelbar im Zusammenhang mit der Geburt verstanden. Auch bezieht sich der Paragraf, der inzwischen aufgehoben wurde (siehe Abschnitt 3.2; insbesondere Fallbeschreibung von ‚Mona Stern‘), nur auf uneheliche Mütter, die im Strafmaß privilegiert werden.

Dazu wird gezeigt, dass diese erzählten Krisen über die kindstötenden Mütter und andere nicht neu sind, sondern häufig im Sinne einer moralischen Panik auftreten, wenn gesellschaftliche (Geschlechter-)Selbstverständnisse umkämpft sind und die Geschlechterordnung neu justiert wird. Am Ende des Kapitels wird die Fragestellung der vorliegenden Arbeit konkretisiert und vor dem Hintergrund von Forschungsarbeiten, die sich mit dieser Untersuchung überschneiden, diskutiert (Abschnitt 1.4).

1.1 Rhetorisch-institutionelle Diskurse: Medien, Wissenschaft und Politik

Medien und Wissenschaft

„Warum aus Müttern Mörder werden"[15], „Urteil nach fünffacher Kindstötung: Ein Verbrechen von unvorstellbarer Dimension"[16], „Verfahren gegen junge Golzowerin wegen Kindstötung"[17] und „Babyleichen in Blumenkasten verscharrt"[18] sowie „Jede Woche sterben drei Kinder wegen Misshandlung"[19] titeln Zeitungen und Zeitschriften in den letzten Jahren zu Kindstötungen durch die Mutter. Seit 2005 findet wieder eine „diskursive Explosion" (Foucault 1983: 23) zum Thema Kindstötung statt[20]: In diesem Jahr wird der tragische Fall der

---

15   http://www.focus.de/gesundheit/ratgeber/psychologie/krankheitenstoerungen/tid-8230/
      kindstoetung_aid_228511.html [Zugriff am 24.06.2014]
16   http://www.spiegel.de/panorama/justiz/urteil-nach-fuenffacher-kindstoetung-haftstrafe-fuer-
      annika-h-a-890229.html [Zugriff am 24.06.2014]
17   http://www.moz.de/artikel-ansicht/dg/0/1/1263123 [Zugriff am 24.06.2014]
18   http://www.stern.de/panorama/saeuglingstoetung-babyleichen-in-blumenkasten-verscharrt-
      543778.html [Zugriff am 24.06.2014]
19   http://www.rp-online.de/panorama/deutschland/jede-woche-sterben-drei-kinder-wegen-
      misshandlung-aid-1.475551 [Zugriff am 24.06.2014]
20   Eine Recherche der Begriffe ‚Kindstötung', ‚Kindstötung und Mutter' und ‚Kindstötung und
      Vater' mit den Suchmaschinen Google News und Google Scholar im Zeitraum von 2003 bis 2013
      zeigt, dass 2005 in den Medien eine erhöhte Aufmerksamkeit zu Kindstötung im Allgemeinen zu
      beobachten ist und zu Kindstötung und Mutter im Besonderen [Zugriff am 23.08.2014]. Bei-
      spielsweise war die auflagenstarke Süddeutsche Zeitung 2004 33 Beiträge mit dem Begriff
      Kindstötung veröffentlicht, im Jahr 2005 sind es bereits 66 Beiträge. In dem Zeitraum davor und
      danach sind es jeweils weniger veröffentlichte Beiträge. Gibt es 2004 genau 12 Artikel zu Kindstö-
      tung und Mutter (und nur 4 zu Kindstötung und Vater), sind es 2005 30 Beiträge zu Kindstötung
      und Mutter und nur 16 zu Kindstötung und Vater. Ein Jahr später (2006) steigt die Anzahl der
      Beiträge zum Thema Kindstötung auch in der Wissenschaft stark an. Dabei wird Kindstötung in
      Zusammenhang mit dem Stichwort Mutter ebenfalls häufiger genannt als im Zusammenhang mit
      Vater. Waren es 2005 noch 42 Veröffentlichungen, sind im Jahr 2006 295 Veröffentlichungen zur
      Thematik zu finden [Google Scholar, Zugriff am 23.08.2014]. Im Jahr 2008 steigen die Zahlen in
      den Medien zur Thematik erneut an [Google News, Zugriff am 11.12.2013], in der Wissenschaft
      jedoch erst ein Jahr später. Dies steht vermutlich im Zusammenhang mit u. a. Böhmers These zur

verhungerten Jessica aus Hamburg-Jenfeld und die für diese Tat haftbar gemachte Mutter spektakulär in der öffentlichen Berichterstattung aufbereitet.[21] Aufbereitet wird auch der Fall der neun getöteten und in Blumenkisten vergrabenen Babys in Brieskow-Finkenheerd in der Nähe von Frankfurt/Oder. Dieser wird als der grausamste Fall in Deutschland betitelt.[22] Mit Blick auf die öffentliche Berichterstattung in Deutschland lassen sich Täterinnen-Biografien und der Tathergang basierend auf vor allem „Fremdaussagen und Mutmaßung" Dritter identifizieren (Mauerer 2002: 219). Im Stile der Vereindeutigung rückt die Mutter nicht immer – aber oft – als Monströse in den Mittelpunkt. In Ausnahmefällen erscheint die Mutter in den Medien auch als Liebende, um die Tat zu verstehen (ebd.; vgl. auch Klein 1995: 51). Laut Klein (ebd.) fällt die kindstötende Mutter in der monströsen Inszenierung im wahrsten Sinne des Wortes aus ihrer vorgesehenen Mutterrolle und zwar dann, wenn ihr u. a. egoistische Motive zugeschrieben werden und angenommen wird, sie habe die Tat gezielt und geplant umgesetzt. In der Inszenierung als Liebende wird die Tat nicht (so sehr) zum Skandal stilisiert, da die Mutter durch die Attributserfüllung einer ‚guten Mutter' die vorgesehene Rolle gleichwohl der Tat nicht sprengt (ebd.). Ehebruch, Nichterfüllung zugeschriebener mütterlicher Pflichten, Kinderzahl, Wohnverhältnisse und Drogenkonsum werden thematisiert. In beiden Fällen – liebend oder monströs – wird meistens die Tat als krankhafte Störung der Täterinnenpersönlichkeit psychologisch diagnostiziert (ebd.).

Die Beschuldigte wird als „entgleiste Täterin" (Mauerer 2002: 209) im psychologisch-juristischen und kriminologischen Vokabular inszeniert. Darüber wird die Tat individualisiert, da sie zur Einzelerscheinung erhoben wird (ebd.: 214). Statistiken werden in einigen Berichten als Messkriterium für das vermeintlich starke Ausmaß des Phänomens Kindstötung durch die Mutter herangezogen (ebd.: 215; vgl. Bereswill 2009: 97). Daraus resultiert, dass nicht selten der verstärkte Einsatz von Kontroll-, Hilfs- und Sicherheitsmaßnahmen – ein gern aufgenommenes Thema der Foren – diskutiert wird, um präventiv das Kindeswohl zu schützen (Mauerer 2002: 216; vgl. auch Bereswill 2009: 96-97; Prickett 2010). Unverständnis für Frauen, die ihre Kinder töten, wird u. a. mit dem Verweis darauf erklärt, dass unter gegebenen sozio-politischen und -kulturellen Umständen eine solche Tat

---

Kindstötung als ‚DDR-Sozialisationserbe' (siehe oben). Diese Zahlen können nur als Orientierung dienen.

21   http://www.abendblatt.de/hamburg/article352117/Jessica-war-nicht-mehr-vorzeigbar.html [Zugriff am 09.07.2013]

22   http://www.berliner-zeitung.de/archiv/der-grausamste-fall-von-kindstoetung-in-deutschland--neun-babys-soll-eine-mutter-aus-brieskow-finkenheerd-in-brandenburg-umgebracht-haben-getoetet--verscharrt--vergessen,10810590,10306968.html [Zugriff am 09.07.2013]

„nicht mehr nötig" sei (Mauerer 2002: 233): Einerseits gebe es Alternativen[23] zur Kindstötung – wie auch in den Foren wiederholt genannt (Tolasch 2011: 48) – und anderseits findet sich ein Staunen darüber, dass vor dem Hintergrund sozialstaatlicher Fürsorgeleistungen so eine Tat passiert (Mauerer 2002: 234). Die Position des Vaters wird häufig gar nicht erwähnt (ebd.: 214; Bereswill 2009: 97).

Begleitet werden diese und andere Berichterstattungen zu Fällen der Kindstötung durch die eigene Mutter (und auch den Vater) durch Blogs und Foren-User-Kommentare, die Meinungen äußern und nicht zuletzt für härte Strafen plädieren und ihren Höhepunkt in dem Wunsch finden, dass die Todesstrafe für „solche Monster" wieder eingeführt werden sollte (Prickett 2010: 84; Mauerer 2002: 216; Tolasch 2011).[24]

2005 ist auch das Jahr, in dem nicht nur in den Medien, sondern auch in der Wissenschaft ein deutlicher Publikationsanstieg zum Thema Mutterschaft und Kindstötung zu verzeichnen ist, der 2008 parallel mit Böhmers These[25] zur Kindstötung als „DDR-Sozialisationserbe" zu beobachten ist (Prickett 2010: 84). So wird Kindstötung in Ostdeutschland als Sozialisationsfolge verstanden, die dazu führt, dass diese Mütter weniger verantwortlich mit dem Leben eines Kindes umgehen. In diesem Zusammenhang sagt Böhmer im Interview: „Es kommt mir so vor als ob Kindstötungen – die es allerdings immer schon gab – ein Mittel der Familienplanung seien." Grundlage für die Aussage, die zur erheblichen Kritik führte, sind Statistiken, die Pfeiffer herausgegeben hat, in denen die Täterinnenzahl von Müttern in Ostdeutschland erhöht ist (ebd.).[26] Diese Aussage ist vermutlich auch für den erneuten Anstieg der Berichterstattungen zu Kindstötung mitverantwortlich.[27]

Einige Forscher/-innen[28] nehmen Bezug auf die medial vermittelte Dramatisierung von Müttern, die ihre Kinder töten, und perpetuieren mit den Aussagen

---

23   Als Alternativen werden zum Beispiel in den Medien und Foren die Babyklappe, Adoption, Pflegeeltern, Verhütungsmethoden etc. genannt.

24   https://de.toluna.com/opinions/155896/Sollte-Eurer-Meinung-nach-die-Todesstrafe-für-besonders-schlimme-Verbrechen-Kindstötung-etc.-eingeführt-werden [Zugriff am 24.06.2014]; http://www.politikforen.net/showthread.php?2322-Todesstrafe-für-Kindstötung [Zugriff am 24.04.2014]

25   http://www.focus.de/politik/deutschland/wolfgang-boehmer_aid_262743.html [Zugriff am 09.07.2013]

26   http://www.zeit.de/online/2008/09/ddr-kinder-toetung-boehmer [Zugriff am 09.07.2013] oder auch http://www.sueddeutsche.de/politik/kriminologe-studie-mehr-kindstoetungen-im-osten-1.266498 [Zugriff am 09.07.2013]

27   Siehe zum zahlenmäßigen Anstieg Abschnitt 3.2 Auswahlkriterien der Daten

28   Durchaus gibt es auch viele mehr und unter ihnen welche, wie die von Höynck aufgeführte, die sich für einen differenzierten Blick bei der Betrachtung auf Fälle von Kindstötung, die durch Eltern verschuldet sind, stark machen. Sie stellen sich kritischen Lesarten der Berichterstattung entgegen, etwa in Bezug auf die zahlenmäßige Verteilung hinsichtlich Geschlecht und in Bezug auf die medial vermittelte Darstellung von Kindstötung als Unterschichtsproblem.

tendenziell den vermeintlich krisenhaften Zustand. Die Dramatisierung, die häufig als Ausgangspunkt dient, wird herangezogen, um die gesellschaftliche Relevanz des wissenschaftlichen Forschungsvorhabens zu begründen. In wissenschaftlichen Diskursen tauchen die Aussagen in unterschiedlicher Gestalt auf. Beispielsweise beginnt die Beschreibung eines Projekts mit dem Titel „Tötungsdelikte an Kindern" mit: „Spektakuläre Fälle haben in den letzten Jahren die Öffentlichkeit dafür sensibilisiert, dass auch Kinder Opfer von Tötungsdelikten werden".[29] Wie in der Arbeit „Deutschlands tote Kinder" von Marijke Lichte (2007: 9) wird u. a. auch hier nach den Ursachen der Tat und Motiven der Täterin gefragt. Dies deshalb, um nicht zuletzt Erkenntnisse für die Schaffung von Präventionsmaßnahmen zu ermöglichen. Lichte schreibt:

„Da die Zahl der Opfer beispielsweise in Deutschland Jahr für Jahr hoch ist und weil Kinder klein und den Tätern in jeder Beziehung unterlegen sind, weil von Eltern und der Gesellschaft erwartet wird, dass ihnen Kinder als höchstes schützenswertes Gut gelten, stellt sich die Frage, wie es zu solchen Verbrechen überhaupt kommen kann, die in der Öffentlichkeit als abscheulich und widernatürlich angesehen sind." (Ebd.)

In ihrer Antwort darauf, warum das Thema Kindstötung relevant sei, werden hohe Opferzahlen und die Sicherung des Kindeswohles als gesellschaftliche Aufgabe formuliert. Auch die Studie von Klier et al. (2001) mit dem Titel „Mutterglück und Mutterleid", in der unter anderem Kindstötung bei postpartalen Depressionen untersucht wird, setzt sich ebenfalls zum Ziel, die an Mütter adressierten Behandlungs- und Präventionsmaßnahmen auszuloten.

„Mit erschreckender Regelmäßigkeit berichten die Medien über Kindstötungen. Die Fälle lösen nicht nur bundesweit Betroffenheit aus, sondern werfen auch Fragen nach Ursachen und effektiven präventiven Schutzmaßnahmen auf"[30],

lautet ein Teil des Rückentextes der Einleitung des Sammelwerkes zu „Kindstod und Kindstötung" in Perspektiven von Psychiatern/Psychiaterinnen, Pädiatern/ Pädiaterinnen, Rechtsmedizinern/-medizinerinnen und Juristen/-innen, das von Häßler et al. (2007) herausgegeben wird. Diese Publikation wird 2013 neu aufgelegt, was auf eine hohe Nachfrage des Buches verweist. Michael Tsokos und Saskia Guddat haben 2014 das Buch „Deutschland misshandelt seine Kinder" aus rechtsmedizinischer Perspektive veröffentlicht. Vermeintlich würden hunderte Kinder durch elterliche Gewalt sterben. Nach Meinung der Autoren ist Deutschland

---

29 http://www.kfn.de/Forschungsbereiche_und_Projekte/Viktimisierung/Toetungsdelikte_an_ Kindern.htm [Zugriff am 24.06.2014]

30 http://www.amazon.de/Kindstod-Kindstötung-Frank-Häßler/dp/393906923X [Zugriff am 10.08.2014]

kollektiv gescheitert: Mitarbeiter/-innen des Jugendamts etwa würden sich nicht ‚richtig' sorgen. Bozankayas Aktenstudie (2010) zu Neugeborenentötung zielt darauf, eine „Aufhellung" von Neugeborenentötung in rechtlicher Perspektive zu leisten. Dies, indem dem „aktuelle[n] und ethisch heikle[n] Thema" mit folgenden Fragen begegnet wird: „Wie kann es zu einer solchen Tat kommen, was für eine Frau steckt dahinter, wie werden die Fälle strafrechtlich behandelt und was für Präventionsmaßnahmen gibt es?" (ebd.: 13). Und Anke Rohde hält einen Vortrag mit dem Titel „Welche Mütter töten ihre Kinder?"[31] Die medial inszenierten Einzelfallfälle werden häufig zur Bezugsgröße, um die eigenen Forschungen zu legitimieren. Motive der Täter/-innen und Ursachen, die zur Tat geführt haben, sollen identifiziert werden, um Präventionsprogramme zu ermöglichen oder zu unterstützen und/oder auch Profile von Täter/-innen zu schaffen.[32] Dabei wird häufig die Mutter mit Kindstötung in Verbindung gebracht.

Die vorliegende diskursanalytisch ausgerichtete Untersuchung reiht sich nicht in diese Arbeiten ein, die Motive der Täterin und Ursachen der Tat verstehen zu wollen (vgl. Tolasch 2013: 329). Erklärungen zur Tat und zur Verfassung der Täterin spielen nur insofern eine Rolle, als dass sie über normative Selbstverständnisse zu Mutterschaft und Geschlecht informieren (Abschnitt 3.1). Insofern wird die Kindstöterin, wie noch zu zeigen sein wird, als (Re-)Produzentin von Geschlechterordnungen verstanden (Abschnitt 3.1).[33]

Politik

Auch in der politischen Praxis bildet sich unter Bezugnahme drastischer Fälle von Kindstötung und Misshandlung das erklärte Ziel – häufig indirekt an die Mütter adressiert – heraus[34], das Kindeswohl aktiver als bisher schützen und sichern zu

---

31 http://www.tdh.de/was-wir-tun/themen-a-z/babyklappe-und-anonyme-geburt/sammelband-zum-thema.html [Zugriff am 17.08.2014]

32 Wissenschaftler/-innen haben herausgearbeitet, dass die Frage, warum eine Mutter ihr Kind tötet, durch diskursive Brüche zu charakterisieren ist. Siehe dazu Exkurs zu Ursachen und Motivverschiebungen am Ende dieses Kapitels.

33 Und damit nicht als Dekonstrukteurin der Geschlechterordnung (siehe Newitz 1998).

34 So sind, auch wenn vorwiegend eine Familienrhetorik die Programme der „Frühen Hilfen" durchzieht, die Mütter häufig verantwortliche Hauptadressatinnen. Beispielsweise ist vor allem die Mutter Objekt der Präventivmaßnahme, wenn die Hebamme länger als vorgesehen die Betreuung der Familie übernimmt. Und in Weiterbildungsprogrammen, die sich an pädagogische, soziale oder medizinische Fachkräfte richtet, findet sich beim genauen Hinsehen auch häufig eine Fokussierung auf Mütter. Ausgehend von der Bindungstheorie werden beispielsweise am 25.03.2014 in der Weiterbildung „Kindeswohlgefährdung in der frühen Kindheit", organisiert vom Kinderschutzzentrum Hamburg, via Videoanalysen Mütter im Umgang mit ihren Kleinkindern untersucht. Dabei wird das mögliche gestörte Verhältnis zwischen Mutter und Kind fokussiert. Ange-

wollen. Dies, indem Gewalt insbesondere bei überforderten Familien verhindert werden soll.[35] Dabei sollen Kinder in Risikolagen identifiziert werden, um sie „dann nicht mehr aus den Augen [zu] verlieren", wie die damalige Bundesfamilienministerin Ursula von der Leyen 2008 im Vorwort des Newsletters „Kinder und Jugend" formuliert (ebd.).

Im Anschluss an den Kinderschutz-Gipfel Ende 2007, bei dem über die Maßnahmen des Kinderschutzes hinsichtlich geeigneter präventiver Instrumente diskutiert wird, hat von der Leyen für das Programm „Frühwarnsysteme" 10 Millionen Euro in Aussicht gestellt. Im Zentrum dieses Programms befindet sich das „Zentrum für frühe Hilfen", das gemeinsam vom Deutschen Jugendinstitut (DJI) und der Bundeszentrale für gesundheitliche Aufklärung (BZgA) eingerichtet wird. Die Verbesserung des Kinderschutzes durch u. a. ein engmaschiges Akteursnetz der Gesundheitsämter und Geburtskliniken, „um stark belastete Eltern frühzeitig zu unterstützen und Kinder so vor Vernachlässigung und Misshandlung zu schützen", ist eine erklärte Intention dieser Institution.[36]

Vor diesem Hintergrund der medialen und politischen dramatisierenden Diskursivierung der kindstötenden Mütter (aber auch Väter und Eltern) stellt sich die Frage, ob auf der diskursiven Ebene tatsächlich ein Problem vorliegt und wie die Faktenlage dazu aussieht. Töten vor allem Mütter ihre Kinder und ist Kindstötung tatsächlich ein weibliches Delikt? Und kommt Kindstötung heute häufiger vor als noch vor einigen Jahrzehnten? Oder kurz: Handelt es sich aus empirischer Sicht tatsächlich um ein „neues" Problem bei den Müttern, die ihr Kind töten? Und wenn es sich auf der faktischen Diskursebene um keine Krise handelt, wofür könnte dann diese Krisenerzählung stehen?

1.2 Empirisch-faktische Diskurse: Daten und Fakten

Im Folgenden werden die im vorangegangenen Abschnitt dargestellten rhetorisch-institutionellen Diskurse den empirisch-faktischen Diskursen gegenübergestellt. Im anschließenden Abschnitt wird das Verhältnis zwischen diesen Diskursen geschlechtertheoretisch im Hinblick auf die Frage reflektiert, ob Mutterschaft tatsächlich in der Krise steckt.

---

nommen wird, dass vor allem die Mutter für das Kind wichtig sei. Die Position des Vaters bleibt dabei unerwähnt.

35 http://www.bmfsfj.de/BMFSFJ/kinder-und-jugend,did=99854.html [Zugriff am 09.07.2013]
36 http://www.bmfsfj.de/BMFSFJ/Service/Archiv/16-legislatur,did=85276.html [Zugriff am 17.08.2014]

Kindstötung – ein häufiges Delikt?

Es gibt empirisch keine verlässlichen und übereinstimmenden Zahlen darüber, wie viel Kindstötungen verantwortet durch die eigenen Eltern es in Deutschland gibt: Die Zahlen unterscheiden sich je nach Altersgruppe der Opfer und je nach Untersuchungskonzeption.

Einigkeit scheint allerdings für die meisten Wissenschaftler/ -innen darin zu herrschen, dass nicht – wie die Rechtsmediziner Tsokos und Guddat (2014) verkünden – weit über Hundert(e) von Kindern betroffen sind, die jährlich durch ihre Eltern getötet werden, sondern unter 100. Die Zahlen variieren je nach Alterserfassung des Opfers (also bis zu welchem Alter die Kinder mitgezählt werden) und Erfassung der Daten im Rahmen der Studien und Statistiken von jährlich durchschnittlich etwa 25 bis hin zu 100 von ihren Eltern getöteten Kindern (etwa BFS 2013; IDAF 2014: 1; Höynck 2010b; Bozankaya 2010; Unicef 2003; Klotzbach/Püschel et al. 2003; Herrmann/Dettmeyer et al. 2008). Die Polizeiliche Kriminalstatistik gibt für das Jahr 2005 an, dass 75 Kinder unter 18 Jahren getötet worden sind und die Todesursachenstatistik zeigt auf, dass 30 Kinder unter 15 Jahren durch einen „tätlichen Angriff" zu Tode gekommen sind. Auch wenn die Angaben nicht vergleichbar sind und unterschiedliche „Sachverhalte" abbilden (Höynck 2010b: 30), scheinen sie als Referenzrahmen für die vorliegende Untersuchung interessant. Denn sichtbar wird, dass zu dem Zeitpunkt, als die „diskursive Explosion" zu Müttern, die ihre Kinder töten, beginnt, statistisch gesehen kein Anstieg von Tötungsdelikten an Kindern zu verzeichnen ist, der die Dramatisierung der Kindstöterinnen innerhalb des Diskurses erklären würde.

Jahre	2003	2004	2005	2006	2007	2008	2009	2010	2011	2012	2013	2014
PKS	84	85	75	82	72	99	133	61	82	99	64	-
ICD-10 X85-Y09	36	31	30	33	44	34	31	38	36	47	-	-

Tabelle 1:   Vorsätzliche, vollendete Tötungsdelikte zum Nachteil von Kindern; Anzahl der Opfer nach Polizeilicher Kriminalstatistik (für unter 18-Jährige) und Todesursachenstatistik (für unter 15-Jährige)[37]

---

37   Diese Tabelle versteht sich als Weiterführung der Tabelle von Höynck (2010b: 30). Die Autorin beschreibt die Grenzen und Reichweiten hinsichtlich des Aussagewertes und die genauen Defini-

Forscher/-innen verweisen darauf, dass bei den Kindstötungen insgesamt vor allem die Eltern des eigenen Kindes als Täter/-innen erscheinen würden (etwa Unicef 2003; Höynck/Zähringer 2012; Rohde 2001: 123). Erkennbar wird, dass zu Neugeborenentötungen im Verhältnis zu anderen Delikt- und Altersgruppen relativ viel geforscht wird. Dabei wird von jährlich zwischen 25 und 30 Neugeborenentötungen ausgegangen (forschungsübergreifend Bozankaya 2010: 32; Herrmann/Dettmeyer et al. 2008: 209). Die Fokussierung auf das Delikt der Neugeborenentötung mag mit daran liegen, dass das Risiko, Opfer zu werden, für Kinder direkt nach der Geburt und im ersten halben Jahr am höchsten ist (etwa Unicef 2003: 8; Höynck/Zähringer 2012: 8, 12). Die Autorinnen Höynck und Zähringer (2012) weisen in ihrer Studie, in der sie retrospektiv aktenanalytisch alle „vorsätzlichen, vollendeten Tötungsdelikte an Kindern <6 Jahren im Zeitraum 1997-2006" untersucht haben (Höynck 2010b: 29), darauf hin, dass 38,5 Prozent der getöteten Kinder innerhalb der ersten 24 Stunden getötet werden. Bei Neugeborenentötungen sind es vor allem die Mütter, die als Täterin in Erscheinung treten. Auch weisen sie darauf hin, dass entgegen des medial vermittelten Bildes die Tötung des eigenen Kindes durch Vernachlässigung sehr selten vorkomme. Während Neugeborenentötungen (Neonatizide) als größte Gruppe über ein Drittel in dieser gesetzten Altersspanne ausmachen, sind es bei Misshandlungstötungen fast ein Viertel aller in Deutschland getöteten Kinder, die statistisch erfasst werden. Es hat sich gezeigt, dass Kindstötung innerhalb Deutschlands kein besonders häufiges Delikt ist, anders als rhetorisch-institutionelle Diskurse vermitteln. Und wie sieht es im Vergleich mit anderen Ländern und anderen Straftaten aus? Stimmt dabei die öffentlich vermittelte Aussage, dass Kindstötung zahlenmäßig häufig vorkommt? Dieser Frage wird sich im Folgenden zugewendet.

Die Statistik zeigt, dass Kindstötung im Vergleich zu anderen Straftaten und im Vergleich zu anderen Ländern kein häufiges Delikt ist. Da Kindstötung nicht als eigenständige Deliktgruppe in der amtlichen Statistik erfasst wird, kann als Anhaltspunkt die Zahl der Opfer von Mord und Totschlag nach Alter herangezogen werden.[38] Der Anteil an kindlichen Opfern (unter 14 Jahren) von Mord und Totschlag im Jahr 2012 beträgt 6,1 Prozent während die größte Opfergruppe Erwachsene (21 bis 61 Jahren) mit einem Anteil von 71,1 Prozent ausmachen[39], wobei die

---

tionen der abgebildeten „Sachverhalte" (ebd.). PKS steht in der Tabelle für die Polizeiliche Kriminalstatistik und ICD-10 X85-Y09 für den „tätlichen Angriff" in der Todesursachenstatistik.

38 Mit der achten Strafrechtsreform wird der § 217 ersatzlos gestrichen. Der Paragraf hat Mütter, die ihr uneheliches Kind direkt nach der Geburt getötet haben, im Strafmaß privilegiert. Bis zu diesem Zeitpunkt werden Neugeborenentötungen noch extra in der Statistik ausgewiesen. Mit der Streichung des Paragrafen ist die Datenlage schlechter geworden.

39 http://de.statista.com/statistik/daten/studie/152648/umfrage/verteilung-der-opfer-von-mord-und-totschlag-nach-altersgruppen/ [Zugriff am 09.07.2013]

Zahl der kindlichen Opfer in diesem Zusammenhang seit 2000 tendenziell abneh-
men würde.[40]

Im Vergleich zu 26 OECD-Mitgliedstaaten, so thematisiert die UNICEF-
Studie (2003), basierend auf der Auswertung von vor allem amtlichen Statistiken
und Survey-Daten zu tödlich verlaufender elterlicher Gewalt durch Misshandlungen, sei Deutschland im Mittelfeld zu verorten. Die Daten beziehen sich auf unter
15-jährige Kinder, die über einen fünfjährigen Zeitraum erhoben werden. Dargestellt werden die Hochrechnungen „per 100.000 children in the age group" (ebd.:
4). Deutschland besetze den 13. Rang mit einem Anteil von 0,6. Spanien, Grie-
chenland und Italien (0,1 bis 0,2) würden im Vergleich zu den anderen Ländern
relativ wenig Kindstötungen durch Misshandlung durch die Eltern aufweisen. Auf
die USA und Mexiko (jeweils 2,2) hingegen kommen extrem viele Misshandlungstötungsdelikte, aber auch Ungarn und Neuseeland (jeweils 1,2) schneiden nicht
besonders gut ab. Damit zeigt auch dieser Punkt, dass die rhetorisch-
institutionellen Diskurse und die empirisch-faktischen Diskurse nicht ineinander
aufgehen. Wie sich dies statistisch gesehen bei der Frage verhält, ob Kindstötungen
ansteigen, wird im folgenden Abschnitt diskutiert.

Kindstötung – ein ansteigendes Delikt?

Alle Studien und amtlichen Statistiken zeigen auf, dass im Langzeitvergleich
Kindstötung zahlenmäßig nicht ansteigt, sondern stark zurückgeht und in den
letzten Jahrzehnten relativ stabil und tendenziell im Rückgang begriffen ist
(Thome/Birkel 2007: 353-354; Derr/Heitkötter et al. 2009; Unicef 2003;
Thomsen/Bauermeister et al. 1992: 1; Bozankaya 2010; Höynck/Zähringer 2012).
Die Wissenschaftlerin Bozankaya (2010), die eine Sekundäranalyse von Forschungsergebnissen zu Neugeborenentötung[41] vorlegt, zeigt auf, dass im Zeitraum
von 1987 bis 1997 durchschnittlich jährlich 27 Fälle und im Zeitraum 1999 bis
2009 25 Fälle von Neugeborenentötung registriert werden. Im Vergleich dazu
finden sich 1953 bis 1962 noch 126 und 1973 bis 1982 35 Fälle. Interpretieren lässt
sich, dass die Einführung der Antibabypille diese Zahlen mit beeinflusst hat.
Erstaunlich ist, dass parallel zu dem Rückgang an Kindstötungsfällen die Zahl der
zur Anzeige gebrachten Fälle von „Misshandlung von Schutzbefohlenen" – also
Gewalt gegen Kinder im familiären Raum – seit Ende der 1990er-Jahre auf das
Doppelte angestiegen ist (Derr/Heitkötter et al. 2009: 10). So heißt es im Rahmen
der öffentlichen Anhörung der Kinderkommission des Deutschen Bundestages:

---

40   http://de.statista.com/statistik/daten/studie/2229/umfrage/mordopfer-in-deutschland-
      entwicklung-seit-1987/ [Zugriff am 09.07.2013]
41   Zu Neugeborenentötung siehe Fußnote 14.

„Die Zahl dieser Fälle [Anzeige wegen Misshandlung von Schutzbefohlenen] hat 2007 weiterhin zugenommen und ist zuletzt auf 1.707 gestiegen. [...] Zwischen 2004 und 2007 ist damit im Verhältnis zur altersentsprechenden Bevölkerung eine Zunahme der Quote von 3,2 auf zuletzt 4,1 Fälle pro 10.000 der unter 6-Jährigen zu konstatieren." (Ebd.)

Wissenschaftler/-innen gehen davon aus, dass in der Öffentlichkeit aber die Experten und Expertinnen der Bildungseinrichtungen und Kliniken etwa, die mit Ungeborenen, Säuglingen und Kindern dienstlich betraut sind, stärker sensibilisiert dafür sind, dass Kinder misshandelt und/oder vernachlässigt werden (könnten) (ebd.). Dies vor dem Hintergrund, dass statistisch gesehen immer mehr Anzeigen wegen Kindeswohlgefährdung gestellt werden, ohne dass parallel ein Anstieg von Kindstötungsfällen zu konstatieren ist (ebd.; Unicef 2003; vgl. auch Schlang 2006: 76; IDAF 2014: 1). Aber zu vermuten wäre genau das Gegenteil: Gerade weil die Sensibilisierung für Kindesmisshandlung und Vernachlässigung zugenommen hat, müssten mehr Taten ins Hellfeld rücken und damit in der Statistik erscheinen. Aber das ist nicht der Fall. Dies spricht umso mehr dafür, dass gegenwärtig nicht eine neue tatsächliche Krise der kindstötenden Mütter, aber auch Väter, besteht, sondern eine erzählte Krise. Dies zeigt auch der empirisch-faktische Diskurs hinsichtlich der Frage, ob mehr Männer oder Frauen die eigenen Kinder töten.

Kindstötung – ein weibliches Delikt?

Mit Blick auf die einschlägigen Studien lässt sich nicht sagen, dass Kindstötung ein Delikt ist, was vor allem von Frauen und Müttern begangen wird. Die Studien kommen zu unterschiedlichen Ergebnissen hinsichtlich der Frage, wie sich die Geschlechtsverteilung der Täter/-innen bei Kindstötung darstellt (Schlang 2006: 87).[42] Die größte und aktuellste repräsentative Untersuchung zu Kindstötung, die es derzeit gibt, kommt zu dem Befund, dass es insgesamt bei Opfern unter sechs Jahren mehr Mütter sind, die ihr Kind töten. Bleiben allerdings die Neugeborenentötungen (Neonatizide[43]) unberücksichtigt, zeigt sich, dass der Anteil von biologischen Vätern knapp über dem der Mütter liegt. Wird die soziale Elternschaft mit einbezogen, liegt der Anteil der Väter sogar signifikant über dem der Mütter. Neugeborentötung unberücksichtigt zu lassen, scheint deshalb interessant, weil dieses Delikt eher von Frauen als von Männern begangen wird, da sie das Kind gebären. Damit ist die Wahrscheinlichkeit entsprechend wesentlich

---

42   Dabei werden häufig die Untersuchungsergebnisse auch davon beeinflusst, an welchem Ort die Daten erhoben werden. Werden die Daten beispielsweise in psychiatrischen Kliniken erhoben, in denen mehr Frauen als Männer vertreten sind, führt dies zu einem Zerrbild der Geschlechtsverteilung bei Kindstötungsdelikten (etwa Schlang 2006: 85; siehe auch Höynck/Zähringer 2012).

43   Neonatizide meint bei Höynck (2010b: 32) die Tötung des eigenen Kindes „gleich nach der Geburt" durch aktives Töten oder dadurch, dass es nicht versorgt wird.

höher, dass im Gegensatz zum Vater die Mutter als Täterin in Erscheinung tritt, das Kind unmittelbar nach der Geburt zu töten. Da vor allem Mütter Neugeborenentötungen (Neonatizide) begehen und das Risiko, ein Opfer mütterlicher Gewalt zu werden, für ein Kind unter einem Jahr sehr hoch ist, wird es vermutlich bei einer Öffnung der Altersspanne statt unter 6 auf unter 15 Jahre, ein anderes Bild über die Geschlechtsverteilung geben. Dies ist für die vorliegende Arbeit bedeutend, da vor allem die kindstötende Mutter als Krisenfigur ohne Fürsorge und Verantwortung für ihr Kind erscheint und nicht der Vater, obwohl die Fakten dazu keinen Anlass geben. Diese Vermutung, dass die Öffnung der Altersspanne der Opfer vermutlich ein anderes Bild liefert, wird auch von der UNICEF- Studie (2003: 8) getragen, die über Misshandlungstötungsdelikte bei Opfern unter 15 Jahren informiert. Diese Studie bezieht ihre Aussagen auf Daten von 30 OECD-Mitgliedsländern, soweit sie vorliegen. Der Anteil der biologischen Väter als Täter liegt mit 41,3 Prozent sogar leicht über dem Anteil (38,9 Prozent) der Mütter als Täterinnen. Werden soziale Väter mit einbezogen, sind es insgesamt signifikant mehr Väter als biologische/soziale Mütter.[44]

Zusammenfassend lässt sich aus den empirisch-faktischen Diskursen herauslesen, dass entgegen der rhetorisch-institutionellen Diskurse die Zahl der Kindstötungen nicht im Ansteigen begriffen ist, sondern tendenziell einen Rückgang aufweist. Nicht nur Frauen und Mütter sind betroffen. Kindstötung ist aus kriminologischer Perspektive kein besonders häufiges Delikt. Wofür steht die erhöhte Aufmerksamkeit für das Phänomen seit 2005, wenn die empirische Datengrundlage für die Dramatisierung von kindstötenden Müttern fehlt?

1.3   Krisenerzählung – Indiz für eine Verschiebung der Geschlechterordnung

Das Auseinanderklaffen von rhetorisch-institutionellen Diskursen einerseits und empirisch-faktischen Diskursen über Mütter, die ihr Kind bzw. ihre Kinder töten, andererseits, kann als „moralische Panik" über Mutterschaft und Geschlecht (Cohen 2011; vgl. auch Thiessen 2010: 25) verstanden werden. Moralische Paniken über Frauen als Mütter, aber auch Männer als Väter tauchen im historischen Rückblick immer wieder als Krisenerzählung oder -figur auf, wenn kollektive Selbstverständnisse zu Mutterschaft und Geschlecht, die sich aus der Geschlechterordnung speisen, normativ umkämpft sind (etwa Mauerer 2002: 28, 205,

---

44   Zu fragen ist hier, wie dann die Unterscheidung zwischen biologischer und sozialer Vaterschaft getroffen wird. Getestet wird sie sicherlich nicht. Bekannt ist, dass nicht alle Väter, die meinen, dass sie der biologische Vater sind, es auch tatsächlich sind. Auch ist zu fragen, inwiefern die Differenzierung in biologische und soziale Elternschaft ein sehr traditionelles Bild hervorbringt.

210; Tolasch 2011; Ladd-Taylor/Umansky 1998b; Kahlert 2009; Etzemüller 2009; zu Jungen, Männern und Vätern: Fegter 2012; Martschukat 2013; Krämer/Stieglitz 2011). Damit scheinen Mutterschaft und Geschlecht wiederkehrend als in der Krise erzählt zu werden. Worauf deutet das hin? Krisen werden aus diskursanalytischer Perspektive, wie sie der vorliegenden Arbeit zugrunde liegt, nicht als ontologische Gegebenheit verstanden, sondern als Restabilisierungsmoment – im Sinne eines Motors bzw. Vehikel – des Sozialen (Martschukat 2005: 89).[45] Dies dadurch, dass Akteure/Akteurinnen oder Akteursgruppen um die Bedeutung von Kindstötung ringen, indem sie durch Essenzialisierungs-, Naturalisierungs- und Normalisierungsstrategien bestimmte Vorstellungen, Meinungen und/oder Interessen entlang der Krisenerzählung bzw. des Krisenaufrufs legitimieren und durchsetzen wollen (ebd.). Bei der gegenwärtigen normativen Verhandlung von Kindstötung wird die Bedeutung von Mutterschafts- (auch Elternschafts-) und Geschlechterwirklichkeiten ausgehandelt und damit mögliche einnehmbare Positionen erzeugt, die von konkreten Personen besetzt werden (vgl. Fegter 2012: 12). In der Folge kann es zu einer Neujustierung von kollektiven Selbstverständnissen zu Mutterschaft und Geschlecht im Zuge einer Dynamisierung bzw. De- und/oder Restabilisierung der Geschlechterordnung kommen.

So werden Krisenerzählungen über Mutterschaft und Geschlecht, die sich in gegenwärtigen Debatten finden, in der vorliegenden Arbeit als Indiz für eine mögliche Verschiebung der Geschlechterordnung[46] gelesen (Martschukat 2005: 89; vgl. Kimmel 2011).

Die moralischen Paniken als Krisenerzählungen entfalten sich nicht zuletzt an einem „gut-böse Dualismus" von Frauen und Müttern (Mauerer 2002: 28). Im Allgemeinen haben Ladd-Taylor und Umansky (1998b) aufgezeigt, wie jede Ära ihre ‚schlechten' Mütter macht und welche Imperative der ‚guten Mutter' damit verkündet werden. Diese Differenzierungen zeigen sich nicht zuletzt an sozialen Kategorien wie Alter, Sexualität, Ethnie und Klasse. Es ist allerdings fraglich, ob sich ihre Ergebnisse auf Deutschland übertragen lassen. Beispielsweise sei laut den Autorinnen die Teenage Mum, die Welfare Mum, die alleinerziehende Mutter sowie die, die zu wenig Zeit mit ihren Kindern verbringt, ein Dauer-Krisen-Diskurs

---

45   Diese Stabilisierungsfunktion hat Schwab (2001: 74-75) am Beispiel von Serienkillern und ihrem Sündenbockmechanismus hervorgehoben.

46   Geschlechterordnung besteht aus den Begriffen Geschlecht und Ordnung. Diese begriffliche Zusammensetzung verweist darauf, dass Geschlecht eine zentrale historisch basierte aber auch variable Ordnungskategorie ist, die das Arrangement zwischen (derzeit) Männern und Frauen nicht zuletzt als Mütter und Väter über normative oder kulturelle Zuschreibungsprozesse der wesenhaften Charakterzüge hervorbringt. Beispielsweise gilt häufig Frau = weiblich = emotional und komplementär dazu Mann = männlich = rational (siehe ausführlich Mutterschaft und Geschlecht als Prozess- und Strukturkategorie Abschnitt 2.3).

des ‚mother blamings‘, an dem angemessene Mutterschaft und Geschlecht in den USA verhandelt wird (vgl. Klein 1995).

Im Besonderen haben Autorinnen aufgezeigt, dass die kindstötende Mutter als Krisenfigur von Mutterschaft und Geschlecht im Übergang zum 19. Jahrhundert sichtbar wird. Diese Krisenerzählung ist aufs engste mit der Verschiebung der Geschlechterordnung verzahnt. Das heißt, dass aus den normativen Verhandlungen ein neues kollektives Selbstverständnis entsteht, was eine ‚gute Mutter‘ ausmache. Parallel, ohne das eine auf das andere zu reduzieren, zu den Reformen der Straftatbestände wird hier eine Dynamisierung der Geschlechterordnung beobachtet. Im Übergang zur Moderne wird ein „Sonderstraftatbestand" nach § 217[47] eingeführt, der bis 1998 in abgewandelter Form[48] in Kraft ist und (ausschließlich) Mütter im Strafmaß privilegiert, die ihr nichteheliches Kind während oder unmittelbar nach der Geburt töten (Siebenpfeiffer 2003: 137). Diese Privilegierung wird via 6. Strafrechtsreformgesetz 1998 durch die vollständige Streichung dieses Paragrafen aufgehoben (Bozankaya 2010: 25; Rauch/Madea 2003).

Tötet eine Mutter ihr eheliches Kind, wird sie nach der alten Rechtslage besonders schwer sanktioniert (Michalik 1994). Michalik hat aufgezeigt, dass die Einführung des § 217 weniger aus Humanisierungsbestrebungen hervorgegangen ist, als vielmehr im Zusammenhang mit einem sich neu etablierenden rechtlichen Familien- und Eheverständnis. Zu Beginn des 19. Jahrhunderts wurde „die Ehe als quasi sakrale Institution zur unentbehrlichen Grundlage von Staat und Gesellschaft erklärt und erhielt eine neue, genuin politische Funktion" (Michalik 2004: 46). Gerechtfertigt wird die Aufhebung des Paragrafen im Jahr 1998 damit, dass er u. a. nicht mehr zeitgemäß sei (Bozankaya 2010: 25).

Exemplarisch für die grundlegenden sozialen Verwerfungen und Neujustierungen im Übergang zum 19. Jahrhundert ist die sich neu etablierende Qualität der Geschlechtervorstellungen. Diese hat entscheidende Folgen für die soziale Positionierung und Bewertung der Frau als ‚guter Mutter‘. Neue Qualität bezieht sich auf das dynamisierte Modell der Ordnung der Geschlechter, welches mit einem dynamisierten Bezugssystem sozialer Ordnung einhergeht. Das hierarchische Modell der Geschlechter ist im Übergang zum 19. Jahrhundert durch das komplementäre Modell der Geschlechter überlagert worden, wie sozialhistorische Arbeiten deutlich machen (Hausen 1976; Frevert 1988; Honegger 1991; Laqueur 1992; Duden 1987;

---

47   „Eine Mutter, welche ihr uneheliches Kind in oder gleich nach der Geburt vorsätzlich tötet, wird mit Zuchthaus nicht unter drei Jahren bestraft. Sind mildernde Umstände vorhanden, so tritt Gefängnisstrafe nicht unter zwei Jahren ein. (RStGB, Zweiter Teil, Abschnitt 16, §217)" (zit. n. Siebenpfeiffer 2003: 137)

48   „(1) Eine Mutter, welche ihr nichteheliches Kind in oder gleich nach der Geburt tötet, wird mit Freiheitsstrafe nicht unter drei Jahren bestraft. (2) In minder schweren Fällen ist die Strafe Freiheitsstrafe von sechs Monaten bis zu 6 Jahren." (zit. n. Bozankaya 2010: 24)

vgl. auch zusammenfassend Müller 2003; Gschwend 2009).[49] In dem ‚neuen' Modell der bürgerlichen Gesellschaft, was keineswegs die einzige gängige soziale Praxis widerspiegelt, ist die Mutter der privaten Sphäre zugeordnet und der Vater der öffentlichen Sphäre. Die ‚natürliche' Differenz bildet verstärkt das Fundament der Geschlechterordnung. Laut Laqueur (1992) lässt sich diese Dynamisierung im 18. Jahrhundert durch den Übergang des Ein- zu dem Zweigeschlechtermodell beschreiben. So sei im Eingeschlechtermodell der weibliche Körper die defizitäre Variante des Mannes. Im Zweigeschlechtermodell ist der weibliche Körper nicht mehr mit dem des Mannes vergleichbar. Männer und Frauen werden qua Biologie zu gänzlich unterschiedlichen Wesen erhoben, indem ihre Anatomie als vollkommen unterschiedlich entworfen wird.

Die Sphärentrennung in diesem Geschlechtermodell basiert auf den komplementär angelegten Zuschreibungen der Geschlechtscharaktere, die sich aus der Natur bzw. Anatomie der Geschlechter speisen. Frauen seien beispielsweise emotional und Männer seien rational. Diese Geschlechtscharaktere sind die Grundlage für eine hierarchische (Re-)Produktionsordnung: Die männlich codierte Erwerbsarbeit steht bezogen auf die (Lohn-)Wertigkeit über der weiblich codierten Hausarbeit und Erziehung. Daraus kann gefolgert werden, dass kollektive Selbstverständnisse Vorstellungen und Praxen im Umgang mit Kindstötung hervorbringen. Es ist durchaus möglich, dass die Streichung des § 217 im Zusammenhang mit neuen elterlichen Vorstellungen – und damit auch Vorstellungen von Mutterschaft – stehen.

Dies ist umso interessanter, da sich gegenwärtig sozio-strukturelle Umbrüche im Übergang von Fordismus zum Postfordismus beobachten lassen, die in Worten von Jurczyk (2007) zur „doppelten Entgrenzung" von Erwerb und Familie führen und auf gesellschaftliche Spannungsverhältnisse des Geschlechterarrangements verweisen können, aber nicht müssen (vgl. Bourdieu 1984; Martschukat 2005: 49). Ende der 1960er-Jahre wird das männliche Normalarbeitsverhältnis[50], „welches

---

49 Überlagert heißt nicht abgelöst und bedeutet auch nicht, dass dieses Modell universal ist. So hat beispielsweise Kessel (2004, vgl. Fegter 2012: 48-49) darauf hingewiesen, dass die Komplementarität bei Männlichkeitskonstruktionen der protestantischen Eliten um 1800 nicht zutrifft. Zur kritischen Auseinandersetzung siehe Kallenberg (2013) sowie Martschukat (2013: 9) und vgl. Abschnitt 3.1.

50 Männliches Normalarbeitsverhältnis bedeutet, dass Männer vor allem aufgerufen sind zur materiellen Sorge (Sorge um Unterhalt) und die Frauen zur immateriellen Sorge (Sorge für Familienmitglieder etwa) (Boellert/Heite 2011: 13). In der Arbeits- und Geschlechtersoziologie wird, wie Buschmeyer (2013: 34-35) hervorhebt, darauf hingewiesen, dass Frauen nicht erst gegenwärtig häufig prekär beschäftigt sind. Auch wird darauf hingewiesen, dass Berufe vergeschlechtlicht sind. Nicht, weil Frauen und Männer ‚natürlich' unterschiedlich sind, üben sie bestimmte Berufe aus, sondern weil Tätigkeiten geschlechtlich codiert sind. Wetterer und Gildemeister (1992) haben den Geschlechterwechsel von Berufen untersucht, beispielsweise den Übergang vom Schriftsetzer zur Schriftsetzerin. Über Analogiebildungen werden bei diesem Beruf Frauen- und Männerberufe konstruiert. So wird aus der pianoartigen Gestalt der Maschine, die vor allem für die bürgerlichen

[sich] im Verlauf der Industrialisierung – mit besondere[m] Schub nach 1945" in Deutschland etablierte, mit klaren differenzierten und dauerhaft geregelten Zuständigkeitsbereichen nach Geschlecht – Männer für die Produktionsarbeit, Frauen für die Reproduktionsarbeiten – zunehmend brüchig (ebd.: 83). Die klare Grenzziehung zwischen öffentlich und privat hat sich mit Konsequenzen für die Organisation von Familie und Erwerb dynamisiert (Schier/Jurczyk 2007: 1)[51]: Flexibilität, Mobilität und Selbstunternehmertum (Stichwort lebenslanges Lernen) sind charakteristisch für die kapitalistische Organisationsform von Arbeit im Postfordismus (Woltersdorff 2008: 185). So zeichnet sich die dynamisierte Erwerbsform durch zunehmenden Anstieg an atypischen Beschäftigungsverhältnissen aus (Schier/Jurczyk 2007: 1). Auch ist eine Zunahme an Teilzeit- und Minijobs empirisch zu beobachten, während gleichzeitig Vollzeitjobs zurückgehen (ebd.). Dazu kommen erhöhte Verfügbarkeitsansprüche als neue Arbeitszeitforderung jenseits von Kernarbeitszeiten und erhöhte Mobilitätsanforderungen (ebd.).

Auch die Bedingungen des Familienalltags haben sich geändert. Lebensformen haben sich dynamisiert und vervielfältigt – etwa als gleichgeschlechtliche Lebensgemeinschaften und Alleinerziehende (ebd.). Auch haben Patchworkfamilien zugenommen, ebenso wie die Scheidungsraten (ebd.). Dazu kommt, dass immer mehr Mütter erwerbstätig sind (ebd.).[52] Dörre (2007: 295) hält fest, dass im Feld der weiblichen prekären Beschäftigung ein „verschärfter Wettbewerb zwischen Männern und Frauen" sichtbar wird. Zusätzlich nehmen traditionelle Vorstellungen von (Re-)Produktionsarbeiten ab (Schier/Jurczyk 2007: 1; vgl. Candeias 2004: 401; Scholz 2009: 83 und Castel 2009).

Dass diese neueren sozial-strukturellen Umbrüche zu einer Dynamisierung/ Veränderung der Geschlechterordnung führen können, aber nicht müssen – oder auch umgekehrt, lässt sich mit Bourdieu (1978) denken. So kann nach ihm nicht

---

Frauen ein dreckiges und schweres Handwerk verbildlicht, das die Gebärfähigkeit der Frau bedroht und männlich codiert ist, ein Handwerk, das Frauen zunehmend aus dem Beruf der Schriftsetzerin drängt. Bedeutend ist dabei, dass der Wechsel von einem Frauen- zu einem Männerberuf mit Statusminderung und Semi-Professionalisierung einhergeht. Dies wird nicht zuletzt an den geringeren Löhnen für weibliche Arbeit sichtbar.

51 Historisch gesehen ist das Normalarbeitsverhältnis ein historischer Ausnahmezustand. Frauen haben geschichtlich betrachtet immer auch gearbeitet. Was wiederum nicht heißen soll, dass die Pflege des Haushalts und die Betreuung der Kinder im Sinne des Normalarbeitsverhältnisses nicht auch Arbeit ist (siehe Kapitel 2).

52 Oder dazu beispielsweise durch familienpolitische Maßnahmen wie das Elterngeld, das u. a. die Stärkung der Erwerbsbeteiligung von Müttern zum Ziel hat (BMFSFJ 2009), angehalten werden; und ebenfalls durch die Reform des Unterhaltsrechts 2008 (vgl. etwa Treutler Rechtsanwälte 2008): Im Mittelpunkt steht die Zahlung für das Kind. Nachrangig sind laut Gesetz geschiedene und gegenwärtige Ehegatten zu behandeln, deren Forderungen vor der Reform gleichen Stellenwert haben. Durch die Reform müssen Mütter nach einer Scheidung stärker als zuvor selbst für ihre materielle Sicherheit sorgen.

von einem ‚einfachen' Ursache-Wirkung-Prinzip ausgegangen werden. Beispielsweise führen mehr Frauen in der Erwerbsarbeit nicht automatisch dazu, dass sich
Selbstverständnisse ändern. Und auch umgekehrt führen dynamisierte Selbstverständnisse nicht unmittelbar zu mehr Frauen im Erwerbsbereich. So kann es zu
einer Verschiebung der Geschlechterordnung nur dann kommen, wenn einzelne
Akteure/Akteurinnen oder Akteursgruppen gemeinsame Wahrnehmungs- und
Positionshomologien quer zu den lokalen Krisenerzählungen innerhalb von dispositivartigen Verflechtungen aufweisen. Dispositiv meint

> „ein entschieden heterogenes Ensemble, das Diskurse, Institutionen, architektonische Einrich-
> tungen, reglementierende Entscheidungen, Gesetze, administrative Maßnahmen, wissenschaftli-
> che Aussagen, philosophische, moralische oder philanthropische Lehrsätze, kurz: Gesagtes eben-
> so wie Ungesagtes umfasst." (Foucault 1978: 119)

Das heißt mit Bourdieu (1984: 258), es geht nicht um die Aufaddierung einzelner
Krisen zu einem Explosionspunkt, sondern um unabhängig in einzelnen
gesellschaftlichen Teilbereichen vorhandene Krisen (vgl. Gilcher-Holtey 2001:
124), die eine gemeinsame thematische Schnittstelle „durch Ereignisse vermittelte
Synchronisation, zeitliches Überschneiden und Ineinandergreifen" aufweisen
(Bourdieu 1984: 258; siehe Gilcher-Holtey 2001: 122). Laut Gilcher-Holtey (ebd.:
123) hat dies zur Konsequenz, dass im Anschluss an einen performativen
Krisenbegriff „Krisen und Strukturkonflikte auf der objektivmateriellen Ebene [...]
nicht unmittelbar" zur Verschiebung der Geschlechterordnung führen, sondern
erst durch die „Wahrnehmungsdisposition der Zeitzeugen" (ebd.). Jenseits einer
Struktur-Ereignis-Kausalität, in der das eine aus dem anderen unmittelbar hervorgeht, wird von einem komplexen dispositivartigen Zusammenhang ausgegangen
(Martschukat 2005: 88). Dieses Verständnis verschließt sich der Vorstellung, von
einem Innen (Ereignis) und Außen (Strukturen), von Ursache (Strukturen) und
Wirkung (Ereignis) zu sprechen, da sie erst durch das aufeinander Angewiesensein
hervorgebracht werden (vgl. Martschukat 2005: 88).

Diese Ausführungen zur Frage, wann es zu einer Krise kommen kann, sind
deshalb für die vorliegende Arbeit relevant, da am Ende der Frage nachgegangen
werden soll, wofür die gegenwärtige Krisenerzählung steht. Dabei soll berücksichtigt werden, dass durch dynamisierte Strukturen wie etwa der Zunahme an der
Erwerbsbeteiligung von Müttern nicht auf dynamisierte kollektive Selbstverständnisse auf der normativen Ebene kausal zu schließen ist.

1.4 Zusammenfassung und Verortung im Forschungsfeld

Zusammenfassend zeigt sich, dass der Dramatisierung der Mutter als Krisenerzählung, die ihr Kind bzw. ihre Kinder tötet, die empirische Grundlage fehlt.

Dies wird bezogen auf die Kluft von sprachlich-rhetorischen sowie institutionellen Diskursen im Verhältnis zu den empirisch-faktischen Diskursen deutlich. Die Kluft wird als „moralische Panik" (Cohen 2011) verstanden. Dies deshalb, weil sich die aktuelle Krisenerzählung entlang spektakulär aufbereiteter Einzelschicksale in den Medien, die nicht zuletzt in der Forschung und Politik vorangetrieben werden, nicht in den thematisierten Daten und Fakten widerspiegelt. Der Antrieb, der die Diskurse um die kindstötende Mutter zum Wuchern bringt, ist die Suche nach Ursachen, Motiven und Maßnahmen zur Prävention (siehe Exkurs). Denn warum erhält die kindstötende Mutter in Medien, Wissenschaft und Politik erhöhte Aufmerksamkeit, wenn es faktisch dazu keinen Anlass gibt? Die „moralische Panik" wird als performative Krisenerzählung aufgefasst, die auf eine mögliche De- und/oder Restabilisierung der Geschlechterordnung verweisen könnte, da sie im historischen Rückblick entlang der (Neu-)Verhandlung von Geschlecht wiederholt auftaucht. Mit Bourdieu wird gezeigt, dass eine Verschiebung der Ordnung ein komplexes Zusammenspiel von unterschiedlichen lokalen Krisen ist, die nicht als Ursache-Wirkung kausal erklärt werden können.

Die derzeit zu beobachtende Krisenerzählung als Indiz für eine mögliche Dynamisierung der Geschlechterordnung in sozio-strukturellen Umbruchzeiten ist für diese Arbeit insofern relevant, als dass sie als Rahmen und nicht als Gegenstand und/oder Perspektive (etwa Fegter 2012; Krämer 2009; Martschukat 2013) dient.[53] Dies geschieht, indem im Fazit dieser Arbeit nach der Diskussion der Ergebnisse zur Konstruktion von Mutterschaft in den Strafakten danach gefragt wird, worauf die Kindstöterin als Krisenerzählung des Mütterlichen im Feld des Strafrechts verweist. Lassen sich die Ergebnisse zur Konstruktion von Mutterschaft eher als De- und/oder Restabilisierung der Geschlechterordnung mit Blick auf die Konstruktion von Mutterschaft deuten?

Im Gegensatz zu Arbeiten, die darauf zielen, die Wahrheit über die Täterin und die Tat aufzudecken, geht es in dieser Arbeit darum, wie die potenzielle Täterin/der potenzielle Täter und die Tat im Foucaultschen Sinne in die „Wahrheitsspiele" über Mutterschaft eingelassen sind (vgl. Foucault 1989a: 13; vgl. Fegter 2012: 12; Brunner 2011: 18, 50). Anhand welcher Wahrheiten, die am verakteten Körper des Wissens über die Beschuldigten ablesbar werden, wird Mutterschaft hervorgebracht? Wie erscheint die Kindstöterin als (Re-)Produzentin der Geschlechterordnung in den Akten? Das heißt mit Schneider (1999: 9) formuliert, dass die kriminologischen, strafrechtlichen, psychologischen aber auch soziologi-

---

53   Gängig ist, dass die Krise als Quelle und Forschungsperspektive herangezogen wird. Es werden Quellen ausgewählt, in der von einer Krise gesprochen wird, um dann die einzelnen Akteurspositionen inhaltlich zu untersuchen. Die Verwendung des Krisenbegriffs verweist auf den Versuch, bestimmte Positionen nicht zuletzt durch Essenzialisierungsmomente zu legitimieren und durchzusetzen.

schen Fragen nach dem Warum der Tat und wie es zur Tat kam, unter einer „verschobenen Optik" für die vorliegende Arbeit relevant werden. So werden die Fragen nach dem, was vermeintlich Wirklich war, nur insofern bedeutend, als sie aus einer diskursanalytisch-performativen Perspektive über die normative Verhandlung von Mutterschaft informieren (ebd.; vgl. Mauerer 2002: 206; Wiese 1996; Zaft 2011; vgl. auch Fegter 2012: 12; Brunner 2011: 18, 50).

So ist die forschungsleitende Annahme, dass Kindstöter/-innen (Re-)Produzenten der Geschlechterordnung sind, an der sich die normative Vorstellung von angemessener Mutterschaft, aber auch Vater- und Elternschaft identifizieren lässt. Die Negativfolie zeigt Mütter aber auch Väter, die an den normativen Ansprüchen ‚richtiger' Mutter-, Vater- und Elternschaft durch den Bruch an der Norm gescheitert sind.

Das Forschungsvorhaben ist neu, schließt allerdings an bereits vorliegende wissenschaftliche Arbeiten mit methodisch oder/und thematisch ähnlicher Ausrichtung an. Die vorliegende Untersuchung schließt im Allgemeinen an die empirischen Studien zur sozio-historischen Konstruktion von Mutterschaft an, die vor allem in den 1970ern, 1980ern bis in die 1990er-Jahre entstanden sind, aber auch an neuere Arbeiten zu Sorge, Kindheit und Mutter-, Vater- und Elternschaft (vgl. etwa Yvonne Schütze 1991a; 1991b; Vinken 2002; Badinter 1987; Spies 2009a; Toppe 2009; ausführlich siehe Kapitel 2). Diese Arbeiten untersuchen im Besonderen allerdings keine Mutterschafts- und Geschlechterdiskurse zu elterlichen Kindstötungen in Strafakten der Staatsanwaltschaft. Im Gegensatz zu den Arbeiten, die die Konstruktion von Mutterschaft basierend auf Mediendiskursen zu Kindstötung untersuchen[54], gibt es kaum Arbeiten, die die Konstruktion von Mutterschaft in den Strafakten zur Kindstötung erforschen.

Die Diskursivierung von Kindstöterinnen in psychologischen Gutachten findet sich bereits bei Michel Foucault (2003), wobei es in seinem Werk „Die Anormalen", das perspektivisch dicht am Werk „Überwachen und Strafen" steht, weniger explizit um Mutterschaft und Weiblichkeit geht, sondern im Zusammenhang mit den Täterinnen mehr um die Strafrationalitäten in Abhängigkeit von Zeiträumen. Im Anschluss an Foucault wird auch in der vorliegenden Arbeit davon ausgegangen, dass Aktendokumente besonders „ernsthafte Angelegenheiten" seien, da sie über das Leben verfügen können (ebd.: 19-20) und dass ausgehend von der Tat eine Persönlichkeit der Täter/-innen konstruiert wird (ebd.: 33).

---

54 Nicht benannt sind damit etwa sozialwissenschaftliche Arbeiten, die Mutterschaft und/oder Weiblichkeit im Zusammenhang mit Kindstötung durch die Mutter, den Vater und/oder die Eltern in den Medien untersucht haben wie etwa Rich (1979), Platen (1991), Klein (1993; 1998), Mauerer (2002), Bereswill 2009, Prickett (2010) und Hiess/Lunzer (2013). Auch nicht benannt sind die vielen weiteren historischen und literaturwissenschaftlichen und philosophischen Arbeiten sowie ethnologische Arbeiten.

Bei der Rechtswissenschaftlerin und Psychologin Annegret Wiese (1996) findet sich die Zusammenführung der Themen Mutterschaft und Akten(analyse), allerdings aus einer juristisch-psychologischen Perspektive. Wiese hat mit „Mütter, die töten. Psychoanalytische Erkenntnis und forensische Wahrheit" einen Beitrag zur Konstruktion von Mutterschaft vorgelegt, der erstmals 1991 erscheint. Die Arbeit basiert neben einem Einzelinterview mit einer Mutter, die ihr Kind getötet hat, auf einer Aktenanalyse von forensisch-psychiatrischen Gutachten (Wiese 1996: 18-19, 150/158). In Abgrenzung zu Wiese werden in der vorliegenden Arbeit neben psychiatrischen Gutachten auch Beschuldigten- und Zeugenvernehmungen als Untersuchungsmaterial zu Kindstötungsfällen mit einbezogen (Kapitel 3). Während sich bei Wiese der Auswahlzeitraum auf 16 Jahre von 1971 bis 1987 bezieht (ebd.: 19), bezieht er sich in der vorliegenden Untersuchung auf den Zeitraum 2005 bis 2010. Der Ausgangspunkt, dass sich an einem so drastischen Normbruch wie der tötenden Kindsmutter als Negativfolie die Vorstellungen über Mutterschaft und Weiblichkeit in den Blick nehmen lassen, basiert auf Wieses Überlegungen und findet sich in dem knapp zehn Jahre später erscheinenden Werk von Gerlinde Mauerer (2002) mit dem Titel „Medeas Erbe. Kindsmord und Mutterideal" wieder (Abschnitt 3.1). Mutterschaft und Weiblichkeit werden in sozialwissenschaftlich-historischen und literaturwissenschaftlichen Perspektiven (de-)konstruiert. Sie stützt ihre Überlegungen u. a. auf „Geständnisse und Erzählungen angeklagter Frauen" im Zusammenhang mit Kindstötung (ebd.: 205). Ein Auszug eines Gerichtsaktes von Susanne Margaretha Brandt, die im Januar 1772 hingerichtet wird, der sekundär im Werk von Goetzinger (1988) analysiert wird, findet nähere Betrachtung (ebd.: 207). Größeren Stellenwert der Untersuchung nehmen Auszüge aus gegenwärtigen medialen Berichterstattungen ein.

Die Arbeit von Mauerer, die perspektivisch am stärksten Überschneidungspunkte mit der vorliegenden Arbeit aufweist, betrachtet weniger gegenwärtige Akten zu Kindstötungsfällen noch untersucht sie vorrangig die „neuen Mütter" (ebd.: 16).[55] Aus sozialhistorischer Perspektive hat Kerstin Michalik (1994; Michalik 1997) Arbeiten, die den Zusammenhang von normativer Vorstellung von Mutterschaft, Weiblichkeit und Kindstötung aus rechtshistorischer Perspektive betrachtet, publiziert. Sie hat etwa 1.300 Gerichtsakten zu Kindstötungsfällen untersucht. Dabei bezieht sich die Autorin auf den Zeitraum vom Ende des 17. bis Anfang des 19. Jahrhunderts in Preußen. Die Autorin zeigt in ihrem Beitrag zum Paragrafen 217, welcher die Mutter, die ihr uneheliches Kind tötet, im Strafmaß privilegiert, warum dieser seit 1998 wegen u. a. Unzeitgemäßheit eingestellt wird. Darüber hinaus hat die Soziologin Franziska Lamott (2013; 2001) im Feld der forensischen Psychotherapie Mutterschafts- und Weiblichkeitskonstruktionen bei Müttern un-

---

55 Siehe dazu Ausführungen in Abschnitt 3.2 im Zusammenhang mit Akten als empirischem Material.

tersucht, die ihre Kinder töten. Die Untersuchung basiert auf medialen Berichterstattungen und Erzählungen von verurteilten Frauen. Im Gegensatz zu diesen Arbeiten wird in der vorliegenden Arbeit keine bindungstheoretische Perspektive eingenommen, um die Taten zu erklären, sondern eine diskursanalytische, um normative Deutungen von Mutterschaft zu rekonstruieren.

Der kurze Überblick über die bereits bestehenden Arbeiten zur Untersuchungsthematik der vorliegenden Studie zeigt, dass das Zusammenspiel von Perspektiven, Methoden und empirischem Material die Besonderheit der Arbeit ausmacht. Es gibt keine andere Arbeit, die das Forschungsgebiet auf diese Weise abdeckt.

1.5 Exkurs: Diskursive Ursachen- und Motivverschiebung

Die Ursachen- und Motive, die herangezogen werden, um Kindstötung zu plausibilisieren, sind geschichtsabhängig. Das bedeutet für die vorliegende Arbeit, dass immer der zeit-/räumliche Kontext mitgedacht werden muss (etwa Foucault 2003; Siebenpfeiffer 2003; Michalik 1994).

Würde heute die gutachterliche Begründung, dass eine Mutter ihr eigenes Kind tötet und isst, weil sie Hunger hat, als plausibel gelten? Sicherlich nicht, aber im Fall Schlettstadt von 1817 war es so (Foucault 2003: 146). Vermutlich werden heute die äußeren sozialen Umstände weniger betrachtet als die inneren psychischen Umstände. Vermutlich wäre dies heute ein Fall für den/die Psychiater/-in. Damals wird jedoch mit dem Hinweis auf die sozialen Umstände ein Psychiater nicht herangezogen. Foucault fragt, wie Ende des 19. Jahrhunderts die Anomalie (der Kindstöterin) als Gegenstandsbereich im Strafrecht behandelt wird und „welches dann einerseits das tägliche Brot der Psychiatrie abgibt, andererseits jenes der Kriminalpsychologie und der Strafpsychiatrie" (ebd.: 144). Dass heute die Persönlichkeit herangezogen wird, um die Tat zu plausibilisieren, ist damit eine relativ junge geschichtliche Erscheinung.

Bis ins 17. Jahrhundert hinein werden „keine Fragen bezüglich der Natur der Verbrechen gestellt" (Foucault 2003: 114):

> „Mann kann also sagen, denke ich, daß bis zum Ende des 18. Jahrhunderts die Ökonomie der Strafmacht so geartet war, daß die Natur des Verbrechens und insbesondere die Natur des ungeheuerlichen Verbrechens niemals erfragt werden mußte." (Ebd.)

In diesem Zusammenhang zeigt Foucault auf, dass auch Kindstötung noch nicht vor dem Hintergrund psychiatrischer Schablonen von Gewicht ist und dies erst zunehmend im Laufe der Zeit wird (ebd. 145). So stellt der Autor die Frage, wie die Anormalen (Kindstöterinnen) diskursiv erzeugt werden.

Siebenpfeiffer (2003: 133) folgert, dass beispielsweise das „um 1800 dominante soziologische Bild der Kindsmörderin zu Beginn des 20. Jahrhunderts eine[r] tiefgehenden Diskursverschiebung unterworfen wurde":

> „Während von einer Ätiologisierung der Kindsmörderin im Sinne moderner Diskurse in der frühen Neuzeit noch nicht gesprochen werden kann, wurde der Kindsmord ab dem ausgehenden 18. Jahrhundert mit Hilfe früher kriminalsoziologischer Erklärungsmodelle auf gesellschaftliche Missstände zurückgeführt und als soziale Verzweifelungstat interpretiert. Die modernen Spezialdiskurse gestalten die Kindsmörderin seit dem beginnenden 20. Jahrhundert als ‚Inkarnation der Unmenschlichkeit' [...], indem sie mit Hilfe sexualpathologischer und psychopathologischer Diskursivierungen zur prototypischen Verkörperung einer ‚abnormen' Weiblichkeit stilisierten und damit aus einem soziologischen Erklärungsmodell herauslösten und in ein sexualpathologisches einschreiben." (Ebd. 133)

Die Autorin zeigt damit auf, dass es zu einer erzählten Motiv- und Ursachenverschiebung gekommen ist, die durch Brüche in den Deutungsweisen der Kindstöterin rekonstruierbar wird. Im Wandel vom 18. zum 19. Jahrhundert wird die Verschiebung dadurch deutlich, dass etwa das Ehrenrettungs- und Schandmotiv zunehmend zugunsten des psychischen Ausnahmezustands verblasst. Nicht mehr (nur) gesellschaftliche Bedingungen wie ökonomischer Status sind Anlass der Tat, sondern die Handlungen werden im Rahmen der Vorstellung einer „besinnungs- und bewußtlosen Gebärenden" intelligibel (Michalik 1994: 50). Oder nach Deutsch scheint Kindstötung durch die Mutter in „einer fast unwillkürlichen Handlung in einem psychischen Ausnahmezustand während der Geburt" (Deutsch 2007: 63) begründet zu sein.

Zwei kollektive Selbstverständnisse – Deutungsmuster – der Kindstöterin treten in Erscheinung: „der kriminalsoziologische [...] Typus der gemeinen Kindsmörderin, die unterprivilegierte Dienst- respektive Bauernmagd und die literarische Figur der Bürgerstochter" (Siebenpfeiffer 2003: 136). Während Siebenpfeiffer der Auffassung ist, dass der Typus der tötenden Bürgerstochter aus der Sturm-und-Drang-Zeit beschränkt bleibt auf die Literatur und sich der Typus der gemeinen Kindstöterin wirkungsmächtig bis ins 19. und 20. Jahrhundert fortschreibt, vertritt Michalik (1994: 50) eine andere Auffassung: Sowohl literarische Werke und Ansätze der Verbrechensbekämpfungen erzählen die Kindstöterin als eine Mutter, die den weiblichen Gewaltakt gegenüber ihres eigenen Kindes – und das ist das zentrale neue Moment in beiden Argumentationen der Typen – aufgrund ihrer natürlichen qua Geschlecht „angeborenen Schamhaftigkeit" verorten. Die Kindstöterin

> „war unschuldig verführt worden und hatte, aus Furcht vor Schande, in einem Zustand, der zwischen leidenschaftlicher Erregung und gänzlicher Besinnungslosigkeit schwankte, ihr Kind getötet. [...] Die ‚neue' Kindsmörderin, vor die furchtbare Wahl gestellt, ihr Kind zu töten, oder der Schande anheim zu fallen, entschied sich zwar in Negation ihrer ‚natürlichen' Bestimmung zur Mutterschaft, gegen das Kind. Sie tötete aber nicht aus existenziellen Motiven, sondern die Tat

war eine fast unweigerliche Folge der ihr angeborenen Schamhaftigkeit, was die Vernachlässigung ihrer Mutterpflichten bis zu einem gewissen Grade entschuldigen konnte." (Michalik 1994: 50)

Diese vielmehr biologisch-psychologische Deutungsweise der Ursache und des Motivs der Kindstöterin erfüllt zwei Funktionen (vgl. Deutsch 2007: 63). Einerseits ist dies ein spezifischer Umgang mit Präventionsmaßnahmen bei mordenden oder tötenden Müttern (Michalik 1994: 50). Die Begründung, bei der der Gewaltakt ins Körperinnere des Geschlechtswesens der Frau verlagert wird, scheint alle sozialpolitischen Maßnahmen, wie etwa Babyklappen, zur Disposition zu stellen, da sie in der Konsequenz wenig ausrichten können. Andererseits werden die weiblichen Zuschreibungen – als Geschlechtercharaktere – mit dem zugeschriebenen ‚unnatürlichen' Gewalthandeln der Frau gegenüber ihrem eigenen Kind plausibilisiert.

2 Mutterschaft als vergeschlechtlichte Sorgebeziehung

Dieser Streifzug durch die aktuellen sozialwissenschaftlichen Mutterschaftsdebatten dient als Grundlage für die vorliegende Arbeit. Vor diesem Hintergrund werden meine empirischen Ergebnisse zur Mutterschaftskonstruktion, die anhand der normativen Verhandlung der wegen (versuchter) Kindstötung Beschuldigten aus den Akten formuliert werden, am Ende der Arbeit diskutiert. Darüber hinaus hat dieser Ausflug das Ziel, wesentliche Begrifflichkeiten, aber auch Daten und Fakten zu Mutterschaft, auf die bei der Auswertung und Diskussion meiner Ergebnisse Bezug genommen wird, darzustellen und bekanntzumachen. Das Ziel ist, einen breiten Überblick über den Stand der Forschung zur Konstruktion von Mutterschaft in der sozialwissenschaftlichen Debatte zu erhalten.

Das Kapitel ist folgendermaßen systematisiert: Zu Beginn wird Mutterschaft als soziale Kategorie bestimmt (Abschnitt 2.1). Anschließend wird sich Mutterschaft aus historischer Perspektive (Abschnitt 2.2) zugewendet. Daran schließen sich die wissenschaftlichen Debatten zu Mutterschaft aus primären Perspektiven der soziologischen Kindheits-, Geschlechter-, Familien-, Sorge- und Elternschaftsforschung an (Abschnitt 2.3): Nachdem die Daten und Fakten zur empirischen Wirklichkeit von Mutterschaft dargelegt werden, werden im Anschluss die wissenschaftlichen Ansätze zur Konstruktion von Mutterschaft, die nicht zuletzt auch die empirischen Verhältnisse begründen, in den Blick genommen. Zunächst wird ein Abriss über die Entwicklung der Mutterschaftsforschung aus geschlechtersoziologischer Perspektive unternommen, um daran im Anschluss empirisch gesättigte Themenfelder, die für die vorliegende Arbeit anschlussfähig sind und die sich auf das empirische Aktenmaterial beziehen, vorzustellen. Diese Themenfelder liefern die Basis, um die Ergebnisse (Kapitel 4) der vorliegenden Untersuchung hinsichtlich Grenzen und Reichweiten zu diskutieren (Kapitel 5).

2.1 Was ist Mutterschaft? Eine soziale Kategorie

„Motherhood refers to the process associated with designating specific women as mothers, who are understood to be the bearers and/or primary carers of, children." (McCarthy/Edwards 2011: 131)

Dieses Zitat von McCarthy und Edwards, das sich durchaus auf Deutschland übertragen lässt, weist darauf hin, dass Mutterschaft eine sozial besondere vergeschlechtlichte Sorgebeziehungskonstruktion im Alltag ist (vgl. auch etwa Textor 2013; Bereswill/Meuser et al. 2007). Mutterschaft ist weiblich. Mutterschaft ist der institutionelle Rahmen, in dem Frauen auf bestimmte Weise zu Müttern gemacht werden. Dabei erscheinen Frauen als primäre Fürsorgegeberin, die sich vor allem um die Kinder sorgt. Diese (Zuschreibungs-)Prozesse können als Konstruktionen verstanden werden.

Konstruktionsprozesse von Mutterschaft werden empirisch nicht selten unter Bezugnahme auf anthropologische und/oder ethnologische Arbeiten wie die von Magret Mead (1958) und Maya Nadig (etwa 1987; 1989; 2011) innerhalb der Sozialwissenschaften verdeutlicht (Herwartz-Emden 1995: 21). So wird Mutterschaft in diesem Zusammenhang nicht als ontologisches, sondern als soziales Phänomen verstanden, das durch Handlungen, Denkweisen, Emotionen etc. innerhalb von spezifischen sozio-strukturellen Kontexten hervorgebracht wird (ebd.; Textor 2013). Insofern kann, statt im Singular, von Mutterschaften im Plural gesprochen werden: Kollektive Verständnisse von Mutterschaft variieren zwischen und innerhalb von Kulturen sehr stark (Textor 2013): Wie viel Zeit ein Kind mit den Eltern oder anderen verbringt, welche Erziehungsstile bevorzugt werden, ob die Vereinbarkeit von Familie und Erwerb (k)ein Problem sei und was unter, wenn es überhaupt problematisiert wird, Kindheit verstanden wird, ist eine Frage der Gesellschaftsform (ebd.).

Beispielsweise hat Nadig (etwa 1989) Mutterschaft bei den Mayas in Yukatan, einer mexikanischen Halbinsel, untersucht. Dabei vergleicht sie die bäuerlichen Gesellschaften mit Industriegesellschaften hinsichtlich ihres Mutterschaftsarrangements. Zentrale theoretische Vergleichskategorein sind kultureller Raum, Mutter-Kind-Beziehung, Status und Prestige (Herwartz-Emden 1995: 23). Bezogen auf die Mutter-Kind-Beziehung zeigt sich etwa, so Nadig (1989), dass diese Beziehung in der sozialen Gruppe verankert ist und nicht isoliert für sich steht: „Aggressive und ambivalente Gefühle der Mutter, insbesondere in der Phase der ‚primären Mütterlichkeit' können in der Bauerngesellschaft veräußerlicht werden, wohingegen sie in der urbanen Gesellschaft an der Frau haften und von ihr verdrängt oder nach innen gerichtet werden müssen." (Ebd.: 147; Herwartz-Emden 1999: 23). Dabei ist primäre Aufgabe der Mutter, weniger das Wohl des Kindes zu sichern als das Wohl der Gruppe mit dem Kind (ebd.). Und Herwartz-Emden (ebd.) hat basierend auf einer qualitativen Befragung, um ein zweites Beispiel zu nennen, herausgefunden, dass etwa Frauen mit türkischem Migrationshintergrund eine partnerschaftliche Kinderversorgungen für selbstverständlich halten, während im Vergleich die deutschen Frauen und Aussiedlerfrauen in Deutschland eher allein die Versorgung innerhalb familiärer Geschlechterarrangements übernehmen. Die Autorin begründet dies u. a. damit, dass in der Türkei „multiple Mutterschaft" in der Praxis die

Regel ist. Multiple Mutterschaft heißt, dass die Sorge ums Kind im Rahmen eines Netzwerkes von Personen aus dem sozialen (Nah-)Feld wie Freunden und Verwandten übertragen wird. Mit diesem Ergebnis zur Konstruktion von Mutterschaft räumt Herwartz-Emden mit Geschlechts- und Migrationsstereotypen auf, die der Auffassung sind, dass Frauen aus der Türkei in Deutschland weniger emanzipiert wären als deutsche Frauen. Dass Mutterschaft vor allem eine soziale (Ordnungs-)Kategorie ist und aufs engste mit Geschlechterselbstverständnissen einhergeht, zeigt sich auch im historischen Rückblick.

2.2 Mutterschaft – ein historischer Rückblick

In diesem Abschnitt wird Mutterschaft aus historischer Perspektive betrachtet. Diese Darstellung ist für die vorliegende Arbeit vor allem deshalb relevant, da sie bei der Diskussion der Aktendaten zu Mutterschaft als Hintergrundfolie dient, um mögliche Dynamisierungen zu beschreiben.[56]

Der historischen Rückblick beginnt für die vorliegende Arbeit nicht wie bei Vinken mit der Reformationszeit, sondern maßgeblich im späten 18. und frühen 19. Jahrhundert. Beim historischen Rückblick mit diesem Zeitpunkt zu beginnen, begründet sich dadurch, dass in der Zeit eine neue Qualität der normativen Verhandlung der ‚guten Mutter' auszumachen ist (vgl. Abschnitt 1.3). Mit neuer Qualität ist gemeint, dass sie die Geburtsstunde des „modernen Geschlechtsglaubens" und der modernen Familie charakterisiert (Schütze 1991b: 5; Fuhs 2007: 20; Burkart 2008: 111).

Und neue Qualität bedeutet auch, dass erst in dieser Zeit Mutter-, Vater und Elternschaft als selbstverantwortliche Praxis gedacht wird, in der eine Frau oder ein Mann individuell adressiert werden kann, (nicht) ‚richtige' Sorge für das Kind und andere Familienmitglieder zu tragen. Dies wird daran deutlich, dass sich Selbstver-

---

56   Die Ausführung zu Mutterschaft aus historischer Perspektive basiert vor allem auf Arbeiten von Barbara Vinken (2002), Yvonne Schütze (1991a), Elisabeth Badinter und Ingrid Biermann (2002). Vinken (2002), die die „Wiege" (ebd.: 9) der deutschen Mutter in der Reformationszeit verortet, argumentiert, dass die deutsche Mutter, die Mutterschaft zum exklusiven Lebensinhalt mache, ein „Sonderweg" sei (ebd.: 19). Schütze hat im Anschluss an Elisabeth Badinter nicht die Konstruktion der Mutterliebe vor allem für Frankreich, sondern die Konstruktion der Mutterliebe in sozialen Zusammenhängen für Deutschland (re-)konstruiert. Dabei stützt sie ihre Ausführungen auf etwa medizinische, öffentliche Handlungsanweisungen und empirische Daten zur Familie und Arbeit bezogen auf das 19. und frühe 20. Jahrhundert. Biermann hat sich in ihrer Untersuchung den Weiblichkeitsentwürfen ebenfalls des 19. und frühen 20. Jahrhunderts zugewendet, die auf der Analyse von Familienratgebern und Schriften der Frauenbewegung basieren. Alle anderen Autoren und Autorinnen, die in diesem Zusammenhang erwähnt werden, stützen sich zumeist auf die Arbeiten der genannten Autorinnen wie Badinter, Schütze etc.

ständnisse zum Scheitern in dieser Zeit von strukturellen Erklärungsmustern zu individuellen Erklärungsmustern verschieben (Zahlmann 2005; Bähr 2005): Nicht mehr Gott ist verantwortlich für das individuelle Glück, sondern die konkreten Individuen auch als Männer und Frauen selbst (ebd.).

Die kollektiven Selbstverständnisse darüber, was angemessene Mutterschaft ist, variieren je nach Kategorien sozialer Differenzierung wie etwa Schicht und Klasse, Arbeit und Geschlecht. Dabei sind die Selbstverständnisse von Mutterschaft aufs engste verknüpft mit familiär-soziostrukturellen sich wandelnden Lebens- und Arbeitsformen. Verknüpft sind sie auch mit dem Beginn der Verwissenschaftlichung des Kindes bzw. der Mutter-Kind-Beziehung, „die über normative Konzepte darauf abzielt, das Ergebnis des kindlichen Sozialisationsprozesses mehr und mehr plan- und berechenbar zu machen" sowie mit dynamisierten Bezugssystemen vom Stand zum Geschlecht als zentrales soziales Ordnungsmuster des Handelns (Schütze 1991b: 8). Im Mittelpunkt der historischen Abhandlung zu Mutterschaft steht ausgehend von der Empirie (Kapitel 4) die Frage, wie die ‚gute Mutter' codiert wird (Abschnitt 3.1). Dabei kann keineswegs von der normativen Verhandlung auf die Alltagspraxis geschlossen werden (Hausen 1976: 383; Fuhs 2007: 20).

Bis in die Mitte des 18. Jahrhunderts hinein findet sich situiert im heutigen Mutterschaftsselbstverständnis noch keine annähernd ähnliche Codierung der ‚guten Mutter' in Deutschland (Gschwend 2009: 14; Badinter 1987: 33; Schütze 1991b: 5).[57] Die Mütter und Väter leben vor allem, aber nicht nur, in Hausgemeinschaften und die Wohn- und Arbeitsstätte ist noch nicht getrennt (Gschwend 2009: 14; Schütze 1991b: 9). Weder wird die Frau in der Position der Mutter auf die Bedürfniserfüllung des Kindes und den Haushalt reduziert noch ist sie Hauptadressatin der Sorge um das Kind (Gschwend 2009: 14; Schütze 1991b: 20). Laut Gschwend (ebd.: 15) ist die „Verantwortung der Mutter für das Kind […] spätestens mit der Stillzeit beendet, wenn denn überhaupt gestillt wurde". Das Stillen, so die Autorin weiter, genießt keine große Beliebtheit bei den Müttern quer durch die Schichten hinweg (ebd.). Besonders ärmere Mütter lehnen das Stillen ab (ebd.). Die Betreuung der Kinder liegt im Anschluss an die Stillzeit, wie Gschwend (ebd.) zusammenfasst, bei den Geschwistern, den Altern, dem Gesinde, den Dienstboten und den Ammen. Adlige können sich auch eine persönliche Amme zulegen, die im eigenen Haushalt beschäftigt ist (Badinter 1987: 50). Betreuung der Kinder durch Dritte ist im 18. Jahrhundert – allerdings eher bei wohlhabenderen Schichten – auch durch Pensionate und Internate üblich (ebd.).

In der Vorstellung dieser Zeit des 18. Jahrhunderts werden Kinder eher als „unfertige Erwachsene" wahrgenommen, dies gilt insbesondere für Kleinkinder

---

57 Schütze (1991: 5) macht darauf aufmerksam, dass es Uneinigkeit darüber gibt, ob es vor Mitte des 18. Jahrhunderts so etwas wie Mutterliebe gibt. Während die einen es abstreiten (etwa Badinter 1987), wollen andere deren Faktizität beweisen (etwa Arnold 1980).

(Heidinger 2010: 127; auch Badinter 1987: 43, 56; vgl. auch Aries 1978). Sie haben im Sozialen kein großes Gewicht. Für die Geringschätzung des Kindes im 18. Jahrhundert sieht Badinter drei Anzeichen. Erstes Anzeichen ist, dass Kinder vornehmlich als „Puppe" oder auch „Maschine" – dies bezieht sich auf Frankreich – verstanden werden, welche von den Eltern „sehr häufig als ein amüsantes Spielzeug betrachtet [werden], das man um seines Vergnügen und nicht um seines Heils willen liebt" (Badinter 1987: 56). Das zweite Anzeichen für die Geringschätzung des Kindes ist das Fehlen der Kinderheilkunde und die teilweise fehlende Behandlung von Kindern (ebd. 59, vgl. Schütze 1991a, 1991b): So wird im Rückblick eines Arztes mit dem Namen Buchhan (1775) erwähnt: „Die Medizin hat der Erhaltung der Kinder sehr wenig Beachtung geschenkt, und zwar aus Gleichgültigkeit und in Verkennung des potentiellen Reichtums der Kindheit [...]" (zit. n. ebd.: 58). Das dritte Anzeichen der Geringschätzung sieht Badinter darin, dass das Kind in der Literatur – ein wesentliches Selbst-Kommunikationsmedium des Bürgertums und des Adels – nicht auftaucht (ebd.: 59). Badinter spricht in diesem Zusammenhang von „Beinahe-Bedeutungslosigkeit", da es anscheinend eine „gewisse Gleichgültigkeit" gegenüber dem Kinde gibt (ebd.: 59-60).

Ausdruck dieser Gleichgültigkeit scheint die hohe Kindersterblichkeit zu sein, die noch in das 19. Jahrhundert hineinreicht:

> „Nicht weil die Kinder wie die Fliegen starben, haben die Mütter sich so wenig für sie interessiert, sondern wenigstens zum Teil sind sie deshalb in so großer Zahl gestorben, weil die Mütter sich nicht für sie interessierten." (Ebd. 63)

So kommt verstärkt im 19. Jahrhundert auf, dass die Sicherung des Kindeswohls durch einen gesunden Körper und entsprechend bedürfnisadäquater Pflege gesichert wird.

Mitte des 18. Jahrhunderts werden erste neue Gedanken zur Mutter-Kind-Beziehung formuliert und bis einschließlich des 19. Jahrhunderts sind diese Gedanken bereits im kulturellen Denkhorizont verankert (Schütze 1991b: 5). Schütze (ebd.) spricht von einer „neue[n] Qualität" der Mutter-Kind-Beziehung. Diese neue Qualität lässt sich vor dem Hintergrund neuer Ideen über Mutterschaft und Kindheit verstehen, die parallel zur Industrialisierung aufkommen und von protestantischen Vorstellungen, die durch die bürgerliche Gesellschaft getragen werden (Ladd-Taylor/Umansky 1998a: 6; Vinken 2002: 9 ff.; Gschwend 2009: 16-17). Dies geschieht laut Biermann (2002) parallel zu der aufkommenden „Propagierung eines emotional intimisierten Geschlechterverhältnisses und vor allem eines emotional intimisierten Mutter-Kind-Verhältnisses als Ausdruck einzigartiger und deshalb wahrer Beziehung" (ebd.: 132). Laut der Autorin ist es die „Intimsemantik für Ehe und Familie", die diese Verhältnisse entscheidend mit hervorbringt (ebd.). Die Intimsemantik „basiert auf einem Bild des Weiblichen, welches ein Dasein für andere führt und darin seinen Sinn finden soll" (Biermann 2002: 132). Dies greift mit der Geburtsstunde der modernen Familie ineinander (Burkart 2008: 111), die sich am Ende „des familialen Strukturwandels, der sich seit dem 17. Jahrhundert[58] von der Hausgemeinschaft zur bürgerlichen Familie vollzieht" (Schütze 1991b: 20; vgl. Richter 2008: 66). Charakteristisch für diese neue Lebensform ist das Moment der Liebesehe und die Trennung von Wohnen und Arbeiten am Schnittpunkt der Sphärentrennung von Privatem und Öffentlichem (Burkart 2008: 211; Schütze 1991: 6).

Viele Mütter arbeiten zu dieser Zeit zum Beispiel ebenso wie die Väter als Tagelöhner/-innen. Wenn die Mutter arbeitet, wird das Kind von anderen aus der Hausgemeinschaft beaufsichtigt oder alleingelassen (Gschwend 2009: 17).

Gschwend (ebd.) formuliert die Mutterposition dieser Zeit so: „Aus der Hausmutter des 18. Jahrhunderts wird die Nur-Hausfrau und ‚Mutter am Herd' und die Figur der außerhäusig erwerbstätigen Vaters verblasst langsam neben der immer präsenten Mutter [...]." Verblassen heißt hier, dass der Vater, der noch im 17. Jahrhundert als „der Stellvertreter Gottes" und „Ersatz des Königs innerhalb der Familie" gilt und souverän im Handeln und Entscheiden ist, im 19. Jahrhundert noch stärker als bereits im 18. Jahrhundert in seinen Rechten beschnitten wird (Badinter 1987: 230-231). So wird, wie Buschmeyer (2013: 23) ausführt, erst – was sich dann ändert – dem Vater im Verlauf des 18. Jahrhunderts „die Hauptrolle in der Erziehung zugeschrieben, während die Mütter für das gesundheitliche Wohl und die Pflege der Kinder zuständig waren". Der Staat übernimmt zunehmend neben der Frau – zumindest rhetorisch angetrieben durch die Sicherung des Kindeswohls – einen Teil dieser Rechte, wenn der Vater seine Position nicht ordnungsgemäß ausfüllt: „Der Lehrer, der Jugendrichter, die Sozialfürsorge, der Erzieher und später der Psychiater, die alle einen Teil der früheren Attribute des Vaters besitzen" (Badinter 1987: 231). Das Bild des ‚guten Vaters' kann hier als Ernährer beschrieben werden (Biermann 2002: 137): „Die nach außen gerichtete Rolle des Mannes führt dazu, Erziehungsaufgaben an die Frau zu übertragen."

Unterschiedliche Denker wie „Philosophen, Moralisten und Pädagogen" erfinden die Natur des Kindes, die einer „bewusste[n] Erziehung" bedarf (Schütze 1991b: 19). Aufgenommen wird die Idee vor allem vom Bildungs- und Besitzbürgertum (ebd.). Dabei lassen sich nach Schütze (ebd.) vor allem zwei Gruppen differenzieren: die Pädagogen und die Ärzte. Zur ersten Gruppe der Pädagogen gehören Pestalozzi und Fröbel mit ihren Vorstellungen zur mütterlichen Ausbildung (ebd.). Die Ärzte – die zweite Gruppe – erfinden neue Disziplinen wie Schwangerenbehandlung und Geburtskunde (ebd.).

---

58   Burkart (2008: 111) sieht die Hausgemeinschaft als „vorherrschende Lebensform im Europa der frühen Neuzeit, also etwa seit dem 16. bis 19. Jahrhundert."

Es geht vor diesem Hintergrund um die „bewusste Erziehung" (ebd.) und es soll sich nun auch um das körperliche Kindeswohl gekümmert werden. So schreibt Schütze (1991b: 19), dass die Kinderheilkunde ebenfalls eine neue eigene Disziplin wird, die im Übergang vom 18. zum 19. Jahrhundert entsteht.[59] Unter anderem werden die „besonderen Bedürfnisse" hinsichtlich gesundheitlicher Aspekte eruiert, die durch die Fürsorgenden angemessen berücksichtigt werden sollen (ebd.: 19).

Die Mutter wird erst im Übergang zum 19. Jahrhundert zur „alleinigen Adressatin" für Sorgearbeitsfragen bezüglich der Kinder, wie Schütze (ebd.: 20) auf Basis von ärztlichen Handlungsanweisungen aufzeigt. So veröffentlicht der Autor Essrich – der als Vorreiter gesehen werden kann – bereits Ende des 18. Jahrhunderts entsprechende Handlungsanweisungen (ebd.: 19). 1788 erscheint der Ratgeber „Unterricht für Mütter und Kinderwärterinnen, Kinder in gesunden und kranken Tagen gehörig zu behandeln" und neun Jahre später im Jahr 1797 publiziert derselbe Autor das „Lesebuch für angehende und zukünftige Mütter" (zit. n. ebd.: 20). Das heißt, dass die Sorge für die Kinder vorher nicht ausschließlich der Mutter zugeschrieben wird. Ammen und Kinderpflegerinnen gehören durchaus zu den Haupt-Sorgetragenden quer durch die Schichten und insbesondere bei der städtischen Bevölkerung (Schütze 1991b: 19; Badinter 1987: 51). Zunehmend werden Ammen und Kinderpflegerinnen an der Schwelle zum 19. Jahrhundert in ihrer Position abgewertet (ebd.). Die neuen Anforderungen der Mutter, die sich ausschließlich selbst um die Sorge des kindlichen Wohls zu kümmern habe, speisen sich somit aus der Erfindung der Kindheit (Gschwend 2009: 16-18; Aries 1978; Hungerland 2003). Kinder werden zunehmend als Ressource für die Bevölkerung gesehen (ebd.: 17, Badinter 1987; Schütze 1991a).

Damit etabliert sich verstärkt ein neues normatives Selbstverständnis bezüglich der Mutter, die qua Geschlecht für die Sorge um Kinder, um den (Ehe-)Mann und das Heim zuständig sei. Diese Zuständigkeiten werden aus den „Geschlechtscharakteren" abgeleitet, die Frausein mit Mütterlichkeit in eins setzen (Hausen 1976; Schütze 1991b: 23). Diese Gleichsetzung wird im 20. Jahrhundert noch verstärkt und inhaltlich ausdifferenziert.

Im Laufe des 19. Jahrhunderts und im frühen 20. Jahrhundert besteht der normative Anspruch der ‚guten Mutter' darin, sich primär um das Wohl des Kindes und das Wohl des (Ehe-)Mannes zu sorgen. Bei dieser zugeschriebenen mütterlichen Aufgabe gehe es um das ‚richtige' „Sichhineinversetzens in den anderen und des Vorwegnehmens der Wünsche und Sichtweisen des Gegenübers" (Biermann 2002: 133). Während die Frau sich um den Mann sorgt, indem sie für „Harmonie,

---

59   1895 wird in Deutschland die erste eigene Pädiatrie (Kinderheilkunde) unter der Leitung von Professor Otto Heubner an der Berliner Charité geschaffen.

absolute Zuverlässigkeit, das Geben des Gefühls von Überlegenheit", aber auch partnerschaftliche Treue eintritt, sorgt sie sich um das Kind, indem es sich – wie Biermann (ebd.) formuliert – durch sie als Mutter verstanden fühlt, körperlich wohlfühlt und ihr vertrauen kann.

Neben der Sorge um das körperliche Wohlergehen wird zur neueren normativen Pflicht, dass die Frau in der Position der Ehegattin und Mutter auch das emotionale und kognitive Bedürfnis des Kindes befriedigt und fördert (Gschwend 2009: 20). Die Mutter wird normativ aufgefordert, sich um die seelische Ausgeglichenheit ihres Kindes zu sorgen (ebd.: 20), um ein – mit Biermann (2002: 133) ergänzt – frohsinniges und erzogenes Wesen des Kindes zu haben. Beispielsweise steht für erzogen in dieser Zeit ein Kind, das dem Vater nicht widerspricht.

Komplementär zu den „neuen" Bedürfnissen des Kindes werden die Pflichten der Mutter in der Familie bestimmt (Hungerland 2003: 159).[60] Zusammengefasst lassen sich die Pflichten als „Aufgabe der Selbstaufgabe" und als „Erzieherin und die Vertraute der Kinder des Mannes" bestimmen (Biermann 2002: 135). Aufgabe der Selbstaufgabe insofern, als dass sich die Konzeption des Weiblichen für die Entfaltung eigener Interessen verschließt. Arbeit jenseits der Hausarbeit, wie es zuvor üblich ist für den weiblichen Lebenszusammenhang, soll zumindest im gebildeten Bürgertum nicht mehr nachgegangen werden. Die Mutter soll sich durch Verständnis, Geduld, Zeit, Einfühlungsvermögen, ihrem Körper (Stillen etwa neun Monate lang) und Seelenbezug exklusiv ihrem Kind und auch dem Mann widmen, indem sie das Vertrauen des Kindes gewinnt (ebd.). Darüber wird sie zur Ansprechpartnerin für mögliche Probleme und kann erzieherisch einwirken (ebd.). Dies verweist darauf, dass über den Seelenbezug bzw. -zugang, der sich über exklusive Bindung als Dasein für andere definiert, die Mutter das Kind regieren kann. Als „Erzieherin und Vertraute der Kinder des Mannes" hat sich Grundlegendes geändert (Biermann 2002: 135). Weniger der Haushalt als der zeitliche Umfang der Betreuung der Kinder wird wesentliches Kriterium, an dem sich ‚gute Muttersein' messen lassen kann. Laut Biermann (ebd.: 136) beginnt dieser Prozess u. a. mit dem Anspruch des Stillens der Frau. Die Körperstellen wie etwa Brust werden zum Symbol der mütterlichen Fürsorge. Damit werden die Verbindungen von „Mutterschaft (als Teil der Elternschaft), die Kinderaufzucht und die Arbeit der Frau [...] wie noch in der neuzeitlichen Lebensform" aufgelöst (ebd.). Die exklusive Zuwen-

---

60   Die Kindheitswissenschaftlerin Hungerland wird herangezogen, um die Bildung von Mutterschaftsaufgaben zu beschreiben. Sie selbst hat sich in ihrer Untersuchung nicht mit dem Datenmaterial dieser Zeit auseinandergesetzt. Die Autorin schreibt zu Ernährungsweise und (guter) Mutterschaft im Kontext zur normativen Verhandlung von altersgerechter Entwicklung und Gesundheit des kindlichen Körpers (siehe Überschrift) basierend auf Elternratgebern und Entwicklungsplänen der letzten 50 Jahre der Bundesrepublik Deutschland und zeigt auf, wie sich die Empfehlungen und Ratschläge in diesem Zusammenhang gewandelt haben (Hungerland 2003: 148).

dung zum Kind durch die Mutter wird zur neuen Anforderung, die durch Handlungsanweisungen wie Ratgeber begleitet werden soll (ebd.: 136-137). Seitens der Mütter würde der geistigen Förderung nicht adäquat Rechnung getragen, entweder da sie zu stark in die Hausarbeit eingebunden wären oder da ihnen die entsprechenden Sachkenntnisse fehlen würden, wie im Band „Mutterschaft" zu Pflichten der Mutter von Adele Schreiber 1912 hervorgeht (ebd.: 71).

Bis in die 1950er-Jahre ist Erziehung vor allem durch Disziplinarmaßnahmen zur Sanktionierung von Handlungen geprägt. Zärtlichkeiten im heutigen körperlichen Sinne sind noch immer unerwünscht (Gschwend 2009: 20). Hat die Mutter in dieser Zeit den normativen Erwartungen nicht entsprochen, folgen moralische Sanktionierungen. Das Etikett der ‚guten Mutter' wird mit dem Verweis auf die „egoistische [...]" Mutter verliehen (Biermann 2002: 137): Die Mutter wird zur wichtigsten und unersetzbaren Fürsorgegeberin gegenüber dem Kind, deren Position nicht zu ersetzen ist (ebd.: 140). Der Vater spielt nur eine Randposition (ebd.). Laut Biermann (ebd.: 134) verändert sich damit das Bezugssystem. Nicht mehr die „Moral der Sitten und Prinzipien" ist wesentlich, sondern die „Moral des Verantwortlichseins für das individuelle Glück anderer" gilt als Ordnungskategorie des Sozialen (ebd.: 134).

Insbesondere die bürgerliche Frauenbewegung[61] und konfessionell ausgerichtete Frauengruppen betonen die Geschlechterdifferenzen. Sie behaupten, vor allem aus der Natur aber auch der Historie sei Weiblichkeit fundamental verschieden von Männlichkeit. Viele aus der ersten Frauenbewegung setzen Weiblichkeit mit Mütterlichkeit synonym (zum Konzept der „geistigen Mutterschaft" siehe Kuhn 2002: 7, 75, 77; Schaser 2006: 28-29; Hopf 1997: 147-148; Gerhard 2008: 195; Lange 1928a: 206).[62] Über das Mütterlichsein werden Ansprüche auf eigene andersartige Arbeitsbereiche gestellt. Motiviert wird diese Politik durch ein „Heilsversprechen", welches „in der Gesundheit und Funktionstüchtigkeit des Volkskörpers" liegt (Vinken 2002: 13). Frohnhaus (1994: 143) weist darauf hin, dass bereits in der ersten Frauenbewegung vereinzelt Stimmen laut werden, die statt des Differenzden Gleichheitsansatz postulieren und einerseits für eine gleiche symbolische Repräsentation eintreten und damit auch für das Ziel einer Vereinbarkeit von Erwerb und Familie. Diese Stimmen finden allerdings erst in der zweiten Frauenbewegung großen Zuspruch (ebd.: 143).

Im Nationalsozialismus übernimmt die ‚gute Mutter' eine Schlüsselposition in der Figur des „Familienhort[s] des Volkes" (Gschwend 2009: 19; Vinken 2002:

---

61 Die erste Frauenbewegung wird im Zeitraum der 1848er-Revolution bis in die 1920er-Jahre verortet (Gerhard 2008: 191).

62 Sichtbar sind in dieser Zeit auch andere Positionen auch innerhalb der Frauenbewegung. Häufig benannt werden in diesem Zusammenhang beispielsweise der sozialistische Flügel (etwa Clara Zetkin) und der radikale Flügel (etwa Hedwig Dohm) (siehe dazu: Seck 2014: 47).

260): „Die Mutter, verkündet Adolf Hitler, sei die wichtigste Bürgerin in seinem Staat", wie Vinken (ebd.) unter der Überschrift „Deutschland als Mutterland" im Nationalsozialismus ausführt. In Vinkens Darstellung wird nicht von einer Rückkehr zum traditionellen Mutterschaftsbild ausgegangen (ebd.: 301). So schreibt die Autorin:

> „Es ist ein weitverbreiteter Irrtum, daß die Nationalsozialisten die Frau in ihre traditionelle Familienrolle zurückdrängen wollten. Diese Fehleinschätzung mag damit zusammenhängen, daß [...] die komplementären Räume von Männern und Frauen nicht einmal mehr formal gleichwertig, sondern getrennt und hierarchisiert erscheinen. Hitlers Rede von der kleinen Welt der Frauen und der großen Welt der Männer bringt es auf den Punkt, wobei auch bei ihm die große Welt [der Staat] auf die kleine [Mann, Kinder und Haus] angewiesen bleibt." (Ebd.: 275)

Gleich bleibt nach Vinken als Fundament bei dem Bild also, dass Frauen und Männer sich biologisch in ihrem Wesen klar unterscheiden und daher in unterschiedlichen strikt voneinander getrennten sozialen Bereichen zu verorten sind. Diese sozialen Bereiche scheinen hierarchisch strukturiert, da sie unterschiedliche Wertigkeiten zugeschrieben bekommen. Die soziale Platzzuschreibung begrenzt geschlechtsbezogen die Handlungsmöglichkeiten von Frauen und Männern. In diesem Zusammenhang erscheinen Frauen, die ihrer Mütterlichkeit nicht nachgehen, noch immer als nicht ‚normal', was sich in der nationalsozialistischen Begrifflichkeit „entartet" äußert (ebd.: 262). Auf die Sphärentrennung wird in jeder Hinsicht hingearbeitet. „Gelehrte Frauen" werden als vermännlicht abgewertet. In der Konsequenz werden etwa verheiratete Frauen aus ihrem Beamtenverhältnis 1934 entlassen – wie die Juden bereits zu diesem Zeitpunkt auch – und 1936 aus dem gesamten Staatsdienst abberufen (ebd.: 271). Die Frauenquote an den Universitäten liegt bei 10 Prozent (ebd.). Die Zahl der weiblichen Studierenden sinkt von 20.000 im Jahr 1933 bis 1936 auf 5.500 (ebd.).

Nach Vinken (ebd.: 276) geht es vielmehr darum, diese klassische strikte Sphärentrennung in männlich und weiblich zugunsten eines höherwertigen Ziels zu überwinden. Dieses Ziel ist der konstruierte „Volkskörper", der als Ort des individuellen Glücksversprechens den Ort der Familie ersetzt.

Geändert haben sich in diesem Kontext die Prinzipien der Ordnung. Während in der Familie Geschlecht und Alter von Bedeutung sind, sind nun Professionalisierung der Hausfrauen- und Mutterrolle wichtig (ebd.: 276): „Das Mutter- und Hausfrauensein wurde zu einem Beruf, der kollektiv als Säuglingspflege, Haushaltslehre, Mütterschulung, Mütterdienst und Volksgesundheitsdienst erlernt und praktiziert wurde." (Ebd.) So muss ein SS-Mann beispielsweise ein Mütter-Zeugnis vor der Heirat vorzeigen, das über einen erfolgreich absolvierten Mütterschulungslehrgang informiert, die die Position der ‚guten Frau' und ‚guten Mutter' untermauert (ebd.).

Die Mutter-Kind-Beziehung wird neu ausformuliert. So bekommt eine Mutter ihr Kind nicht mehr für sich selbst vor dem Hintergrund eines individuellen Glücksversprechens oder für den Vater oder als Ausdruck einer Liebesehe, sondern für das Kollektiv – den Volkskörper (ebd.: 277, 279): „Sie wurden nicht mehr für Gott oder die Familie, sondern für den Führer geboren", schreibt Vinken (ebd.: 277). Und die Partei nimmt den Platz der primären Sozialisationsinstanz Familie ein (ebd.). Begehrenswert für die Frau ist der Mann einzig als „die reine Verkörperung der Rasse", um ihren Trieb nach Mutterschaft – ein Kind haben zu wollen – nachzugehen. Sexualität als Akt dient ausschließlich der Rassenweiterführung (ebd.: 279). So heißt es:

> „Die Institution der Ehe spielte keine Rolle mehr. Die Rolle des Vaters schrumpfte auf die des gesunden und rassisch reinen Begatters und, wenn möglich, Ernährers; stellvertretend sprang die Volksgemeinschaft, verkörpert im Führer und konkret in adoptierende SS-Paten, ein. Geliebte und Gattin verschwanden hinter der neuen Mutter. Das Kind war nicht mehr Fleischwerdung der Liebe des Paares [...]." (Ebd.: 278)

So liegt das „Prinzip des Volkskörpers quer zur patriarchalischen Ehe und Familie" (ebd.: 296): „Nicht mehr uneheliche und eheliche Kinder waren die wichtigste Unterscheidung, sondern kranke und gesunde, rasereine und fremdblütige Kinder" (ebd.). Dies führt Vinken etwa auf die familienpolitischen Maßnahmen zurück, die ihre Leistung nicht in Abhängigkeit von der biologischen Elternschaft vergeben, sondern an die Anzahl. So zählt eher die Quantität und nicht die Qualität bei der Reproduktionsfrage der deutschen Mutter, wie Gschwend (2009: 20) am „Mutterverdienstkreuz" aufzeigt. Bei dem vierten Kind gibt es eine Medaille in Bronze und nach dem achten Kind eine in Gold. Diese Erfindung dient nicht zuletzt der Soldatenreproduktion (ebd.).

Die neue Mutter zeichnet sich des Weiteren im Bruch zum vorigen Verständnis dadurch aus, dass sie in zweifacher Hinsicht Härte zeigt, um die Reinhaltung und Aufrechterhaltung der „Rasse" zu sichern (Vinken 2002: 280). Selbsthärte zeigt sich darin, dass die Position der Mutter bei Geburt synonym mit einer Kriegerin gesetzt wird, die im Einsatz um den Volkskörper kämpft (ebd.). Fremdhärte äußert sich hingegen darin, dass sie über die Fähigkeit verfügt, „lebensunwertes" Leben – worunter soziale Gruppen wie Kinder mit geistiger und körperlicher Behinderung zählen – staatlich organisiert töten zu lassen (ebd.: 281). Und nicht wie die traditionelle Mutter reagiert, „die in blinder Gefühlsduselei verwöhnt, verzärtelt und verzogen hatte", indem sie bei der Hilfe nicht zwischen Wichtigem und Unwichtigem zu entscheiden weiß (ebd.). „Auslese und Ausmerze war die neue Losung", wie Vinken (ebd.) zusammenfasst. In diesem Bilde ist sie nun eine selbstbewusste Mutter und keine, die in erster Linie durch ihre Gefühle geleitet wird, dem bewusstes und rationales Denken und Handeln entgegensteht (ebd.).

Erst Ende der 1960er- und 1970er-Jahre kommen die neuen Qualitätsmerk-
male einer ‚guten Mutter' – affektive Zuwendung und kognitive Stimulierung des
Kindes – nach Deutschland, die im Rahmen der Psychologisierung der Mutter-
Kind-Beziehung in den USA entstanden sind (Gschwend 2009: 20-21).[63]

In den USA beteiligen sich unterschiedliche Gruppen an der Bestimmung,
was eine ‚gute Mutter' tun muss. Nicht nur Ärzte/Ärztinnen, sondern auch
Psychologen/Psychologinnen und Pädagogen/Pädagoginnen deuten die Mutter-
Kind-Beziehung dahingehend, dass eine Mutter verantwortlich sei, dafür zu sorgen,
dass die Kinder „seelisch ausgeglichene, ‚glückliche' Kinder" seien (ebd.: 20). Der
Position des Vaters wird dabei kaum Gewicht zugestanden (ebd.). Später folgt
neben dem Kindeswohl und der seelischen Gesundheit noch die affektive Form
der Zuwendung und die geistige Gesundheit als Mittel der kognitiven Zuwendung
(ebd.; Schütze 1991b: 103). Geistige Gesundheit steht „unter dem Einfluß der
Piagetschen Erkenntnis zur Entfaltung kognitiver Kompetenzen" für die intellektuelle Stimulation des Kindes durch die Mutter (Schütze 1991b: 103). Ratgeber, wie
„Teach your baby to read" führen 1965 in den USA die Bestsellerlisten an, wie
Schütze (ebd.: 103; vgl. auch Gschwend 2009) darlegt.

Diese neuen US-amerikanischen Entwürfe der ‚guten Mutter' entfalten sich
im besonderen Ausmaß erst Jahre später in Deutschland. Dies liegt daran, dass
Deutschland in der Nachkriegszeit erst mit den veränderten Geschlechterbildern
und Praxen umgehen muss, als die Männer aus der Kriegsgefangenschaft zurück-
kehren (ebd.).

Im Nachkriegsdeutschland (nach 45) wird sich von der „pervertierte[n] Mutter", wie es Vinken formuliert, des Nationalsozialismus abgegrenzt und wieder geht
es um die wahre und echte Mutterschaft und darum, die damit einhergehenden
Forderungen durchzusetzen (Vinken 2002: 16). Die Mutter bleibt auch in der Politik der Bundesrepublik Garantin für eine „bessere Welt" (Vinken 2002: 16). Die
Frauen werden wieder darauf eingestimmt, die Position im Haus einzunehmen,
während die Männer ihre Position in der außerhäuslichen Erwerbsarbeit einnehmen. Analogiebildungen über die „Geschlechtscharaktere" (Hausen 1976) sind
wieder wirkungsmächtig. „Die Familie steht einer verderbten Welt gegenüber, in
der herzlose Karrierefrauen, aber keine Mütter einen Platz haben", so Vinken
(ebd.: 17). Die Lösung des Problems ist wieder der Ausschluss der Frauen und
Mütter aus der vermeintlich verderbten (Außen-)Welt (ebd.).

In diesem Zusammenhang wird zwischen vermännlichten Frauen und echten
Frauen differenziert. So schreibt Gschwend (2009: 20): „Unterschieden wird nun

---

63   Gschwend beschreibt affektive Zuwendung und kognitive Stimulierung des Kindes in den
      1960er- und 1970er-Jahren als gänzlich neues Phänomen. Nach Biermann ist das schon ein Phä-
      nomen, das man bereits vor dem Nationalsozialismus zu Beginn des 20. Jahrhunderts beobachten
      kann.

zwischen der ‚mütterlichen' Frau, deren Interessenshorizont beim Kind beginnt und beim Kind endet, und der ‚intellektuellen', ‚männlich identifizierten' Frau, die zu ‚normaler weiblicher Liebe' unfähig ist." Bezugspunkt ist, dass die wahre Natur der Frau (Mütterlichkeit) sich nicht entfalten könne in der unpersönlichen Arbeitswelt. Nicht entfalten heißt, dass die Berufstätigkeit der Frau zur Schädigung und auch Vernachlässigung des Kindeswohls und Einbuße der Mütterlichkeit – was auch immer das heißen mag – führt.

In der alten Bundesrepublik der 1950er- und 1960er-Jahre – Zeit des sogenannten Wirtschaftswunders – hat das Modell der bürgerlichen Normal- und Kernfamilie seine „goldene Zeit" (Toppe 2009: 112). Dies betrifft nicht die DDR und andere westeuropäische Staaten (ebd.). In der DDR wird die „werktätige[...] Mutter" zum gewichtigen Modell (BMFSFJ 2006: 234). Gleichwohl wird auch hier in der unter anderem rechtlichen Praxis vor allem Müttern die Hausarbeit zugewiesen (ebd.).

In den 1970er-Jahren wird die Hausfrauenehe zunehmend – sicherlich stark beeinflusst durch die zweite Welle der Frauenbewegung[64] (vgl. Kern 2008: 9, 16;

---

64 Mutterschaft bzw. auch Vater- und Elternschaft ist schon immer auch Thema der Frauenbewegung (Lenz 2010: 177). Lenz zeigt dies an drei zentralen erreichten Zielen der Frauen- und Mütterbewegungen auf: Das erste umfasst die Forderung nach Anerkennung von Reproduktionsarbeit als wertvolle gesellschaftliche Tätigkeit, deren Bedingungen verbessert werden müssten. Dies zeige sich zum Beispiel an Forderungen nach „Lohn für Hausarbeit, durch Erziehungsgeld oder durch die Berücksichtigung von Mutterschaft in den Rentenberechnungszeiten" (ebd.: 179). Das zweite Ziel bezieht sich darauf, dass „Muttersein wieder mit Öffentlichkeit und politischen Diskursen verbunden wird, die verschiedenste Perspektiven zwischen Differenz und Gleichheit eröffneten" (ebd.). Dazu zählt sie die Forderung, dass Männer sich mit um die Kinder sorgen sollen. Die Einbeziehung bezieht sich auf unterschiedliche Bereiche (ebd.). Angefangen damit, dass Männer/Väter mit zum Geburtsvorbereitungskurs gehen können/sollten, bis hin dazu, dass sie stärker die Kinder betreuen sollten. Auch setzt sie sich für Mütterwohngemeinschaften ein (ebd.).
Und drittens – dies ist ein wesentlicher Punkt, der schon an die erste Welle der Frauenbewegung anschließt – haben sich Teile der Bewegung mit daran beteiligt, unter der Berücksichtigung, dass 1961 die Pille ihren Durchbruch hatte, dass im Sinne Beck-Gernsheims (2006) aus dem Kinderhaben eine Kinderfrage geworden ist. Mutterschaft wird in diesem Sinne normativ zur individuellen Lebensentscheidung und Wahlfreiheit deklariert und gewünscht.
Die Vorstellung, dass Frauen selbst über ihren Körper bestimmen sollten, findet sich insbesondere am Ende des 19. Jahrhunderts im Zusammenhang mit der ersten Frauenbewegung in Auseinandersetzung mit Sittlichkeitsfragen wieder (Schaser 2006: 69). Allerdings wird erst nach der Jahrhundertwende von Teilen der ersten Frauenbewegung „weibliche Sexualität jenseits des Prostitutionsproblems in den Blick" genommen, das vor allem die Unterschicht in der zeitgenössischen Vorstellung beträfe (Schaser 2006: 73). Im Rahmen des Bundes für Mutterschutz und Sexualreform (BfMS) wird maßgeblich durch Helene Stöcker die Besserstellung der Frau und Mutter gefordert. Angefangen bei Gleichstellung der Frauen im Scheidungsrecht über Institutionalisierung von Mütterheimen bis hin zur Abschaffung des § 218 und der Freigabe von Empfängnisverhütung (ebd.: 74).
Für die vorliegende Untersuchung sind die Auseinandersetzungen nicht nur relevant, da sie das heutige Verständnis maßgeblich mitgeprägt haben, sondern auch, da bestimmte Forderungen wie

Neidhard/Rucht 1993: 307) – durch das Modell der „modernisierten Versorgerehe" (Pfau-Effinger 2005: 2; Teilzeitbeschäftigung oder geringfügige Beschäftigung) abgelöst. Kaufmann (1993: 106; vgl. Toppe 2009: 112) definiert dies als
„verantwortete Elternschaft". Corell (2010) macht deutlich, dass dieses Modell
auch heute (1998-2005) dominant im familienpolitischen Diskurs sei: „Als dominante weibliche Subjektposition gilt daher nach wie vor die Frau in fester Partnerschaft und mit Doppelorientierung auf Familie und Beruf." (Ebd.: 148) Auch Villa
und Thiessen vertreten die These, dass die ‚gute deutsche Mutter', wie sie Vinken
(2002) beschreibt, die Mutterschaft zum exklusiven Lebensinhalt macht – zumindest auf normativer Ebene –, ein Auslaufmodell sei. An ihre Stelle sei die Norm
der „doppelten Vergesellschaftung" (Becker-Schmidt 1987) getreten, in der die
Mütter für Produktions- und Reproduktionsarbeiten gleichermaßen verantwortlich
adressiert werden. Auch kommen Studien zu dem Ergebnis, dass die „modernen"
Mütter sich weniger über die Hausarbeitstätigkeiten, sondern vielmehr über die
Kinder definieren (Kortendiek 1999: 259). In der Selbstbezeichnung sprechen die
Frauen von „Familienfrauen" (ebd.). Inwiefern diese historisch rekonstruierten
normativen ‚gute Mutter'-Selbstverständnisse innerhalb der untersuchten Akten
bedeutend werden, wird im Anschluss der Untersuchungsergebnisse (Kapitel 4 und
5) zur Konstruktion von Mutterschaft in den Strafakten im Schlusskapitel 6 vor
dem Hintergrund der Frage nach einer möglichen De- und/oder Restabilisierung
der Geschlechterordnung diskutiert.

2.3 Mutterschaft – eine vernachlässigte Kategorie in der Sozialwissenschaft

Im Folgenden wird Mutterschaft in der sozialwissenschaftlich-konstruktivistischen
Debatte verortet.[65] Bevor die Ansätze der primär Geschlechter-, Familien- und

---

beispielsweise die weibliche Selbstbestimmung über den eigenen Körper nach dem Motto ‚mein
Bauch gehört mir' von den Akteurinnen innerhalb der Akte auf besondere Weise aufgerufen werden (Kapitel 4 und 5; vgl. Fraser 2009; Villa 2006: 68).

65   Bei der Darstellung der aktuellen sozialwissenschaftlichen Debatte wird thematisch vorgegangen.
Das hat zwei Gründe: Erstens lassen sich viele Arbeiten nicht eindeutig zu einer Disziplin (Fami-
lien-, Geschlechter- oder Kindheitssoziologie) zuordnen, da sie sich am Schnittpunkt zu diesen
oder auch anderen Disziplinen verorten. Zweitens – dies muss nicht damit zusammenhängen,
kann aber – ist die thematische Vorgehensweise insofern sinnvoll, als dass damit – im Gegensatz
zu einer zeitlich-historischen Darstellung, die darauf abzielt, einen Entwicklungsverlauf zu beschreiben – nicht der Eindruck erweckt wird, dass wissenschaftliche Erklärungsansätze aus den
1980ern heute grundsätzlich nicht mehr so aktuell wären wie neuere Ansätze. Spricht man beispielsweise von „Vorläufern der Debatte", wird der Eindruck erweckt, dass es sich um überholte
Konzepte handelt. Die Arbeiten von Duden und Bock sowie von Becker-Schmidt gehören auch
heute noch zu den wichtigsten Ansätzen in der Diskussion. Eine thematische Vorgehensweise soll
diesen möglichen Fallstricken entgehen.

Kindheitssoziologie innerhalb eines breiteren Diskussionszusammenhanges zur Konstruktion von Mutterschaft dargestellt werden, wird ein Überblick über gegenwärtige Daten und Fakten zu Mutterschaft gegeben. Auf der Grundlage, dass Mutterschaft in der Praxis eine vergeschlechtlichte Fürsorgebeziehung darstellt, wird im Anschluss gefragt, wie Mutterschaft in der sozialwissenschaftlichen Debatte verhandelt wird und welche wissenschaftlichen Erklärungen sich zur Datenlage finden. In diesem Zusammenhang werden – nach einem kurzen Überblick darüber, wie Mutterschaft unter Berücksichtigung von Geschlecht in der Forschung konzeptionalisiert wird – themenbezogen die für diese Arbeit relevanten Konzepte zu Mutterschaft skizziert. Relevant, da sie primär den Rahmen für die Diskussion der vorliegenden Untersuchung bilden. Das Mutterschaft bei der thematischen Beschreibung nicht stets im Zentrum der Darstellung steht, ist der aktuellen Diskussion geschuldet, in der Mutterschaft „nur" als eine von anderen Analysekategorien auftaucht und tendenziell vernachlässigt wird.[66]

Mutterschaft heute – eine empirische Annäherung

Nicht alle Frauen werden Mütter, gewollt oder ungewollt, aber viele. Ungewollt bezieht sich hier auf biologisch bedingte Unfruchtbarkeit und gewollt bezieht sich auf die Entscheidung, kinderlos zu sein (Correll 2010: 35).

---

66 Dass Mutterschaft eine vernachlässigte Kategorie in der gegenwärtigen Soziologielandschaft darstellt, wird auch deutlich, wenn Sammelbände als Zeichen für die (nicht) Berücksichtigung gelesen werden. Bezogen auf die letzten zehn Jahre (2004-2014): Es zeigt sich, dass sich im Gegensatz zu internationalen Forschungsergebnissen (Park 2013; Springgay 2012; Chavkin/Maher 2010; O'Reilly 2008; 2004; Porter/O'Reilly et al. 2005) nur kaum ein Sammelband findet (etwa Spies 2013), welcher sich explizit Mutterschaft, Müttern oder Mothering zuwendet und auch queere Perspektiven finden bezogen auf Mutterschaft kaum Erwähnung. Allerdings finden sich einige wenige Sammelbände, die Mutter gemeinsam mit Vater im Singular oder Plural im Titel thematisieren und in Beiträgen auch explizit darauf eingehen (etwa Böllert/Peter 2012; Thiessen/Villa 2009; Brunner 2008). Deutlich wird, dass sich im deutschsprachigen Raum kaum Arbeiten finden lassen, die sich mit Mutterschaft im sozialwissenschaftlichen Feld explizit auseinandersetzen. Ganz im Gegenteil zum Stand der Väterforschung, für die in den letzten zehn Jahren sowohl Sammelbände erschienen sind, die sich explizit Vaterschaft zuwenden (etwa Oechsle/Müller et al. 2012; Jurczyk/Lange 2009; Bereswill/Scheiwe et al. 2006b; Tölke/Hank 2005) als auch unzählige Studien und Beiträge (etwa Possinger 2013; Meuser 2009, 2012; Zerle/Krok 2009; Kassner 2008; Wolde 2007; Matzner 2007; Tazi-Preve 2007; Döge 2006). Dies trifft ebenso auf die Care/(Für-)Sorge-Forschung (etwa Seehaus 2014; Thiessen 2012; Brückner 2010) und für Elternschaft (etwa Flaake 2009; Meyer 2002) zu. Statt explizit Mutterschaft werden seit anfänglich den späten 1970er-Jahren zunehmend in den 1980er- und explosionsartig zu Beginn der 1990er-Jahre verstärkt Vaterschaft und Elternschaft sowie Sorge/Care untersucht. Mutterschaft findet sich damit am Rande und nicht (mehr) im Zentrum der sozialwissenschaftlichen Debatten.

Dass Mutterschaft nicht das erste Interesse einer Frau ist, zeigt die Allens-bach-Studie (2007: 18). Bei den befragten Frauen rangiert das Interesse, Mutter-schaft eingehen zu wollen, auf Platz 8. Wichtiger scheint ihnen zu sein, einen eige-nen Beruf auszuführen, Eigenständigkeit zu haben, aber auch Lebensfreude, gute Freunde, stabile Partnerschaft, Bildung, gutes Aussehen und Lebenserfahrung zu haben. Erst im Anschluss werden von den befragten Frauen Kinder genannt. In diesem Zusammenhang geben auch 71 Prozent der Frauen an, dass ein eigener Beruf, eigenes Einkommen wichtiger sei als Freunde, stabile Partnerschaft und eigene Kinder. Selbstbestimmung durch finanzielle Unabhängigkeit scheint damit ein zentrales Kriterium für die Frau vor der Geburt des Kindes zu sein oder über-haupt für ein Kind.

1,38 Kinder pro Frau werden in Deutschland im Jahr 2012 geboren (Destatis 2013b: 15). In den Medien wird die Geburtenzahl als Indiz für einen starken Ge-burtenrückgang beschrieben. Dieser wird – teils emotional stark besetzt und an die Frau adressiert – als neue demografische Krise einer ganzen Nation konstruiert. Soziologinnen (Beck-Gernsheim 2006: 9; vgl. Kahlert 2009; Etzemüller 2009) ha-ben darauf hingewiesen, dass es sich bei dem Geburtenrückgang um kein neues Phänomen handelt und dieses auch nicht zwingend ein Problem darstellt. Bereits im 19. Jahrhundert hat der „erste Geburtenrückgang" seinen Ausgangspunkt, der im Anschluss an den Babyboom in den 1950er- und 1960er-Jahren – „golden Age of marriage" – zum „zweiten Geburtenrückgang" geführt habe (Beck-Gernsheim 2006: 9). Hinzu kommt ebenfalls anders als medial vermittelt, dass der Geburten-rückgang nicht bloß charakteristisch für Deutschland ist, sondern auch in anderen hochindustriellen Gesellschaften die Kinderanzahl pro Frau im Vergleich der euro-päischen Staaten zurückgegangen ist (ebd.: 10-11).

Nach repräsentativen Untersuchungen zeigt sich, das trotz einer (wieder) zu-nehmenden Erwerbsbeteiligung der Frauen seit den 1970er-Jahren und trotz sich verändernder Einstellungen des Vaters, der im Alltag stärker an der Sorge rund ums Kind partizipieren wolle, dass Väter viel stärker als Mütter bezahlter Arbeit nachgehen, während die Mütter viel stärker die unbezahlte Fürsorgearbeit inner-halb der Familie übernehmen (BMFSFJ 2011: 237). Mit der Geburt des ersten Kindes – auch bei ähnlicher Bildungs- und Erwerbsbiografie – kommt es zur Re-Traditionalisierung der Geschlechterverhältnisse in der Arbeitsteilung. So kommen Studien zu dem Befund, dass bei jungen Eltern die egalitäre Vorstellung, in der sich beide gleichermaßen an der Sorge um Kind und Haushalt beteiligen, nach der Geburt nicht verwirklichen (BMFSFJ 2011: 237; vgl. Oechsle/Geissler 1998; Notz 1991; Kortendiek 2008).

Während „meist Mütter eine umfassende Verantwortung für ihre Kinder übernehmen", tauchen Väter statistisch gesehen eher in der Position auf, „die eigene Familie ökonomisch abzusichern" und in der Position des „Freizeitvaters" (Cornelißen/Dressel et al. 2005: 268; Hänsel/Martin et al. 2013: 40-41).

Der Begriff „Freizeitvater" – manchmal auch ‚Wochenendvater', ‚Praktikant', ‚Zuerzieher' genannt – steht maßgeblich im Zusammenhang mit den inzwischen etwas veralteten Daten der Zeitbudgeterhebungen aus dem Jahr 2001/2[67], in der herausgefunden wird, dass zwar die aktive Beteiligung der Väter bei der Fürsorgearbeit rund ums Kind zugenommen habe, aber in einem sehr begrenzten Zeitrahmen. Am Wochenende oder wenn noch Zeit bleibt nach dem Arbeitstag, bringt der Vater sich bei der Sorgearbeit ein. Wobei das Einbringen sich vor allem auf Freizeitaktivitäten mit dem Kind beschränkt und weniger das Windelnwechseln, Putzen und/oder Wäschewaschen umfasst. Diese Erkenntnisse passen auch zu der aktuellen forsa-Studie (2014), dass Väter dem Ideal des ‚guten Vaters' entsprechen würden, wenn sie als Versorger (Vollzeit) auftreten und so viel Zeit wie möglich mit den Kindern verbringen würden. Nicht zu der Zeitbudgeterhebung passt, dass nach eigenen Angaben 38 Prozent den halben oder ganzen Haushalt übernehmen würden. Zu fragen wäre, inwiefern und aus welchen Gründen hier Selbstbeobachtung und empirische Fremdbeobachtung auseinanderklaffen. Denn die quantitativ erhobenen Daten der Studie des Instituts für Demoskopie Allensbach (2008) zeigt auf und auch qualitative Studien zur geschlechtsbezogenen Arbeitsteilung verweisen darauf, dass die Mutter die Hauptzuständige für die Sorge um unbezahlte Reproduktionsarbeiten (Erziehung der Kinder, Haushalt) ist. So geben bei der repräsentativen Allensbach-Umfrage 2009 ganze 77 Prozent der Befragten an, dass die Mutter mit einem unter 16-jährigen Kind innerhalb einer Paarbeziehung „alles" bzw. „das meiste" bei der Kinderbetreuung und den Haushaltsarbeiten übernimmt. Und in den qualitativen Studien kristallisiert sich das folgende Muster heraus:

> „Unabhängig davon, ob erwerbstätige Mütter viel verdienen oder wenig, ob sie einen hohen oder niedrigen Bildungsgrad haben, ob sie in Leipzig oder in Frankfurt am Main leben, die Hauptlast der Familienarbeit liegt auf ihren Schultern und zwar auch dann, wenn sie 40 Stunden pro Woche und länger erwerbstätig sind [...]" (BMFSFJ 2011: 174).

Mit Pfau-Effinger (Pfau-Effinger 1998; 2005) lässt sich auch heute noch Deutschland als Land beschreiben, in dem die „modernisierte Versorgerehe" vorherrscht: „Das heißt die Familiengründung geht mit einer oft langjährigen Reduzierung der Erwerbstätigkeit von Müttern einher" (Cornelißen/Dressel et al. 2005; Forsa 2014), während der Vater weiterhin und sogar vermehrt im Vergleich zu Männern ohne Kinder dem Erwerbsbereich zur Verfügung steht. Oder anders formuliert: Während der Vater durch seinen Lohn die Familie ernährt, verdient die Mutter dazu.

---

67 Die aktuelle Zeitbudgeterhebung von 2012/13 ist durchgeführt, die Ergebnisse werden voraussichtlich erst Ende 2014 veröffentlicht.

So wird laut Datenreport 2013 für die Bundesrepublik Deutschland (Hänsel/Martin et al. 2013: 40-41) bezogen auf Daten von 2010 das Teilzeitmodell von Frauen mit Kindern unter 18 Jahren am stärksten in Deutschland vertreten. Dabei gibt es erhebliche Unterschiede zwischen West- und Ostdeutschland. Frauen mit Kindern unter 18 Jahren sind in Westdeutschland mit 44 Prozent mehrheitlich Teilzeit beschäftigt, während bloß 21 Prozent in einer Vollzeit erwerbstätig sind. In Ostdeutschland stellt sich das Bild anders dar. Frauen mit Kindern unter 18 Jahren sind dort mit 50 Prozent Vollzeit beschäftigt, während nur 18 Prozent Teilzeit arbeiten.

Im Gegensatz zu Müttern zeigt sich bei Vätern in Ostdeutschland mit 84 Prozent und in Westdeutschland mit 89 Prozent, dass Vollzeiterwerbstätigkeit die dominierende Beschäftigungsform ist. Die Geburt des Kindes hat auf den biografischen Verlauf von Müttern erheblichen Einfluss, im Gegensatz zu den Vätern. Für die Väter können im Gegensatz zu den Müttern empirisch betrachtet keine Diskontinuitäten im biografischen Lebenslauf konstatiert werden, die durch familiäre Gründe bedingt sind. Auch liefert die Empirie keinen Hinweis darauf, dass Väter, die teilzeitbeschäftigt sind, sich stärker in der Familie einbringen (Cornelißen/ Dressel et al. 2005: 290). Dies zeigt sich etwa daran, dass Väter ihre Teilzeitbeschäftigung weniger wegen der Betreuung der Kinder legitimieren, sondern vor allem darüber, dass sie keine Vollzeitbeschäftigung finden würden. Das Sorgen um andere (Betreuung von Kindern oder pflegebedürftigen/behinderten Personen wird nur von 15 Prozent der Teilzeit arbeitenden Väter angegeben. Wie Hänsel/Martin et al. (2013: 40) feststellen, macht das „weniger als ein (...) Prozent an allen Männern mit Kindern unter 18 Jahren" aus.

Im Unterschied zu den Vätern in Deutschland zeigt sich bei den Müttern, dass sie mit dem Älterwerden des Kindes wieder verstärkt einer erwerbstätigen Beschäftigung nachgehen. Mit dem dritten Lebensjahr des Kindes arbeiten die meisten Frauen wieder. Sind in Westdeutschland noch 31 Prozent (9 Prozent in Vollzeit und 22 Prozent in Teilzeit) erwerbstätig mit einem Kind unter drei, sind es mit einem Kind von drei bis sechs Jahren 67 Prozent (18 Prozent sind vollbeschäftigt und 49 Prozent in Teilzeit). In Ostdeutschland arbeiten 39 Prozent der Frauen mit Kindern unter drei Jahren und 74 Prozent arbeiten mit Kindern im Alter zwischen drei bis sechs Jahren (54 Prozent in Vollzeit und 20 Prozent in Teilzeit). Auffällig ist, dass Mütter in Ostdeutschland viel stärker Vollzeit arbeiten im Vergleich zu Müttern in Westdeutschland. Auffällig ist auch, dass in Westdeutschland bei Müttern, deren Kinder über 17 Jahre alt sind, vor allem auf Teilzeitstellen gearbeitet wird, während die Hälfte (50 Prozent) der Frauen mit Kindern in Ostdeutschland Vollzeit arbeitet. (Hänsel/Martin et al. 2013: 40-41)

Umso mehr Kinder eine Frau in Westdeutschland bekommt, umso weniger steht sie dem Erwerbsbereich zur Verfügung (Cornelißen/Dressel et al. 2005: 286.). In Ostdeutschland zeigt sich dieser Trend in dem Ausmaß nicht. Allerdings zeigt sich in Ost und West, dass beim dritten Kind die Mütter aus dem Beruf vorübergehend ausscheiden (ebd.: 287). Umso älter die Kinder werden, umso eher steht die Mutter dem Erwerbsbereich zur Verfügung (ebd.). Gerne wird mit Verweis auf amtliche Statistiken zum Elterngeldbezug der Väter – wie im achten Familienbericht (BMFSFJ 2012a) – die aktive Beteiligung der Väter an der Familiengestaltung postuliert. Die Väterbeteiligung hat zwar kontinuierlich zugenommen, allerdings in einem bescheidenen Ausmaß. Sind es mit der Einführung des Elterngeldes – dieses wird 2007 eingeführt – 2008 nur 21 Prozent der Väter, die Elterngeld beziehen (2012b), beziehen nach aktuellen Daten des statistischen Bundesamtes (2013a) 27,3 Prozent der Väter Elterngeld für 2011 geborene Kinder. Das ist ein neuer Höchststand. Dieser Höchststand bekommt auch nochmals besondere Bedeutung vor dem Hintergrund, dass das vor 2007 vorhandene Erziehungsgeld nur von 3,5 Prozent der Väter in Anspruch genommen wird (BMFSFJ 2012b). Allerdings sollten die Daten nicht darüber hinwegtäuschen, dass hauptsächlich Mütter mit einem Anteil von 95 Prozent Elterngeld beziehen (Destatis 2013a). So sind es fast 7 Prozent der Väter, die volles Elterngeld über ein Jahr beziehen und ganze 77 Prozent, die maximal zwei Monate Elterngeld beziehen. Der Anteil an Vätern, die Elternzeit nehmen und im Durchschnitt mehr Elterngeld erhalten als die Mütter, ist damit im Vergleich zu Müttern sehr gering. Auch sollten die Daten nicht darüber hinwegtäuschen, dass nicht alle gleichermaßen von familienpolitischen Instrumenten wie beispielsweise dem Elterngeld profitieren (Veil 2010: 222, 226). Gewinner des Elterngeldes sind vor allem „gut qualifizierte Paare, die bereits auf dem Arbeitsmarkt angekommen sind" (ebd.: 222). Während die „Geringverdiener und Hausfrauen" als Verlierer die Bühne betreten, da sich die Bezüge im Vergleich zu den alten Regelungen sogar verringert haben (ebd.).

Weite Teile der erwerbstätigen Frauen/Mütter suchen sich Unterstützung durch erweiterte Sorgearrangements (Beck-Gernsheim 2006: 129). Statt dass eine erhebliche Umverteilung der unbezahlten Reproduktionsarbeiten von Frauen zu Männern stattfindet, wie die zweite Frauenbewegung es in den 1970er-Jahren fordert, findet sich im 21. Jahrhundert eher eine Umverteilung von Frauen zu Frauen, die die Reproduktionsarbeiten übernehmen (ebd.). Studien zu Haushaltsmigrantinnen und (trans-)nationale Betreuungsketten in Deutschland weisen darauf hin, dass die „neuen Dienstmädchen" (Lutz 2007; vgl. u. a. auch Rerrich 2006; Hochschild/Beister 2006; Hess 2005; Ehrenreich/Hochschild 2003) häufig mit Migrationshintergrund das „Dasein für andere" (Beck-Gernsheim 2008b) übernehmen, aber auch Verwandtschafts- und Nachbarschaftsunterstützungsnetzwerke kommen zum Einsatz (BMFSFJ 2011: 175).

Mit Abstand am stärksten wird Mutterschaft in heterosexuellen Paarbeziehungen gelebt.[68] 71 Prozent favorisieren 2012 den Familientyp der Ehe, gefolgt von dem am zweithäufigsten vorkommenden Familientyp (14 Prozent) der Alleinerziehenden (Ein-Kind-Familie) und an dritter Stelle findet sich der Typ Lebensgemeinschaften (5 Prozent).[69]

Die amtliche statistische Umfrage koppelt bei der Erhebung Mutterschaft an die Frau als biologische Mutter und lässt damit keine Information über Vaterschaft und soziale Elternschaft zu. Die Anzahl von Patchworkfamilien, Adoptiv- oder Pflegefamilien wird damit ausgeblendet (Correll 2010: 31). Mit Correll (ebd.) zeigt sich hier, dass die Forschung damit stark eine traditionelle Sichtweise auf Geschlecht und Elternschaft (re-)produziert und die Daten damit ein traditionelles Selbstverständnis von Mutter-, Vater- und Elternschaft mitkonstruiert (ebd.).

Die zunehmend zahlenmäßig ansteigende Ein-Kind-Familie lässt sich durch eine starke „Mütterzentrierung" (Kortendiek 2008: 435) charakterisieren. Ein-Kind-Familien sind im Jahr 2012 weiblich (90 Prozent) (Lenze 2014: 19). Sie sind als eine der größten Gruppen von Armut betroffen (BMAS 2013: 59, 111, 118).[70] Diese Familienform ist bei einer Armutsquote von 40 Prozent im Jahr 2013 sehr hoch (ebd.: 111). Betroffen sind insbesondere Mütter mit einem Kind unter drei Jahren. Der Bericht zu Alleinerziehenden in Deutschland (Kassner/Quander 2012: 18; vgl. Lenze 2014) zeigt auf, dass die Mehrzahl und wesentlich mehr als bei Müttern in Paarkonstellationen gerne arbeiten will, aber aus vor allem strukturellen

---

68 Diese Ausdifferenzierung der Lebensformen wird häufig mit dem Begriff Pluralisierung beschrieben. In der Familienforschung wird angemerkt, dass der Begriff Pluralisierung häufig einem „Trugschluß" unterliegt, denn Pluralität sei historisch betrachtet „nicht Ausnahme, sondern die Regel" (Burkart 1994: 122). Mit Kaufmann formuliert: „[w]enn nun von Pluralisierung die Rede ist, wird dies vergessen und so getan, als habe es tatsächlich nur diese wenigen Typen gegeben. Wir leben in der Gegenwart, und deshalb sehen wir grundsätzlich immer eine größere Variation, größere Vielfalt, als wir für die Vergangenheit, die wir oft nur über Idealtypen kennen, annehmen. Die Homogenität der fünfziger [sic!] Jahre – in Bezug auf die Familie – ist eine historisch ungewöhnliche Angelegenheit." (Kaufmann 1988: 402, siehe auch 122) Wie auch immer der Pluralisierungsprozess bewertet wird, geändert haben sich die Gelegenheitsstrukturen für Frauen, die mit zu einer Veränderung des Familienselbstverständnisses – maßgeblich geprägt durch die Frauenbewegungen – geführt haben: Ein Anstieg der Erwerbs- und Bildungsbeteiligung seit den 1970er-Jahren wird konstatiert. Dies führe zu einer Veränderung der Geschlechterverhältnisse in Paarbeziehung und Erwerbsarbeit. Wobei dieser Wandel sich sehr einseitig vollzogen habe: Frauen als Hauptsorgetragende in der Familie.

69 https://www.destatis.de/DE/ZahlenFakten/GesellschaftStaat/Bevoelkerung/HaushalteFamilien/AktuellFamilien.html [Zugriff am 16.08.2014]

70 Alleinerziehende Mütter und Väter – Ein-Kind-Familien – sollte weniger als Lebensform, sondern als Lebensphase verstanden werden, da es oft nur ein zeitlich begrenzter Aspekt ist (BMAS 2013: 111). Und auch sollte der Begriff alleinerziehend differenziert betrachtet werden. So wird im 4. Armuts- und Reichtumsbericht der Bundesregierung (ebd.: 112) ausgeführt, dass alleinerziehend auch heißen kann, dass ein/-e Partner/-in oder mehrere Partnerinnen vorhanden sind, die allerdings nicht mit dem Elternteil des Kindes zusammen eine Wohnung teilt/teilen.

Gründen die Erwerbslosigkeit und der Bezug von staatlichen Transferleistungen vorhanden ist. So heißt es: „Vielfach verweisen sie (Ursachen) auf die unzureichenden Möglichkeiten, Familie und Beruf vereinbaren zu können, zum Beispiel aufgrund fehlender Kinderbetreuungsmöglichkeiten und unpassender Arbeitsangebote." (Ebd.) Nicht selten gehen alleinerziehende Mütter einer Erwerbstätigkeit vollbeschäftigt nach, ohne darüber eine materielle Existenzsicherung zu erwirtschaften (ebd.). Zudem kommt erschwerend für die Ein-Kind-Familien hinzu, dass die Unterhaltszahlungen – in diesem Fall vor allem von den Vätern – oft ausbleiben. Alleinerziehende Mütter sind vor diesem Hintergrund häufig von Sozialhilfe abhängig. Dabei verweisen die „unterschiedlichen Sozialhilfequoten [...], dass nicht das Frau-Sein an sich allein ein höheres Armutsrisiko darstellt, sondern das Mutter-Sein und die Zuständigkeit für Kinder" (Cornelißen/Dressel et al. 2005: 221-222). Im Gegensatz zu dem medial vermittelten Eindruck, dass Armut selbst verschuldet ist, wird in der empirischen Wirklichkeit darauf hingewiesen, dass es durchaus ein strukturelles Problem ist (etwa Thiessen/Villa 2009; Popp 2009).

Dazu kommt, dass die Kinderbetreuungssituation in Deutschland prekär ist, um Familie und Erwerbsarbeit zu vereinbaren. So sind noch nicht einmal die Bedürfnisse der erwerbstätigen Mütter erfüllt (Cornelißen/Dressel et al. 2005; vgl. Destatis 2012: 30; WSI 2013). Dabei spielen einerseits die Anzahl der vorhandenen Plätze eine Rolle und andererseits die Betreuungszeiten, die häufig noch nicht einmal Teilzeitarbeit zulassen (BMFSFJ 2011: 158; Cornelißen/Dressel et al. 2005: 340; Schier/Szymenderski et al. 2007: 3). Darüber hinaus ist die Qualität der Kinderbetreuung häufig nicht gut, was die Abgabe des Kindes aus Sicht der Eltern nicht erleichtert (Textor 2012; Fthenakis/Textor 1998). Viele Mütter, wie in der qualitativen Untersuchung zu „Eltern in entgrenzter Erwerbsarbeit" bezogen auf den Einzelhandel und die Film- und Fernsehbranche, arbeiten nicht kontinuierlich von 9 bis 14 Uhr, sondern mal vormittags und mal nachmittags und häufig auch mal am Wochenende und hinzu kommt nicht zuletzt die kurzfristige Arbeitszeitplanung (Schier/Szymenderski et al. 2007). Diese erwerbsbedingten Ansprüche an die Mütter sind schwer vereinbar mit Betreuungseinrichtungen, die lange im Voraus die Zeiten festlegen und keine flexiblen Betreuungszeiten haben (ebd.).

Mit Blick auf Befragungen zu Wunsch und Wirklichkeit von Arbeit und Familie zeigt sich, dass es kaum ein zahlenmäßiges Auseinanderklaffen von Praxis und Wünschen im Allgemeinen gibt. Die Allensbach Studie (2013: 55-56) kommt beispielsweise zu dem Ergebnis, dass Väter sich kaum ein Modell vorstellen können/wollen, in denen sie nicht Vollzeit erwerbstätig sind, während Mütter eher offen sind für die Vorstellung, dass sie beide Teilzeit arbeiten und sich die Betreuung des Kindes teilen. Eine klare Trennung von (Re-)Produktionsarbeiten nach Geschlecht, in der die Frau Vollzeit arbeitet und der Mann sich um die Kinder und den Haushalt kümmert, findet am wenigsten Zustimmung in Gesamtdeutschland. Am meisten Zustimmung findet das Modell, dass der Mann Vollzeit arbeitet und die Frau Teilzeit mit Hauptverantwortung für die Kinder (57 Prozent Frauen, 62 Prozent Männer). Dabei werden bei der Untersuchung große Unterschiede in Ost- und Westdeutschland gesehen. Während in Ostdeutschland 66 Prozent der Kategorie „Beide arbeiten Vollzeit und teilen sich die Arbeit im Haushalt und bei der Kinderbetreuung" zustimmen, sind es in Westdeutschland nur 40 Prozent. 40 Prozent beträgt auch der Anteil an Befragten aus Westdeutschland, die die Kategorie „Der Mann arbeitet Vollzeit, die Frau kümmert sich um Kinder und Haushalt" ankreuzen. In Westdeutschland wird am stärksten der Aussage „Der Mann arbeitet Vollzeit, die Frau Teilzeit. Um Kinder und Haushalt kümmert sich überwiegend die Frau" zugestimmt (62 Prozent). Während Ostdeutschland eher eine gleichheitsbezogene Einstellung auf die Verteilung von (Re-)Produktionsarbeiten hat, folgt Westdeutschland eher einer differenzbezogenen traditionellen Einstellung.

Nach Cornelißen/Dressel et al. (2005) werden unterschiedliche Vereinbarkeitsmodelle gesellschaftlich getragen. Dieses Vereinbarungsmodell findet hierzulande überdurchschnittlich Zustimmung:

> „Es beinhaltet eine vorbehaltlose Zustimmung zur Erwerbsarbeit von Frauen, bevor sie Kinder haben, weiterhin eine Forderung nach Einschränkung der Erwerbsarbeit von Müttern (kein Ausstieg) bis zum Ende der Sternit (!) ihrer Kinder und danach die Akzeptanz einer Wiederaufnahme einer vollen Erwerbsarbeit. Nur Männer in Westdeutschland plädieren mehrheitlich für einen Ausstieg junger Mütter aus dem Erwerbsleben, bis das jüngste Kind zur Schule geht. In Ostdeutschland ist die Erwartung, dass Mütter durchgängig erwerbstätig sein sollten und auch nach ihrer aktiven Familienphase wieder voll in das Erwerbsleben einsteigen sollten von einem besonders breiten Konsens getragen. Für die aktive Familienphase findet allerdings auch in der ostdeutschen Bevölkerung die Teilzeitarbeit von Müttern die breiteste Akzeptanz." (Cornelißen/Dressel et al. 2005: 298)

Als Resümee lässt sich anhand der empirischen Daten und Fakten zu Einstellung, Wunsch und Praxis festhalten, dass die Sorge um das Kind vergeschlechtlicht ist. Vor allem Frauen sorgen sich in der empirischen Wirklichkeit durch immaterielle Sorgearbeit um das Kind (Väter nehmen tendenziell eine Versorgerposition ein und besetzen die materielle Sorgearbeit), was nicht zuletzt an der hohen Mütterzentrierung bei Ein-Kind-Familien deutlich wird. Innerhalb des familiären Geschlechterarrangements, das überwiegend dem Typus der heterosexuellen Ehe folgt, wobei es statistisch gesehen und vermutlich durch die Erhebungsformen auch (mit) hervorgebracht eine Pluralisierung und Dynamisierung der Lebensformen von Familien gibt. Es zeigt sich auch, dass vor allem Mütter, nicht Frauen, arm sind. Dies deshalb, weil sie nicht arbeiten wollen, sondern häufig aufgrund struktureller Verhältnisse und/oder Einbindungen nicht arbeiten können. Gewünscht wird sich bezogen auf Ost- und Westdeutschland vor allem, dass der Mann Vollzeit arbeitet und die Frau Teilzeit, wobei sie sich in dieser Konstellation überwiegend um das Kind sorgt. Damit klaffen Wunsch- und Wirklichkeit nicht so stark auseinander.

Diese empirischen Einsichten dienen in der vorliegenden Untersuchung als Referenzrahmen bei der Auswertung (Kapitel 4 und 5). Gleichzeitig weisen sie auch darauf hin, dass es notwendig ist, Mutterschaft und Geschlecht zu analysieren und zwischen normativen Vorstellungen oder Einstellungen und Praxen zu unterscheiden. Dieser faktische Referenzrahmen muss noch für die vorliegende Untersuchung erweitert werden, da die Ergebnisse vor dem Hintergrund anderer Ergebnisse im Kapitel 4 diskutiert werden sollen. Dabei werden alle Studien herangezogen, die im Feld der konstruktivistischen Geschlechter-, Elternschafts- und Kindheitsforschung sowie Sorgeforschung (Care) zu verorten sind und für die Konstruktion von Mutterschaft primär für das Aktenmaterial bedeutend sind.

Mutterschaft – eine konstruktivistische Annäherung

Im Zuge der konstruktivistischen Wende, die sich in der deutschsprachigen Sozialwissenschaft – insbesondere der Soziologie – in den 1970ern ausbreitet, wird Mutterschaft (ebenso wie Kindheit) als soziale Konstruktion und nicht als ontologisches Phänomen verstanden. Viele Wissenschaftler/-innen gehen von einer (Herrschafts-)Institution aus, die das Handeln der Frauen als Mütter in patriarchal-kapitalistischer Fremdbestimmung vorstrukturiert. Frausein und Mutterschaft werden nicht selten gleichgesetzt. Artikulierte Emanzipationsbestrebungen, die nicht ohne den Einfluss der Frauenbewegungen zu denken sind, sehen häufig die Befreiung aus dem von Männern gemachten Netz der Unterdrückung vor (wie u. a. Haug/Hauser 1986).

Differenz- (Chodorow 1978; Gilligan 1982; Ostner/Pieper 1980) und Gleichheitsansätze (Rich 1979; Bock/Duden 1977; Becker-Schmidt 1987) konkurrieren in den 1970er- und 1980er-Jahren stark miteinander. Während die Differenzvertreter/-innen vor allem für die Anerkennung der Unterschiedlichkeit kämpfen (Ausgangspunkt: wenn vorhandene Unterschiede zwischen Männern und Frauen, ob kulturell und/oder natürlich, gleich behandelt werden, dann ist das nicht geschlechtergerecht), um als Mütter/Frauen gleichberechtigt zu sein, kämpfen die anderen für die Anerkennung der Gleichheit (Ausgangspunkt: Männer/Väter und Frauen/Mütter sind grundsätzlich gleich an Tugenden und brauchen gleiche Rechte und Pflichten, um gleichberechtigt zu sein). Zentrales Thema ist bis heute Mutterschaft und Arbeit (etwa Becker-Schmidt 2002; Bock/Duden 1977). Dabei spielt auch die ethische Dimension eine zentrale Rolle – die Anerkennung von Haus- und Betreuungsarbeiten als wichtige(re) Kulturaufgabe (Miller 1976; Gilligan 1982).

Als Erklärungsgrundlage dient häufig das in den 1970ern entwickelte und bis heute vielfach unter neuen Vorzeichen angewendete oder abgelehnte Sozialisationskonzept (siehe Beiträge in Bilden/Dausien 2006a), wie noch zu zeigen sein wird.

Nicht zuletzt angeschoben von der zweiten Welle der Frauenbewegung, die wiederum unter dem Einfluss der schwarzen US-amerikanischen Frauenbewegung steht, lässt sich Mitte, aber eher Ende der 1980er- und in den 1990er-Jahren von einer Akzentverschiebung in der sozialwissenschaftlichen Debatte in Deutschland zur Konstruktion von Mutterschaft und Geschlecht sprechen. Mutterschaft wird zunehmend als Geschlechterkonstruktion in Kontexten begriffen, die vor allem aus einer relationalen Perspektive auf Geschlecht untersucht werden müsste. Der Strukturbegriff (das Patriarchat, der Kapitalismus etc.) verliert zunehmend an Bedeutung (Kallenberg 2013: 407). Diese Akzentverschiebung kommt im Zusammenhang mit Kritiken am Sozialisationskonzept auf: Kritiken an einer eurozentrischen Forschungsperspektive auf Mutterschaft sowie zur monolithischen Konzeption von Macht- und Herrschaftsverhältnissen, die zu *dem* Unterdrückungsverhältnis (etwa Becker-Schmidt 1987; Lenz 1995) *der* Frauen als Mütter führen würden. Es werden die Differenzen unter Frauen und Müttern aufgezeigt. Kritisiert wird auch, dass der (re-)produzierte Eurozentrismus in der Forschung zur Folge hat, dass die Unterschiede bei der Bedeutung von Mutterschaft in Abhängigkeit des Kontextes nicht einbezogen würden. Mutterschaft sei viel zu oft gleichgesetzt worden mit weißen Mittelschichtsfrauen, ohne zu berücksichtigen, wie darüber machtdurchdrungene Ausschließungen strukturell bestimmt von Müttern systemabhängig produziert werden. Verschiedene Arbeiten haben auf die vielfache und komplexe Vergesellschaftung in Macht- und Herrschaftsverhältnissen hingewiesen, die die unterschiedliche individuelle Einbindung in Kontexte und Bedingungen und die Ressourcen von Müttern bestimmen.

Dies steht vermutlich im Zusammenhang mit den sich vor allem im sozialwissenschaftlichen Feld neu etablierenden Mikroperspektiven auf Geschlecht als Kategorie, die mit anderen Kategorien wie Milieu, Religion etc. verflochten ist. In mikrosoziologischen Perspektiven wird Geschlecht als Prozesskategorie verstanden, die durch alltägliches Tun (Doing Gender/Performativität von Geschlecht) wie Interaktionen, Wahrnehmungen, Deutungen, Worte, Interpretationen, Fühlen und Spüren hervorgebracht wird und innerhalb von Kontexten fortwährend hergestellt wird. Damit werden Unterdrückungen ebenfalls fortwährend hergestellt und es gibt dabei nicht nur männliche Täter und weibliche Opfer, worauf Thürmer-Rohr (1987) mit dem Begriff Mittäterschaft von Frauen in ihrem richtungsweisenden Aufsatz bereits in den 1980er-Jahren hingewiesen hat. Damit ist es forschungspraktisch sinnvoll, nicht vorher bereits festzulegen, wer und was Mutter(schaft) ist, sondern zu untersuchen, wie über Geschlecht(erzuschreibungen) am Schnittpunkt von anderen sozialen Kategorien Mutterschaft erst hergestellt wird.

In kritischer Auseinandersetzung mit dem Sozialisationskonzept wird die Sex-Gender-Unterscheidung problematisiert. Kritisiert werden sozialisationstheoretische Konzepte, mit Gildemeister und Wetterer (1992: 204) gesprochen, dafür, dass er zu einer „Reifizierung der Zweigeschlechtlichkeit" in den Sozialwissenschaften beitragen würde. Dadurch, dass Wissenschaftler/-innen Geschlecht der Untersuchung voraussetzen, statt es zum Gegenstand der Untersuchung zu machen, würden sie alltagsweltlich Vorstellungen der Zweigeschlechtlichkeit (re-)produzieren und bestätigen, statt sie zu reflektieren (Bilden/Dausien 2006b: 8). Dieses Vorgehen führe zu einem „verlagerten Biologismus", der durch den „latente[n] Biologismus der Gesamtkonstruktion" vorhanden bleibt. Indem aus biologischem Geschlecht (Natur) Mann gleich männliches Handeln (Kultur) gemacht wird und aus dem biologischen Geschlecht Frau (Natur) gleich weibliches Handeln (Kultur) (Gildemeister/Wetterer 1992: 202, 218), wird in der Forschung darauf hingewiesen, dass Mutterschaft und Mutterschaftshandeln (*Mothering*) kein ‚natürliches' Geschlecht hat, sondern ein ‚kulturelles'. Mutterschaft kann als eine Sex-Konstruktion verstanden werden, da wir im Alltagswissen Handlungsweisen mit dem Penis und der Vagina als anatomisches Geschlecht oder etwa Chromosomengeschlecht plausibilisieren und mit bestimmten Geschlechtscharakteren in Verbindung bringen (schwach/stark/emotional/rational). Über diese Kategorisierungspraxis werden hierarchisch-binär codierte Geschlechterordnungen hervorgebracht, in denen Frauen als Mütter eher in der Reproduktionssphäre situiert werden und Männer als Väter in der Produktionssphäre (siehe Abschnitt 2.3).

Im Gegensatz dazu wird Geschlecht auf der Makroebene im Sinne einer „Strukturkategorie" (Beer 1990) verstanden. Strukturkategorie meint, dass Geschlecht als sozialer Platzanweiser verstanden werden kann, der die Grenzen und Reichweiten einer sozialen Position bestimmt, die ein Individuum in der Gesellschaft als Mann und Frau und damit auch als Vater und Mutter einnehmen kann. Es setzt sich das Verständnis durch, dass von einem Geschlechterverhältnis ausgegangen werden muss und Geschlecht damit auch Mutter(schaft) und Vater(schaft) eine relationale Kategorie ist, die nur sinnvoll zu verstehen ist, wenn bei sozialen Kategorien Männer und Frauen, Väter und Mütter analytisch unabhängig voneinander in die Untersuchung in ihrem Verhältnis als „Beziehungsstruktur zwischen den Genus-Gruppen" zueinander einbezogen werden (Becker-Schmidt/Knapp 2001: 47; Becker-Schmidt/Knapp 1995). Den Autorinnen folgend bedeutet das, dass in der Forschung die „soziale Bezogenheit der Geschlechter [...] relevant [wird], und zwar im Kontext von sozialgeschichtlich situierten Gesellschaften" (Becker-Schmidt/Knapp 2001: 36). In diesem Zusammenhang etabliert sich in den 1990er-Jahren neben der Frauenforschung die Geschlechterforschung (ebd.: 34; vgl. auch Buschmeyer 2013: 50)

Neuere Studien thematisieren wie in den 1990er-Jahren Mutterschaft nur am Rande. Im Zentrum stehen die sozialen Kategorien Elternschaft, Vaterschaft, Familie, Verwandtschaft und Sorge. Zentrale Untersuchungsthemen, die basierend auf qualitativen Zugängen untersucht werden und sich durch eine intersektionale Perspektive auszeichnen, sind neben der (Re-)Produktionsarbeit vor allem Geburt, Geburtenrückgang als Krisenszenario, Schwangerschaft(svorsorge), Stillen, Reproduktionsmedizin, (un-)gewollte Kinderlosigkeit, Medien (populärwissenschaftliche Formate und Talkshows), Arbeitsmigrantinnen für Pflege- und Hausarbeit sowie Kinder/Kindheit. Aus meiner Sicht geht die Akzentverschiebung (Relationalität von Geschlecht und Bedeutungsverlust der Strukturkategorien) in den 1990er-Jahren damit einher, dass Mutterschaft zunehmend als soziale Untersuchungskategorie vernachlässigt wird, während Vater- und Elternschaft sowie später auch Sorge (Care/Reproduktionsarbeit) bis heute mehr Aufmerksamkeit in der sozialwissenschaftlichen Debatte erhalten (siehe Fußnote 66; vgl. auch Meyer 2002).

Nach diesem Überblick über die (Re-)Konstruktion von Mutterschaft in Verbindung mit Geschlecht in der sozialwissenschaftlichen Debatte werden nun die für die vorliegende Untersuchung relevanten Themenbereiche, zur Diskussion der Daten bzw. Ergebnisse (Kapitel 4 und 5), im Besonderen skizziert.

Mutterschaft als (un-)gerechte Arbeit

Mutterschaft als Fürsorgearbeit ist ein zentrales Thema der sozialwissenschaftlichen Debatten in Deutschland (etwa Bock/Duden 1977; Ostner/Pieper 1980, Becker-Schmidt 1987; Thiessen 2009; Jurczyk 2010). Die Herstellung des Sozialen durch Fürsorge um andere wird auch von Bock und Duden (1977) thematisiert, die deutlich machen, dass die Organisation von Sorgearbeit jenseits von Sentimentalitäten vor allem ein sozio-strukturelles und nicht bloß ein individuelles Phänomen ist. Deutlich wird dabei auch, dass der Kontext von Fürsorge (Haushalt, Arbeit, Bürokratie) und zwischen Fürsorgenehmerinnen und Fürsorgegeberinnen unterschieden werden müssen (Fisher/Tronto 1990: 43-44). In Dudens Beitrag (1977) „Arbeit aus Liebe – Liebe als Arbeit", geht es um das Aufkommen der modernen Hausarbeit im Kapitalismus hinsichtlich der Lohn-Frage. Damit lenken die Autorinnen die Aufmerksamkeit auf die zumeist unsichtbare Verrichtung von Frauenarbeit als Fürsorgegeberin und nicht Fürsorgenehmerin im „Privaten" als zentrales Zweckmoment der kapitalistischen Geschlechterordnung. Durch die Idee der Liebe werden Frauen dazu bewogen, nicht aus ihrer Mutter-„Rolle" im wahrsten Sinne des Wortes zu fallen und im Dienste des Kapitalismus unbezahlt Reproduktionsarbeiten zu erledigen, die dieses System aufrecht erhält. Beer (2008: 59) fasst es so zusammen, dass die Trennlinie zwischen (un-)entgeltlicher Arbeitsteilung entlang von Geschlecht die Folge habe, „dass Frauen, die diesem Modell voll entsprechen, als ‚Lohn' für ihre Arbeit allenfalls auf ‚Liebe' rechnen dürfen". Durch Lohn wird der Anfang für eine selbstbestimmte Teilhabe im Gesellschaftlichen gesehen. In den Akten wird sich zeigen, dass die verrichtete Reproduktionsarbeit von Frauen im Gegensatz zu den Vätern tendenziell unsichtbar gemacht wird. Wie und auf welche Weise, wird in Kapitel 4 und 5 präsentiert.

Stark diskutiert wird im Zusammenhang mit der weiblichen Reproduktionsarbeit in diesem Zusammenhang, wie Brückner (2010: 46) ausführt, auch das weibliche „Arbeitsvermögen", eine Geschlechterkonzeption, die Ende der 1970er-Jahre bis zu Beginn der 1980er-Jahre von Ostner und Beck-Gernsheim entworfen wird. Die Autorinnen unterscheiden Hausarbeit und Erwerbsarbeit als zwei gesellschaftliche Teilbereiche der Arbeit. In beiden Teilen würden spezifische Handlungserwartungen und -anforderungen gestellt. Dieses bezeichnen sie als Arbeitsvermögen. Da bei der Hausarbeit sozialisationsbedingt[71] mehrheitlich Frauen situiert sind und in dem Bereich der Erwerbsarbeit mehrheitlich Männer, fassen sie dieses Phänomen mit „weibliche[m] Arbeitsvermögen" als „vermischtes Tun" von Versorgung der Kinder bis hin zu Reinigungsarbeiten im Haushalt (Ostner 1992: 116; Ostner/Pieper 1980, vgl. auch Lenz 2010: 391). Dies führt zur (un-)gleichen Einbindung und schlechteren Stellung der Frauen in der „marktökonomischen Industriegesellschaft" unter dem Blickwinkel des Lohnenswerten. Becker-Schmidt (u. a. 2012: 78), die das „weibliche Arbeitsvermögen" unter anderen theoretischen Vorzeichen in das theoretisch-akademische Feld im Zuge des Konzepts der „doppelten Vergesellschaftung" gerückt hat, Knapp (1988) und andere sehen im Konzept des „weiblichen Arbeitsvermögens" eine Retradierung von Geschlechterstereotypen, die zur Diskriminierung von Frauen im Frauenberufen führe (vgl. auch Brückner 2010: 46). Das Konzept der „doppelten Vergesellschaftung" von Becker-Schmidt (1987), das vermutlich seine Wurzeln in der deutschen, aber vor allem auch in der US-amerikanischen Frauenbewegung hat und mit Villa (2011: 54-58) gesprochen zur „dreifachen" (Lenz 1995) und „vielfachen Vergesellschaftung"[72] ausdifferenziert wird, ist zu einem der zentralsten in der Geschlechtersoziologie avanciert. Die Autorin hat zu Beginn der 1980er-Jahre eine biografieanalytische Studie zur Lebensgestaltung der Fabrikarbeiterinnen veröffentlicht (Becker-Schmidt 2008: 66). Sie zeigt anhand der biografischen Erzählungen auf, dass die Fabrikarbeiterinnen beiden Sphären gerecht werden wollten, der der Familie und der der Arbeit. Dieses umfasst unterschiedliche Dimensionen. Zentral ist, dass „Frauen über zwei unterschiedliche und in sich widersprüchlich strukturierte Praxisbereiche in sozialen Zusammenhängen eingebunden sind" und innerhalb der doppelten Vergesellschaftung den Vereinbarkeitsanforderungen ausgesetzt sind (ebd.: 68). Das Konzept wird in unterschiedlichsten sozialwissenschaftlichen Studien aufgegriffen (etwa Seehaus 2014; König 2012; Silkenbeumer 2007). Besonders hervorzuheben ist die empirische Studie „Familie heißt Arbeit teilen. Transformation der symbolischen

---

71 Konzepte der Sozialisationsforschung sind innerhalb der (Geschlechter-)Soziologie sehr umstritten (siehe Bilden/Dausien 2006a).

72 Siehe zur vielfachen Vergesellschaftung Konzepte, die unter dem Begriff „Intersektionalität" (Crenshaw) verhandelt werden und den Lutz in die deutschsprachige Debatte zu sozialer Ungleichheit eingeführt hat (etwa Degele/Winker 2010; Kerner 2009).

Geschlechterordnung" von Tomke König (2012). König kommt zu dem Ergebnis, das auf qualitativen Interviews mit 25 Paaren aus Westdeutschland und der Schweiz und weiteren 10 zusätzlichen Interviews aus einem anderen Forschungsprojekt basiert, dass auch Väter sich als doppelt vergesellschaftet erzählen. Die Interviewten bilden unterschiedliche soziale Milieus ab, mit einer kleinen Tendenz zu höheren Bildungsschichten. Barbara Thiessen und Paula-Irene Villa (2008; vgl. zur Norm auch Fraser 2013: 30; 2009: 51; Jurczyk 2008: 81; Seehaus 2014: 240) kommen unter anderem mit Blick auf Talkshow-Formate zu dem Ergebnis, dass „doppelte Vergesellschaftung" zu einer Norm geworden ist. Die gute „deutsche Mutter", wie sie Barbara Vinken (2002) beschreibt, die Mutterschaft zum exklusiven Lebensinhalt mache, sei in der Perspektive von Thiessen und Villa ein deutsches „Auslaufmodell".

Die Ergebnisse der vorliegenden Untersuchung informieren darüber, welche unterschiedlichen Mutterschaftsnormen wann und wie in den hier untersuchten Akten von Gewicht sind. Und auch werden die Ergebnisse zeigen, inwiefern und mit welchem Unterschied zu Frauen/Müttern die Norm der „doppelten Vergesellschaftung" für Männer/Väter von Bedeutung ist (Kapitel 4 und 5).

Auch in den aktuellen Väterforschungen finden sich Übereinstimmungen, dass das traditionelle Bild des Haupternährers für den Vater für weite Teile keine Gültigkeit habe (vgl. zusammenfassend Seehaus 2014: 33). Dabei stellen qualitative und quantitative Studien heraus, dass weniger Zeit und Geld die Faktoren sind, an denen sich der ‚gute Vater' normativ messen lassen kann, sondern Vertrauensbildung zum Kind (etwa Schwiter 2009; Forsa 2014). Auch wird gegenwärtig eingebracht, dass auch Väter eine Vereinbarkeitsproblematik hätten und nicht bloß Mütter (Döge 2006: 49). Inwiefern sich die Ergebnisse zu den Ansprüchen an den Vater im Vergleich zur Mutter nicht 1:1 in den Akten wiederfinden, wird ebenfalls in Kapitel 4 und 5 diskutiert. Und auch wird diskutiert, inwiefern körperliche Nähe zum Kind geschlechtlich codiert ist. Dabei wird die biografische Entwicklung des Kindes berücksichtigt.

Mutterschaft zwischen Diskurs und Praxis/Sagen und Tun – eine Kluft

Aktuelle Studien kommen zu dem übereinstimmenden Ergebnis, dass es eine Kluft zwischen Sagen und Tun – Diskurs und Praxis mit Blick auf die elterlichen Sorgebeziehungen gibt. Bemerkenswert ist, dass auch bei Paaren mit einem zu Beginn der Elternschaft egalitären Verständnis der Arbeitsteilung bzw. Sorge ums Kind nach der Geburt des Kindes eine Retraditionalisierung der Geschlechterverhältnisse stattfindet (Wetterer 2004: 63-64; Koppetsch/Burkart 1999; Geissler/Oechsle 2000; vgl. Daten und Fakten zu Mutterschaft in Abschnitt 2.3). Exemplarisch steht für diese Beobachtung die Studie von der Sozialwissenschaftlerin und Historikerin Gisela Notz. Notz (1991) hat in ihrer Studie „Du bist als Frau um einiges mehr gebunden als der Mann", die auf problemzentrierten Interviews beruht, innerhalb einer Längsschnittstudie von 28 Familien untersucht, „welche Erwartungen die jungen Väter und Mütter an die Familie haben und wie sich diese Erwartungen zu den von ihnen gewählten und praktizierten Bewältigungsformen der Aufgaben im Beruf, Haushalt und der neuen Aufgabe der Kinderbetreuung verhalten" (ebd.: 18). Dabei wird die sich wandelnde „realen Lebenssituation" im Zusammenhang mit der Geburt des Kindes ebenso berücksichtigt, wie die „subjektiven Bewertungen" als mögliches Indiz für eine „Veränderungen von Struktur und Funktion der Kernfamilie". Die relevanten Themen umfassen Lebensbedingungen, Aufgabenteilungen in Haus und Erwerb vor und nach der Geburt über Utopien und Wünsche an Elternschaft bis hin zu Kinderbetreuung (ebd.: 21). Die Ergebnisse zeigten, dass vor allem die Frau für das *Mothering*, also die Sorge um das Kind und den Haushalt, verantwortlich gemacht wird. Beispielsweise wird unter anderem unter dem Punkt „Erwartungen an die Beziehungsform im Anschluss an die Geburt" genannt, dass die werdenden Eltern vor der Geburt ein relativ egalitäres Verständnis haben, das sich allerdings im Anschluss an die Geburt nicht aufrechterhält: „Das unveränderte Beibehalten der partnerschaftlichen Beziehung war eine Hoffnung, die sich in der Realität allzu oft als Illusion erwies" (ebd.: 74). Auch als „Illusion" erweist sich die Vorstellung, dass die Mutter nach der Geburt, selbst in der Erwerbsarbeit, die Hausarbeit wieder stärker teilt. Hauptsorgetragende wäre sie auch vor der Geburt gewesen (ebd.: 151). Interessanterweise werden die Ergebnisse der vorliegenden Untersuchung zeigen, dass in den Akten nicht von einer solchen „Illusion" gesprochen werden kann. Wie sich dies deuten lässt, findet sich in Kapitel 5.

Die Erklärung von patriarchal-kapitalistischen Unterdrückungsverhältnissen, von denen Gisela Notz als Erklärungsmuster ausgeht, findet sich in der aktuellen sozialwissenschaftlichen Debatte hierzulande in der Form nicht so stark wieder (vgl. dazu auch Fraser 2009).[73] Vielmehr wird diese Kluft zwischen Diskurs und Praxis/Sagen und Tun durch nicht ganz neue empirische Beobachtungen unterschiedlich wissenschaftlich erklärt.

Die erste Position, die Kluft im Sinne einer „rhetorischen Modernisierung" (Wetterer 2003) oder „Illusion der Emanzipation" (Koppetsch/Burkart 1999; vgl. auch Seehaus 2014: 240; Hochschild/Beister 2006; Hochschild 2006: 143) argu-

---

73 Vielmehr dienen zur Erklärung, wie Seehaus (2014: 32) ausführt, folgende Muster: „Es werden Erklärungen in der Orientierung an traditionellen Leitbildern der Frauen- bzw. Männerrolle (vgl. Geissler 1998), eine starke Orientierung der Frauen an bestimmten Vorstellungen von betreuter Kindheit (vgl. Sommerkon/Liebsch 2002), traditionelle Familienleitbilder (vgl. Leitner/Ostner/Schratzenstaller 2004) sowie weiterhin bestehende Orientierung des Arbeitsmarktes am männlichen ‚Normalarbeitsverhältnis' angeführt." Der Autorin folgend ist der familiäre Ort damit einer, der soziale Ungleichheit (re-)produziert, indem die Gelegenheitsstrukturen hinsichtlich der Geschlechter, sich am Arbeitsmarkt zu beteiligen, unterschiedlich organisiert sind.

mentiert, wird so dargestellt, dass Familien des individualistischen Milieus gegenwärtig zwar von einer Gleichheit in Bezug auf die Geschlechterverhältnisse reden,
aber dass diese sozio-strukturell nicht etabliert ist. Beispielhaft für diese Position
steht die Studie „schmutzige Wäsche" von Jean-Claude Kaufmann (2005), der von
einer „egalitären Idee im Haushaltsbereich" (ebd.: 177; vgl. auch 265) spricht und
von „Macht des Gleichheitsgedankens" (ebd.), die sich in der innerfamiliären Arbeitsteilung meist nicht wiederfindet. In qualitativen Studien werden ausgehend
von einer zunehmend vorhandenen „Komplexität von Verständigungsprozessen in
Paarbeziehung" (ebd.: 8) im Zuge gesellschaftlicher Umbrüche 20 Paare befragt.
Kaufmann hält als eines der Ergebnisse fest:

> „Zwar wird die Gleichheit nicht von allen praktiziert, davon sind wir weiter entfernt, aber alle re-
> den von ihr, als sei sie einer selbstverständlichen Regel, einem sozialen Imperativ unterworfen,
> der sie zwingt, Position zu beziehen und sich zu rechtfertigen. Das während der Gespräche zu
> beobachtende Verhalten ist sehr bezeichnend. Männer, die sich an den häuslichen Aufgaben be-
> teiligen, beschreiben ihre Tätigkeit nicht etwa neutral und objektiv: Aus ihren Worten spricht der
> pure Stolz und er führt sie dazu, sich mit einiger Übertreibung im Geste moderner Helden zu
> präsentieren. Und Frauen präsentieren stolz ihre Männer/Väter in diesem Sinne. Väter die nicht
> viel machen rechtfertigen sich stark und fühlten sich ‚ausgesprochen unwohl', als ob sie sich der
> Missachtung von Recht und allgemein anerkannter Moral schuldig gemacht hätten." (ebd.: 176)

Diese Kluft zwischen erzählter und faktischer Gleichheit, verstanden als „egalitäre
Idee im Haushaltsbereich" (ebd.: 177), die zur Mehrarbeit der Frauen und Mütter
im Haushalt führe, begründet Kaufmann mit der geschlechtsspezifischen Sozialisation (ebd.). Durch routiniertes Alltagshandeln – dem Doing-Gender-Ansatz
folgend – verkörpern und (re-)produzieren sie die Ungleichheit (vgl. Kassner/
Rüling 2005: 256). Es ist folglich eine Wirkungsmächtigkeit inkorporierter
Geschlechternormen, die durch ein Doing Gender im Ansatz von Kaufmann
(2005) in Gang gehalten werden (ebd.).

Die dokumentierten Aussagen in den Akten verweisen auf keine „rhetorische
Modernisierung" (Wetterer 2003) im Sinne von Kaufmann. Gleichwohl spielt das
Konzept der „rhetorischen Modernisierung" in den untersuchten Akten eine Rolle.
Inwiefern und welche Bedeutung dabei den traditionellen Geschlechternormen
zukommt, wird vor allem in Kapitel 5 diskutiert und in Kapitel 6 in Bezug auf eine
De- und/oder Restabilisierung der Geschlechterordnung interpretiert.

Die andere Position erklärt die Kluft zwischen Sagen und Tun in der empirischen Geschlechterwirklichkeit weniger über Milieu, wie Kaufmann oder auch
Meuser, sondern über den spezifischen Kontext. Beispielhaft für diese Position
stehen die Soziologen Anneli Rüling (2007) und Karsten Kassner (2005), die in
Abgrenzung von einer etwa „rhetorischen Modernisierung" (Wetterer 2003) von
einer „pragmatischen Modernisierung" sprechen. Sie haben in ihrer qualitativen
Studie junge Paare zwischen 25 und 40 Jahren mit Kindern, bei denen eine Vereinbarkeitsproblematik vorliegt, leitfadengestützt interviewt und die Frage untersucht,

wie sich Eltern die Familien- und Erwerbsarbeit teilen (Kassner/Rüling 2005: 242-245). Perspektivisch orientieren sie sich an dem Konzept der alltäglichen Lebensführung (ebd.: 243). Überrepräsentiert im Sample sind Akademiker/-innen (ebd.: 245). Rüling (2007: 108) kann zeigen, dass Paare unterschiedliche Strategien zur individuellen Bewältigung der Traditionalisierungsfallen wie u. a. „der berufliche Wiedereinstieg der Mutter als Armutsrisiko", die „Koordination der beruflichen Entwicklung beider Eltern als Überforderung" oder auch die „geschlechtsspezifische bei Kindererziehung und Hausarbeit" finden. Dabei wird sichtbar, dass das, was für die einzelnen Paare gleichberechtigt heißt, ganz unterschiedlich gedeutet wird. Es muss nicht bedeuten, dass beide das Gleiche im gleichen Umfang hinsichtlich der Betreuung der Kinder machen. Dabei käme es zu einer „pragmatischen Modernisierung". Pragmatische Modernisierung versteht die Autorin als

> „situative Handlungssteuerung, die stärker im praktischen Bewusstsein und in der Bedürfnisstruktur des Paares angesiedelt ist und sich weniger im diskursiven Bewusstsein abspielt" (ebd.: 255).

Auswirkung auf die Aushandlung der Paare über die Bewältigungsstrategien habe vor allem der Kontext (ebd.: 265). So argumentieren Rüling und Kassner (2005: 256): „Aushandlungsprozesse und Lösungsstrategien von Konflikten um die Arbeitsteilung verlaufen in vielen Fällen auf einem sehr pragmatischen Niveau und durchbrechen bisweilen auch die Muster geschlechtstypischer Zuschreibungen". In diesem Zusammenhang stellen sie fest, dass die Übernahme von Tätigkeiten von den Paaren selbst kaum geschlechtlich codiert seien:

> „Zudem verlieren die Männer zunehmend den Status des 'ewigen Praktikanten' in der familiären Alltagsarbeit. Sie übernehmen auch unangenehme und vermeintlich 'weibliche' Aufgaben und Tätigkeiten – wie etwa putzen, waschen, bügeln – bis hin zur Gesamtverantwortung für die Alltagsabläufe in der Familie. Dagegen werden vermeintlich 'männliche' Tätigkeiten, wie das Management der Finanzen oder Reparaturen teilweise von beiden gemeinsam oder auch nur von den Frauen übernommen." (Ebd.: 256)

Gleichheitsanspruch und -anforderung in der Praxis ist aus Perspektive der Interviewten, „dass beide den Eindruck haben, zu gleichen Teilen zum gemeinsamen Arrangement beizutragen" (ebd.: 257), wer de facto welche Tätigkeiten übernimmt, scheint zweitrangig zu sein. Welche Rolle die pragmatische Modernisierung in den Akten spielt, wird in den Kapiteln 4 und 5 diskutiert. Es wird sich zeigen, wie und wo die (Re-)Produktionstätigkeiten geschlechtlich (un-)codiert auftauchen und inwiefern auf der normativen Ebene von keiner pragmatischen Modernisierung in den Akten gesprochen werden kann.

Auch Karin Schwiter (2009) kommt mir ihrer Studie zu dem Befund, dass es keine große Kluft zwischen Sagen und Tun gäbe: „Bereits die Vorstellungen der befragten jungen Erwachsenen dokumentieren nicht den Hausmann, sondern den Freizeit- und Wochenendvater als Norm." (Ebd.: 222) Ebenso wie Mechthild

Oechsle und Birgit Geissler (1996) sieht auch Karin Schwiter (2009: 222) in ihrer diskursanalytischen Untersuchung zur Norm des ‚guten Vaters' „Diskrepanzen und Brüche" innerhalb der Familienbilder „zwischen Wunsch der Väter nach emotionaler Nähe bei weitergehender Abwesenheit im Alltag, zwischen dem Wochenendvater und dem Ideal einer egalitären Arbeitsteilung". Geissler und Oechsle haben bereits 1996 auf die Diskrepanzen und Brüche innerhalb der Familienbilder hingewiesen, die in der vorliegenden Studie von Bedeutung sein werden (Kapitel 4 und 5). Ausgehend von der Frage „welches biographische Handeln Frauen im Übergang in die Berufstätigkeit und in die Familiengründung entwickeln und wie strukturelle Risiken und institutionelle Steuerung diese Statuspassage mitgestalten", geht es nicht um das Leben mit Kind im Anschluss an die Geburt, sondern um die ‚‚vorgelagerte' Statuspassage in den Beruf und in die Familie" (ebd.: 44). Auf Grundlage von 77 Interviews mit „junge[n] Frauen mit beruflicher Ausbildung, die noch keine Kinder haben" aus Westdeutschland aus dem Zeitraum 1989 bis 1990, sind im Sample Frauen mit prekärer Beschäftigung überrepräsentiert (ebd.: 42-43). Sie kommen zu dem Ergebnis, dass insbesondere das Bild der ‚guten Mutter' und das Bild der ‚selbstständigen Frau' wirkungsmächtig im weiblichen Lebensentwurf werden. Dabei stellen sie fest:

> „Für Frauen mit doppelter Lebensplanung aber scheint das Leitbild der selbständigen Frau nicht vereinbar mit dem der ‚guten Mutter' zu sein; beide sind nicht gleichzeitig lebbar und werden daher verschiedenen biographischen Phasen zugeordnet. Die ‚selbständige Frau' steht als Leitbild über der Phase des jungen Erwachsenenalters vor der Familiengründung; das Leitbild der ‚guten Mutter' strukturiert die Lebensführung in der Familienphase mit kleinen Kindern." (Geissler/Oechsle 1996: 192)

In den Akten wird sich daran anknüpfend zeigen, dass die normativen Anforderungen an die ‚gute Mutter' (aber auch Eltern) in den Akten mit der biografischen Entwicklung des Kindes variiert (Kapitel 4 und 5). Welche Norm wann wirkungsmächtig wird in den Akten und mit dem Alter des Kindes, wird in den Kapiteln 4 und 5 zusammenfassend diskutiert.

Mutterschaft als Leistung gegenüber dem potenziell gefährdeten Kind

Insbesondere in der Kindheits- aber auch Familiensoziologie wird Mutterschaft im Zusammenhang mit der Entdeckung der Kindheit als „Entwicklungskindheit" (Hengst/Kelle 2003; Honig 2009; zusammenfassend Seehaus 2014: 35-36) zunehmend unter der Perspektive der Gestaltbarkeit gesehen, die mit der Elternschaft einhergeht. Das Kind wird als Bedürfnisempfänger – Fürsorgenehmer – und die Eltern, insbesondere die Mutter als Bedürfniserfüllerin – Fürsorgegeber/-in – erschaffen (Hungerland 2003: 159; Seehaus 2014: 35; Correll 2010: 270; Toppe 2009: 114). Beispielhaft für diese Entwicklung steht das Ergebnis von

Correll (2010: 270), dass innerhalb des Diskurses zu Kinderlosigkeit Elternschaft aus der Sicht der möglichen Eltern als „Leistungsanspruch konstruiert" wird: „Kinder zu haben/zu bekommen wird als besondere Aufgabe angesehen die – ähnlich wie die eigene Berufskarriere – zum Gegenstand individueller Planungen und Investitionen wird." Seehaus (2014: 35) hält mit Blick auf den Forschungsstand fest: „Insofern Kindheit heutzutage unter dem Blickwinkel ihrer potentiellen Gestaltbarkeit betrachtet wird, werden Eltern mittels eines ‚Imperativs zur bestmöglichen Förderung' als Verantwortliche adressiert." Dabei wird bei Entwicklungsvergleichen das Kind nicht zuletzt auch zur „‚Messlatte' der Wahrnehmung von Elternverantwortung" (Seehaus 2014: 243). Zugeschriebene Krankheiten, Entwicklungsstörungen etc. werden nicht selten als Ausdruck der (nicht) richtigen Sorge um das potenziell gefährdete Kind gedeutet (ebd.). In diesem Zusammenhang sind Studien erwähnenswert, die am Beispiel von medizinischen Untersuchungen/Beratungen bezüglich des Kindes darauf hinweisen, dass Sorgepraktiken der Mutter, Väter und Eltern mit zum Gegenstand gehören (zusammenfassend Seehaus 2014: 35-48; siehe auch Ott/Seehaus 2010). Dabei wird das spezifische Bedürfnis des Kindes zum Beispiel nach Muttermilch naturalisiert (etwa Hungerland 2003; Ott/Seehaus 2010; Toppe 2009). Über die Naturalisierung der Bedürfnisse des Kindes, die nicht auf die Muttermilch zu reduzieren sind, so kann Toppe zeigen, werden bestimmte Ansprüche an die Mutter und auch die Eltern sichtbar. Toppe (2009: 114) kann in ihrer Untersuchung zu Einstellungen von Lehrkräften zeigen, dass „die benachteiligenden Erscheinungen der Kinder vorangig das Problem einer mangelnden Fürsorge der Eltern bzw. vor allem der Mutter propagierten". Hier wird Müttern das Etikett der ‚guten Mutter' aberkannt, indem sie stigmatisiert werden aus unterschiedlichen Gründen wie Berufstätigkeit, Alleinerziehend-Sein und Arbeitslosigkeit. Argumentativ wird auf den „Selbstverschuldungsansatz" rekurriert, in dem das kindliche Versagen als Versagen der Eltern, aber vor allem der Mutter gedeutet wird. Dabei werden die strukturellen Einbindungen ausgeblendet (ebd.). Die gesellschaftliche Organisation von Schule (die Halbtagsschule basiert auf dem Modell der bürgerlichen Kernfamilie, in der die Mutter mittags zu Hause ist) oder die gesellschaftliche Organisation von Armut rückt nicht in den kulturellen Denkhorizont der Interviewten. So erwähnen bezüglich Armut auch Villa und Thiessen (2008) hinsichtlich der normativen Verhandlungen in gegenwärtigen TV-Formaten wie Talkshows, dass Mutterschaft an die Bedingung vor allem ‚richtiger' materieller Verhältnisse geknüpft wird: „Dagegen verschwinden die neuen sozialen Disparitäten und Verhältnisse am Arbeitsmarkt aus dem Blick", wie Thiessen und Villa (ebd.: 278) formulieren. Auch Spies (2009a; siehe auch Beiträge im Sammelband 2013) kommt in diesem Zusammenhang in ihrer Untersuchung zum Babysimulator und früher Mutterschaft zu dem Ergebnis, dass bei jungen Müttern die sozialen Problemlagen individualisiert werden, anstatt zu fragen, welche strukturellen Bedingungen diese Probleme hervorbringen.

Neue(re) Studien zeigen, wie im Zuge der Verwissenschaftlichung von Elternschaft vor allem die Mutter aufgerufen wird, Mutter-, aber auch Vater- und Elternschaft zu lernen (Seehaus 2014: 35 ff.). „Informationsarbeit" (Beck-Gernsheim 1991: 61) ist das zentrale Stichwort. Mutterschaft, aber auch Vater- und Elternschaft ist damit weniger als eine ‚natürliche' Eigenschaft – Muttersein – gemeint, sondern etwas, das sich kulturell angeeignet werden muss im Sinne eines Mutterwerdens, um professionell zu werden im Sinne von Mutterschaft als Profession (Meyer 2002). In unterschiedlichen Studien, wie bei Seehaus (2014: 27) zu Ratgebern, Leserbriefen und/oder Elternzeitschriften (etwa Hungerland 2003), zeigt sich, dass insbesondere Mütter, aber auch „Eltern häufig als Hauptverantwortliche für die Entwicklung der Kinder, die den schmalen zeitlichen Korridor der ersten Lebensjahre optimal nutzen sollen" entworfen werden (Überblick gibt Seehaus 2014: 26 ff.). Dabei stehen die Eltern, vor allem die Mutter, zunehmend unter der „Logik des Verdachts" (Bühler-Niederberger 2010: 22; siehe Seehaus 2014: 37), sich nicht optimal um das Kindeswohl gekümmert zu haben. So zeigen unterschiedliche Studien auf, dass das Kind heute als potenziell gefährdet nicht nur gegenüber den Eltern entworfen wird, das vermessen, geprüft und getestet werden muss. Eltern haben, so der Imperativ, in ihre Kinder zu investieren und durch die richtige Sorge eine optimale Entwicklung, (Früh-)Förderung und Gesundheit entsprechend das Kindeswohl zu gewährleisten (etwa Seehaus 2014: 35-42; vgl. auch Correll 2010; Honig 2009; Thiessen/Villa 2008; Duden 1991). Zur Frage, wer die (Früh-)Förderung übernehmen solle, gibt es keine eindeutigen Ergebnisse (Seehaus 2014: 27).

Seehaus nennt als Beispiel für eine Institutionalisierung dieser Prozesse politisch bzw. medizinisch umgesetzte Instrumente der Früherkennung, wie etwa die U-Untersuchung bei Kindern bis sechs Jahre. Im Zusammenhang mit dem gefährdeten Kind und den potenziell gefährlichen Eltern, die ihren Sorgeanforderungen – Investitionen – nicht angemessen nachkommen können, sind Studien zu erwähnen, die anhand der Geburt das pränatale Elternwerden am Schnittpunkt der Risikoanrufungen aufzeigen (etwa Sänger/Dörr et al. 2013; Duden/Samerski 2006; Samerski 2002; Beck-Gernsheim 2008a; siehe auch Beiträge in Wulf/Hänsch et al. 2008 und Villa/Moebius et al. 2011). Sie besagen, dass die Sorge als Verantwortung, die entlang von Wahrscheinlichkeitsberechnungen reguliert wird, für das Ungeborene/Kind vor allem für die Mutter bereits mit der Schwangerschaft einsetzen. Der werdenden Mutter wird aufgrund ihrer genetischen Disposition, wie Barbara Duden und Silja Samerski (2006; 2002) zeigen, die Position der „informierten Entscheiderin" zugewiesen. Im Foucaultschen Sinne wird sie als „Unternehmerin ihrer Selbst" (vgl. Pühl 2003; vgl. auch Schultz 2003) für das Schwangerschaftsprojekt selbst- und fremdregiert verantwortlich, wobei das Ungeborene und die werdende Mutter als zwei *natürlich* gleichwertige Personen mit ihren Bedürfnissen verstanden werden (Sänger 2010; Duden 1991; 2002). Die Schwangeren erhalten Handlungsanweisungen, um wahrscheinliche Risiken für das Ungeborene zu verhindern (Tegethoff 2011) und „gesund" zu sein (ebd.; siehe auch Beck-Gernsheim 2008). Moralisch kann die Frau für das (nicht) Gelingen der Schwangerschaft haftbar gemacht werden (u. a. Lupton 1999; Lupton 1993). Ihr „Frauenleib" wird, mit Duden gesprochen, in der Schwangerschaft zu einem „Ökosystem" des Ungeborenen. Dabei werden die Bedürfnisse des Kindes mit den Bedürfnissen der leiblichen Mutter gleichgesetzt. Von anderen und der Schwangeren selbst wird stark reguliert, was sie wann und wie zu sich nimmt, tut und macht (Nowicka/ Tolasch 2014). Durch ständige medizinische Kontrolle entlang von Risikoerzählungen wird sie angerufen, richtige Selbstsorge für die Fremdsorge zu leisten. Wall (2001: 602-603) hat diesen Ansatz erweitert, indem sie in ihrer Studie zum Stillen zum Ergebnis kommt, dass die Frau nicht bloß während der Schwangerschaft als „Ökosystem" des Ungeborenen verstanden wird, sondern auch in der Phase, in der sie stillt.

Mit dem Blick auf die historischen Veränderungen der Praktiken und Diskurse um Schwangerschaft zeigen mehrere Autorinnen mittels welcher aktuellen instrumentell-medizinischen Risikokategorien Frauen ihren Körper in der Schwangerschaft selbst erleben (etwa Sänger/Dörr et al. 2013; Sänger/Rödel 2012; Tegethoff 2011; Sänger 2010; Duden/Samerski 2006). Dabei spielt die sonografische Visualisierung des Ungeborenen eine entscheidende Rolle in der Veränderung vom Körperwissen der Frauen (ebd.). Sänger (2013: 68) vertritt in diesem Zusammenhang die These, mit der sie die von Barbara Duden relativieren möchte, dass sich der „epistemische Bruch in der Schwangerschaftswahrnehmung [...] nicht in einer *Verlagerung* des Tast-, Geruchs-, Spür- und Geschmackssinns auf die technologisch vermittelte Wahrnehmung [beobachten lässt], indem diese Sinne *ersetzt* werden. Vielmehr lässt sich eine *spezifische* Verkörperung von Handlungsimperativen und Wissensbeständen ausmachen: Diese Verkörperung besteht darin, dass körperliche Sensationen im Horizont des medizinischen Risikodispositivs signifiziert werden und verschränkt sind mit moralischen Imperativen mütterlicher (und väterlicher) Subjektpositionen im Kontext der heteronormativen Kleinfamilie." Dabei wird die Abhängigkeit von Kategorien sozialer Differenzierung wie Klasse und Ethnie und anderen betont.

Die Ergebnisse der Studie zur Konstruktion von Mutterschaft in den Akten werden Antworten darauf geben, inwiefern das Kind/die Kindheit vor diesem Hintergrund konstruiert wird/werden und wie komplementär dazu die Aufgaben und Pflichten einer ‚guten Mutter' gestaltet werden. Dabei wird sich beispielsweise zeigen, dass die Aussage von Duden, dass das Kind zu einem „instrumentellen Projekt" geworden sei, für unterschiedliche Akteure/Akteurinnen unterschiedliches Gewicht im normativen Sinne hat und damit differenzierter zu betrachten ist. Auch zeigt sich, dass eine (Un-)Gleichzeitigkeit zwischen Muttersein (Instinkt) und Mutterwerden (Lernen) in den Akten sichtbar wird. Das bedrohte Kind und potenziell bedrohliche Eltern dienen dabei als Hintergrundfolie der Argumentation (Kapitel 4 und 5). Die Ergebnisse der Akten werden in Anlehnung an die – vorrangig – kindheitssoziologischen Studien aufzeigen, dass das (bedrohte) Kind zum Indikator für das richtige Maß an Sorge durch die potenziell bedrohlichen Eltern darstellt. Dabei wird sich auch zeigen, dass es weniger die bedrohlichen Eltern, sondern die bedrohliche Mutter ist, die hinsichtlich der (nicht) angemessenen Fürsorgeleitung gegenüber ihrem Kind angerufen wird. Diskutiert wird vor diesem Hintergrund auch die Frage, ob die Mutter vor allem als Fürsorgegeberin für ihr Kind adressiert wird, oder ob noch andere Fürsorgenehmer/-innen in den Akten Gewicht bekommen, für die sie als zuständig adressiert wird.

Mutterschaft als plan- und wählbar

Beck-Gernsheim (2008a) spricht davon, dass das „Kinderhaben" zu einer „Kinderfrage" geworden ist.[74] Durch unterschiedliche Einflussfaktoren wie der erhöhten Beteiligung von Frauen im Erwerb, die Bildungsexpansion von Frauen, dem Wandel des Geschlechterselbstverständnisses maßgeblich von der Frauenbewegung geprägt und der Erfindung neuer Technologien wie der „Pille", die in Deutschland 1961 auf den Markt kommt, sei Mutterschaft zunehmend zu einer Option geworden. Sie kann im stärkeren Ausmaß geplant und gewählt werden.

Studien haben gezeigt, dass der richtige Zeitpunkt für ein Kind auf diskursiver Ebene dann ist, wenn das Kind in die Lebensumstände der im optimalen Falle biologischen Eltern als Paar passt. Die Entscheidung für ein Kind ist keine individuelle Entscheidung sondern eine partnerschaftliche. Eine Familie wird dann gegründet/geplant, wenn beide Eltern sich dafür entscheiden (Correll 2010: 272). Passend wird entlang unterschiedlicher Kategorien soziale Differenzierung wie Alter, sozio-ökonomischer Status, Leiblichkeit, gemeinsame Zeit mit dem Kind, Ausbildung, Beruf, heterosexuelle und stabile Partnerschaft, Kinderanzahl etc. definiert (Schwiter 2011; Correll 2010; Spies 2009a; Toppe 2009; Burkart 1994). Referenzmaßstab, so Corell (2010: 272), für das Eingehen von Mutter-, Vater- und Elternschaft ist dabei auf diskursiver und alltäglicher Ebene (Selbstthematisierung) vor allem die „traditionelle Kernfamilie mit biologischer Elternschaft". Infolge dieser kollektiven Vorstellung werden alternative Lebensformen, wie alleinerziehend zu sein, Adoptivfamilien, Patchworkfamilien und Regenbogenfamilien sowie Personen, die (un-)gewollt kinderlos sind, etwa durch Distinktionsmechanismen abgewertet bzw. nicht gleichermaßen anerkannt. Dies betrifft nicht bloß alternative Lebensformen, sondern auch Mütter, die etwa zu alt, zu jung, zu arm sind. Welfare

---

74   Zur kritischen Auseinandersetzung mit dem Ergebnis von Beck-Gernsheim siehe Fußnote 128.

Moms und Teenager-Mütter sind historisch gesehen ein Dauerthema und damit dem Etikett der ‚schlechten Mutter' ausgesetzt (Ladd-Taylor/Umansky 1998a). In diesem Zusammenhang sind zwei Studien erwähnt. Anke Spies (2013; 2009a) hat basierend auf einer bundesweiten Untersuchung mit kombinierten qualitativen und quantitativen Zugängen (un-)erwünschte Mutterschaft bzw. die Konstruktion von ‚guten Müttern' anhand des Einsatzes von Babysimulatoren untersucht. Babysimulatoren dienen dem pädagogischen Personal etwa in Schulkassen als Abschreckungsinstrument, das über die Überforderungserfahrungen bei vermutetem zu frühen Kinderwunsch der Teilnehmer/-innen durch das pädagogische Personal künstlich arrangiert wird (2009a: 276, 283). Spies zeigt auf, dass aus Sicht des pädagogischen Personals eine ‚gute Mutter' keine Mutter ist, die unter 20 Jahre alt, sozio-ökonomisch niedrig situiert ist und nicht über das richtige zugeschriebene Bildungskapital verfügt. Sie zeigt auch auf, dass die Adressatinnen der Abschreckungsszenarien – die jungen Frauen/Mütter – das individuelle Selbstvertrauen verlieren, indem sie im Verlauf der Durchführung (Einsatz mit Babysimulator) eine (mögliche) eigene Schwangerschaft als verantwortungslos wahrnehmen:

> „Waren sich die Mädchen vor der Simulation einig, dass Schwangerschaft und Elternschaft in ihren Lebenskontexten – gleich ob geplant oder ungeplant – zu leistender und zu bewältigender, (kollektiver) biografischer Alltag ist, wird sie im Falle von problematischen Erfahrungen mit dem Simulator zur individuellen biografischen Katastrophe." (Ebd.: 282)

Spies legt empirisch gestützt dar, dass es ebenfalls möglich wäre, die Entscheidung für ein Kind bei den Mädchen als individuelle bejahende Lebensentscheidung zu sehen und die Frage auf die Unterstützungsleistung zu lenken. So formuliert Spies:

> „Die Simulationspraxis hat aber kein Interesse, dieses Strukturproblem als solches offen zu legen, sondern erklärt vielmehr durch die ‚gespielte Elternschaft' die strukturelle Bedingtheit zum individuellen Problem, während notwendige bildungs- und sozialstrukturelle Erneuerung unterbleiben." (Ebd.: 286)

Insofern könnten auch die Lücken im Wohlfahrts- oder im Familiensystem kritisiert werden, die frühe Mutterschaft prekär machen, wobei frühe Mutterschaft an und für sich nicht prekär ist, sondern die mangelnden Bedingungen und Ressourcen für Mutterschaft. In dieser beispielhaft herangezogenen Studie wird das Problem an die (potenziellen) Mütter geheftet und damit individualisiert, statt die strukturelle Einbindung der Personen innerhalb von gesellschaftlichen Kontexten, die auf die (un-)gleichen (un-)sozialen individuellen Eingebundenheiten verweisen. Damit bestimmt auch die Mutterschaftsposition über die Gelegenheitsstrukturen und Teilhabe für Mütter (mit).

Der Einfluss der Diskurse auf das tatsächliche Handeln von konkreten Personen auf der Praxisebene ist nicht eindeutig zu beantworten. Beispielhaft lässt sich das an ökonomischen Motiven zur Familiengründung zeigen. Correll (2010: 52-53) hat auf Basis des Forschungstands deutlich gemacht, dass es einige Wissenschaft-ler/-innen gibt, die einen großen Einfluss sehen, einige einen relativen Einfluss und andere kaum einen Einfluss sehen hinsichtlich der ökonomischen Motive auf die Entscheidung für oder gegen die Familiengründung.

Inwiefern die Entscheidung für oder gegen das Kind normativ als Kriterium für die ‚gute Mutter' in den Akten vorkommt und welche Kategorien sozialer Dif-ferenzierung wie Alter, Sexualität, Beziehungs- und ökonomischer Status, körperli-che Nähe dabei von Bedeutung sind, wird in Kapitel 4 ausgewertet und im Kapitel 5 vor dem Hintergrund dieser Forschungsergebnisse diskutiert.

2.4 Mutterschaft konstruktivistisch weiterdenken

Die sozialwissenschaftlichen Debatten, in denen Mutterschaft gegenwärtig eine vernachlässigte Kategorie darstellt, zeigen auf, dass Mutterschaft durch Essenziali-sierungs-, Naturalisierungs- und Normalisierungsverfahren vergeschlechtlicht ‚gemacht' wird. Vergeschlechtlicht insofern, weil Mutterschaft als weiblich definiert wird im Gegensatz zu Vaterschaft, die als männlich definiert wird und mit bestimmten geschlechtlich codierten Zuständigkeitsbereichen versehen ist (vgl. auch Bereswill/Scheiwe et al. 2006a: 7). Mutterschaft ist insofern eine soziale, aber wie nicht zuletzt am historischen Rückblick gesehen auch eine machtdurch-drungene Ordnungskategorie, entlang der Reproduktionsarbeiten (Handeln) über Geschlecht (männlich/weiblich) klassifiziert und organisiert wird (vgl. Buschmeyer 2013: 64). Während auf der normativen Ebene eine Gleichheits- oder pragmatische Erzählung von Reproduktionsarbeiten zu beobachten ist, scheinen in der empi-rischen Praxis Frauen als Mütter eher für unbezahlte Reproduktionsarbeiten zuständig zu sein und Männer eher für bezahlte Produktionsarbeiten. Diese Ordnungskategorie, so zeigt sich auch, wird durchkreuzt von unterschiedlichen anderen Kategorien sozialer Differenzierung wie etwa Race, Klasse, Sexualität usw. Dass heißt, dass intersektionale Verflechtungen von Mutterschaft und Geschlecht mitgedacht werden müssen. Auch zeigt sich in den Ausführungen, was für das Verständnis der vorliegenden Untersuchung zentral ist (Kapitel 3 und 4), dass Mutterschaft nicht gleichgesetzt werden kann mit Müttern bzw. alltäglichen Handlungen in der Position als Mutter (*Mothering*). In Anlehnung an Adrienne Rich (1979), zentrale Figur der zweiten Frauenbewegung, wird auch in der sozialwissen-schaftlichen Debatte darauf hingewiesen, dass zwischen Mutterschaft als Institution und Mutterschaft als Erfahrung bzw. eher soziales Tun (*Mothering*) unterschieden werden müsse.

Mutterschaft wird ausgehend von dem Stand der sozialwissenschaftlichen Debatte insofern als Institution in der vorliegenden Arbeit verstanden, als dass sie den Orientierungsrahmen darstellen, der das Handeln, Denken, Fühlen etc. von

Personen vorstrukturiert bzw. den Rahmen bildet. Kollektive Selbstverständnisse von Mutterschaft werden durch unterschiedliche Vorstellungen, Institutionen und etwa Politik basierend auf historischen Konventionen hervorgebracht. Das Mutterschaftshandeln hingegen bezeichnet das tägliche *Tun* von Frauen oder anderen Personen als Mütter innerhalb spezifischer Elternschafts-, Sorge- und Geschlechterkonstruktionen und Kontexten, die über Bedingungen und Ressourcen bestimmen.

Das Tun von Mutterschaft (*Mothering*) ist in der konstruktivistischen Denktradition nicht an die Frau und das Sorgeverhältnis zu ihrem Kind und anderen (biologisch oder sozial) gekoppelt, sondern kann aus konstruktivistischer Perspektive durchaus auch an andere übertragen werden im Sinne eines „Shared Mothering" (Glenn 1994: 6). Dieser Begriff verweist auf die geteilte Mutterschaft, die losgelöst von geschlechtsbezogenen Handlungen gedacht wird. Unterschiedliche Studien, wie gezeigt, kommen zu dem Ergebnis, dass Angehörigenpflege nicht nur von der Mutter verrichtet wird, sondern etwa durch ganze Vernetzungssysteme (etwa Lutz 2007; Ehrenreich/Hochschild 2003).

Vor diesem Hintergrund interessiert sich die vorliegende Untersuchung im Anschluss an (de-)konstruktivistische Ansätze dafür, wie der Status von Mutterschaft als (soziale) Natur erst über sprachliche, interaktive, gefühlte etc. Handlungen, Gefühle oder Emotionen „als Ergebnis komplexe[r] (soziale[r]) Normalisierungsstrategien", aber auch Naturalisierungs- und Essenzialisierungsstrategien hervorgebracht wird (Villa 2001: 176; vgl. Kapitel 4, 5 und 6). In der Konsequenz interessiert aus (de-)konstruktivistischer Perspektive, „wie das Verhältnis zwischen Natur und Kultur in einer Gesellschaft jeweils gedacht wird" (ebd.). Durch welche Konstruktionsmodi wird Mutterschaft hervorgebracht, ist die zentrale Frage und nicht, was Mutterschaft ‚wirklich' ist (ebd.: 176-177).

Theoretische, aber auch empirische, ethnologische und historische Implikationen berücksichtigen, dass Mutterschaft aus konstruktivistischer Perspektive als Fürsorgegeberin verstanden wird, die innerhalb eines sehr stabilen, aber veränderbaren Verhältnisses einer Person zu anderen positioniert ist und Sorgearbeiten innerhalb eines historisch kulturell bedingten Rahmens übernimmt (Glenn 1994: 3; Badinter 1987: 13). Diese Erkenntnis ist für diese Arbeit zentral, da die Mutter als mehrdimensionale Fürsorgegeberin konzeptionalisiert wird, um die Konstruktion von Mutterschaft in den Akten zu analysieren.

3 Diskursanalytische Aktenuntersuchung

In der vorliegenden Arbeit werden Strafakten der Staatsanwaltschaft zu Fällen der versuchten oder tatsächlichen Kindstötung, die von den Eltern verantwortet werden, untersucht. Ziel ist es, über die Analyse der normativen Verhandlung der ‚guten Mutter' Aufschluss über die Konstruktion von Mutterschaft zu erhalten und vor diesem Hintergrund im strafrechtlichen Diskurs nach einer möglichen De-und/oder Restabilisierung der Geschlechterordnung zu fragen.[75] Ich werde zeigen, dass für meine Problemstellung unter forschungspraktischen Gesichtspunkten eine Kombination von Aspekten der Wissenssoziologischen Diskursanalyse (vgl. Keller 2007b; Schneider 1999) mit Aspekten der Aktenanalyse (vgl. Muckel 1997; Müller 1980; Ralser 2006; 2010; Zaft 2011) als verfeinerte Dokumentenanalyse geeignet ist, um dieses Forschungsvorhaben zu realisieren.

Dieses Kapitel gliedert sich in vier Abschnitte. Unter dem ersten Abschnitt (3.1) werden die forschungsleitenden Fragestellungen für die Empirie dargelegt, die von der Problemstellung, den theoretischen Zugängen und dem Untersuchungsgegenstand aus diskursanalytisch-performativer Perspektive handeln, die um wissenssoziologische Aspekte erweitert wird. Anschließend wird im nächsten Abschnitt (3.2) gezeigt, wie die Methodik der Untersuchung angelegt ist. Dabei werden zunächst die Akten als besonderes Datenmaterial beschrieben, ausgehend von feldspezifischen Spielarten des Wissens, dann die Auswahlkriterien bestimmt und zuletzt der Aktenzugang und das vorliegende Datenmaterial der Untersuchung beschrieben. Im dritten Abschnitt (3.3) wird dargelegt, wie die Daten ausgewertet werden. Im abschließenden vierten Abschnitt (3.4) wird innerhalb der Zusammenfassung die methodische Anlage der vorliegenden Untersuchung eingeordnet.

---

75 An dieser Stelle sei darauf hingewiesen, dass es sich bei den Ergebnissen nicht um repräsentative Aussagen über *das* strafrechtliche Feld handelt, sondern um Deutungsmuster, die nicht verallgemeinerbar sind und sich auf ausgewählte Akten beziehen. Auch sei darauf hingewiesen, dass die Lesarten stets auch mit der Positionierung bzw. Haltung der Autorin im Feld der Frauen- und Geschlechterforschung ineinandergreifen.

3.1 Mutterschaft in den Akten rekonstruieren

Mein Erkenntnisinteresse liegt darin, wie Mutterschaft gegenwärtig in Deutschland normativ innerhalb von Strafakten der Staatsanwaltschaft verhandelt wird unter Berücksichtigung des sozialen Wandels. Den Ausgangspunkt hierfür bildet die seit 2005 bestehende „diskursive Explosion" (Foucault 1983: 23) zum Thema der Mutter, die ihr eigenes Kind oder ihre eigenen Kinder tötet. Dieses „Wuchern der Diskurse" (Bublitz/Bührmann et al. 1999) fasse ich als Krisenerzählung auf, die ich mit Cohen (2011) als „moralische Panik" verstehe (Kapitel 1 und Abschnitt 5.2). Die Panik als Krisenerzählung lässt sich derzeit darin beobachten, dass die instrumentell-rhetorischen und empirisch-faktischen Diskurse auseinanderklaffen, wenn die Mutter ihr Kind bzw. ihre Kinder tötet (Kapitel 1). So stellt sich die Frage, warum derzeit (wieder) über das Thema gesprochen wird, obwohl es weder einen zahlenmäßigen Anstieg gibt noch die Kindstötung vorrangig ein weibliches Delikt ist. Diese Diskrepanz habe ich als Indiz für eine mögliche Neuordnung der Geschlechter gelesen. So frage ich in der vorliegenden Arbeit danach, wofür die Krisenerzählung in den Strafakten mit Blick auf die normative Verhandlung von Mutterschaft steht. Haben wir es unter Berücksichtigung historischer Erkenntnisse mit einer De- und/oder mit einer Restabilisierung der Geschlechterordnung zu tun? Dies ist der Rahmen, der die Frage nach der Konstruktion von Mutterschaft in den Akten vorgibt.

Um die (dynamisierte) Konstruktion von Mutterschaft zu untersuchen, wird zunächst das konzeptionelle Verständnis von Mutterschaft und Geschlecht dargelegt, das der Arbeit zugrunde liegt.

Mutterschaftsdiskurse und Subjektivierung

Mutterschaft als mehrdimensionales Fürsorgeverhältnis (Kapitel 2; insbesondere Abschnitt 2.5) wird als diskursiv-performativ hervorgebracht verstanden, so die forschungsleitende Arbeitsprämisse. Diskursiv meint, dass Mutterschaft als kulturelles Phänomen betrachtet wird, das widerstreitende Interessen im Kampf um die Bedeutung von einzelnen Akteuren/Akteurinnen oder auch Akteursgruppen etc. an der Schnittstelle von unterschiedlichen Diskursfeldern hervorbringt. Diskursfelder sind zum Beispiel „Gesetze oder die Familie", in denen Diskurse unterschiedliches „Gewicht" oder unterschiedliche „Macht" haben (Weedon 1990: 52-53; Abschnitt 1.3). Diskurse werden für die Untersuchung nach dem Kellerschen Ansatz der Wissenssoziologischen Diskursanalyse definiert – im

Gegensatz zu Foucault[76], der einen sehr allgemeinen Diskursbegriff aufgrund der ständigen inhaltlichen Recodierungen des Begriffs hervorgebracht hat. Diskurse, so Keller, seien

> „institutionalisierte, nach verschiedenen Kriterien abgrenzbare Bedeutungsarrangements, die in spezifischen Sets von Praktiken (re)produziert und transformiert werden. Sie existieren als relativ dauerhafte und regelhafte, d.h. zeitliche und soziale Strukturierung von (kollektiven Prozessen) der Bedeutungszuschreibung. Sie werden durch das Handeln von sozialen Akteuren ‚real‘, stellen spezifisches Wissen auf Dauer und tragen umgekehrt zur Erfüllung und Auflösung institutionalisierter Deutungen und scheinbarer Unverfügbarkeiten bei." (Keller 2008: 205).

Aus einer diskursanalytischen Perspektive ist die Darstellung von Mutterschaft in den Akten in Anlehnung an das Zitat damit ein relativ stabiles Konstrukt, das seine (Be-)Deutung erst im Sozialen erhält und darin auch Wirkungsmächtigkeit für das konkrete soziale Handeln von Akteuren/Akteurinnen zeigt. Insofern ist Mutterschaft als Institution in dem Sinne zu verstehen, dass sie auf der normativen Ebene Handlungsorientierungen und -aufforderungen gibt als „*Regulativmuster* menschlichen Handelns und menschlichen Zusammenlebens" (siehe Gildemeister/ Wetterer 1992: 237). Diese Orientierungen und Aufforderungen werden als Regierungsweise verstanden. Regieren meint in Anlehnung an eine Foucaultsche Gouvernementalitätsperspektive – in Abgrenzung von staatlichen Regierungsweisen etwa und Auffasung von Beherrschten und Beherrschenden – all jene Beziehungen, in denen Menschen gelenkt werden und sich selbst lenken „von der Verwaltung bis zur Erziehung" (Foucault 1996: 118; vgl. Opitz 2004: 26 ff.). Subjektivierungsprozesse, die das Handeln in einem Möglichkeitsfeld strukturieren, aus diskursanalytischer Perspektive zu untersuchen, bedeutet, danach zu fragen, wie „in unserer Kultur Menschen zu Subjekten gemacht werden" (Foucault 1994: 243) – konkret bezogen auf die vorliegende Arbeit, wie Menschen zu ‚Müttern‘ gemacht werden: Wie muss in diesem Sinne ein Subjekt Mutter im Aktendokument

---

76 So hatte Foucault selbst durch uneinheitliche Verwendung des Diskursbegriffs seinen Anteil daran, dass es im wissenschaftlichen Verständnis zu Begriffs- bzw. Konzeptirritationen kam – und immer noch kommt. Foucault schreibt in diesem Zusammenhang selbst von „schwimmender Bedeutung" des Begriffs Diskurs in seinen Arbeiten. So heißt es zur terminologischen Verwendung seitens des Autors: „einmal allgemeines Gebiet aller Aussagen, dann individualisierbare Gruppe von Aussagen, schließlich regulierte Praxis, die von einer bestimmten Zahl von Aussagen berichtet [...]." (Foucault 1997: 116). Viele der sozialwissenschaftlichen Ansätze (u. a. Keller 2009; Jäger/Jäger 2003: 30 und Fegter 2012: 72-75) beziehen sich als method(olog)ischen Zugang zum Text auf die Foucaultsche Diskursdefinition, indem Diskurse mit institutionellen auf spezifische Weise organisierten Redeweisen gleichgesetzt werden. Institutionell meint, dass die Redeweisen, wie wir sie noch sehen, von Foucault als spezifische Form der Äußerung aufgefasst werden, die bestimmten Regeln unterworfen ist. In der Analyse werden dann die diskursiven Regelmäßigkeiten seitens der Forscher/-innen (re-)konstruiert.

auftauchen, „um intelligibel zu sein" und welche Imperative zur Institution Mutterschaft lassen sich vor diesem Hintergrund identifizieren (Villa 2006: 162; siehe auch Villa 2010: 259). Intelligibel steht für Formen der Anerkennung (ebd.). Dies insofern, als wir innerhalb einer diskursiven Ordnung überhaupt nur nach bestimmten Kriterien wahrnehmen, denken und uns Dinge vorstellen können (Villa 2012: 22-23; Paulus 2001: 22).

In diesem Sinne können Diskurse zu Mutterschaft als Regierungsform verstanden werden, die in komplexe und produktive Sinn- und Machtverhältnisse eingebunden sind. Mutterschaft, die in bürgerlich geprägten Gesellschaften auf das Engste mit Geschlecht verknüpft ist (siehe Kapitel 2), wird in dieser Arbeit – Mutterschaft und Geschlecht analytisch getrennt – als Norm verstanden, die ihre Stabilität durch performative Prozesse erhält und Subjekte bzw. Subjektpositionen hervorbringt. Mutterschaftsnormen verstehe ich mit Butler als „regulierende Praxis", die fortwährend performativ hergestellt werden, indem wiederholt auf historischen Konventionen beruhend zitiert wird und in der Folge (Mutterschafts- und Geschlechts-)Körper erst entstehen (Butler 1997: 21; Villa 2012: 30). Damit sind Normen raum-/zeitabhängig und damit „historische revidierbare Kriterien der Intelligibilität – Kriterien, die Körper produzieren und unterwerfen, die von Gewicht sind" (Butler 1997: 37). Mit Villa formuliert heißt das, dass Normen „phantasmatische Abstraktionen, unerreichbare ‚Ideale' [...], die die Praxis regulieren, aber nicht determinieren", sind (Villa 2010: 265).

Daraus folgt, dass ich mich der normativen Verhandlung von Mutterschaft vor allem über das sprachlich (performativ) vermittelte Wissen über die Beschuldigte als (Re-)Produzentin von Mutterschaft und Geschlecht in der Akte annähere. Demzufolge gilt auch für die vorliegende Arbeit, dass die Akteure/Akteurinnen in den Akten nicht als Urheber/-innen der Bedeutung von Mutterschaft und Geschlecht sowie ihrer Positionen innerhalb der Dokumentationen verstanden werden, sondern die Akteure/Akteurinnen greifen auf vorgegebene kollektive Selbstverständlichkeiten zurück, um Situationen zu plausibilisieren (vgl. Weedon 1990: 47). Wenn die sozialen Akteure/Akteurinnen in den Akten die Beschuldigten be- bzw. über sie urteilen, dann machen sie das im Falle von Kindstötung aus unterschiedlichen Standpunkten heraus, aber zuallererst vermutlich von der normativen Auffassung aus, was als ‚gute Mutter', ‚guter Vater' und ‚gute Eltern' verstanden wird. Dabei werden die Akteure/Akteurinnen bzw. Sprecher/-innen in den Akten nicht als autonom handelnde Akteure/Akteurinnen verstanden, sondern als Positionen, die aus einer diskursanalytischen Perspektive für Personengruppen im strafrechtlichen Aktendiskurs sichtbar werden (Abschnitt 3.1). Um dieser Einsicht Rechnung zu tragen, wird bei der Darstellung der Ergebnisse im Auswertungsteil von Aussagen der dokumentierten Personen wie etwa Richter/-innen, Mütter, Väter, Kinder, Polizeibeamte/-beamtinnen etc. gesprochen.

Mutterschaftskonstruktion(en) über die ‚gute Mutter' am Beispiel der ‚schlechten Eltern'

Forschungsleitend ist auch die Annahme, die erklärt, wie ich auf das Aktenmaterial analytisch blicke, nämlich dass sich auf der normativen Ebene Mutterschaft auf Basis der Aktendaten als Institution (Abschnitt 2.5) rekonstruieren lässt, indem die normativen Anforderungen an eine ‚gute Mutter' analysiert werden (ebd.). Die Adjektive gut und schlecht sind Denkfiguren. Sie werden verwendet, um auf Grundlage des Datenmaterials zu untersuchen, wann und wie eine Mutter oder andere Fürsorgegeber/-innen in ihrem Fürsorgeverhältnis gegenüber sich selbst oder anderen wertend beschrieben werden. Das kann von wenig wertenden Beschreibungen bis hin zu stark wertenden Beschreibungen reichen. Damit wird nicht davon ausgegangen, dass es tatsächlich gute oder schlechte Mütter, Väter, Eltern sind, sondern dass sie innerhalb der Akte diskursiv-performativ als solche hervorgebracht werden.

Wie aber lassen sich ausgehend von den ‚schlechten Eltern' – Beschuldigte der Kindstötung – Aussagen zur ‚guten Mutter' treffen? Die normativen Anforderungen an die ‚gute Mutter', so die Annahme dieser Arbeit, werden am Beispiel der normativen Verhandlung der ‚schlechten Mutter', des ‚schlechten Vaters' oder der ‚schlechten Eltern' durch Kontraste rekonstruierbar (Abschnitt 1.4). Das heißt, wenn eine Mutter oder ein Vater oder die Elternteile gemeinsam beschuldigt werden, ihr eigenes Kind oder ihre eigenen Kinder getötet zu haben oder versucht haben zu töten, dann sind sie an einer der stärksten hierzulande gültigen Normen der guten Mutter-, Vater-, Elternschaft gescheitert (Wiese 1996: 14; vgl. auch Mauerer 2002 und Newitz 1998; Ladd-Taylor/Umansky 1998b). An diesem Scheitern können kontrastierend die normativen Anforderungen einer ‚guten Mutter' rekonstruiert werden.

Der normative Bezugspunkt sozialer Akteure/Akteurinnen bei der Bewertung von im hierzulande normativen Sinne ‚schlechten' bzw. gescheiterten Eltern, wie im Fall von elterlicher Kindstötung, ist das Ideal der guten Mutter-, Vater- und Elternschaft. Dieser Standpunkt wird von den Akteuren/Akteurinnen nicht neu erfunden. Es sind geschichtlich abgelagerte und bereits vorhandene Interpretationsschablonen, die in der Praxis immer wieder aktualisiert und dabei auch verändert werden. Durch die Aktualisierung von (kollektiven) Selbstverständnissen erneuert sich unter anderem der Diskurs zu Mutterschaft, der aufs Engste mit dem von Geschlecht zusammenhängt und erhält so seine Stabilität.

Damit wird in dieser Arbeit nicht die leiblich-körperlich erlebte gewaltvolle Erfahrung – ohne die Betroffenheit in Abrede zu stellen – fokussiert, sondern die elterliche Gewalt als kulturelles Phänomen dargestellt, das über die normative Verhandlung der ‚guten Mutter' informiert, da es als Mutter-, Vater-, Elternschafts- und Geschlechterwissensobjekt verstanden wird (Abschnitt 1.4). So ist die strafrechtliche (Ver-)Handlung von Tötung oder versuchter Tötung eines eigenen Kindes durch die Eltern im diskursiven Netz verankert, „in kulturelle Konfigurationen, die in Zeit und Raum veränderlich sind" eingebettet und kann somit Auskunft über (Re-)Codierungen von kollektivem Mutterschafts- und Weiblichkeitswissen geben (Martschukat 2008: 79). Insofern ist „physische Gewalt diskursiv präpariert und freilich [auch] historisierbar", denn die Kindstötungen durch die Mutter und den Vater „tragen unterschiedliche kulturelle Codierungen" von Mutter-, Vater- und Elternschaft sowie Geschlecht an sich und informieren damit auch über kollektive Selbstverständlichkeiten angemessener Mutterschaft (ebd.; siehe auch Brunner 2011: 50). Und was ist die ‚gute Mutter' theoretisch bezogen auf das zu untersuchende Aktenmaterial?

Die ‚gute Mutter' als Subjektposition(en)

Ich verstehe die ‚gute Mutter' ausgehend von den Subjektivierungsweisen (Abschnitt 3.1) als Subjektposition(en). Subjektpositionen der ‚guten Mutter', die durch den Diskurs hervorgebracht werden, verstehe ich als institutionalisierte und „bewohnbare Zonen der Sprache", die zeitlich/räumlich variieren (Villa 2006: 154). Die Positionen werden durch Bezeichnungspraxen performativ hervorgebracht (Butler 1993: 124; siehe auch Villa 2006: 147). Insofern werden sie geschaffen durch „Identitätskategorien in einem recht spezifischen Sinne, nämlich als identitätslogische Anreden innerhalb bestimmter Konventionen und Kontexte, die eine (zeitweilige!) totale Identifikation fordern" (Villa 2010: 259). Dabei ist eine konkrete Person Mutter nicht dasselbe wie ein Subjekt Mutter bzw. eine Subjektposition. Konkrete Personen werden erst durch die Unterwerfung (Annahme der Subjektposition) handlungsfähig. Eine 1:1-Übertragung von Individuen und Subjekten ist nicht möglich (Villa 2010: 269). Dadurch, dass sich die Subjektposition der ‚guten Mutter' in Relation zu dem bestimmt, was eine ‚gute Mutter' nicht ist, geht sie immer mit Ausschluss und Verwerfung anderer Positionen einher. Um diesen Ausschluss und die Verwerfung empirisch in den Blick zu bekommen, werden alle im Datenmaterial hervorgebrachten Subjektpositionen, die als mögliche Fürsorgegeber/-innen und im Einzelnen auch -nehmerinnen gelten – wie in den Akten WG-Mitbewohner/-innen, Freunde/Freundinnen, Bekannte, Eltern, Vater etc. benannt werden oder benannt werden könnten –, bei der Rekonstruktionsarbeit mitgedacht. Somit verstehe ich Subjektpositionen relational: Sie erhalten ihre Bedeutung im Datenmaterial durch die Divergenz dessen, was sie nicht sind.

Subjektpositionen stehen im Plural, da davon ausgegangen wird, dass es nicht die Subjektposition der ‚guten Mutter' gibt, sondern konkurrierende Subjektpositionen. Die Subjektpositionen der ‚guten Mutter' sind vermutlich so vielfältig, wie es

Diskursfelder und -überschneidungen gibt. Sie sind folglich nicht homogen, sondern durchaus auch widersprüchlich. (vgl. etwa Spies 2009b: Abs. 36) Subjektpositionen der ‚guten Mutter' sind relativ stabile Gebilde, die sich durch (Re-)Signifikationsprozesse verändern. Sozialer Wandel wird denkbar durch Risse, Widersprüche und historische Zufälligkeiten, die immer schon am Werke sind und auch durch Um- und Neudefinitionen der sozialen Akteure/Akteurinnen im Diskurs. Ein ‚Außerhalb' des Diskurses gibt es nicht. Und welche Wirkungen die Um- und Neudefinitionen bewirken, ist nicht kontrollierbar. Wie lassen sich vor diesem Hintergrund Aussagen über eine mögliche Re- und/oder Destabilisierung der Geschlechterordnung treffen, die den weiteren Rahmen der Analyse zur Rekonstruktion von Mutterschaft vorgibt? Eine Re- und/oder Destabilisierung der Geschlechterordnung wird in der vorliegenden Untersuchung über die dynamisierte Bandbreite an Subjektpositionen unter Berücksichtigung historischer Erkenntnisse zu Elternschaft, Geschlecht und Kindheit rekonstruiert. Was bedeutet das? Die Rekonstruktionsarbeit der ‚guten Mutter' basiert auf dem Aktenmaterial; es wird danach gefragt, welche Mutterschafts- und Geschlechterdiskurse – oder Splitter der Diskurse – in den Aktendokumenten aktualisiert werden.[77]

Diskursives Aktenwissen – eine Variante des Mutterschafts- und Geschlechterwissens am Schnittpunkt von Kriminalitätswissen

Wird von einer diskursanalytisch-performativen Haltung ausgegangen, so zeigen sich aus wissenssoziologischer Perspektive heraus unterschiedliche Varianten von Mutterschafts- und auch Geschlechterwissen, die durchzogen werden von einem Kriminalitätswissen im Sozialen (Dölling 2003; Dölling 2005; Wetterer 2009a; aber

---

77 Mit dieser Vorgehensweise soll einer verflechtungsgeschichtlichen Auffassung (Kallenberg 2013) so weit wie möglich Rechnung getragen werden. Kategorien werden den Aktendaten nicht grundsätzlich voraus geschickt, um sie quasi am Datenmaterial zu prüfen. In diesem Zusammenhang soll zudem nicht der Eindruck erweckt werden, dass es die Geschlechterordnungen gibt, die „als stabile vorgestellt werden, da dies ihre Prozesshaftigkeit und Transformation, ihren Widersprüchen, Paradoxien und Ambivalenzen widerspräche" (Kallenberg 2013: 408). Gleichwohl scheint es mir aus forschungspragmatischen Gesichtspunkten angemessen, eine Kontrastfolie zu haben, die den Rahmen vorgibt, der die Ergebnisse zur normativen Verhandlung von Mutterschaft über die ‚gute Mutter' in der Untersuchung reflektiert, um sozialen Wandel empirisch fassbar zu ‚machen'. Im Sinne von Bereswill (2009: 99) wird außerdem davon ausgegangen, dass es nicht darum geht, danach zu fragen, ob sich Geschlecht oder auch „Geschlechterstereotype" auflösen, sondern darum, „ob [...] Repräsentationen von [Mutterschaft und] Weiblichkeit, besser Geschlechterdifferenz, Ungleichzeitigkeiten, Brüche und Ambivalenzen von gesellschaftlichen [...] Wandlungsprozessen aufgreifen oder ob sie eindimensionale Deutungsmuster entwerfen, die solche Verwerfungen glätten und zugunsten einfacher Kausalitäten verdecken" [ebd.].

auch etwa Moser 2010; Flicker 2008).[78] Das Aktenwissen ist neben dem
Erfahrungs- und Alltagswissen und etwa dem Medienwissen eine besondere Form
des Wissens (ebd.). Dies deshalb, da davon ausgegangen wird, dass Wissen
feldabhängig ist und damit die Relevanzsetzung des Wissenswerten bestimmt. So
folgen im Feld des Strafrechts produzierte Diskurse – verstanden als Kriminalitätswissen – zum ‚guten' Mutterschafts- und Geschlechterwissen anderen Schablonen des Intelligiblen als andere Wissensformen: Wann, wer, was, wo und auf
welche Weise weiß, unterscheidet sich (vgl. etwa Wetterer 2009b; Dölling 2005).
Die Schablonen des Intelligiblen differieren, da es sich hier nicht um beliebiges
Wissen handelt, sondern um eines, das sich der Frage stellt, ob die beschuldigten
Mütter und Väter kriminell sind bzw. eine Straftat begangen haben. Damit geht es
um das strafrechtlich verfolgte Mutterschafts- und Geschlechterwissen.

Wie wird das Wissen der unterschiedlichen Akteure/Akteurinnen in der Akte
behandelt? Das Mutterschaftswissen der verschiedenen Akteure/Akteurinnen aus
den Akten, das mit dem Geschlechterwissen zusammenhängt, wird als gleichwerti-
ges und nicht hierarchisches Wissen bei der Auswertung behandelt (Dölling 2005:
50; siehe auch Wetterer 2009a). Es geht also nicht darum, das dokumentierte Ex-
perten-/Expertinnenwissen (Hebammen, Ärzte/Ärztinnen, Krankenschwestern)
über das Wissen der dokumentierten Zeugen und Zeuginnen sowie der dokumentierten Beschuldigten zu stellen. Hier geht es aus diskursanalytischer – und auch
wissenssoziologischer – Sicht vielmehr darum, was die gemeinsam geteilten Wissensbestände hinsichtlich der normativen Verhandlung der ‚guten Mutter' als Sub-
jektposition(en) sind, die Aufschluss über die Konstruktion von Mutterschaft liefern. Innerhalb der analytisch gesehen gleichwertigen Aussagen wird bei der Rekonstruktionsarbeit dennoch die unterschiedliche Situierung der Akteure/Akteu-
rinnen innerhalb und außerhalb der Akten berücksichtigt. So macht es einen Unterschied, ob etwa von Experten/Expertinnen wie einem Arzt/einer Ärztin oder
Hebamme sowie Krankenschwester im Aktenmaterial die Rede ist, die beratende
Funktion haben (Sprondel 1979: 145). Diese Akteure/Akteurinnen sind Spezialis-
ten/Spezialistinnen auf einem Teilgebiet oder nehmen entscheidende Funktionen
ein, da ihre Aussagen Autorität gegenüber anderen besitzen (ebd.). Beispielsweise
können Staatsanwälte/-anwältinnen oder Richter/-innen aus unterschiedlichen
Möglichkeiten wählen und im Gegensatz zu anderen Akten-Akteuren/-Akteurin-
nen durch ihre Entscheidung die Bewertung der Tat besonders beeinflussen (vgl.
Nassehi 2004: 37). Mit unterschiedlichen Möglichkeiten ist zum Beispiel gemeint,

---

78   Dölling und Wetterer sprechen von Geschlechterwissen und nicht von Mutterschafts- und Kri-
      minalitätswissen. Damit erweitere ich deren theoretische Konzeptionalisierung des Wissens für die
      vorliegende Untersuchung. Dies deshalb, da untersucht wird, wie in der Akte Mutterschaft in
      Verbindung mit Geschlecht innerhalb der Kriminalitätsdiskurse, die die Aufdeckung der Wahrheit
      um die Tat und die Täter/-innen zum Ziel haben, rekonstruiert wird.

dass im psychiatrischen Gutachten zwei Deutungen darüber bestehen, warum es zur Tat gekommen ist. Die Richterin bzw. der Richter kann sich für eine Deutung entscheiden oder hat auch die Möglichkeit, sich über das Gutachten hinwegzusetzen (siehe Kapitel 3.2.1). So bedeutet die gleichwertige Anerkennung von Wissensvorräten einzelner Akteure/Akteurinnen aus den Akten bei der Analyse nicht, dass „bestehende Wissensunterschiede" und „soziale Statusdifferenzen" (Littig 2008: [30]) nicht angemessen über den Machtaspekt bei der Durchsetzung der Interessen berücksichtigt werden. Macht bezieht sich in diesem Sinne auf die Gestaltungs- und Deutungsmacht, die durch die unterschiedlichen sozialen Positionen im Aktenmaterial begrenzt werden (Bogner/Littig et al. 2005: 201). Deutungsmacht heißt, Begriffen Bedeutung zu verleihen und durchzusetzen. Handlungsmacht bedeutet, obwohl sie darin schon enthalten ist, Probleme zu definieren und zu lösen. Zusammengefasst geht es um die Wirkungsmächtigkeit des Wissens. In dieser Arbeit wird dieser Anspruch umgesetzt, indem die (Re-)Produzenten (in) der Akte – als Ort der dokumentierten Mutterschaft – situiert und damit kontextualisiert werden.

Im Mittelpunkt steht folglich Kindstötung als diskursiv-performatives Mutterschafts- (auch Vater- und Elternschafts-) sowie Geschlechterwissensobjekt, das im strafrechtlichen Aktendiskurs mit der normativen Verhandlung der ‚guten Mutter' am Beispiel der ‚schlechten Eltern' über einen Wandel der Geschlechterordnung informieren kann (Kapitel 1). Fragen, die in den Medien und in Expertenkreisen auftauchen, wie „Warum töten Mütter ihre Kinder? Töten Mütter anders als Väter? Handelt die Mutter wider ihre Natur der Mutterliebe? War die Mutter psychisch krank? Durch welche präventiven Maßnahmen lassen sich weitere Fälle von Kindstötung vermeiden?" etc., die auch in den Akten relevant werden, spielen damit unter „verschobener Optik" (Schneider 1999: 9) in meiner Arbeit eine Rolle. Es geht um die Frage, wie die ‚gute Mutter' als Mittel der „Erkenntnisgewinnung" in den Aktendokumenten rekonstruiert wird (ebd.). Dabei geht es mit Schneider formuliert nur insofern um die Wiedergabe von Sach- und Fakteninformationen und/oder dem kriminologischen Nachvollzug des Geschehens zur Tat, als dass in den Aussagen kollektive Sinn-Selbstverständnisse (siehe Ausführung zum Deutungsmuster Abschnitt 3.4) zur ‚guten Mutter' transportiert werden (ebd.).

Somit werden die Akten nicht herangezogen, um ein zahlenmäßiges Verhältnis im quantitativen Sinne aufzuzeigen, sondern um – dem qualitativen Paradigma folgend – normative Zusammenhänge zu Mutterschaft herauszuarbeiten, die für die (Re-)Produktion des Sozialen in Form der Geschlechterordnung bedeutend sind (vgl. Meyen/Löbich et al. 2011: 64). Ob tatsächlich alle im Hellfeld bekannt gewordenen Fälle einbezogen werden, ist damit nicht relevant für die Arbeit. Relevant ist, möglichst unterschiedliche und ähnliche Diskurspositionen der ‚guten Mutter' rekonstruieren zu können (siehe Auswertung). Entsprechend der Problemstellung und des Untersuchungsgegenstandes stehen zwei Fragestellungen im Mittelpunkt der vorliegenden Arbeit, die es zu beantworten gilt:

Welches diskursive Aktenwissen hinsichtlich Mutterschaft in Zusammenhang mit Geschlecht lässt sich ausgehend von den normativen Verhandlungen der protokollierten ‚guten Mutter‘ im Feld des Strafrechts rekonstruieren?

Verweist die Krisenerzählung über die kindstötende Mutter in der Öffentlichkeit vor dem Hintergrund der vorliegenden Ergebnisse zur normativen Verhandlung der protokollierten ‚guten Mutter‘ innerhalb der Akte tendenziell eher auf eine De- und/oder Restabilisierung der diskursiven Geschlechterordnung?

3.2 Aktendokumente erheben

Die Dokumentenanalyse (Festinger/Katz 1966; Cicourel 1970; Albrecht 1972; Webb 1975) ist ein oft verwendetes Datenerhebungsinstrument bei Aktenanalysen in qualitativ-interpretativen Zusammenhängen in den Sozialwissenschaften. Für mein Vorhaben ist das Erhebungsverfahren, welches dem Paradoxon unterliegt, einerseits als ein grundlegendes Verfahren der Sozialwissenschaften beschrieben zu werden und andererseits kaum in der Soziologie Anwendung in diesem Bereich zu finden (Mayring 2002: 46; Müller 1980[79]; siehe auch bereits Festinger/Katz 1966), aus unterschiedlichen Gründen relevant. Bevor ich die Gründe ausführe, sei vorweg erwähnt, dass die vorliegende Untersuchung auf einem engen Verständnis der qualitativen Dokumentenanalyse basiert. Das heißt, dass es sich jenseits vom breiten Verständnis, das all jene Gegenstände umfasst, die durch das Tun von Menschen entstanden sind (ebd.; Atteslander 1971: 53; Meyen/Löbich et al. 2011; siehe auch zusammenfassend Mayring 2002: 46), sich auf ausschließlich schriftliche Dokumente als „natürliche Daten" bezieht (ebd.; Keller 1997: 326).

Daran anschließend spricht in meinem Fall für eine Aktenanalyse, dass sie wie erwähnt eine Rekonstruktion der Normen zu Mutterschaft in Verbindung mit

---

79　　Zu diesem Befund, dass die Aktenanalyse kein klassisches Mittel der Soziologie im Gegensatz zu den genannten anderen Fachdisziplinen darstellt, kommt man einerseits durch eine Literaturrecherche und andererseits mit Blick auf Methodenlehrbücher der Soziologie. So wird die Aktenanalyse in einschlägigen Lehrbüchern der Soziologie gar nicht oder allenfalls am Rande berücksichtigt (siehe u. a. Lamnek 2005; Mayring 1999; Atteslander 1971). In der Geschichtswissenschaft beispielsweise ist die Akte und die dazugehörige quellenkundliche Information Gegenstand zahlreicher Lehr- und Methodenbücher, sogar ganze Bände widmen sich ausschließlich diesem Gegenstand (wie unter anderem Beck/Henning 2004). Dies soll allerdings nicht heißen, dass es gar keine Aktenanalysen in der Soziologie gibt (vgl. etwa Bereswill/Höynck et al. 2013; Höynck/Zähringer 2012; Gloor/Meier 2009; Müller 1980). Ein Überblick über den Stand gegenwärtiger soziologischer Aktenanalysen steht nach meiner Kenntnis aus. Hinweise zum Aufkommen älterer Aktenanalysen getrennt nach qualitativen Einzelfallstudien und quantifizierenden Studien bietet Müller (1980: 135-136).

Geschlecht in der Gesellschaft erlaubt. Dazu kommt, dass es sich bei den Beschuldigten der Kindstötung und ihrem sozialen Nahfeld um eine schwer zugängliche Personengruppe handelt. Darüber hinaus hat die Aktenanalyse den Vorteil, dass das Material nicht zusätzlich von mir in der Position der Forscherin beeinflusst wird, da es sich bereits um natürliche Daten handelt. Im Anschluss an diesen Punkt erlaubt mir die Akten-Dokumentenanalyse die normative Verhandlung der ‚guten Mutter' im gewünschten Zeitraum 2005 bis 2010 interpretativ zu erschließen, da sie eine retrospektive Vorgehensweise ermöglicht.

Akten als eigenständiger Dokumententypus

Die Qualität der Aktendokumente zu Kindstötungsfällen als eigenständiger Dokumententypus muss als Datenmaterial aufgrund ihrer Textgattung hinsichtlich ihres Aussagewertes reflektiert werden. Der Aussagewert ist stark vom diskursiven Setting abhängig.

Das diskursive Setting kann im Bourdieuschen Sinne als Feld verstanden werden, das die „Spielregeln" der Teilnahme einzelner Akteure/Akteurinnen bestimmt (Buschmeyer 2013: 21). So ist das strafrechtliche Feld der Rahmen, der bestimmte Aussagen sowie bestimmtes Handeln erst möglich macht und in den Akten als sinnvoll erscheinen lässt (vgl. Abschnitt 3.1). Das, was als Wissenswertes gilt und in den Aktendokumenten erscheint, ist damit aufs Engste mit dem Feld verwoben. Im Folgenden werden Akten und die Aktendokumente – Gutachten und Verhöre – als sozio-historische besondere Form des Dokumenttypus beschrieben, um die Akteurspositionen – Objekte und Träger des Diskurses – über die Situierung im diskursiven Setting zu kontextualisieren. Im Anschluss werden vor diesem Hintergrund die Grenzen und Reichweiten des Aussagewertes bezogen auf die Akten(dokumente) bestimmt: Was ist damit gemeint, wenn von Verakteten die Rede ist oder davon, dass nur über die Personen und/oder Realitäten innerhalb und nicht außerhalb der Akte gesprochen werden kann?

Was ist eine (Straf-)Akte?

Die Akte ist zeitgeschichtlich ein relativ junges Phänomen (Vismann 2000: 232). So finden sich bereits im Mittelalter „Frühformen der Aktenbildung" (Franz 2007: 52). Im 12. und 13. Jahrhundert werden vermehrt Akten angesammelt. Schmid begründet dieses Phänomen mit sozio-ökonomischen Veränderungen. Die Etablierung des „Ständewesens und der Herausbildung der fürstlichen Landesherrschaft" ist konstitutiv für „erste Formen einer organisierten, planmäßig arbeitenden Verwaltung, für deren Tätigkeit schriftliche Aufzeichnungen eine wachsende Rolle spielen und bald unentbehrlich werden" sollten (Schmid 2004: 74). Im Übergang zum 16. Jahrhundert, dem „Aktenzeitalter" (ebd.), ist dies die am meisten vertretene Form der schriftlichen Überlieferung. Im 18. Jahrhundert erreichen die Auswüchse der Akten bezogen auf Systematik und Häufigkeit ihren Gipfel (Franz 2007: 51; Schmid 2004: 74; Täger 2002: 2). Seit Beginn des 19. Jahrhunderts lagern die Aktenbestände zunehmend in den Archiven. Dies ist u. a. die Konsequenz daraus, dass „alle Handlungen von Staatsbeamten als Verwaltungsakte begriffen werden und weil der Anspruch einer umfassenden Archivierung aller Vorkommnisse und Entwicklungen sich zunehmend durchsetzt" (Kappler 2011: 67). Die (Straf-)Akte ist ein serielles Dokument, die mir in Schriftform zu einer Person vorliegt, die beschuldigt wird, ihr eigenes Kind getötet zu haben oder zu töten versucht hat (Personenakte/Einzelfallakte/Ermittlungsakte). (Straf-)Akten bei der Staatsanwaltschaft umfassen in der vorliegenden Arbeit die Dokumente zu einer Anklage, die von der Staatsanwaltschaft oder anderen Personen erhoben werden. Diese werden in technischer Hinsicht zu „mehr oder weniger festen Kompositionseinheiten" (Franz 2007: 52) zusammengefasst. Demnach sind Akten in ihrem „Übertragen und Speichern" – aber auch Kanzellieren, Manipulieren oder Vernichten – von Akten(-Informationen) als Effekt des Rechts zu charakterisieren (Vismann 2000: 11). Die Kanzlei als Übertragungsort und das Archiv als Speicherort sind die institutionellen Auswüchse der Aktenfunktionen (Vismann 2000: 11). Laut Brandt (1996: 103) sind Akten „der Niederschlag schriftlicher Geschäftsführung, sie dokumentieren das, was geschehen, ‚gehandelt' worden ist" beim Strafverfahren. Sprich, sie (re-)präsentieren den Verlauf und den Schluss etwa in Form eines Urteils oder einer Verfügung dieser Geschäfte. Die Akte unterliegt besonderen (Daten-)Schutzbedingungen. Die Akte selbst ist im Rahmen der öffentlichen Institution in ihrem „institutionellen Handeln" zu kontextualisieren: Sie ist vom Staat legitimiert, Recht zu sprechen (bestrafen und schlichten etwa) und folglich mit Autorität ausgestattet, um „Wahrheiten zu verwalten" (Niehaus 2011: 141). Akten sind damit formal als Ausdruck eines bestimmten Typus von Recht zu verstehen: „Es bezeichnet das Formenreservoir autoritativer und administrativer Handlungen, das sich wiederum in Akten konkretisiert" (Vismann 2000: 9). Sie sind demnach bei ihrer Konstitution aufeinander angewiesen. Dieses bindende Verhältnis beschreibt Vismann in diesen Worten: „Eine Aktentechnik zieht jeweils eine bestimmte Form und bestimmte Instanzen des Rechts nach sich. Eine andere Bindungsart, eine neue Aufschreibeform, ein geänderter Aufbewahrungsmodus, eine Umstellung bei der Datenerhebung wirken sich auf die Fassung des Rechts aus." (Vismann 2000: 9) Und indem Aktenformen und Akteninhalte ineinandergreifen, werden unterschiedliche Subjektivierungsweisen staatlicher Herrschaft über neue Wahrheitsregime und damit einhergehenden Praxen vollzogen (ebd.). Im Gegensatz zu Büchern werden die Akten als Informationsspeicher durch ihre „janusköpfige Natur" charakterisiert:

„Jede verbale Information (...) in den Akten (...) ist durch das auf die Aufgaben orientierte Interesse der Verwaltung gefiltert und deshalb eventuell einseitig, zumindest jedenfalls unvollständig für jede andere Zweckbestimmung. Es ist derjenige Ausschnitt der Realität, der für eine bestimmte Verwaltungshandlung in Erledigung von Aufgaben auf Grundlage der gesetzlich festgelegten Kompetenzen der Organisation erforderlich war" (Menne-Hartiz 1992: 339; vgl. Muckel 1997: 13-17)

Die (Straf-)Akten haben immer eine Aktennummer, die Personendaten und die Anklagepunkte auf der Vorderseite des Ordners stehen. Dabei ist jede der vorliegenden Akten singulär. Auch wenn sich alle Akten vom Ordnungsmuster wie der Anordnung von Dokumenten und der Durchnummerierung im Groben nicht unterscheiden, sind sie im Feinen fallspezifisch unterschiedlich. In der einen findet sich ein Urteil, in der anderen nicht; in einer sind über 20 Zeugenvernehmungen[80] dokumentiert, in einer anderen sind kaum welche abgelegt etc. Die Akte versammelt in sich unterschiedlichste Dokumententypen: Aktenvermerke über Telefonate bei der Ermittlungsarbeit oder zu Vernehmungen, Protokolle von Zeugen-/Zeuginnen- und Beschuldigtenvernehmungen, medizinische Gutachten über die Opfer und ggf. auch über die Beschuldigten bei erweitertem Suizid etwa, nervenärztliches und/oder psychiatrisches Gutachten, psychologisches Zusatzgutachten, Anklageschrift, Bildmaterial von dem (vermeintlichen) Tatort, der Beschuldigten/dem Beschuldigten, Protokolle von den Gerichtsverhandlungen, Zeugnisse wie Urteile oder Hinweise zum Stand des Verfahrens oder auch Egodokumente, wie Briefe aus dem Gefängnis an den Lebensgefährten oder die Lebensgefährtin. Nicht zu vergessen sind Aktenvermerke oder gerichtliche Verfügungen. Um Mutterschaft innerhalb der Akten zu Fällen der Kindstötung zu rekonstruieren, werden Gutachten und Zeugen- sowie Beschuldigtenvernehmungen als Datenmaterial herangezogen. Diese schriftlichen Vernehmungen lassen sich als protokollierte Verhöre verstehen. Die Verhöre und Gutachten werden im Folgenden hinsichtlich ihrer Funktion beschrieben. Welche Sprecherpositionen gibt es und durch welche feldspezifische Sprecherordnung lässt sich beschreiben, was den Aussagewert bestimmt?

Was ist ein Verhör?

Das Verhör ist eine besondere kommunikative Technik[81] beim Ermittlungsverfahren der Strafverfolgung (Kühne 2010: 227) und liegt in der Strafakte als

---

80 Zeugen- und Beschuldigtenvernehmung werden nicht in der weiblichen Form benannt, da es Eigennamen sind.

81 Gegenwärtige Antworten auf die Frage nach den Verhörtechniken lassen ihre Wurzeln bis in die Antike zurückverfolgen, so die Historiker Fuchs und Schulze (2002: 14).

schriftliches Protokoll vor. Das Ermittlungsverfahren zielt auf die „Erforschung von Sachverhalt bzw. Straftat" (ebd.: 221). Wer verhört wen, mit welchem Ziel, bezogen auf was? Verhört wird der/die Beschuldigte oder Zeuge/Zeugin von polizeilichen oder gerichtlichen Vernehmungsbeamten/-beamtinnen – von der Polizei, dem Richter/der Richterin oder der Staatsanwaltschaft (Krey 2007: 57-58) – in der Position eines „vertrauenswürdigen Ratgebers" (Reichertz/Schneider 2007: 15). Das grundsätzliche Ziel in juristischer Betrachtungsweise ist die „Enthüllung der Wahrheit" bzw. eine wahre Aussage zur Tat zu erhalten (Fuchs/Schulze 2002: 7).[82] Das Verhörprotokoll unterrichtet über das Gesagte während des Verhörs und wird im Anschluss von dem/der Verhörenden und auch von dem/der Verhörten unterzeichnet, um die Korrektheit des Dokuments zu bestätigen. Für die richterliche Praxis stellen Vernehmungen „die wichtigsten Informationsquellen" dar (Kühne 2010: 224). Was ist aber ein vertrauenswürdiger Ratgeber? Ein vertrauenswürdiger Ratgeber ist der/die Vernehmungsbeamte/-beamtin insofern, als dass er/sie den/die Beschuldigte(n) oder Zeugen/Zeugin über Beziehungsarbeit motiviert, sich wahr über das Tatereignis zu äußern (Schröer 2007a: 229; auch Reichertz/Schneider 2007: 15). Als Ratgeber/-in im Sinne eines Erziehers/einer Erzieherin zu seinem/ihrem Zögling gilt es, den/die Vernommene(n) als Vernehmende(r) zu führen (Reichertz/Schneider 2007: 15). Dabei kann das Kosten-Nutzen-Prinzip zur Anwendung kommen (ebd.). Danach geht es den Vernehmern und Vernehmerinnen darum, dem/der Vernommenen eine Kalkulation nahezubringen, nach der die „Auswirkungen der Nichtkooperativität und insbesondere die Nichtgeständigkeit [oder Aussageverweigerung beim Zeugen/bei der Zeugin] unangenehmer sind als die mit einem Geständnis einhergehenden" (Schröer 2007a: 248). Entscheidend ist dabei der Moment des Vertrauensaufbaus als Geständnisstrategie seitens des/der Vernehmungsbeamten/-beamtin:

> „Er muss den Beschuldigten davon überzeugt haben, dass er trotz aller Interessendivergenz bereit und in der Lage ist, die Perspektive des Beschuldigten zu übernehmen und letztlich auch zu berücksichtigen. Erst dann wird es im Normalfall dazu kommen, dass ein Beschuldiger [sic!] die ihm unterbreitete irritierende Kalkulation zulässt und insofern akzeptiert, und erst aus einem solchen Kontakt heraus ist es dann auch wahrscheinlich, dass ein Beschuldigter den Dialog mit seinem Vernehmer bzw. seiner Vernehmerin sucht und sich einen Rat erteilen lässt, der ihn dann dazu motiviert, seine Kosten-Nutzen-Berechnung umzustellen und ein Geständnis abzulegen. In Fällen – so lässt sich hypothetisch festhalten –, in denen sich eine gegebene Ermittlungslage als nicht zwingend darstellt [...] und in denen der Beschuldigte nicht von vorn herein [sic!] und ohne weiteres kooperativ und geständig ist, wird die Etablierung eines vertrauensvollen personalen Kontak-

---

82   Zum Wesen des Verhörs aus soziologischer Perspektive gibt es recht wenig Literatur. Besonders sind die Aufsätze im Umkreis des vom DFG von 2002 bis 2006 geförderten Forschungsprojekts „Geständnismotivierung. Zur Wirksamkeit des Geständnisdispositivs im Strafprozess seit 1780" von Reichertz (Soziologie), Schneider (Kommunikationswissenschaften) und seinen Mitarbeitern und Mitarbeiterinnen zu nennen (u. a. Reichertz 1994; Schröer 1994; Niehaus 2004).

tes zum Beschuldigten gerade auch dann von Bedeutung, wenn der Beschuldigte sein Aussageverhalten überlegt an seiner persönlichen Nutzenmaximierung orientiert" (Schröer 2007a: 249, siehe auch Schröer 2007b: 214-15)

In diesem Zitat bringt Schröer zum Ausdruck, dass die Geständnismotivation in Form einer „Ökonomisierung des Vernehmens" (ebd.) entlang vom Kosten-Nutzen-Prinzip maßgeblich durch die Konstituierung einer strategisch ausgenutzten Vertrauensbeziehung bestimmt wird, in dem die Beziehung zum Beamten/zur Beamtin seitens des/der Vernehmenden in gewichtiger Weise bedeutend für den/die Beschuldigte(n) wird (Schröer 2007b: 214-15). Der Beamte/die Beamtin kann als Ratgeber/-in dem/der Verhörten Ratschläge geben, die auch angenommen werden (können) und in der Aussage im Geständnis münden. Dabei handeln die Akteure/Akteurinnen in keinem rechtsfreien Raum. Wie ist die Interaktionsordnung zwischen Verhörendem/Verhörender und Verhörtem/Verhörter zu beschreiben? Sie ist durch „Gesetzesvorschriften, eine Fülle erläuternder Ausführungsvorschriften und erweiternder Gerichtsurteile" bestimmt (Reichertz/Schneider 2007: 10; siehe auch Kühne 210: 224 und Krey 2007: 46-49), die die Rechte und Pflichten begründen. Dabei sind die Positionen der Akteure/Akteurinnen klar definiert. In Deutschland bedeutet das, dass der/die Verhörte das Recht auf die Hinzuziehung eines Rechtsbeistandes und auf „folgenlose Verweigerung der Aussage" hat, über das er/sie vor der Vernehmung hingewiesen werden muss (Reichertz/Schneider 2007: 10; siehe auch in detaillierter Ausführung Kühne 2010 und Krey 2007). Der/die Beschuldigte ist in rechtlicher Hinsicht theoretisch „handlungsdominant" (Reichertz/Schneider 2007: 12), praktisch ist er/sie es aber zumeist nicht (Schröer 2003: 63-64). So liegt die konkrete Gestaltungsmacht durch die institutionellen Gegebenheiten (eher) bei den Beamten/Beamtinnen (ebd.). Mittel der Macht sind dabei der strategische Einsatz von Beweisstücken oder (un-) bekannte Informationen Dritter im Umgang des/der Vernehmenden mit dem/der Vernommenen (vgl. Reichertz/Schneider 2007: 15). Jedoch kommt Schröer (2003: 64) – und deshalb liegt die Gestaltungsmacht in Verhören „(eher) bei den Beamten" – in seinen Feinanalysen einzelner Sequenzen von Tonbandprotokollen von Vernehmungen zu dem Ergebnis, dass die Handlungsdominanz seitens der Beamten sich nicht eindeutig zeigen lässt.

Dabei haben die beteiligten Parteien bei der Verhörsituation unterschiedliche Mittel und auch Einschätzungen der Mittel, um an die „Wahrheit" zu gelangen. Die Rechtsanwälte/-anwältinnen sehen das Verhör als eine Art Experteninterview, in dem der/die Verhörende Fragen an die Person mit Expertise zu einem besonderen Fall stellt und der/die Verhörte darauf antwortet (vgl. ebd.: 11). Jegliches manipulative (gewaltsame, aggressive, stressauslösende etc.) Einwirken Dritter ist zu unterlassen, da es die Wahrhaftigkeit der Aussage gefährdet, so die Logik. Für die polizeilichen, richterlichen oder staatsanwaltschaftlichen Vernehmungsbeamten/-beamtinnen hingegen hat die Vernehmung höchste Relevanz bei der Ermittlungs- bzw. Aufklärungsarbeit und ist zwar auch, so meine Interpretation, als ein Experteninterview zu verstehen, allerdings unter ganz bestimmen strategisch-rhetorischen und machtvollen Bedingungen. Denn beruflicher (und persönlicher) Erfolg des/der Kriminalbeamten/-beamtin misst sich nicht zuletzt im Sinne des Bourdieuschen „symbolischen Kapitals" im Kollegenkreis auch an der Aufklärung der Tat (ebd. 12). Und die Vernehmung ist wesentliches Mittel der weiteren Ermittlungen, durch besondere Erkenntnisse zum Tatereignis zu gelangen (ebd.: 12). So tragen nicht alle Vernehmungsbeamten/-beamtinnen dem vorgegebenen rechtlichen Rahmen Rechnung, um an ihr Ziel des Geständnisses bei Beschuldigtenverhören oder an die ‚wahren' Aussagen bei den Zeugenvernehmungen zu kommen (ebd.). Das (polizeiliche) Verhör wird als „rechtliches Gebot" (also keine gesetzliche Vorschrift nach §§ 147 und 251 Abs. 1 StPO) protokolliert (Krey 2007: 57).

Was ist ein psychiatrisches/nervenärztliches Gutachten?

Das psychiatrische und nervenärztliche Gutachten wird von einem/einer Psychologen/Psychologin oder Mediziner/-in verfasst, der/die in der Position des/der Sachverständigen bei Gericht fungiert (Tondorf/Tondorf 2011: 3). Zu unterschiedlichen Aspekten wird der/die Sachverständige bei der strafgerichtlichen Praxis herangezogen. Im Mittelpunkt steht dabei die „strafrechtliche Verantwortlichkeit, die Schuldfähigkeit des Täters [der Täterin], die über die Zulässigkeit einer Bestrafung entscheidet" und darüber hinaus auch die „Täterbeurteilung [Täterinnenbeurteilung], insbesondere die künftige Gefährlichkeit bei der Maßregelindikation nach §§ 63ff. StGB sowie die Täterprognose [Täterinnenprognose], unter anderem bei der Aussetzung von Strafen nach §§ 57, 57a StGB und Maßregeln nach § 67b und 67d Abs. 2 StGB" (Schreiber/Rosenau 2009: 78).

Ein Gutachten entscheidet mit über: „Schuldig oder nicht schuldig, frei oder untergebracht in einer Einrichtung der Forensik, hoch oder mild bestraft." (Tondorf 2005: 20). So ist es in der strafgerichtlichen Praxis häufig so, dass die eingenommene Positionierung im psychologischen oder psychiatrischen Gutachten über die Sache „eigentlich entscheidet" (Schreiber/Rosenau 2009: 78). Entsprechend berühren die Gutachten der Sachverständigen „zentrale Aspekte des bürgerlichen Status" einer Person: So kann das Gutachten bzw. der/die Verfasser/-in zur Aberkennung des „Status eines ‚normalen' Gesellschaftsmitgliedes" führen (Wolff 1995: 4).

Allerdings ist die Interaktionsordnung zwischen Juristen/Juristinnen und Psychologen/-innen oder Psychiatern/Psychiaterinnen so geregelt, dass die psychologischen oder psychiatrischen Sachverständigen als „erweitertes Hirn" (Schreiber/Rosenau 2009: 342) oder, wie der Bundesgerichtshof festhält, „Gehilfen des Richters" (vgl. Schreiber/Rosenau 2009: 78) zum Einsatz kommen, wobei sie eine beratende Funktion bei der Wissens- und Erfahrungsvermittlung in fachfremden Disziplinen einnehmen, um Lücken des Richters/der Richterin zu schließen (Tondorf 2005: 3). Die Entscheidungskompetenzen des Richters/der Richterin übernimmt der/die Sachverständige dabei nicht, sondern stellt eher wie ein Zeuge/eine Zeugin „ein Mittel für den Beweis" als „selbständiger Helfer bei der Wahrheitsfindung" dar (Schreiber/Rosenau 2009: 78). Diese Vermittlungsfunktion als quasi Zeuge/Zeugin bezieht sich auf drei Aspekte. Erstens auf die abstrakte Auskunftsgabe, zweitens ist sie auf den „im Hinblick auf einen konkreten, vom Gericht angegebenen Sachverhalt" anzuwenden und drittens dient sie dazu, „unter Anwendung ihrer Fachkunde Tatsachen [zu] ermitteln" (Tondorf 2005: 4).

Tätig werden die Sachverständigen im Strafverfahren üblicherweise bei „Beurteilung der Schuldfähigkeit" (Tondorf 2005: 4): „Das Prinzip der Schuld bildet die Basis unseres Strafrechts, des Systems der Straftat ebenso wie das der Strafen."[83] (Schreiber/Rosenau 2009: 78). Die Paragrafen §§ 20, 21 StGB stellen oft den Bezugspunkt bei den Gutachten für die Gutachter und Gutachterinnen dar (Tondorf 2005: 4; Foerster/Dreßing 2009a: 7).[84]

Die vier Kriterien, die die Schuld einer Person ausschließen, sind in § 20 StGB geregelt: krankhafte seelische Störungen (sog. exogene und endogene Psychosen), tiefgreifende Bewusstseinsstörung, Schwachsinn (Idiotie, Imbezillität, Debilität), schwere andere seelische Abartigkeit (Persönlichkeitsstörungen, Psychopathien, Neurosen etc.).

Wenn psychologische Kriterien nach § 20 bei einer Untersuchung zugewiesen werden, greift § 21. Dieser bezieht sich hingegen weniger auf die Psyche, sondern eher auf das Normative. Denn hier wird verhandelt, inwiefern die psychologischen Befunde eines Patienten auf der normativen Ebene die Fähigkeit zur Einsicht und Steuerung bei der Tat beeinflussen (Tondorf 2005: 22).

So wird auch von einem zweistufigen „psychologisch-normativen" Modell bei den beiden Paragrafen gesprochen (ebd.).

Schuldig ist nach dem „pragmatisch-sozialen Schuldverständnis" des Gesetzes derjenige, der sich wie im Normalfall gegeben, nicht „nach Regeln und Motiven" richtet. Die Abweichung wird über psychiatrische und psychologische Aspekte

---

83 Schuld ist unter anderem eine Bedingung für das Strafen, aber nicht die alleinige Bedingung. Das hängt unter anderem auch mit dem Wandel des Strafverständnisses zusammen. Das Vergeltungsstrafrecht ist zunehmend abgelöst worden durch ein Präventionsstrafrecht (Schreiber/Rosenau 2009: 78; Tondorf/Tondorf 2011; Foucault 2003).

84 Im Wortlaut im Strafgesetzbuch: „§ 20 (Schuldunfähigkeit wegen seelischer Störungen). Ohne Schuld handelt, wer bei der Begehung der Tat wegen einer krankhaften seelischen Störung, wegen einer tiefgreifenden Bewusstseinsstörung oder wegen Schwachsinns oder einer schweren anderen seelischen Abartigkeit unfähig ist, das Unrecht der Tat einzusehen oder nach dieser Einsicht zu handeln. § 21 (verminderte Schuldfähigkeit). Ist die Fähigkeit des Täters, das Unrecht der Tat einzusehen oder nach dieser Einsicht zu handeln, aus einem der in § 20 bezeichneten Gründe bei der Begehung der Tat erheblich vermindert, so kann die Strafe nach § 49 Abs. 1 gemildert werden."

erfasst (Tondorf 2004: 4). In Abhängigkeit des Krankheitsbegriffs steht die Schuld-
fähigkeitsbestimmung (vgl. Tondorf 2005: 20). Festgestellt wird, dass die Auswahl
des/der Psychiaters/Psychiaterin oder Psychologen/Psychologin in seiner/ ihrer
jeweiligen Denktradition – Schule des Psychiatrischen oder Psychologischen – den
Blick prägt und in der Konsequenz das Krankheitsverständnis mitbestimmt und
damit auch die Schulddefinition und den Prozessverlauf bzw. das Urteil prägt
(ebd.).

Was die quellentechnische Basis des Gutachtens neben den gerichtlich über-
lieferten Ermittlungsakten bildet, entscheidet der/die Sachverständige nach sei-
nem/ihrem Ermessen im Hinblick auf die Beweisfrage (vgl. Foerster/Winckler
2009: 19). So kann der/die Sachverständige u. a. etwa Krankenberichte oder Be-
fundberichte von ehemals behandelnden Ärzten/Ärztinnen und Krankenhäusern
heranziehen. Auch Angehörige dürfen nochmals mit Zustimmung hinsichtlich
etwa der frühkindlichen Sozialisation befragt werden. Folglich schöpft der/die
Gutachter/-in aus den unterschiedlichsten Quellen, um die Schuldfrage zu klären.
Dabei sollen sie

> „die zum Brennpunkt der Straftat hinlaufende Linie der Biographie, speziell die der prädelikti-
> schen Situation, der mitwirkenden oder tatbestimmenden krankhaften körperlichen oder seeli-
> schen Prozesse und den Kontext der äußeren Situation ebenso darstellen, wie die sich hieraus er-
> gebenden prognostischen Überlegungen, die ärztlichen Konsequenzen, vor allem aber eine Aus-
> sage über die Einsichts- und Handlungsmöglichkeiten zum Tatzeitpunkt." (Venzlaff 1986: 129:
> vgl. Venzlaff 2009: 46).

Einheitliche Regeln für die gutachterliche Tätigkeit gibt es nicht. In Abhängigkeit
der Komplexität der Sache werden der Umfang und der Inhalt bestimmt.
Grundsätzlich gilt, dass ein Gutachten objektiv, sorgfältig und gründlich erarbeitet
sein sollte, sich durch einen angemessenen „Sachverstand" und seitens des
Gutachters/der Gutachterin durch eine kritische Einstellung zum Probanden/zur
Probandin auszeichnen sowie verständlich sein sollte, da es von fachfremden
Personen wie dem/der Richter/-in gelesen wird. (Tondorf 2005: 126-129)

Für die meisten gerichtspsychiatrischen oder psychologischen Gutachten gilt
aber folgender (Grob-)Inhalt[85] nach Foerster und Dreßing (2009b: 44-45):

- „Einleitung und formale Angaben
- Zusammenfassung der Fragestellung und des Sachverhalts

---

85   Die Regeln zur formal-inhaltlichen Gestaltung des psychiatrischen/nervenärztlichen Gutachtens
     weicht auch in Lehrbüchern erheblich voneinander ab (Hoffmann-Richter 2005: 101;
     Tondorf/Tondorf 2011: 135; Schreiber/Rosenau 2009: 129). So habe ich die übergeordneten
     Strukturpunkte herausgegriffen, die sich auch in den von mir untersuchten Gutachten wiederfin-
     den.

- Aktenlage
- Angaben des Probanden [der Probandin]
- Befunde
- Beurteilung
- Zusammenfassung"

Unter dem ersten Punkt „Einleitung und formale Angaben" stehen Informationen zu Auftraggeber, Fragestellung, Ort-/Zeitangaben und Thema des Gutachtens bzw. strafrechtlichen Sachverhalts sowie die Angabe der hinzugezogenen Erkenntnisquellen (Tondorf/Tondorf 2011: 135; vgl. Hoffmann-Richter 2005: 101; vgl. Foerster/Dreßing 2009b).

Ohne auf die einzelnen Inhaltspunkte detailliert einzugehen, scheint es für die vorliegende Untersuchung wichtig, den Hauptabschnitt der Beurteilung zu definieren: Während die vorigen Inhaltspunkte einen „berichtend-referierenden Charakter" haben (Foerster/Dreßing 2009b: 47),[86] dient die Beurteilung dazu „eine Wertung und Würdigung dieser Informationen aus psychiatrischer Sicht" zu liefern

> „mit dem Ziel, eine zusammenfassende Darstellung aller aktenmäßigen, anamnestischen und befundenen Aspekte vorzunehmen, um zu einer abschließenden Aussage über die diagnostische Einschätzung zum Untersuchungszeitpunkt – bei strafrechtlichen Fragen zum Tatzeitpunkt – und hierauf aufbauend zur Beantwortung der Beweisfrage zu kommen" (ebd.: 47-48).

Bei den Darstellungsstrategien im Gutachten scheinen unterschiedliche „Kohärenzverstärker" seitens des/der Schreibenden bedeutend zu sein (ebd.), beispielsweise:

> „die Konstruktion von Handlungsverläufen und die Einbettung von Taten und Ereignissen in Biographien; die Wahl wechselnder, der jeweils geschilderten Situation entsprechender Anreden und Bezeichnungen für den Begutachteten; [der] Einsatz bestimmter rhetorischer Formate wie von Konstrukteuren, von 3-er Listen und ihren Kombinationen; die Verwendung komplexer Formen der Autorisierungen von Aussagen. Die Kohärenz von Gutachten läßt sich auch durch Ent-Kontextualisierungen erhöhen, z.B. durch die Schilderung aller Befunde im Präsens; durch das Auslassen von Zweifeln, die Einordnung aller präsentierter Daten ohne störende Reste in einen interpretativen Gesamtzusammenhang sowie durch die Vermeidung der Erwähnung etwaiger Lernprozesse beim Gutachter. Schließlich bietet die sequentielle Organisation des Textes als Ganzes Chancen für die Sicherstellung der Geschlossenheit: dazu gehört die Einhaltung eingespielter Gliederungen; die Rahmung des Gutachtens durch Gutachtenfrage und Beantwortung, wodurch alles Weitere als klärende Einschubsequenz erscheint. Dieses Format erlaubt es, wie wir sahen, sich auf das Gericht und die eigenen Fachkollegen in einem Gutachten als Adressaten zu beziehen, ohne die Geschlossenheit des Gesamttextes zu gefährden." (Wolff 1995: 245-255)

---

86 Es wird sich zeigen, dass das, was hier als „nur" referierend bezeichnet wird, für die Konstruktion von Mutter- und auch Vater- und Elternschaft zentralen Stellenwert hat (siehe Kapitel 4 und 5).

Diese sozio-historische Annäherung an das strafrechtliche Feld – verstanden als
diskursives Setting – zeigt, dass Akten und Aktendokumente besonderen Produktionsbedingungen unterliegen, die nach bestimmten Logiken Wissen (re-)produ-
zieren, in denen die Akteure/Akteurinnen in den Akten und außerhalb der Akten
unterschiedlich positioniert sind. Diese Positionen und Positionsanordnungen
eröffnen und begrenzen den Handlungs- und Sagbarkeitsspielraum.

Aussagewert innerhalb der Aktenwirklichkeit

Vor dem Hintergrund des diskursiven Settings (Feldbeschreibung) lassen sich
einige Besonderheiten hinsichtlich des Aussagewertes bestimmen. Dabei informiert
die Strafakte aus diskursanalytischer Perspektive nicht über eine – oder auch
mehrere – authentische Personen, sondern über konstruierte Personen. „Was an
den Erzählungen *wirklich* ,wahr' [ist], muss offen bleiben." (Wiese 1996: 206; siehe
auch Zaft 2011: 89) Das heißt, die vorliegende Arbeit trifft keine Aussage darüber,
was die/der Beschuldigte, die Experten/Expertinnen und die Zeugen/Zeuginnen
in den Akten tatsächlich gesagt oder getan, gedacht oder gefühlt haben. Es geht
immer um die innerhalb der Aktenwirklichkeit hervorgebrachten Personen im
strafrechtlichen Feld, durch die auf bestimmte Weise die soziale Welt konstruiert
wird (vgl. Keller 2008: 198).

Dies liegt nicht zuletzt daran, dass ihre feldspezifischen Produktionsmodi den
Aussagewert bestimmen. Dies bedarf eines Feinschliffs der Dokumentenanalyse
(ebd.: 8), um den Strafakten als besonderen „prozeß-produzierten Daten" gerecht
zu werden. Das Besondere bezieht sich darauf, dass sie als „Nebenprodukt" der
administrativen Verwaltung der Institution der Justiz durch sammeln und produzieren entstanden sind (ebd.; vgl. auch Vismann 2000; Muckel 1997; Zaft 2011).
Akten sind im Feld der „bürokratischen Machtausübung" (Müller 1980: 21; Täger
2002: 1) zu verorten. In Anlehnung an Foucault (2003: 19-23, 151) lassen sich die
Eigenschaften vom strafrechtlichen Diskurs, in dem die Aktendokumente zu verorten sind, bestimmen.[87] Die erste Eigenschaft bezieht sich darauf, dass die Dokumente Macht haben, über das Leben zu verfügen, etwa darüber, dass sie über die
Maßregelung über den Aufenthalts- und Behandlungsort bestimmen – etwa die
mögliche Unterbringung in einer psychiatrischen Klinik oder in der Haftanstalt

---

87 Foucault (2003: 380) beschäftigt sich mit der Frage nach dem Auftauchen der Figur des/der
    ,Anormalen' als privilegiertes Behandlungs- und Wissensobjekt der Psychiatrie (ebd.: 382). Ihn in-
    teressiert vor allem die „Funktionsweise der Psychiatrie" in medizinisch-strafrechtlichen Wahr-
    heitsdiskursen. Dabei spielen auch Akten zum Phänomen Kindstötung eine Rolle. Er interessiert
    sich für die veränderten Strafökonomien und -rationalitäten, die sich durchsetzen und veränderte
    Strafobjekte des Wissens hervorbringen. Der Autor zeigt auf, durch welche Verfahren im Über-
    gang vom 18. zum 19. Jahrhundert aus Verbrechen Verbrecher ,gemacht' wurden.

(Foucault 2003: 19-20). Diese Macht, wie Foucault schreibt, resultiert aus der zweiten Eigenschaft und nicht zuletzt aus deren zugeschriebenen „wissenschaftlichen Status", der diesem Feld scheinbare Objektivität verleiht und Entscheidungen legitimiert. Dabei, so die dritte Eigenschaft, steht nicht mehr so sehr die Tat im Vordergrund des Wahrheitsinteresses bei der Rationalität des Bestrafens, sondern der Täter/die Täterin wird zur Zielscheibe der Begründungen. Unter diesen Bedingungen (re-)produziert die Strafakte ihr enthaltenes Wissen nach bestimmten Kriterien der Selektion, die auf ihren zugrundeliegenden „Auswahl- und Filterungsmechanismen" basieren (Müller 1980: 39; vgl. auch Foucault 2003: 386). Die relevanten Kriterien für diese Arbeit lassen sich in elf Punkten darstellen. Die Punkte habe ich im Anschluss an Siegfried Müller (1980: 39-42) und in Erweiterung durch diskursanalytisch orientierte Arbeiten von Michel Foucault (2003), Petra Muckel (1997), Michaela Ralser (2006; 2010) und Matthias Zaft (2011) zur Akte bestimmt. Müller (1980: 39) ist zu diesen Punkten[88] gekommen, indem er die aktenanalytischen Untersuchungsergebnisse innerhalb der Sozialarbeitsforschung nach den Mechanismen befragt hat, die dazu führen, dass „unterschiedliche Realisierungsgrade der schriftlichen Dokumentation administrativen Handelns [...] in einer spezifischen Weise verzerrt und verstärkt werden". Diese können aus diskursanalytischer Perspektive wie folgt bestimmt werden:[89]

1. Die Staatsanwälte/-anwältinnen, Fachärzte/-ärztinnen der Psychiatrie und Neurologie und Kriminalpolizisten/-polizistinnen sowie die Ermittlungsrichter/-innen als Personen der Bürokratie, die die Dokumente der Strafakte (mit-)verwaltet haben, ziehen bereits definierte und standardisierte Kriterien beim Sammeln und Produzieren relevanter Daten heran. Diese administrative Fixierung von Lebensausschnitten führt zu einer Neukonstruktion der Beschuldigten-Person. (Müller 1980: 39; Muckel 1997: 154-155)
2. Mit dem ersten Punkt hängt zusammen, dass bestimmte Daten über die Beschuldigten-Person aufgenommen werden. Eine Akte hat kein „absolutes Gedächtnis", sondern ein selektives Gedächtnis (Muckel 1997: 148, 153). Dies begründet sich einerseits durch die Tatsache, dass bestimmte Daten überhaupt bekannt werden und anderseits wiederum bestimmte Daten als „dokumentationswürdig" erachtet werden (Müller 1980: 39). Die Würdigung, etwas als Daten schriftlich zu konservieren, ist durch individuelle und strukturelle

---

88 Müller (1980) geht insgesamt von dreizehn Punkten aus. Diese Punkte sind nicht neu erfunden, sondern basieren maßgeblich auf Müllers Ausführungen.

89 Auch im Feld der Psychiatrie und dem Recht selbst werden die Techniken der Konstruktion kritisch diskutiert. Siehe zusammenfassend das Editorial der Zeitschrift Recht und Psychiatrie (Pfäfflin 2014). Und bezogen auf Geschlecht und Recht siehe etwa die Beiträge aus dem Buch von Temme und Künzel (2010).

Momente bedingt. Beispielsweise sind es alltägliche Berufsroutinen oder auch Zielvorgaben, die sich aus der Profession selbst ergeben (Müller 1980: 41-42). Die Nichtaufnahme von Daten seitens der „Veraktenden" kann unter anderem in angenommenen zukünftigen Unsicherheiten des eigenen Handelns begründet sein, die dem Kontrollverlust der Informationen geschuldet sind (Muckel 1997: 149-151). So ist für die Veraktenden nicht absehbar, welche Konsequenzen ihre schriftliche Datenfixierung für ihn/sie selbst oder für den „Verakteten" – Zeugen/Zeuginnen, Experten/Expertinnen und Beschuldigte in den Akten – hat (ebd.). Eine Haftstrafe kann zum Beispiel die (un-)soziale Antwort auf bestimmte Niederschriften in den Akten sein (ebd.).

3. Fehldokumentationen der Daten wie z. B. Alter oder Wohnungsgröße seitens der Bürokraten sind nachweislich vorhanden und (re-)konstruieren die Beschuldigten-, Zeugen-/Zeuginnen- und Experten-/Expertinnen-Person (Müller 1980: 39). Dies ist aus diskursanalytischer Perspektive relevant, da etwa eine Mutter, die jünger gemacht wird, als sie tatsächlich ist oder ein fälschlicherweise angegebener Wohnort, in dem vor allem Personen mit niedrigem sozial-ökonomischen Status leben, eher mit stereotypischen Annahmen zur Teenager-Schwangerschaft (vgl. Spies 2009a) oder mit einem Unterschichtsphänomen (Prickett 2010) in Verbindung gebracht werden könnte. Damit begünstigen Fehldokumentationen bestimmte stereotypische Assoziationsketten, die bei der Bewertung der Tat einfließen können.

4. Stereotypische Vorannahmen werden in den Akten aktualisiert, indem über etwa eine abgelichtete oder beschriebene unaufgeräumte Wohnung, die durch die Polizei nach der Durchsuchung im Zuge der Ermittlung verursacht wurde, auf die Beschuldigten-Person durch (Stigmatisierungs-)Kategorien rückgeschlossen wird. Dafür könnten Positionen stehen, in denen die elterliche Kindstötung in Verbindung gebracht wird mit Kategorien wie Verwahrlosung und Unterschichtsphänomen (vgl. Muckel 1997: 109, 125-126; Müller 1980: 40 und siehe auch Prickett 2010).

5. Die Kriterien der Aufnahme von bestimmten Daten einer Person variieren mit den Dokumenten in den Akten. Wissenswertes und Wissensunwertes wird durch den beruflichen Handlungsrahmen im strafrechtlichen Feld vorstrukturiert (Müller 1980: 40).

6. Aufgrund der Anklage der versuchten oder tatsächlichen Tötung des eigenen Kindes durch die leibliche Mutter oder den Vater werden vermutlich in der Lebensgeschichte eher – bezogen auf die normative Ebene – negative als positive Aspekte gesucht und ggf. gefunden, die die Tat erklären (vgl. Müller 1980: 40). Mit Foucault (2003: 33) formuliert, wird ausgehend von der Tat eine Persönlichkeit hergestellt.

7. Anknüpfend an den sechsten Punkt werden nicht selten unterschiedliche Stationen abweichenden Handelns unter der Vernachlässigung zeitlicher As-

pekte und sich wandelnder Subjektivität(en) und ggf. auch Rahmenbedingungen zusammen addiert (vgl. Müller 1980: 41).

8. Es handelt sich um eine „obrigkeitliche Quelle"[90] (Ralser 2010: 178). Das bedeutet, dass die Veraktenden (Juristen/Juristinnen, Kriminalbeamte/-beamtinnen, Psychiater/-innen, Ermittlungsrichter/-innen, Staatsanwälte/-anwältinnen usw.) gegenüber den Verakteten als Sprecher/-innen durch ihren beruflichen Status weniger Deutungsmacht zugesprochen wird. Dabei sollte die gesellschaftliche Funktion der Akten berücksichtigt werden: „Die in den Akten fixierten Informationen, Bewertungen und Entscheidungen dienen in erster Linie den gesellschaftlich vorgegebenen und organisationell strukturierten Informationsbedürfnissen und Selbsterhaltungsinteressen der jeweiligen Institutionen." (Müller 1980: 40) Entsprechend dieser institutionell-professionellen Bedingungen der Konstruktionsleistung der Person gilt es, zwischen konkreten Handlungen und textuellen Handlungen der Beschuldigten zu differenzieren (Muckel 1997: 106; Zaft 2011: 89). Aussagen, die in der vorliegenden Arbeit getroffen werden, beziehen sich hinsichtlich der normativen Verhandlung der ‚guten Mutter' bezogen auf das diskursive Mutterschafts- und Weiblichkeitswissen rein auf die textuelle Ebene.

9. Die Position der Experten und Expertinnen, die als Verfasser/-innen der Aktendokumente auftauchen, wird oft durch Rhetoriken und Fachausdrücke und Dokumentenstrukturen verschleiert (Ralser 2010: 106).[91]

10. Es kommt zu einer „vergangenheitsfixierten Neuinterpretation" (Müller 1980: 41) des/der Beschuldigten: „die aktuelle Auffälligkeit (wird) als Ausdruck einer latent immer schon vorhandenen Andersartigkeit gewertet" und damit wird eine „kontinuierliche Entwicklungslinie" gezogen „zwischen biografischer Vor-Geschichte und aktuelle[m] Ereignis" der Tat.[92] Anders formuliert: Es wird durch die Akten eine kohärente Biografie im Hinblick auf das Geschehene hervorgebracht (siehe auch Punkt 6).

11. Durch den Versuch der Komplexitätsreduzierung der Fälle in juristisch-administrative Erzählmuster kann es bei der bürokratischen Arbeit passieren, dass den sozio-kulturellen Aspekten der Beschuldigten zu wenig Rechnung getragen wird. Diese Muster rekurrieren auf „gesetzlich vorgegebene Kategorien und einen Grundbestand ‚sozialer Stereotype'" (ebd.: 42). Dabei sind die-

---

90 Kühne (2010: 227) spricht in seinem Werk zum Strafprozessrecht von der „personifizierten Obrigkeit".

91 Auf die einzelnen Aspekte wird bei der Darstellung der Dokumententypen im weiteren Verlauf eingegangen. Und zwar an dem Ort, an dem ich das Beschuldigten- und Zeugenverhör und das Gutachten der Experten/-innen als besonderes Dokument als diskursives Setting beschreibe (siehe Abschnitt 3.2).

92 Garfinkel (1974) fasst dieses Phänomen, wie Müller (1980: 41) konstatiert, als „retrospektive [...] Interpretation".

se Kategorien und Stereotype „so bedeutungsoffen [...], daß die unterschiedlichsten und historisch variabel bewerteten Verhaltensweisen (Verwahrlosung, schädliche Neigung, Arbeitsunlust, Gefährdung etc.) darunter subsumiert werden können" (ebd.).

Zusammengefasst zeigen diese Punkte, dass der/die Leser/-in der vorliegenden Arbeit ausschließlich etwas über die Akten-Personen erfahren, die durch Selektionsmechanismen des (Nicht-)Wissenswerten hervorgebracht werden. Über die konkreten Personen außerhalb der Akte erfährt der/die Leser/-in nichts (Zaft 2011: 89). Die Aktendokumente werden in Abgrenzung zum Allgemeinverständnis insofern als Tatsachenbericht verstanden, als dass der Bericht die Tatsachen hervorbringt. Mit der Bezeichnung als Tatsachenbericht im üblichen Sinne werden diese Kriterien der Konstruktion der Beschuldigten als ‚gute Mutter' verschleiert. Damit werden die Modi der Hervorbringung unsichtbar gemacht. In diesem Sinne verstehe ich Akten mit Ralser (2010: 184) gesprochen, als feldspezifisches Ordnungssystem mit Gedächtnis, das den Struktur- und Handlungslogiken des Justizapparates folgt (vgl. Ralser 2010: 25, 28, 178). Das heißt mit Ralser gedacht (ebd.: 184), dass Akten „ein Medium eines zweckerfüllten Aufschreibsystems unter dem Apriori präzise verteilter Sprecherrollen und Interaktionsmuster" unter spezifischen Bedingungen sind. Strafakten sind als „Zeugnis einer historisch-spezifischen, auf empirischer Erkenntnis beruhender [...] [strafrechtlicher] Erzählpraxis aufzufassen, welche subjektive Ereignisse in objektive Geschichte verarbeitet" und damit Aktenfälle (re-)produziert (ebd.: 62-63). Für meine Arbeit, die einer diskursanalytischen Haltung folgt (Abschnitt 3.1), haben die Einsichten der Aktenanalyse zur Konsequenz, dass eine Kontextualisierung der „akteursspezifischen Positionen" (Keller 2009: 58) im Feld der für die Untersuchung herangezogenen Aktendokumente – psychiatrisches/nervenärztliches Gutachten und Beschuldigten- sowie Zeugenvernehmungen – stattfindet. Diese Positionen beziehen sich einerseits auf die Akteure/Akteurinnen als Träger/-innen des Diskurses, die als Verfasser/-innen der Aktendokumente auftauchen wie die Gutachter/-innen und Protokollanten/Protokollantinnen bzw. Vernehmungsbeamten/-beamtinnen. Andererseits beziehen sich die Positionen auf Akteure/Akteurinnen – Beschuldigte, Zeugen/Zeuginnen und Experten/Expertinnen – als Objekt des Diskurses (ebd.: 59). Die Kontextualisierung geschieht bei der Rekonstruktionsarbeit der Konstruktion von Mutterschaft über die ‚gute Mutter' im Hinblick auf eine Re- und/oder Destabilisierung der Geschlechterordnung. Darüber, dass die Verakteten feldspezifisch eingebunden sind und ihnen nicht zuletzt über eine thematisch-fallbezogene Vorgehensweise Rechnung getragen wird, wird der Kontext, in dem die dokumentierte Aussage einzelner Akteure/Akteurinnen auftaucht, angemessen reflektiert. Dazu wird auch eine kurze Fallbeschreibung gegeben (Abschnitt 3.2).

Auswahlkriterien

Um die normative Verhandlung der ,guten Mutter' in strafrechtlichen Aktendis-kursen zu untersuchen, habe ich die Aktendokumente nach drei Kriterien ausge-wählt: Zeitraum, in dem das Phänomen Kindstötung durch die Mutter erhöhte Aufmerksamkeit erlangt, ,Verhandlung von Mutter-, Vater- und Elternschaft' und nach dem Alter der Opfer.

Die Entscheidung für den Zeitrahmen 2005 bis 2010 ist aufgrund der „diskur-siven Explosion" (Foucault 1983: 23) zum Phänomen der Kindstötung durch die Mutter gefallen (Kapitel 1). Aufgrund des thematischen Bezugs habe ich Aktendo-kumente ausgewählt, in denen soziale oder biologische Eltern der versuchten und/ oder tatsächlichen Kindstötung strafrechtlich angeklagt oder verurteilt worden sind.

Die Altersbegrenzung von 0- bis unter 3-jährige Opfer ist ein weiteres Krite-rium bei der Auswahl der vorliegenden Fälle. Dies ist insofern sinnvoll, weil insbe-sondere jüngere Kinder dem Risiko ausgesetzt sind, Opfer durch Gewalthandeln der eigenen Mütter und Väter zu werden (Höynck/Zähringer 2012). Dazu ist das Alter von null bis unter drei Jahren, in Deutschland eine Kleinkind-Phase, die gegenwärtig auf andere Weise thematisiert bzw. hierzulande psychologisiert und pädagogisiert wird, besser geeignet als das der 3- bis 6-Jährigen (Kindergarten) oder anderer Altersjahrgänge (siehe dazu u. a. Haug-Schnabel/Bensel 2010; Neuß 2011; Kasten 2013). Unter 3-Jährige werden in Deutschland als besonders schutzbedürf-tig angesehen aufgrund ihres Entwicklungsstadiums und werden häufig mit der Nähe zur Mutter in Verbindung gebracht.

Des Weiteren habe ich Akten aus einer deutschen Großstadt ausgewählt und drei Dokumentengruppen aus der Akte ausgewählt. Nervenärztliche sowie psychi-atrische Gutachten, Beschuldigten- und Zeugenvernehmungen bilden den Daten-korpus der Untersuchung.

Aktenzugang und Akteneinsicht

Der Aktenzugang wird über eine Staatsanwaltschaft in Deutschland ermöglicht. Die zuständige Staatsanwaltschaft verfolgt in erster Linie Straftaten.

Zu Beginn habe ich einen Antrag auf Aktenansicht gestellt, indem ich das vor-läufige Untersuchungsvorhaben beschrieben sowie eine Anonymisierung der Daten garantiert habe. Nach dem positiven Bescheid seitens der Staatsanwaltschaft wurde das Landeskriminalamt von der Staatsanwaltschaft um die Herausgabe des justizi-ellen Aktenzeichens aller Fälle der versuchten oder tatsächlichen Tötung eines unter dreijährigen Kindes in der Zeit von 1995 bis 2010 gebeten (Abschnitt 3.2). Durch die Auswahlkriterien habe ich letztlich alle Fälle herangezogen, in denen die Eltern der versuchten oder tatsächlichen Tötung ihres eigenen Kindes beschuldigt werden. Zwei Aspekte werden dabei im Anschluss an Höynck (2010a: 45-46; vgl. Bozankaya 2010: 69-71) berücksichtigt.

Zum ersten Punkt werden die polizeilich registrierten Fälle händisch recherchiert. Diese Recherche ist insofern aufwendig, als dass die (versuchten) Kindstötungsfälle nicht systematisch dokumentiert sind, sondern via Einzelrecherche des polizeilichen Kriminalamtes gesucht werden. Fehler bei der Suche der Akten sind möglich.

Dabei ist auch – in Bezug auf den zweiten Punkt – darauf hinzuweisen, dass sich meine Analyse ausschließlich auf Fälle bezieht, bei der die juristische Strafverfolgung im gesetzten Zeitrahmen abgeschlossen wurde. Nicht abgeschlossene Fälle sind mir nicht zugänglich. Das heißt, es sind nicht alle Fälle repräsentiert, die zu dieser Zeit tatsächlich im Hellfeld registriert worden sind, denn viele Fälle kommen auch erst Jahre später in die Öffentlichkeit oder werden gar nicht entdeckt. Auch fallen jene Fälle in den Zeitrahmen, in der die Tat einige Jahre länger zurückliegt und verurteilt ist. Dies gilt beispielsweise in einem mir vorliegenden Fall, bei dem Mona Stern, eine Mutter, 2008 wegen zweifacher Tötung ihrer eigenen Kinder im Jahr 1994 und 2008 verurteilt ist.

Die vorliegende qualitativ ausgerichtete Untersuchung geht davon aus, dass sich unterschiedliche Diskurspositionen der ‚guten Mutter' aus den Aktendokumenten bezogen auf die fünf Fälle herauslesen lassen. Die Akten, die den genannten Analysekriterien entsprechen, haben jeweils etwa einen Umfang von 1000 Seiten. Im Fall Mona Stern beträgt die Seitenzahl fast doppelt so viel, da sie der zweifachen Neugeborenentötung beschuldigt wird.

Datenkorpus und Fallbeschreibung

Vor dem Hintergrund der Auswahlkriterien handelt es sich um fünf Fälle, in denen Eltern der versuchten oder tatsächlichen Kindstötung beschuldigt werden, bei dem das Opfer zum Tatzeitpunkt unter drei Jahre alt gewesen ist. Die fünf Fälle werden in der vorliegenden Untersuchung bezogen auf die Beschuldigten der Tat(en) bestimmt. Die Bestimmung der Fälle nach den Beschuldigtennamen ist eine Variante der Darstellung. Möglich wäre auch die Bestimmung nach Opfern oder nach der Tat etwa. Die Kategorisierung nach Fallnamen bietet sich durch das Ordnungssystem der Strafakten selbst an, die fallbezogen nach den Namen der Beschuldigten abgehandelt sind. Die Fälle umfassen, wie in der Tabelle 2 abgebildet, den Fall 1 ‚Marion Müller'[93], den Fall 2 ‚Ruth Reichert', den Fall 3 ‚Raphael Meyer und Susanne Schröder', den Fall 4 ‚Mona Stern' und den Fall 5 ‚Lasse Lehmann'.[94]

---

93   Die Aktendaten sind anonymisiert.

94   Die Zitationen des Datenmaterials der Aktendokumente bei der Rekonstruktionsarbeit des Deutungsmusters der ‚guten Mutter' folgt der üblichen Zitationsweise der vorliegenden Arbeit. So

Fall	Deliktanklage	Zeugen-verneh-mung	Beschuldigten-vernehmung (Polizei, Richter)	psychiatrisches/nerven-ärztliches Gutachten
1. ‚Marion Müller'	Mitnahmesuizid, Misshandlung (Schütteln) ohne Todesfolge	2	Keine vorhanden	1 Fachärztin für Psychiatrie und Psychotherapie, psychiatrisches G.
2. ‚Ruth Reichert'	Misshandlung (Messerverletzung) ohne Todesfolge	13	4	1 Facharzt für Neurologie und Psychiatrie, psychiatrisches G.
3. ‚Raphael Meyer und Susanne Schröder'	Wiederholte Misshandlungen ohne Todesfolge		3 (2 von Herrn Meyer, 1 von Frau Schröder)	1 Facharzt für Psychiatrie und Psychotherapie über R. Meyer, psychiatrisches Gutachten
4. ‚Mona Stern'	Neugeborenentötung (Neonatizid) in zwei Fällen	37	4	1 Facharzt für Psychiatrie und Psychotherapie, psychiatrisches Gutachten
5. ‚Lasse Lehmann'	Misshandlung (Schütteln) mit Todesfolge	5	3	1 Facharzt für Neurologie und Psychiatrie, nervenärztliches Gutachten
		57	14	5

Tabelle 2: Auflistung der untersuchten Fälle und Dokumente[95]

---

wird nach den Autoren/Autorinnen bzw. Verfassern/Verfasserinnen des Dokuments der Titel des Dokuments genannt und abschließend die Seitenzahl (Autor/-in bzw. Verfasser/-in des Textes, Dokumenttyp über Name: Seitenzahl). Dabei werden Abkürzungen der Dokumententypen verwendet: PG steht für psychiatrisches Gutachten, NV für nervenärztliches Gutachten, ZV für Zeugenvernehmungen und BV für Beschuldigtenvernehmungen. Das richterliche Dokument „Im Namen des Volkes" wird als Urteil bezeichnet. Die zitierten Passagen aus den Aktendokumenten – Vernehmungen und Gutachten – werden nicht der gegenwärtigen neuen Rechtschreibung angepasst bzw. daraufhin korrigiert. Anzumerken gilt auch, dass in der vorliegenden Arbeit einfache Anführungszeichen dazu herangezogen werden, um meine eigenen Hervorhebungen zu unterstreichen. Doppelte Anführungszeichen sind ausschließlich Zitaten des Datenmaterials und/oder der Literatur- und anderer Quellen vorbehalten. Des Weiteren sei darauf hingewiesen, dass Deutungen bzw. Aussagen nicht personalisiert und individualisiert verstanden werden sollen, auch dann, wenn – aus Gründen der besseren Lesbarkeit – nicht ständig wiederholt wird, dass es sich um protokollierte Aussagen/Deutungen innerhalb eines bestehenden kulturellen Denkhorizonts handelt.

95 Die Benennung der Deliktanklagepunkte orientiert sich an der Systematik von Höynck (2010b: 32).

Diese fünf Fälle reichen vom erweiterten Suizidversuch über Schütteln des Kindes mit Todesfolge und Neugeborenentötung durch Ertränken hin zur schweren Körperverletzung und Misshandlung des Kindes. Dabei handelt es sich um vier Mütter (fünf Kinder als Opfer), die der versuchten oder tatsächlichen Tötung ihres Kindes beschuldigt werden und zwei Väter (zwei Kinder als Opfer) (Tabelle 2).[96] Besonderheiten sind, dass in dem Fall ‚Mona Stern' zwei Neugeborenentötungen verhandelt werden und es im Fall ‚Raphael Meyer und Susanne Schröder' zwei Beschuldigte und einen Verurteilten, Herrn Meyer, gibt. In diesem Fall, in dem es zwei Beschuldigte gibt, liegt eine gemeinsame Akte vor, die dann zu einem späteren Zeitpunkt zu zwei Akten(zeichen) entkoppelt wird. Allerdings wird dieser Fall im Rahmen meiner Untersuchung als ein Fall behandelt.[97]

In die Untersuchung einbezogen werden in Bezug auf die fünf Fälle wie in der Tabelle 2 abgebildet, 76 Dokumente. Diese Dokumente lassen sich Dokumentengruppen zuordnen. Die erste sind die Zeugenvernehmungen (57 Dokumente), die zweite die Beschuldigtenvernehmungen (14 Dokumente) und die dritte die psychiatrischen und nervenärztlichen Gutachten (5 Dokumente).

Dabei ist darauf hinzuweisen, dass es auch Fälle gibt, in denen bestimmte Dokumente gar nicht vorhanden sind. Beispielsweise gibt es im Fall ‚Marion Müller' keine Beschuldigtenvernehmung, da sie vom Aussageverweigerungsrecht Gebrauch gemacht hat. Eine weitere Besonderheit liegt bei den Gutachten der Sachverständigen vor. In den Fällen ‚Ruth Reichert' und ‚Lasse Lehmann' wird das Gutachten vom selben Facharzt Herrn Dr. Haller verfasst. Dieses ist insofern wichtig, weil vermutlich ähnliche Diskurspositionen der ‚guten Mutter' vorkommen werden, da sie vom selben Autor stammen.

Fallbeschreibung

Um die fünf Fälle im Rahmen der diskursanalytischen Aktenuntersuchung zu beschreiben (siehe Tabelle 2), stütze ich mich auf personen- und kontextbezogene Aktendaten. Die Fallbeschreibung wird gegeben, um das (Nicht-)Vorkommen von Aussagen in der empirischen Wirklichkeit zu kontextualisieren. Bei der Darstellung geht es insofern nicht um eine detaillierte Beschuldigten- und Tatrekonstruktion nach kriminologischen, strafrechtlichen und gerichtsmedizinischen Gesichtspunkten, sondern darum, einen Bezugspunkt zu geben, wer, wann und wie über welche Ereignisse spricht. Beispielsweise ist bei der Aussage, dass eine Mutter zu jung für ein Kind sei, interessant zu wissen, welches Alter die Mutter tatsächlich hat. Damit

---

96   Die zwei Väter und zwei Mütter sind verurteilt worden (Ruth Reichert und Mona Stern). Bei zwei weiteren Müttern wird das Verfahren eingestellt (Marion Müller und Susanne Schröder).

97   Die Anzahl der Aktenzeichen sagt entsprechend kaum etwas über die Zahl der tatsächlichen Kindstöter/-innen oder Opfer aus.

werden auch zentrale Zeugen/Zeuginnen und Experten/Expertinnen sowie Beschuldigte als soziale Akteure/Akteurinnen in den Akten verortet, um Personen damit namentlich und sozial in Kontexten zuordnen zu können. Erwähnenswert erscheinen ausgehend vom Datenmaterial neben der Taterzählung und dem Alter auch der sozio-ökonomische Status, der Beziehungsstatus sowie (Beziehungs-)Partner/-in(nen) der Beschuldigten.

Erster Fall ‚Marion Müller', erweiterter Suizidversuch/Misshandlung durch Schütteln (angeklagt wegen versuchten Totschlags mit gefährlicher Körperverletzung)

Verhandelt wird bei der 29-jährigen Marion Müller, deutsche Staatsangehörige, ein erweiterter Suizidversuch an ihrem knapp drei Monate alten Sohn Malte. Darüber hinaus werden im Rahmen der medizinischen Ermittlungen bei ihrem Sohn Hinweise für ein „Schütteltrauma" gefunden, die sich in den Verhandlungen nicht bestätigen. Statt eines Urteils liegt im Fall von Frau Müller eine richterliche Verfügung vor. In dieser Verfügung wird nach § 170 Abs. 2 Strafprozessordnung „wegen nicht ausgeschlossener Schuldunfähigkeit" das Verfahren eingestellt. Wahnhafte Depressionen zusammengesetzt aus unterschiedlichen psychischen Störungen kann dem „Eingangsmerkmal der krankhaften seelischen Störung des § 20 StGB [Strafgesetzbuch] zugeordnet werden". Die Steuerungsfähigkeit der Beschuldigten ist zum Tatzeitpunkt eingeschränkt gewesen und nicht die Einsichtsfähigkeit, heißt es weiter (§ 21 ist vorhanden und § 20 wird angenommen). Frau Müller sei mit ihrem Sohn aus dem Fenster ihrer Wohnung gesprungen. In der Verfügung heißt es, dass die Beschuldigte „den Entschluss fasste, sich und ihren [...] Sohn zu töten" (Staatsanwaltschaft, Verfügung Marion Müller: 2). Beide – Mutter und Kind – überleben die Tat mit schweren Verletzungen. Nach der Tat wolle die Beschuldigte wieder Verantwortung für ihren Sohn Malte übernehmen und das Kind zurückbekommen. Dies sei in einem langsamen Prozess begleitet durch Mitarbeiter/-innen des Jugendamtes angestrebt.

Malte, das Opfer, ist das gemeinsame Kind von Frau Müller und ihrem Ehemann Herrn Max Müller. Im Anschluss an die Geburt des Kindes sei sie in Elternzeit gegangen. Der Ehemann und Vater des Kindes hat seine Erwerbstätigkeit nicht unterbrochen. Sie plant im Anschluss, wieder in der Heimleitung als Soziologin zu arbeiten. Die Familie ist sozio-ökonomisch sehr gut situiert. Frau Müller nimmt – teilweise gemeinsam mit dem Vater des Kindes – unterschiedliche Beratungs- und Unterstützungsangebote wahr, da das Kind sehr viel schreien und sich nur schwer beruhigen lassen würde. Der Mann hat sich „wegen des Problems mit Malte" und den Angstzuständen seiner Frau zwei Wochen Urlaub von der Arbeit genommen (Fachärztin, PG über Marion Müller: 9). Mit dem Weggang der Mutter ins Krankenhaus aufgrund der Verletzungen im Zusammenhang mit der Tat übernimmt der Vater in der Hauptsache die Versorgung des Kindes. Das Kind besucht nach der Tat vormittags die Krippe. Das Jugendamt begleitet den Prozess der Wiedereingliederung der Mutter in die Familie. Die Auflagen des Jugendamtes sehen eine langsame Verantwortungsübernahme der Fürsorge durch die Mutter vor.

Die psychische Verfassung von Frau Müller kombiniert mit ihren zu hohen Selbstansprüchen als ‚gute Mutter' nehmen in den Dokumenten viel Raum ein. Dabei werden Diskursfragmente sichtbar, in denen angenommen wird, dass der Vater die Fürsorge für das Kind besser übernehme als die beschuldigte Mutter, die überfordert sei.

Zweiter Fall ‚Ruth Reichert', Kind mit Messer attackiert (angeklagt wegen versuchten Mordes)

Zur Verhandlung steht laut Urteil (Richter/-in, Urteil Ruth Reichert: 12), dass die 47-jährige Frau Reichert, deutsche Staatsangehörige, ihren jüngsten Sohn, den zweieinhalbjährigen Till mit einem Messer in die Brust gestochen habe. Das Urteil sieht eine Unterbringung in einer Entziehungsanstalt (§ 64 StGB) und eine Freiheitsstrafe von acht Jahren und sechs Monaten als tat- und schuldangemessen vor. Sie ist wegen „versuchten Mordes und zugleich der gefährlichen Körperverletzung" verurteilt worden. Die Tat muss laut Urteil im Zusammenhang mit der Alkoholsucht gesehen werden. Der Alkoholmissbrauch würde nach dem Sachverständigen, einem Facharzt für Neurologie und Psychiatrie, der das psychiatrische Gutachten verfasst hat, weitere Straftaten erwartbar werden lassen (Richter/-in, Urteil Ruth Reichert: 19).

Das Sorgerecht wird beiden Elternteilen nach der Tat entzogen und der Sohn lebt nach Aktenlage heute bei einer Pflegefamilie. Die Mutter, Tom und Till (Opfer) sind zu Hause, als die Tat passiert. Der ältere Sohn Tom wird durch einen Schrei seines kleinen Bruders alarmiert und als er sieht, dass sein kleiner Bruder verletzt ist, holt er Hilfe. Frau Reichert hat dem Sohn mit einem Messer die Verletzungen zugefügt. Sie selbst hat sich kurz nach der Verletzung des Sohnes auch eigene leichte Verletzungen mit dem Messer zugezogen. Sie und Till haben die Tat überlebt. Das Kind wird im Gegensatz zu ihr lebensbedrohlich verletzt.

Als Motiv für die Tat steht im Urteil (ebd.: 14), dass Frau Reichert aus „Wut und Verärgerung" heraus über einen missglückten Möbelverkauf und dem Verhalten von ihrem ältesten 19-jährigen Sohn Tom gewalttätig gehandelt habe.

Ruth Reichert arbeitet laut dem Urteil und dem nervenärztlichen Gutachten mit kurzen Unterbrechungen durch die Geburten der Kinder und durch den Verlust des Arbeitsplatzes kontinuierlich. Erst arbeitet sie in der kommunalen Verwaltung und dann besetzt sie unterschiedliche andere Stellen, begleitet von Umschulungen (bei der Gemeinde und in Kleinbetrieben, als Sachbearbeiterin, für Kleinbetriebe und bei einem großen Autokonzern). Später arbeitet sie als Imbissverkäuferin, als Kassiererin und als Reinigungskraft, unterbrochen von Arbeitslosigkeit. Frau Reichert hat drei Kinder von drei Vätern. Tom, 19 Jahre alt, Tim, 17 Jahre alt und Till (Opfer), etwas über zweieinhalb Jahre alt. Till ist der gemeinsame Sohn von der Beschuldigten und Wilfried Kassner. Dabei wird aus der Akte deutlich, dass sich parallel mit den Geburten der Kinder in ihrer Biografie beruflich ein Abstieg vollzogen hat. Wilfried Kassner, der Verlobte der Beschuldigten, ist in ihrer Beziehung der Ernährer. Da er prekär beschäftigt ist, kommt es dazu, dass sie zwei bis drei Monate im Jahr staatliche Unterstützungsleistung (Arbeitslosengeld) beziehen. In der Zeit, in der sie alleinerziehend ist und auch in den vorangegangenen Beziehungen mit den Vätern ihrer ersten beiden Kinder, hat sie durch ihre Erwerbstätigkeit in der Hauptsache für die finanzielle Sicherung der Familie gesorgt.

Tim, der zweitälteste Sohn, wird außerhäuslich betreut. Befürwortet von der Mutter besucht er ein Heim (Richter/-in, Urteil Ruth Reichert: 5). Bis zur Tat hat Frau Reichert mit den Söhnen Tom und Till (Opfer) und ihrem Verlobten Wilfried Kassner zusammen in einer Wohnung gelebt. Das Jugendamt betreut die Familie, was im Zusammenhang mit der Straffälligkeit von Tim und der Alkoholproblematik von Frau Reichert steht, die aus Sicht des Sozialbürgerhauses/Jugendamtes als Gefahr für das Wohl des Kindes Till (Opfer) gesehen wird. Termine mit den Kindern (Arzt/Ärztin, Abholung bei der Krippe etc.) nimmt in der Regel Frau Reichert wahr und in Ausnahmefällen auch Wilfried Kassner allein oder gemeinsam mit Frau Reichert. Frau Reichert wolle dem Gutachten nach im Anschluss an die Tat Till (Opfer) wieder zurückbekommen. Das Sorgerecht für Till wird beiden Elternteilen nach der Tat entzogen. Die familiäre Betreuung des gemeinsamen Kindes wird zwar seitens der Experten/Expertinnen als gut angesehen, aber gegen die Eltern würde neben der Alkoholproblematik der Mutter die Ablehnung von staatlichen (Erziehungs-)Hilfen sprechen.

Zentrale Themen in den Aussagen über Frau Reichert sind der Umgang mit Alkohol, (Fremd-)Betreuung und Unterstützung durch das Jugendamt sowie Gewalterfahrungen und Trennungen im Zusammenhang mit den (Ehe-)Männern. Des Weiteren wird die späte Mutterschaft problematisiert.

Dritter Fall ,Raphael Meyer und Susanne Schröder', schwere Misshandlungen (angeklagt wegen versuchten Totschlags, gefährlicher Körperverletzung und Misshandlung u. a.)

Der knapp 25-jährige Raphael Meyer und die zum damaligen Zeitpunkt fast 17-jährige Susanne Schröder, beide deutsche Staatsangehörige, sind beide u. a. des versuchten Totschlags an ihrem gemeinsamen und wenige Wochen alten Säugling Benedikt angeklagt.

Raphael Meyer wird basierend auf zwei Taten zu neun Jahren Haft verurteilt und es wird keine Entziehungsunterbringung nach § 64 angeordnet. So sei er schuldig des „versuchten Totschlags und zugleich der gefährlichen Körperverletzung und der Misshandlung Schutzbefohlener sowie der gefährlichen Körperverletzung und zugleich der Misshandlung Schutzbefohlener" (Richter/-in, Urteil Raphael Meyer: 3).

Bei Frau Schröder wird das Ermittlungsverfahren nach § 170 Abs. 2 Strafprozessordnung eingestellt. Die Verdächtigung, dass sie das Kind selbst oder das Kind gemeinsam mit ihrem Partner misshandelt oder bei den Misshandlungen durch ihren Partner „nicht eingegriffen" habe, konnte nicht nachgewiesen werden (Staatsanwaltschaft, Verfügung Susanne Schröder: 1). Der Beschuldigte Raphael Meyer hat die gesamte Schuld auf sich genommen und die Taten vor der Verlobten nach eigenen Angaben verheimlicht. Frau Schröder habe, wenn sie eine Verletzung wahrnahm, den Arzt aufgesucht, um das Kind versorgen zu lassen (ebd. 2). Nach der Tat wird Frau Schröder das Sorgerecht für den Sohn entzogen und das Kind Benedikt kommt ins Heim.

Die Ermittlungen kommen durch die Anzeige gegen Unbekannt von einem Kinderarzt, der der Ansicht ist, dass die Unfallschilderungen der Eltern bezüglich des Kindes Benedikt (Opfer) nicht mit den Verletzungen des Kindes zusammen passen, ins Rollen. Laut Urteil (Richter/-in, Urteil Raphael Meyer: 16) habe Raphael Meyer bezogen auf zwei Taten sein Kind unter anderem auf „brutalste Art und Weise misshandelt [...]". Dazu gehört Schlagen mit der Faust etwa in den Bauch und den Kopf, Schütteln, Druck gegen den Brustkorb und Einwirkung mit Gegenständen (Wand/Treppenhausgeländer) auf das Kind (ebd.). Die Folge sind schwere körperliche Verletzungen des Kindes wie Hirnblutung, Brüche sowie Hämatome u. a. (ebd.).

Die erste Tat habe Raphael Meyer nach dem Urteil verübt, als er mit dem Kind alleine im Zimmer ist und sich in der gemeinsamen Wohnung aufhält. Die zweite Tat hat er im Ärztetreppenhaus verübt, während seine Freundin laut Vernehmung den Arzt besucht habe. Nach dem Arztbesuch sieht Susanne Schröder durch die verrutschte Mütze am Kopf des Babys eine große Beule und macht ihren Verlobten darauf aufmerksam, dass etwas passiert sein müsste. Raphael Meyer erzählt, dass er das Kind „hopsen" lassen hat und dabei sei es „versehentlich gegen das Treppengeländer gefallen und habe sich dabei die Beule zugezogen". Nach Rat des Apothekers, den sie auf ihre Initiative hin aufsuchen, sind sie gemeinsam zum Krankenhaus gegangen, um das Kind behandeln zu lassen. Das Kind wird erst einen Tag zuvor wieder aus dem Krankenhaus, in dem es wegen Verletzungen (erste Tat) behandelt wird, entlassen und durch die Beschuldigten abgeholt. Der Arzt erstattet, wie eingangs erwähnt, Anzeige gegen Unbekannt.

Nach dem Urteil (ebd.: 10) handelt es sich um eine Tat, bei dem der Beschuldigte aus einer „gefühllosen gegen das Leiden seines Kindes gleichgültigen Gesinnung heraus [handelte] und (...) Benedikts Tod billigend in Kauf [nahm]" (diese Formulierung bezieht sich auf die erste Tat, aber findet sich in ähnlicher Weise auch bezogen auf die zweite Tat).

Raphael Meyer hat seine Tischlerlehre kurz vor Ende im Anschluss an seinen qualifizierenden Hauptschulabschluss abgebrochen. Zuletzt hat er im Restaurant gearbeitet und über einen guten sozio-ökonomischen Status verfügt (etwa 2000 Euro monatliches Nettoeinkommen) (ebd.: 4). Susanne Schröder, ebenfalls deutsche Staatsangehörige, besucht die Schule, die vergleichbar mit einem Gymnasium ist. Leistungsbezogen schneidet sie in der Schule sehr gut ab. Sie kommt aus einem bildungsnahen Haushalt. Bis in ihre Schwangerschaft hinein hat Susanne Schröder bei dem sorgeberechtigten Vater Dr. Helmuth Schröder gelebt, der immer wieder zu Gewaltausbrüchen ihr und ihren Geschwistern gegenüber neigen würde (Beschuldigtenvernehmungen). Raphael Meyer kommt aus einer mittelständischen kinderreichen Familie (acht Kinder haben die Eltern, Vater Reitlehrer und Mutter Hausfrau). Zu dritt – Susanne Schröder, Raphael Meyer und der wenige Wochen alte Sohn Benedikt – wohnen sie zu den Tatzeitpunkten in einer gemeinsamen Wohnung. In der Hauptsache ist Frau Schröder für die Sorgearbeit nach der Geburt des Kindes zuständig. Im Anschluss an die Geburt hat Herr Meyer Urlaub genommen, wobei der genaue Zeitpunkt aus den Akten nicht rekonstruiert werden kann. Beide haben sich nach ihren Angaben die Sorgearbeit wie z. B. nächtliches Füttern geteilt (Kriminalpolizist/-in, BV Susanne Schröder: 40), wobei Susanne Schröder die Hauptbezugsperson für das Kind gewesen sei.

Im Fall ‚Raphael Meyer und Susanne Schröder' wird wiederkehrend die frühe Mutterschaft problematisiert. Darüber hinaus wird der Vater der Frau Schröder bezogen auf dessen gewalttätige Handlungen stark in den Akten thematisiert.

Vierter Fall ‚Mona Stern', zwei Neugeborenentötungen durch Ertränken (angeklagt wegen Tötung und Kindstötung)

Die 38-jährige Frau Stern, deutsche Staatsangehörige, ist laut Urteil schuldig, zwei von ihren vier Kindern getötet zu haben. Sie ist verurteilt wegen der Kindstötung und des Totschlags an ihren beiden Neugeborenen Margareta 1994 und Lukas 2008 unmittelbar nach der Geburt. Sie wird zu einer Gesamtfreiheitsstrafe von zehn Jahren verurteilt. Für den Totschlag 2008 hat sie, damals 38 Jahre alt, acht Jahre und sechs Monate bekommen und für die Kindstötung, die sie mit 23 Jahren begangen hat, fünf Jahre. Das Strafmaß bei der Neugeborenentötung 1994 fällt wesentlich geringer aus, da nach dem Kindstötungsparagrafen 217 geurteilt wird. Der Paragraf ist seit 1998 nicht mehr gültig, kann aber für Fälle, die vor 1998 passiert sind, angewendet werden. Der Paragraf sieht vor, dass Mütter, die ihr uneheliches Kind während oder unmittelbar nach der Geburt töten, im Strafmaß privilegiert werden.

Zu den zwei Neugeborenentötungen laut Urteil: Frau Stern ist bei Verwandten zu Besuch und lässt sich nach Hause fahren, um das Kind zu gebären. Die Geburt verheimlicht sie und Frau Stern gebärt das Kind 1994 in die Toilette, wo sie es im Wasser ertrinken lässt (Richter/-in, Urteil Mona Stern: 11). Als das Kind tot ist, legt sie es in einer Plastiktüte in einen Müllcontainer (ebd.).

Bei Familienangehörigen erzählt sie von der Geburt und dass sie sich entschieden habe, das Kind Margareta zur Adoption freizugeben. Die neuen Eltern hätten Margareta abgeholt. Motive, das Kind nicht zu wollen, werden in der Angst vor der Reaktion des Partners Klaus Klee, mit dem Mona Stern dann die gemeinsame Tochter Janina bekommt, gesehen und darin, dass ein ‚fremdes' Kind von Lorenz Schubert unpassend für eine neue Beziehung sei. Des Weiteren wird als Motiv geschildert, dass sie nicht wieder um Unterstützungsleistungen von den Verwandten bitten wollte.

2008 wird Frau Stern erneut ungewollt schwanger von ihrem damals 19-jährigen Lebensgefährten Hugo Heinrich. Als Motiv, das Kind zu töten, wird im Gutachten die finanzielle und familiäre Situation genannt, die noch „schlimmer sei" als bereits zuvor. Zu dieser Zeit wird Frau Stern durch die Familienhilfe betreut. Die Angehörige der Familienhilfe und sie sprechen auch über die Schwangerschaft. Frau Stern erzählt später der Frau Manschenberger von der Familienhilfe, wie aber auch anderen, denen sie die Schwangerschaft nicht verheimlichte, dass sie vermeintlich an Krebs leide und eine Chemotherapie durchführen ließe und starke Medikamente einnehmen müsse, weshalb sie das Kind abtreiben ließe.

An dem besagten Tattag 2008 befindet sich die Beschuldigte mit der achtjährigen Tochter Janina in der Wohnung. Während Janina spielt und zwischenzeitlich an der Badezimmertür anklopft, habe sie im Badezimmer das Kind Lukas geboren. Sie habe die Badewanne volllaufen und das Kind im Wasser ertrinken lassen.

Nach der Tat holt sie das Neugeborene mit einer Plastiktüte aus dem Wasser und legt die Plastiktüte auf den Balkon. Bei einer Aufräumaktion von ihren Kindern bzw. jugendlichen Freunden der Familie wird das Kind auf dem Balkon entdeckt. Frau Stern täuscht ein Telefongespräch mit der Polizei vor und schafft es, dass die Personen wieder das Haus verlassen. Danach habe sie das Kind in den Schrank im Wohnzimmer gelegt.

Mona Stern ist Einzelhandelskauffrau. Sie ist mit Unterbrechung immer wieder im Einzelhandel tätig und zuletzt ist sie arbeitslos. Sie lebt von Unterstützungsleistungen des Staates und der Familienangehörigen (Partner, Verwandte). Erwerbsfähig ist sie mit größeren Unterbrechungen. Zwei ihrer Kinder leben und zwei sind getötet worden. Der erste Sohn Julian Stern, mit dessen Vater Carl Stern sie verheiratet war, ist zum letzten Tatzeitpunkt 19 Jahre alt und die Tochter Janina, deren Vater Klaus Klee ist, ist zum Tatzeitpunkt 8 Jahre alt. Klaus Klee und Frau Stern sind neun Jahre liiert. Frau Stern ist die Hauptbezugsperson für die Kinder. Im biografischen Rückblick werden die Väter im Anschluss an die Geburten mehrheitlich als Ernährer beschrieben, während sie zu Hause bleibt und die Sorge der Kinder übernimmt. Sie wohnt mit ihren zwei Kindern in einer WG-ähnlichen Lebensform. Den WG-Mitbewohnern/-bewohnerinnen[98] wird die Betreuung der achtjährigen Janina öfter übertragen. Übertragen wird auch die Betreuung von Julian an die Verwandten – Wilfriede Manschenberger und Emil Weißkind für etwa drei Jahre, erst für drei Tage die Woche und schließlich die ganze Zeit, wie aus dem Urteil hervorgeht. Mona Stern kommt hin und wieder zu Besuch.

Themen, die in diesem Fall zentral verhandelt werden, sind Vernachlässigung der Kinder und des Partners, häufiger Partnerwechsel sowie die finanzielle und berufliche Situation. Auch wird soziale und biologische Elternschaft thematisiert.

Fünfter Fall ‚Lasse Lehmann‘, Misshandlung durch Schütteln (angeklagt wegen Körperverletzung mit Todesfolge)

Der 46-jährige Angeklagte Herr Lehmann, deutscher Staatsangehöriger, ist nach § 227 „Körperverletzung mit Todesfolge" an seiner Zwillingstocher Lotta (zweite Ehe) nach Abs. 1 StGB zu fünf Jahren Freiheitsstrafe verurteilt worden. Der Beschuldigte wird als „zum Tatzeitpunkt in vollem Umfang schuldfähig" verstanden.

In der Tatnacht hat Lasse Lehmann eine der fünfeinhalb Monate alten Zwillingsmädchen geschüttelt, sodass sie an den Folgen gestorben ist (Richter/-in, Urteil Lasse Lehmann: 10). Herr Lehmann sei in den frühen Morgenstunden von einem seiner Zwillinge geweckt worden. Er füttert beide Mädchen. Das spätere Tatopfer Lotta fängt an zu weinen und ist unruhig, wie es im Urteil heißt, daraufhin schüttelt er das Kind drei- bis viermal ruckartig, ohne den Kopf zu stabilisieren. Das Kind verliert das Bewusstsein und stirbt infolge des Schütteltraumas „an Atmungs- und Herz-Kreislaufversagen infolge massiven Hirndrucks aufgrund Hirnblutung" (ebd.: 9). Der Vater des Kindes unternimmt sofort Rettungsversuche: Er weckt die Ehefrau/Mutter der Kinder und übt selbst erste Hilfe aus, allerdings vergeblich. Das Kind ist wenige Stunden später im Krankenhaus gestorben. Erst durch eine Untersuchung im Krankenhaus zeigt sich, dass das Kind nicht eines „natürlichen" Todes gestorben ist. Der Beschuldigte hat im Laufe der Vernehmungen die Tat gestanden.

Als Motiv wird im Urteil festgehalten, dass der Beschuldigte, der unter Schlafmangel leiden würde, „aus einer momentanen Verärgerung heraus" handelt. Die Verärgerung resultiert daraus, dass Herr Lehmann sein Kind durch unterschiedliche Fürsorgemaßnahmen, wie auf dem Arm tragen, nicht beruhigen konn-

---

98 Gewohnt haben dort die Frau Stern mit ihren Kindern Janina (8 Jahre) und Julian (19 Jahre), dem Sohn von dem Exmann, seine Freundin und zeitweise andere WG-Mitbewohner. Ansonsten lebten noch der Hund und einige Kleintiere dort. Dazu kamen noch die Lebensabschnittsgefährten.

te. Herr Lehmann „war ungeduldig und frustriert", wie es im Urteil heißt. Seine Tat wird als eingeschränkt bewusst erzählt: „Dabei kannte er zwar grundsätzlich die Lebensgefährlichkeit seines Tuns, infolge seines spontanen und impulshaften Handelns nahm er den Tod des Kindes aber nicht in Kauf" (ebd.: 8). Herr Lehmann, so das Urteil, „wollte in dieser Situation seine Tochter misshandeln, um sie zu disziplinieren" (ebd.: 10).

Lasse Lehmann ist der leibliche Vater von fünf Kindern, die von drei Frauen geboren werden. Sozio-ökonomisch ist er überdurchschnittlich situiert und arbeitet als Investmentberater.

Sein erstes Kind Maya bekommt er mit Ute Ulrich, das zweite Kind Oskar und das dritte Kind Charlotte mit seiner ersten Ehefrau Larissa Lehmann und das vierte und fünfte Kind – die Zwillinge Lotta und Marie – mit seiner zweiten Ehefrau Pauline Lehmann. Larissa Lehmann ist ungeplant im Urlaub von einem anderen Mann schwanger geworden und hat sich für eine Abtreibung entschieden.

Herr Lehmann, der fast durchgängig voll berufstätig ist, hat mit seinen Kindern aus den vorigen Beziehungen unregelmäßigen bis kaum vorhandenen Kontakt. Nachts übernimmt er in der letzten Beziehung mit seiner zweiten Ehefrau regelmäßig die Versorgung der Kinder (Wickeln, Wäschewaschen u. a.). In diesem Zusammenhang steht die Tötung des einen Zwillings.

Mit Blick auf die Akte zeigt sich, dass im Fall ‚Lasse Lehmann' insbesondere seine starke Beteiligung bei Re- und Produktionsaufgaben vor dem Hintergrund seiner zu hohen Selbstansprüche thematisiert wird (vgl. Marion Müller). Daneben finden sich viele Sequenzen, die von dem nicht leiblichen Ungeborenen innerhalb seiner Paarbeziehung handeln und legitimieren, dass seine Kinder nicht aus einer, sondern aus unterschiedlichen Paarbeziehungen hervorgegangen sind.

3.3 Deutungsmuster auswerten

Die diskurstheoretische Konzeption des Deutungsmusters in Form der ‚guten Mutter' steht im Mittelpunkt des Auswertungsprozesses der Aktendokumente. „Deutungsmuster" ist ein analytisches Instrumentarium, um Mutterschafts- und Weiblichkeitsdiskurse ausgehend vom Aktenmaterial zu erschließen. Denn Bedeutungen in den Diskursen liegen nicht „als lose, unzusammenhängende Zeichenpartikel vor, sondern in strukturierten Formen, als vortypisierte und im Rekonstruktionsprozess aus der Beobachtungsperspektive wiederum typisierbare Bestandteile kollektiver Wissensvorräte" (Keller 2007b: 93-94; siehe auch 2009: 46). Ein Deutungsmuster, als das die ‚gute Mutter' verstanden wird, steht für kulturelle anschlussfähige Kommunikations- und Deutungsangebote, die nicht aus dem Raster des Intelligiblen fallen und raum-zeitlich variieren. In diesem Sinne verstehe ich ein Deutungsmuster als kollektives Sinn-Selbstverständnis. Es ist folglich ein sozial verobjektiviertes Interpretationsschema, das die Ordnung des Wahren strukturiert und organisiert. Das bedeutet, dass das Deutungsmuster der ‚guten Mutter' innerhalb der Wissenstypen nicht den Deutenden selbst entspringt, sondern auf bereits vorhandene kollektiv und kulturell erzeugte Wissensvorräte verweist (vgl. Abschnitt 3.1 und 3.3). Deutungsmuster sind damit als Interpretationsschablonen zu verstehen, die Denkhorizonte der sozialen Akteure/Akteurinnen in Abhängigkeit von Kontexten charakterisieren. Die Deutungsmuster innerhalb der Empirie der ‚guten Mutter' – verstanden als Subjektposition(en) – kon- und divergieren durchaus. Das Deutungsmuster der ‚guten Mutter' ist in der vorliegenden Untersuchung sowohl in der Feinanalyse der „interpretativen Analytik" (Dreyfus/Rabinow 1994: 23) von Bedeutung als auch in der Grobanalyse, um rekonstruktiv zum Gesamtdiskurs über Mutterschaft im Zusammenhang mit Geschlecht zu gelangen (Keller 2007b: 109-110).

Bezogen auf die Feinanalyse der Aktendokumente wird danach gefragt, welche Positionen der ‚guten Mutter' erscheinen und durch welches Deutungsmuster die Position legitimiert, gerechtfertigt oder begründet wird.

Das Deutungsmuster der ‚guten Mutter' habe ich ausgehend von unterschiedlichen Daten-Materialvariationen rekonstruiert. Dies sind insbesondere:

1. Deutungen über die gescheiterte Mutter, die den normativen Anforderungen einer ‚guten Mutter' nicht entsprechen würde. Aus diesem Kontrast habe ich die Norm der ‚guten Mutter' rekonstruiert.
2. Auslegungen der ‚guten Mutter', die ich unmittelbar übernehmen kann, da die gedeutete Beschuldigte den normativen Ansprüchen in jeder Hinsicht oder teilweise entsprechen würde.
3. Die Negativfolie der Deutungen über den ‚guten Vater', über die ich die ‚gute Mutter' inhaltlich bestimmen kann.
4. Der gedeutete ‚gute Vater' als Referenzpunkt, um die Position(en) und deren Legitimierungen mit denen der ‚guten Mutter' zu vergleichen.

Im Rahmen der Grobanalyse werden die unterschiedlichen zeitgenössischen Deutungsmuster der ‚guten Mutter' unter Berücksichtigung vorhandener Forschungsergebnisse im Feld diskutiert. Somit geht es um die systematische Herausbildung derjenigen Aussagen, die im Anschluss an die Analyse „über die Gehalte, Funktionsweisen und Wirkungen eines Diskurses" informieren (Keller 2007b: 92). Dabei werden die Untersuchungsgrößen der „sprachlich-formale[n] Struktur"[99]

---

99 Dieses Textanalyseverfahren nach Keller bezieht sich auf die analytische Fokussierung der *formalen Struktur* einer Aussage" (Keller 2007b: 96). Was sind es für Eigenschaften, die das Dokument auszeichnen hinsichtlich seiner Textgattung, seines Aufbaus, seiner rhetorischen Aufbereitungen, seiner Gestaltung (Bilder etc.)?

und der „Situiertheit und Materialität einer Aussage" während der Analyse stets berücksichtigt, stehen aber nicht im Mittelpunkt der Analyse (vgl. ebd.: 95-97). Es geht auch darum, bei der Analyse die einzelnen Dokumente des Datenkorpus in ihren „sozialen Zusammenhängen" zu kontextualisieren (ebd.: 96).

Arbeitsschritte

Die forschungspraktisch durchgeführten Arbeitsschritte stelle ich im Folgenden vor, um die normativen Verhandlungen der ‚guten Mutter' hinsichtlich des diskursiven Mutterschafts- und Weiblichkeitswissens am Schnittpunkt des Kriminalitätswissens in der Akte über das Deutungsmuster zu erschließen (vgl. Abschnitt 3.1). Dabei interessiert, inwiefern die Ergebnisse auf eine dynamisierte Geschlechterordnung verweisen, was ich nachfolgend vorstelle. Angewendet werden Analysewerkzeuge der Grounded Theory nach Strauss und Corbin (Strauss/Corbin 1996; Strauss 1991) bezogen auf das offene, selektive und axiale Codieren, einigen Codierregeln und Memoschreiben sowie Strategien der minimalen und maximalen Kontrastierung. Zur Anwendung kommt auch eine sequenzanalytische Vorgehensweise bei der „interpretativen Analytik" (Dreyfus/Rabinow 1994) im Rahmen der wissenssoziologisch-diskursanalytischen Vorgehensweise (Keller 2007a: 79-80). Die forschungspraktischen Arbeitsschritte der vorliegenden qualitativen Untersuchung orientieren sich im Kellerschen Sinne an der Fein- und Grobanalyse. Dabei geht es vor allem um die interpretative Erschließung des Deutungsmusters der ‚guten Mutter' basierend auf den Zeugen- und Beschuldigtenvernehmungen sowie nervenärztlichen/psychiatrischen Gutachten und darum, einzelne Diskursfragmente herauszuarbeiten. Diese werden thematisch-fallbezogen rekonstruiert und fallübergreifend zusammengefasst. Ziel ist, von den einzelnen Diskursfragmenten zu einem Gesamtdiskurs, der vor dem Hintergrund einer möglichen dynamisierten Geschlechterordnung diskutiert werden soll, zu kommen (vgl. Abschnitt 3.1). Dabei muss berücksichtigt werden, dass die Arbeit kein linearer Prozess ist, sondern eher als zirkulär zu beschreiben ist, da zwischen den einzelnen Arbeitsschritten immer wieder hin und her gesprungen wird (Strauss 1991: 46). Die Darstellung der Arbeitsschritte wird systematisch nach Inhalt und den eingesetzten Analysestrategien strukturiert.

Arbeitsschritt der Orientierung, Konkretisierung der Fragestellung und Dokumentenauswahl

Alle Aktendokumente der Fälle, in denen die Eltern wegen versuchter oder tatsächlicher Tötung des Kindes angeklagt werden und die im Zeitraum 2005 bis

2010 abgeschlossen sind, werden gesichtet und beschrieben, um einen ersten Eindruck vom Datenmaterial bzw. des zu analysierenden Phänomens zu erhalten. Die Gutachten der Fachärzte/-ärztinnen für Psychiatrie und Neurologie sowie die Zeugen- und Beschuldigtenvernehmungen habe ich als Datenmaterial ausgewählt, da sie sehr viel hergeben für meinen Forschungsgegenstand der normativen Verhandlung der ‚guten Mutter‘. Aus dieser wiederholten Sichtung der Aktendokumente wird deutlich, dass es vor allem um das diskursive Wissen der Experten/ Expertinnen, Beschuldigten und Zeugen/Zeuginnen geht. Die explizite Fragestellung entwickelt sich demnach aus dem Material und wird dem Material nicht vorangestellt. Neben der Sichtung und der Rekonstruktion des Falles geht es auch darum, alles Wichtige von Einfällen, Hypothesen, Annahmen, Ungereimtheiten bis hin zu Fragen in Memo-Form zu notieren (Strauss/Corbin 1991: 76).

Arbeitsschritt des (vorläufigen) Codierens, Eingrenzung der gegenstandsbildenden Themen bei der Auswertung

Mit größtmöglicher Offenheit bin ich von der dieser Arbeit zugrundeliegenden methodologischen und theoretischen Konzeptionalisierung der ‚guten Mutter‘ als angemessene Fürsorgegeberin gegenüber ihrem Kind und anderen als mehrdimensionale Persönlichkeit ausgegangen (Abschnitt 3.1). Nach den Codierregeln (Strauss 1991: 122-123) bin ich der Frage nachgegangen, was mir auf der Ebene der Kellerschen Kategorien („interpretative Analytik"; Dreyfus/Rabinow 1994), „Formale und sprachlich-rhetorische Struktur" sowie „Situiertheit und Materialität einer Aussage") im Hinblick auf die Deutungsweisen der Tat, der Beschuldigten, das soziale Umfeld auffällt (Keller 2007b: 95-97). Dabei spielt das Verfahren des „offenen" (Strauss/Corbin 1996: 47-51, 76, 81, 169, 176) und „axialen Kodieren[s]" (ebd.: 75, 92, 156-157, 180, 182) eine Rolle: Im Sinne des offenen Codierens[100] habe ich Textpassagen zu Codes zugeordnet und dabei auch untersucht, welche neuen Codes zu den von mir gesetzten vorkommen. Durch das Vergleichen von Textpassagen nach dem axialen Codieren habe ich das Beziehungsnetz zwischen den Kategorien[101] beschrieben. Auch bei diesem Vorgang begleitet mich das Schreiben von Memos, in denen ich auf differenzierte Weise

---

100 Das offene Codieren war allerdings u. a. insofern eingeschränkt, als dass ich bereits vor der Analyse festgelegt habe, dass ich ausschließlich Sequenzen zu Mutter-, Vater- und Elternschaft hinsichtlich der normativen Verhandlung der ‚guten Mutter‘ fokussiere.

101 Eine Kategorie dient zusammengefasst einerseits „der Identifizierung von Aspekten des Untersuchungsgegenstandes (was ist ‚es‘?) und andererseits der Unterscheidung (was ist ‚es‘ im Unterschied zu anderen Kategorien?)" (Waldschmidt/Klein et al. 2008: 140, vgl. auch Strauss/Corbin 1996: 44). Eine Kategorie ist folglich eine „Klassifikation von Konzepten" (Strauss/Corbin 1996: 43), die aus dem Denkprozess der Forscherin und vor allem aus dem empirischen Material hervorgebracht wird (ebd.).

zwischen Zufälligkeiten, Annahmen, Hypothesen, Fragen, Vermutungen etc. mein zu analysierendes Phänomen protokolliert habe.

Alle Sequenzen, die Mutter-, Vater- und/oder Elternschaft thematisieren und direkt oder indirekt über normative Verhandlung der ‚guten Mutter‘ informieren, werden im Sinne der Grounded Theory konzeptionalisiert und memoriert. Die Konzepte habe ich im Rückgriff auf Begrifflichkeiten bzw. Bezeichnungen aus der Wissenschaft und aus dem Material selbst entwickelt, um damit Ereignisse, Situationen, Wörter zu beschreiben.

Beim Codieren habe ich nach den gedeuteten Fürsorgebeziehungen im Aktenmaterial gefragt. Das heißt, dass ich das Material hinsichtlich der gedeuteten Beziehungen der Mutter zu sich selbst oder Dritten – Beziehung zu den Kinder, zu dem Vater, zu den WG-Mitbewohnern/-bewohnerinnen, zum Jugendamt etc. – ausgewertet habe.

Inhaltlich hat mir diese Systematik weitergeholfen (siehe Ergebnisse), allerdings scheint es nicht sinnvoll, bei der Darstellung der Ergebnisse diese Systematik zu übernehmen, da sehr viele Sequenzen wiederholt vorkommen, da die Fürsorgebeziehungen oft nicht isoliert gedeutet werden, sondern ineinandergreifend erscheinen. Zudem hätte ich nach dieser Vorgehensweise der Besonderheit der Fälle nicht angemessen Rechnung tragen können. Deshalb habe ich mich für eine themen- und fallbezogene Darstellung der Ergebnisse entschieden.

Die Themenvielfalt, die sich aus den Akten ergibt, ist immens. Für meine Fragestellung, die von der theoretischen Konzeptionalisierung ausgeht, haben sich drei Kategorien herauskristallisiert. Diese Kategorien lassen sich als Sorgebereiche fassen: „Sorge um die Entscheidung für oder gegen ein Kind", „Sorge um die Ernährung des Kindes", „Sorge um die Hausarbeit" (Kapitel 4).

Arbeitsschritt des Codierens kombiniert mit sequenzanalytischen Anteilen bei der Interpretation und dem Einsatz von Analysekategorien

Innerhalb der thematischen Gruppierungen habe ich nach den Positionen und den in den Legitimierungsstrategien eingelagerten Deutungsmustern der sozialen Akteure/Akteurinnen – Beschuldigte, Zeugen/Zeuginnen und Experten/Expertinnen – im Aktenwissen gefragt. Dies ermöglicht mir, die Deutungsmuster der ‚guten Mutter‘ zu rekonstruieren. Bei diesem Analyseschritt habe ich weitere Daten unter Einbeziehung der Memos aus meinem Datenkorpus ausgewählt, in Beziehung gesetzt und je nach Relevanz für die Arbeit vertieft sequenzanalytisch interpretiert. Die Einzelergebnisse der Feinanalyse, die wiederholt stattfindet, werden festgehalten. Dabei kommt weniger das offene als das axiale und selektive Codieren zum Einsatz (Strauss/Corbin 1996: 94-95, 100-101, 106). Hier wird zwischen drei Analysekategorien unterschieden: einerseits im Hinblick auf die inhaltliche Ebene (wie wird die ‚gute Mutter‘ dargestellt), andererseits mit Blick auf die formale

Systematik (wann wird wer auf welche Weise als was gedeutet – die diskursive Regelmäßigkeit einer Äußerung).

Von der Feinanalyse zum Diskurs

Die Daten der Fälle werden in einem weiteren Schritt fallübergreifend bezüglich der Deutungsmuster zur ‚guten Mutter' differenziert. Sie beziehen sich auch auf sprachlich-formale und kontextuelle Verhältnisse der Aussagen (was, wie und wann) und werden im Rahmen der Grobanalyse zusammengeführt, um zu einem Gesamtdiskurs zu kommen (Keller 2007: 109-110). Um Rückschlüsse über die dynamisierte Konstruktion von Mutterschaft zu erhalten, steht am Schluss der Arbeit die Frage, wofür die Krisenerzählung im Feld des Strafrechts stehen könnte. Steht sie tendenziell für eine De- und/oder Restabilisierung der Geschlechterordnung? Diese Fragestellung soll mir ermöglichen, meine Ergebnisse im Lichte historischer Dynamisierungen zur gedeuteten ‚guten Mutter' zu diskutieren und damit sozialen Wandel mitzudenken.

Der Antrieb, die Auswertung um die Subjektpositionen über das Deutungsmuster der ‚guten Mutter' in ihrer Vielfältigkeit im Beschuldigten-, Zeugen-/Zeuginnen- und Experten-/Expertinnenwissen zu rekonstruieren, ist für mich die Frage über das Mittel der minimalen und maximalen Kontrastierung von Aussageinhalten, begleitet vom Memoschreiben. Dies, um nahe beieinanderliegende und weit entfernte Positionen der Deutenden und ihre Legitimationsstrategien im sozialen Kontext einzufangen. So wird über die Bandbreite unterschiedlichster Positionen das Deutungsmuster der ‚guten Mutter' rekonstruierbar. Begleitet wird dieses wie auch das gesamte Vorgehen durch das Verfassen von Memos unterschiedlichster Art, vor allem aber der Memo-Form der „theoretischen Notizen" (ebd.: 187).

Dabei geht es einerseits darum, Unklarheiten durch offene Fragen aus dem Material mit dem Material zu begegnen und andererseits geht es darum, möglichst offen zu sein für neue Fragen, die sich aus dem Material stellen. Als ich keine weiteren Fragen bei dem ausgewählten Datenmaterial mehr hatte bzw. kein Material, was mir auf meine Fragen antworten konnte, um möglichst viele unterschiedliche (ähnliche, aber auch entgegengerichtete) Aussageinhalte zu erhalten, habe ich den Arbeitsprozess im Sinne des Gütekriteriums der „theoretische Sättigung" (Strauss 1991: 21, 23) beendet.

3.4 Zusammenfassung

Kindstötung bzw. Gewalt ist ein Phänomen, das in seiner diskursiven Verfasstheit über die normative Verhandlung von Mutterschaft (auch Vater- und Elternschaft), Geschlecht und Sorge – als relationale Kategorie – informiert. So ist die leitende

Annahme, dass sich anhand der Akten zu Fällen von Kindstötung die zeitgenössische (Re-)Konstruktion von Mutterschaft im Feld des Strafrechts identifizieren lässt. Darüber hinaus werden die Ergebnisse in einem breiteren Rahmen danach ergründet, inwiefern die Bandbreite an Subjektpositionen der ‚guten Mutter' eher auf eine De- und/oder Restabilisierung der Geschlechterordnung verweist (Abschnitt 1.3, 2.2, 5.2 und Kapitel 6). Diskursanalytisch-performativ wird Mutterschaft als durch Diskurse hervorgebracht verstanden, die erweitert mit wissenssoziologischen Überlegungen feldspezifischen Relevanzsetzungen des Wissenswerten in den Akten folgt. In der Konsequenz wird davon ausgegangen, dass es sich um eine besondere Variante des diskursiven Mutterschafts- und Geschlechterwissens in Form des Aktenwissens handelt, die nicht auf andere Felder des Sozialen übertragbar ist, wie Medien- oder Alltags- und Erfahrungswissen.

Mutterschaft und Geschlecht werden als diskursiv-performatives Phänomen begriffen, das sich in den Akten – dem Ort der Konstruktion – in der normativen Verhandlung der ‚guten Mutter' am Beispiel der ‚schlechten Eltern' über den Prozess des normativen Scheiterns rekonstruieren lässt. Es wird davon ausgegangen, dass Mütter, Väter und Eltern, die gewalt(tät)ig an der normativen Anforderung, Fürsorge zu geben, gescheitert sind – ‚schlechte Eltern' werden im Gegensatz anhand der Deutungen über diese Personen im kollektiven Selbstverständnis zur ‚guten Mutter' identifiziert.

Bei der Rekonstruktionsarbeit der normativen Verhandlung der ‚guten Mutter' als Subjektposition wird die Mutter/Frau dann als ‚gut' verstanden (parallel dazu der Vater und die Eltern, die als Vergleichsfolie dienen), wenn sie ausgehend vom Material den ihr zugeschriebenen Fürsorgeanforderungen gerecht wird. Andere mögliche (un-)sichtbare Fürsorgegeber/-innen werden – einem relationalen Verständnis von Mutterschaft und Geschlecht folgend – bei der Analyse mitgedacht.

Für diese Problemstellung wird die vorliegende Untersuchung auf einer diskursanalytischen Aktenuntersuchung durchgeführt. Fünf Fälle, in denen Eltern wegen versuchter oder tatsächlicher Tötung angeklagt sind, dienen als Datenmaterial. Im Fokus steht das Deutungsmuster der ‚guten Mutter' als kollektives Selbstverständnis („interpretative Analytik" Dreyfus/Rabinow 1994). Die sprachlich-rhetorischen und kontextuellen Bedingungen werden nur insofern in der Analyse maßgebend, als dass sie für das Deutungsmuster bedeutend sind. Charakteristisch für die vorliegende Analyse ist, dass die Aussagen in den Aktendokumenten danach beurteilt werden, auf welche Diskurse sie verweisen bzw. welche Diskurssplitter in den Aussagen aktualisiert werden, um am Ende nach einer möglichen De- und/oder Restabilisierung der Geschlechterordnung zu fragen, wobei die Bandbreite der Subjektpositionen historischer Forschungserkenntnisse berücksichtigt wird (Kapitel 3).

Die Darstellung der Ergebnisse erfolgt fallbezogen-thematisch, um dem komplexen Datenmaterial der Aktendokumente – psychiatrische/nervenärztliche Gutachten, Zeugen- und Beschuldigtenvernehmungen – gerecht zu werden. Dieser eigenständige Dokumententypus des Datenmaterials erfordert, dass den Produktionsbedingungen bzw. den Kontexten, die in den Akten erscheinen, angemessen Rechnung getragen wird. Bezogen auf den Aussagewert wird aufgezeigt, dass ausschließlich etwas über die normative Aktenwirklichkeit entlang der protokollierten ‚guten Mütter‘ in der vorliegenden Untersuchung gesagt werden kann.

4 Rekonstruktion der protokollierten ‚guten Mutter' in den Akten

Im Folgenden wird die protokollierte ‚gute Mutter', wie sie in der Akte dargestellt wird, rekonstruiert. Dies geschieht, indem das Deutungsmuster der ‚guten Mutter' in den normativen Verhandlungen über Väter, Mütter und Eltern, die der tatsächlichen oder versuchten Kindstötung beschuldigt sind, analysiert wird (siehe Abschnitt 3.1). Die empirische Grundlage stellen fünf Fälle bezogen auf ihre Beschuldigten- und Zeugenvernehmungen sowie psychiatrische und nerven-ärztliche Gutachten aus den Akten der Staatsanwaltschaft dar (Abschnitt 3.2).

Das Auswertungskapitel gliedert sich in vier Abschnitte: In den ersten drei Abschnitten werden basierend auf der Empirie die Sorgebereiche „Sorge um die Entscheidung für oder gegen ein Kind" (Abschnitt 4.1), „Sorge um die Ernährung" (Abschnitt 4.2) und „Sorge um die Hausarbeit" (Abschnitt 4.3) dargestellt. Die thematisch-fallbezogenen Darstellungen zum Deutungsmuster der ‚guten Mutter' werden im letzten Abschnitt (4.4) fallübergreifend zusammengefasst.

4.1 Sorge um die Entscheidung für oder gegen ein Kind

Im Folgenden wird die ‚gute Mutter' im Aktenwissen auf Basis der Sorge der Mutter aber auch des Vaters und/oder der Eltern, die normativ verhandelt wird, um die angemessene Entscheidung für oder gegen ein Kind rekonstruiert. Gefragt wird danach, wann, wer und wie sich für oder gegen ein Kind entschieden wird und wie die Antworten auf diese Fragen normativ mit dem Deutungsmuster der ‚guten Mutter' verknüpft werden.

Dafür wird ein breites Spektrum an vorliegenden Aktendaten herangezogen. Dies umfasst diejenigen Daten, die über (un-)gewünschte, (un-)geplante, (un-)ge-wollte (un-)geborene Kinder hinsichtlich Mutterschaft (auch Vater- und/oder El-ternschaft) informieren. In der Hauptsache sind das Auszüge aus Aktendokumen-ten, die sich explizit mit der Familienplanung und -gründung beschäftigen, wie etwa in Gutachten der Fachärzte/-ärztinnen und in Zeugen- und Beschuldigten-vernehmungen. Auch werden Auszüge herangezogen, in der Experten/Expertin-nen und Zeugen und Zeuginnen sowie Beschuldigte die versuchte oder tatsächliche Tötung des eigenen Kindes, hier verantwortet durch die Eltern, begründen.

Fall 1 ‚Marion Müller'

Im ersten Fall ‚Marion Müller' wird die ‚gute Mutter' in normativen Aushandlungen zur Entscheidung für oder gegen das Kind im Aktenwissen besonders an zwei Stellen verhandelt: einmal bezogen auf die Realisierung des Kinderwunsches (das spätere Opfer) und einmal bezogen auf einen möglichen zukünftigen Kinderwunsch.

Vor der Schwangerschaft und in der Schwangerschaft

Frau Müller ist bei der Geburt ihres ersten Kindes, das spätere Opfer, 29 Jahre alt und wohnt mit dem Kindsvater Max Müller zusammen. Auf die Frage, ob Max Müller, der Ehemann der Beschuldigten Marion Müller, schildern könnte, „unter welchen Umständen [...] [er seine] Frau kennen gelernt habe [...] und wie sich [i]hre Beziehung entwickelte" (Kriminalpolizist, ZV Max Müller: 3), antwortet der Vernommene ausführlich. Der Zeuge berichtet neben den gemeinsamen Wohnungsverhältnissen von dem erfolgreich abgeschlossenen Studium seinerseits und dem Berufseinstieg, während seine Frau noch studierte. Herr Müller erzählt auch, dass es seiner Frau nach einem stationären Klinikaufenthalt wieder „sehr gut" ging und dass sie Techniken erlernt hätte, um mit ihren wiederkehrenden Panik- und Angstzuständen umzugehen (ebd.). Auf Nachfrage, wie es im Anschluss weiterging, antwortet Herr Müller in Bezug auf die Kinderfrage:

> „Antwort: Es war dann Mitte [Jahresangabe] als Marion eine Teilzeitstelle auf ca. 20 Stunden Basis [sic!] bei der [Name des Arbeitgebers] [...] als Soziologin bekommen hat. Ich war zu dem Zeitpunkt immer noch in meinem Job beschäftigt. Bis zum Sommer [Jahresangabe] war eigentlich alles in Ordnung. Wir haben uns dann entschlossen, dass wir ein gemeinsames Kind wollen. Im Mai hat es dann auch geklappt und Marion ist schwanger geworden." (Ebd.: 3)

Der Ehemann der Beschuldigten erzählt in dieser Sequenz, dass sie sich als Paar gemeinsam für ein Kind entschieden haben. Vor der Entscheidung steht die Aussage, dass „alles in Ordnung" war. Diese Ausführung des Ehemannes der Beschuldigten lässt den Schluss zu, dass eine ‚gute Mutter' den Zeitpunkt zum Kinderkriegen gemeinsam mit dem Kindsvater und Ehemann wollen und treffen sollte, wenn „alles in Ordnung" sei. „Alles in Ordnung" bezieht sich hier auf die Arbeitsverhältnisse, aber auch – was sich in dieser Sequenz nicht mehr wiederfindet – auf die psychisch wieder gute Verfassung seiner Ehefrau. Auf die psychische Verfassung und die geplante Schwangerschaft wird auch von der Fachärztin für Psychiatrie und Psychotherapie im Gutachten unter Punkt „2. Biographische Anamnese", das auf eigenen Angaben der Beschuldigten basiert, Bezug genommen:

> „Als sie im Mai gewollt schwanger geworden sei, habe sie noch bis August weitergearbeitet. Im August sei sie dann wegen vorzeitiger Wehen für eine Woche stationär im Krankenhaus [...] aufgenommen worden; psychisch sei es ihr während der gesamten Schwangerschaft jedoch gut gegangen." (Fachärztin, PG über Marion Müller: 29)

Offenbar scheint eine „gewollte Schwangerschaft" aus Sicht der Fachärztin angemessen, um sich als ‚gute Mutter' zu qualifizieren, da keine weitere Begründung folgt. Gut scheint auch zu sein („jedoch"), dass sie während der Schwangerschaft psychisch stabil sei und bis zu den körperlichen Grenzen durch vorzeitige Wehen gearbeitet habe.

Nach der Schwangerschaft

Nach dem erweiterten Suizidversuch – Sprung der Mutter aus dem Fenster mit dem eigenen Kind – werden Mutter und Kind stationär zur Behandlung der Verletzung aufgenommen. Nach dem Klinikaufenthalt geht es um die professionell begleitete Rückführung der Mutter in die Familie. Dies geschieht vor dem Hintergrund, dass bei der Beschuldigten Schuldunfähigkeit nicht ausgeschlossen werden kann und Einsichtsfähigkeit psychiatrisch bescheinigt wird. Unter Punkt „7. Angaben zum stationären Aufenthalt", der ebenfalls auf den eigenen Angaben der Beschuldigten basiert, wird ein (un-)möglicher zukünftiger weiterer Kinderwunsch im Kontext staatlicher Kindeswohlsorge beschrieben:

> „Am [Datumsangabe] werde es eine ‚Helferkonferenz' geben, auf der die Ärzte und das Jugendamt die weiteren Schritte für den Umgang der Probandin mit ihrem Sohn festlegen würden. Sie hoffe, daß sie nach und nach wieder Verantwortung für ihren Sohn übernehmen könne. Es sei ihr bewusst, daß dies ‚ein Prozeß' sei und sie Geduld haben müsse. Sie könne sich momentan nicht vorstellen, noch ein zweites Kind zu bekommen. Bezüglich eventueller zukünftiger Schwangerschaften wurde die Probandin von der Referentin darüber aufgeklärt, daß sie jeweils in der Phase nach der Entbindung einem erhöhten Risiko für erneute psychische Dekompensationen unterliege." (Ebd.: 43)

Aus dieser Sequenz lässt sich herauslesen, dass es aus der Sicht der Fachärztin für Psychiatrie und Psychotherapie vermutlich richtig sei, dass Frau Müller jetzt nicht gleich wieder schwanger werden möchte. Bei einer weiteren Schwangerschaft wäre das Risiko wegen der „psychischen Dekompensationen" vorhanden, dass sie erneut ihr Kind gefährden könnte. Der Begriff „psychische Dekompensation" steht im Feld der Psychiatrie für eine Entgleisung, die u. a. auch zu gewalttätigem Handeln führen kann (u. a. Herrmann/Dettmeyer et al. 2008: 101). Offensichtlich sollte eine ‚gute Mutter' sowohl aus der Perspektive der Expertin als auch der Beschuldigten selbst einen Kinderwunsch nicht realisieren, wenn sie das Neugeborene durch eigene psychische Instabilität einem Gefährdungsrisiko aussetzen würde. Das scheint reflektiert, vorausschauend und verantwortungsbewusst zu sein. Diese Charakterisierungen treffen auch auf die Haltung der Mutter zu, insofern, als dass sie „Geduld" hat und „nach und nach wieder Verantwortung übernehmen will". Das „nach und nach" zeugt auch davon, dass die Beschuldigte über das Ausmaß der Tat Bescheid weiß. Sie könnte auch sagen, dass sie das durch sie verletzte Kind gleich wieder haben möchte, aber die Forderung stellt sie nicht. Sie befürwortet und legitimiert die Arbeit der Expertinnen bei der „Helfer-konferenz" als sinnvoll, die über die nächsten Schritte entscheiden, um ihr die schrittweise Verantwortung für ihr Kind zu übertragen, da es vermutlich um die nachvollziehbare Sorge des Kindeswohls geht. So stellt sie ihr Bedürfnis („daß [...] sie noch Geduld haben müsse"), das Kind gleich wiederzubekommen bzw. wieder für das Kind verantwortlich zu sein, der Idee und Praxis, das Kind durch das Jugendamt und Ärzte zu beschützend, hinten an.

Fall 2 ,Ruth Reichert'

Die Deutungsmuster der ,guten Mutter' in normativen Verhandlungen zur Entscheidung für oder gegen ein Ungeborenes/Kind werden im zweiten Fall ,Ruth Reichert' an zwei Themen sichtbar. Einerseits ist dies die gewünschte aber gescheiterte Abtreibung und andererseits die Erzählung der Nachbarin darüber, warum es zur Tat – Körperverletzung des Kindes durch die Mutter – kommen konnte.

Vor der Schwangerschaft

Frau Reichert ist zum Zeitpunkt der Geburt von Till, dem späteren Opfer, 47 Jahre alt. Sie lebt mit dem Kindsvater zusammen und hat aus vorigen Beziehungen zwei weitere Kinder. Frau Reichert wird in der zweiten Beschuldigtenvernehmung, ebenso wie der Vater des Kindes, konkret gefragt, ob Till ein Wunschkind war:

> „Antwort: Aus Till ist ein Wunschkind geworden, geplant war er nicht. Für mich und meinen Mann [...] war die Schwangerschaft überraschend und wir haben auch wirtschaftliche und finanzi-elle Aspekte überlegt. Meine beiden anderen Söhne [...] waren ja schon fast erwachsen. Wir hatten uns überlegt, das Kind nicht zu bekommen, aber schließlich war es für eine Abtreibung schon zu spät. Dann haben wir uns gedacht, dass es wohl so sein sollte." (Kriminalpolizist, 2. BV Ruth Reichert: 23)

Die dokumentierte Frau Reichert erzählt entlang von wirtschaftlichen und finanziellen Faktoren sowie des Altersunterschieds der bereits vorhandenen Kinder die gemeinsame Entscheidung („für mich und meinen Mann") gegen das Austragen des Kindes, was vor allem an der Verwendung des Pronomens „wir" statt „ich" deutlich wird. Verhandelt wird in dieser Sequenz die normative Anforderung an eine ,gute Mutter', dass sie den Zeitpunkt für das Kind gemeinsam mit ihrem Mann/dem Kindsvater vor der Geburt abwägt, wobei sich beide ein Kind wünschen. Eine Entscheidung für das gewünschte Kind sollte fallen, wenn materielle Verhältnisse angemessen sind und soziale Faktoren stimmen, wie beispielsweise der Altersabstand der Kinder zueinander. Eine Abtreibung wird von Frau Reichert vor diesem Hintergrund dadurch legitimiert, dass das Kind nicht in die Lebenssituation der Familie passen würde.

Die Aussage, dass aus Till dann doch „ein Wunschkind geworden" ist, verweist darauf, dass ein Wunschkind ‚normalerweise' vor der Schwangerschaft geplant sei. Till ist jetzt ein Wunschkind, weil er als Schicksalsentscheidung („haben wir uns gedacht, dass es wohl so sein sollte") im Zusammenhang mit der nicht mehr möglichen Abtreibung präsentiert wird. Diese Erzählung findet sich auch im nervenärztlichen Gutachten über Ruth Reichert vom Facharzt für Neurologie und Psychologie wieder und wird um eine weitere Erzählung des ‚eigenen Habenwollens' des Kindes kombiniert. Im Gutachten finden sich unter dem Punkt „II. Angaben von Frau Reichert bei der Untersuchung" im Zusammenhang mit der „Eigenanamnese" Hinweise zum Entscheidungsprozess für oder gegen das Austragen des Kindes. Die Beschuldigte erzählt, wie es zum Austragen des Kindes gekommen ist:

> „Im [Monatsangabe] habe ihr Frauenarzt ihr bei einer Routineuntersuchung gesagt, daß sie schwanger sei, Ende des 3. Monats, und sie eine Woche Zeit habe, sich zu entscheiden, ob sie das Kind behalte oder abtreibe. Das habe sie zu Hause mit ihrem Mann besprochen, und sie seien zu dem Schluß gekommen, das Kind nicht zu behalten. Unmittelbar vor dem Eingriff habe ihr der Arzt jedoch gesagt, daß das Kind nun zu groß sei und habe die Abtreibung abgelehnt. Er habe noch gesagt, daß sie diese in Holland durchführen lassen könne, was sie aber nicht gewollt habe. Ihr Mann und sie hätten sich dann auch riesig gefreut, daß es mit der Abtreibung doch nicht geklappt habe." (Facharzt, NG über Ruth Reichert: 38-39)

Ruth Reichert wird zum einen erzählt, wie auch zuvor in der Beschuldigtenvernehmung von ihr selbst, als eine Frau/Mutter, die quasi bewusst die Entscheidung gegen das Kind getroffen habe, da sie sich partnerschaftlich beratschlagt hat – wobei in dieser Sequenz nicht wie im obigen Zitat über die Gründe informiert wird. Zum anderen wird sie erzählt als eine Frau/Mutter, die sich nach der nicht gelungenen Abtreibung in Deutschland aus freien Stücken (Handlungsautonomie) für das Kind entschieden hat, da sie die Option nach Holland zu gehen, um dort abzutreiben, nicht wahrnehmen wollte („was sie aber nicht gewollt habe"), obwohl das Land liberalere Abtreibungsgesetze hat. Interpretieren lässt sich daraus, dass die dokumentierte Frau Reichert sich damit als regelkonform beschreibt, da sie der deutschen Gesetzgebung folgt und von dieser nicht abweicht. Bei ihr wird das ungewollte Kind im Sinne eines ‚Schicksalsschlages' kombiniert mit dem eigenen Handlungswillen zu einem Wunschkind. Die Entscheidung für das Kind wird als ein freudiges Ereignis des Paares präsentiert.

In der Schwangerschaft und nach der Geburt

Als ein Wunschkind über Umwege wird Till auch in der Zeugenvernehmung vom Kindsvater Wilfried Kassner erzählt (11-12), obwohl es ihm zufolge eigentlich nicht der richtige Zeitpunkt war, um ein Kind zu bekommen. Der Beziehungspartner von Frau Reichert antwortet auf Nachfrage, dass sie „normal ein sehr gutes Verhältnis" zu ihren Kindern hat und „Till sei ihr Liebling". Daraufhin fragt der Vernehmungsbeamte, ob Till ein „Wunschkind" sei. In diesem Zusammenhang wird der Entscheidungsprozess, (k)ein Kind zu bekommen, von Herrn Kassner angesprochen:

> „Antwort: Nein, so direkt nicht. Als Ruth schwanger war, haben wir eine Abtreibung überlegt. Der Zeitpunkt war aber schon zu spät, eine Abtreibung war nicht mehr möglich." (Kriminalpolizist, ZV Wilfried Kassner: 12)

Im Anschluss heißt es vom Vernehmungsbeamten:

> „Frage: Hatten Sie den Eindruck, dass Frau Reichert mit der Betreuung von Till überfordert war? Antwort: Till ist zwar ein aufgewecktes und lebhaftes Kind, aber ich hatte nie den Eindruck, dass Ruth mit der Betreuung des Jungen überfordert ist." (Ebd.)

Obwohl Till nicht unmittelbar ein Wunschkind gewesen wäre, ist er zu einem geworden, und zwar mehr als das. Er ist nicht nur ein Wunschkind, sondern ein „Lieblingskind" – was die Nähe und exklusive Bindung hervorhebt und ihm eine herausragende Stellung gegenüber den anderen Kindern zuweist. Im Gegensatz zu der erzählten Beschuldigten im Gutachten wird hier nicht von der Entscheidung für das Kind – Holland wäre möglich gewesen – und die Freude, dass der Eingriff nicht geklappt hat berichtet, sondern es wird ein anderes Deutungsmuster der ‚guten Mutter' sichtbar. Normativ qualifiziert sich Frau Reichert als ‚gute Mutter', da sie „nie" mit „der Betreuung des Jungen überfordert" ist, obwohl das Kind durch seine Eigenheiten Anlass dazu liefern könnte. Allerdings sei Till kein „direktes" Wunschkind gewesen.

Auch wird in dieser Sequenz neben der Position des Kindsvaters Wilfried Kassner die des Vernehmungsbeamten sichtbar. An Stellen, in denen vermeintlich etwas nicht in Ordnung ist, wird weiter nachgefragt, z. B., wenn das Verhältnis von der Mutter zum Kind anscheinend nicht angemessen ist oder als passend verstanden wird. Vom nicht direkten Wunschkind und einer nicht mehr möglichen Abtreibung wird übergeleitet zur Frage, ob sie mit der Betreuung überfordert sei.

Während bei Herrn Kassner eine mögliche Überforderungsvorstellung im Umgang der Mutter mit dem Kind als ausgeschlossen präsentiert wird, wird sie in der Zeugenaussage von Frau Emma Wolle, der Nachbarin der Beschuldigten, der

Mutter nahegelegt bzw. zugeschrieben. In diesem Zusammenhang finden sich Hinweise zum vermeintlich richtigen Zeitpunkt, um Kinder zu bekommen. Frau Wolle wird gefragt, ob sie „sich vorstellen [kann], wie es dazu gekommen ist, dass die Frau Reichert ihren Sohn mit dem Messer so schwer verletzt hat". Frau Wolle meint:

> „Antwort: Meiner Meinung nach muss sie einfach überfordert gewesen sein. Sie ist ja auch schon immer so hektisch und zerstreut gewesen. Ich kann mir das nur so vorstellen, dass sie mit allem überfordert war. Sie ist ja auch schon recht alt dafür, dass sie noch vor kurzem den Till bekommen hat." (Kriminalpolizist, ZV Emma Wolle: 11)

Hätte Frau Reichert ihr zu hohes Alter, das sie offenbar nicht als eine ‚gute Mutter' qualifiziert, angemessen bei der Entscheidung für ein (weiteres) Kind berücksichtigt, hätte sie sich vermutlich, so meine Lesart, nicht für das Austragen des Kindes entschieden und es wäre nicht zur Tat gekommen. Laut Frau Wolle scheint das Austragen des Kindes eher unverantwortlich zu sein und es ist womöglich egoistisch, wenn jemand im hohen Alter noch Kinder bekommt. Die Argumentationskette lautet: Die Mutter ist überfordert und deshalb kommt es zur Tat. Die Überforderung resultiert aus den ihr zugeschriebenen Wesenszügen „hektisch" und „zerstreut". Diese wiederum werden über die Überforderung mit dem Alter in Verbindung gebracht.

Fall 3 ‚Raphael Meyer und Susanne Schröder'

Auch im dritten Fall ‚Raphael Meyer und Susanne Schröder' wird das Muster der gedeuteten ‚guten Mutter' entlang normativer Verhandlungen zur Entscheidung für oder gegen das Ungeborene/Kind im Aktenwissen rekonstruiert. Bezugspunkte, die über den Entscheidungsprozess im Aktenmaterial informieren, sind in den vorliegenden Auszügen Deutungen zur ungeplanten Schwangerschaft, dem (un-) gewünschten Kind sowie zur Abtreibung und zu Tatmotiven.

Vor der Schwangerschaft

Susanne Schröder ist ungeplant schwanger geworden von Raphael Meyer. Raphael Meyer ist zum Zeitpunkt der Geburt des Kindes 25 Jahre alt und Susanne Schröder ist knapp 17. Als ihr gemeinsames Kind geboren wird, sind Herr Meyer und Frau Schröder 1 ½ Jahre ein Paar. Sie besucht eine internationale Schule, die vergleichbar ist mit einem Gymnasium. Er ist erwerbstätig.

Als Ausgangspunkt der Deutung für oder gegen das Austragen des Kindes fragt der Vernehmungsbeamte Raphael Meyer nach der Verhütung (Kriminalpolizist, BV Raphael Meyer: 9). Raphael Meyer rechtfertigt, warum Susanne Schröder von ihm schwanger geworden ist. Dazu erzählt er in seiner ersten Beschuldigtenvernehmung seine aktive Sorge, dass sie schwanger werden könnte: „Ich habe mich auch selbst darum gekümmert und sie immer wieder danach gefragt, ob sie sie [die Pille] nicht vergessen hat", heißt es von ihm (ebd.). Darauf fragt der Vernehmungsbeamten und der Beschuldigte antwortet:

> „Frage: Es ist dann wohl so, dass sie damals keinen Kinderwunsch hatten?
> Antwort: Nein, wir hatten beide keinen Kinderwunsch, das wäre für uns beide ja wohl etwas zu früh gewesen." (Ebd.)

Der Beschuldigte bestätigt die Frage des Vernehmungsbeamten, keinen Kinderwunsch gehabt zu haben. Begründet wird der nicht vorhandene Kinderwunsch sehr eindeutig und klar mit dem Alter. Sie seien, wie an der Aussage „das wäre für uns beide ja wohl etwas zu früh gewesen" deutlich wird, zu jung für einen Kinderwunsch. Das scheint in der Natur der Sache zu liegen, was er nicht weiter begründen muss und auf ein geteiltes Selbstverständnis zwischen dem Vernehmenden und dem Vernommenen verweist. Zu junge Paare sollten demnach offensichtlich keine Kinder bekommen.

In der Schwangerschaft

Auf Nachfrage des Vernehmungsbeamten erzählen Raphael Meyer und Susanne Schröder, dass für sie die Entscheidung für das Kind zu keinem Zeitpunkt infrage stand. Der einzige mögliche Grund für eine Abtreibung wären die äußeren prekären Umstände gewesen, wie z. B. die mögliche gewalttätige Reaktion des Vaters von Susanne Schröder. Ihr Vater war zu dieser Zeit ihr Sorgeberechtigter. Susanne Schröder ist im Zuge der Schwangerschaft – nach der offiziellen Entscheidung für das Kind – mit dem Kindsvater zusammengezogen. Im Laufe der Schwangerschaft wollte das Paar heiraten. Der bereits vereinbarte Termin wird durch Frau Schröders Vater wegen der Tat des beschuldigten Raphael Meyer aufgehoben, die u. a. schwerste Körperverletzung an seinem Kind umfasst. Der Beschuldigte wird im Anschluss an die von ihm gedeutete ungeplante Schwangerschaft explizit nach einer möglichen Abtreibung gefragt, wovon Herr Meyer sich distanziert:

> „Frage: Haben Sie mit der Susanne, schon vor diesem ersten Frauenarztbesuch, über eine mögliche Abtreibung gesprochen?
> Antwort: Nein, weder ich noch die Susanne." (Ebd.: 11)

Für beide scheint eine Abtreibung, obwohl kein Kinderwunsch vorhanden war, kein Diskussionsthema zu sein. Anscheinend aber wäre es naheliegend, über die Abtreibung im Vorfeld des Frauenarztbesuches zu beratschlagen, wenn kein Kinderwunsch besteht, sonst hätte der Vernehmungsbeamte danach nicht gefragt.

Im Protokoll der Beschuldigtenvernehmung erzählt Herr Meyer, dass er Frau Schröder zu einem Frauenarztbesuch gedrängt habe. Raphael Meyer wird vom Vernehmungsbeamten gefragt, „was sich dann bei diesem Frauenarztbesuch raus[stellte]" (ebd.):

> „Antwort: Susanne war in der sechsten oder siebten Woche schwanger. Ich bin auch damals schon fest davon ausgegangen, dass ich der leibliche Vater sein werde, ich habe keinen Grund, mir etwas anderes zu denken." (Ebd.)

Obwohl der Vernehmungsbeamte hier danach fragt, was das Ergebnis des Frauenarztbesuches sei – vermutlich bezogen auf die Entscheidung für oder gegen das Austragen des Kindes – wird seitens des Beschuldigten über die Schwangerschaftswoche und „auch" über sein biologisches Verwandtschaftsverhältnis als leiblicher Vater reflektiert. Der Hinweis zur Schwangerschaftswoche passt noch zur Frage, aber die Aussage, dass er der leibliche Vater sei und dies nicht bezweifle, verwundert den/die Leser/-in, da der Beschuldigte bzw. die Beschuldigte über das Ultraschallgerät nicht über die soziale oder biologische Vaterschaft informiert werden kann. Dies kann am Protokoll liegen, insofern, als dass der/die Protokollant/-in nicht alle Fragen aufgenommen hat – vermutlich wird gefragt, ob Raphael Meyer die Vaterschaft anzweifelt. Wenn nicht, dann scheint es zumindest in meiner Lesart umso mehr ein wesentlicher Punkt für den Beschuldigten zu sein, dass es sich um „seinen" Sohn, bestimmt durch die biologische Vaterschaft, handelt. Biologische Vaterschaft ist anscheinend relevant, um ein Kind austragen zu wollen. Raphael Meyer konstruiert womöglich dadurch Susanne Schröder, als ‚gute Mutter', da sie das Kind ihres Beziehungspartners austrägt und kein ‚fremdes' Kind bzw. ‚fremd' gezeugtes Kind.

Der Vernehmungsbeamte fragt nach der Reaktion von ihm und Susanne Schröder auf die Nachricht über die Schwangerschaft. So wird er protokolliert:

> „Antwort: Ich habe mir so etwas schon gedacht, wir waren beide dann zunächst aber ziemlich platt. Wir haben uns dann natürlich zusammengesetzt und uns intensiv unterhalten." (Ebd.)

„Platt" steht hier aus Sicht des protokollierten Beschuldigten für fassungslos und/oder erstaunt über den Befund der Frauenärztin über die Schwangerschaft. Es ist etwas Unvorhersehbares passiert, das „natürlich" besprochen werden muss zwischen ihnen und eine „intensive" Auseinandersetzung über das Thema verlangt. Auch Susanne Schröder wird nach ihrem Erleben gefragt, als ihr mitgeteilt wird, dass sie schwanger sei:

> „Frage: Wie war denn Dein Gefühl, welche Emotionen hattest Du, als Du erfahren hast, daß Du schwanger warst?
> Antwort: Ich hatte Angst vor meinem Vater. Ich selbst hatte mich gefreut, vor allen Dingen da, als ich die ersten Ultraschallbilder gesehen hatte. Man konnte ihn schon richtig sehen."[102] (Ebd.)

Im Gegensatz zu Raphael Meyer positioniert sich Susanne Schröder in ihrer Reaktion auf die bestätigte Schwangerschaft eindeutig über ihr Gefühl. Das Gefühl der Freude über die Schwangerschaft wird durch die erlebbare Sonografie intensiviert. Der Fötus wird hier zu einem Kind mit eigener Persönlichkeit gemacht (siehe dazu Duden 1991). Die Persönlichkeit zeigt sich darin, dass sie dem Ungeborenen schon ein fertiges Wesen unterstellt („man konnte ihn schon richtig sehen"). Durch die geschlechtliche Markierung „ihn" und die Visualisierung eines vorhandenen Körpers nimmt der Fötus kindliche Gestalt an. Das Ungeborene wird zum Fakt Kind gemacht.

Auf die Frage, wie der Vater des Kindes drauf reagiert hätte, antwortet sie dann:

> „Antwort: Er meinte auch, daß es jetzt meine Sache sei, wie ich mich entscheide hinsichtlich des Kindes, ob ich es behalten solle oder nicht. Er würde es lieber haben, wenn ich das Kind behalten würde. Er würde aber zu mir stehen, egal wie ich entscheiden werde. Bei ihm kann man das nicht so genau sagen, er ist eher ein stiller Mensch und ich denke, daß er sich auf jeden Fall gefreut hatte." (Ebd.: 16)

Ebenso wie die Ärztin (ebd.: 15), lässt auch der Kindsvater sie in dieser Sequenz für oder gegen das Austragen des Kindes entscheiden. Raphael Meyer wird erzählt als Unterstützer ihrer Entscheidung bzw. ihres Willens, obwohl er eine klare Position für das Austragen einnimmt. So würde Raphael Meyer „es lieber haben, wenn sie das Kind behalten würden", heißt es (ebd.: 16). Sie verfügt über ihren Körper nach dem Motto „mein Bauch gehört mir" (etwa Villa 2008: 258; 2006: 68; 2004: 249 ff.; Fraser 2013) wobei er sie partnerschaftlich begleitet und bei dem Entscheidungsweg berät, ohne seine Interessen ihren voranzustellen.

Der Vernehmungsbeamte fragt weiter über die emotionale Reaktion ihres Verlobten:

> „Frage: Beschreibe doch seine Gefühlsregung dazu näher. Du hast gesagt, Du denkst, daß er sich gefreut hat. Wie hat er sich bei dieser Nachricht gegeben?
> Antwort: Er hat mich nach der Nachricht, daß ich schwanger bin, in den Arm genommen. Ich machte ihn auf die Probleme mit meinem Vater aufmerksam und daß ich Angst hätte, daß er ausrasten würde. Aber Raphael sagte, er würde zu mir halten, egal was kommt: Nach ca. 1-2 Wochen, als ich in etwa in der 8. Schwangerschaftswoche war, bin ich mit Raphael zu einer Familien-

---

102 Frau Schröder wird zu Beginn der Vernehmung wörtlich gefragt, ob sie etwas dagegen hätte, wenn der Vernehmungsbeamte sie während der Vernehmung duze (Kriminalpolizist, BV Susanne Schröder: 3). Die Frage folgt, nachdem Frau Schröder auf Nachfrage sagt, dass sie 17 Jahre alt sei.

beratung gegangen. [...] Es ist eine katholische Beratungsstelle, auch für Schwangere. Bei dieser Beratung war Raphael dabei." (Ebd.)

Dass er zu ihr steht, wird daran deutlich, dass er auch ein Austragen des Ungeborenen mittragen würde, entgegen des Willens des Vaters der Beschuldigten, vor dessen Reaktion sie Angst haben würde. Sie präsentiert sich in der Sequenz als „informierte Entscheiderin" und gemeinsam mit ihm als Paar (vgl. Duden/ Samerski 2006): Informiert, da sie in Begleitung ihres Freundes eine Beratungsinstitution aufsucht, um die Entscheidung womöglich gut zu reflektieren. Als Paar insofern, dass sie nicht allein gelassen wird, sondern der Partner und Vater des Kindes sie aktiv unterstützt und bei der Beratung dabei ist. Sie fahren gemeinsam zur Beratungsstelle, wobei auch eine „Erziehungsberaterin" aus der Schule der Beschuldigten an dem Termin teilnimmt (ebd.: 15). In der folgenden Sequenz reflektiert Susanne Schröder über das Schwangerschaftskonfliktberatungsgespräch:

> „[...] Dieser Mann [von der Beratungsstelle] erklärte mir, daß ich abtreiben könne, ohne daß mein Vater davon erfahre. Er sagte mir auch, daß wenn ich das Kind behalten würde, ich die Möglichkeit habe, in ein Mutter-Kind-Heim zu gehen oder das Kind in eine Kinderbetreuung geben könnte. Er klärte mich auch über die Vorteile einer Abtreibung bzw. Nachteile einer Abtreibung auf. Als Vorteil hinsichtlich der Abtreibung sagte er mir, daß ich ohne Schwierigkeiten weiter in die Schule gehen könnte." (Ebd.)

Im Zuge der dargestellten Vor- und Nachteile für oder gegen das Austragen eines Ungeborenen im Zusammenhang mit dem Beratungsgespräch lässt sich die normative Erwartung an Susanne Schröder herauslesen, dass sie ihr Leben unter Berücksichtigung unterschiedlicher Möglichkeiten selbstverantwortlich ‚in die Hand' nehmen sollte (vgl. Pühl 2003; Bröckling 2007; Foucault 2004: 314). Dabei scheint unter anderem wichtig zu sein, dass sich Schule und Familie vereinbaren lassen würden. Im Rahmen der Beschuldigtenvernehmung (17) fragt der Vernehmungsbeamte Frau Schröder explizit nach der Entscheidung, das Kind auszutragen. Dazu heißt es ihrerseits:

> „Antwort: Erstens mal wollte ich nicht abtreiben, weil es doch für mich eine Art Mord ist. Zweitens habe ich mich darauf gefreut, ein Kind zu bekommen. Und drittens habe ich, als ich aus dieser Beratungsstelle herauskam, lauter kleine Kinder gesehen und so kam es dann zu meinem endgültigen Entschluß, das Kind auszutragen." (Ebd.)

Auf die Frage wie es zu der Entscheidung käme, das Kind auszutragen, positioniert sich die Beschuldigte klar: Abtreibung als Mord, eigene Freude auf das Kind, und die Wahrnehmung anderer Kinder, die vielleicht darauf verweisen, wie es wäre mit Kind. Als ‚gute Mutter' scheint sie sich dadurch zu qualifizieren, dass sie sich das zu erwartende Kind wünscht. Es scheint für sie ein Wunschkind zu sein. Unter Berücksichtigung des strafrechtlichen Settings kann die Distanzierung von einer

„Art Mord" durch eine mögliche Abtreibung und die positive Einstellung zum Ungeborenen auch in diesem Zusammenhang als ‚vorauseilende Rechtfertigung' dafür gelesen werden, dass sie mit der Tat (Körperverletzung des eigenen Kindes) nichts zu tun haben kann. Das zugrundeliegende Deutungsmuster lässt sich durch die Argumentation charakterisieren, dass eine Mutter, die sich so sehr auf ihr Kind freut, nicht Täterin sein kann. Dies rekurriert auf eine Vorstellung eines ‚eigentlich' bereits vorhandenen Wesenskerns der Frau als Mutter (vgl. Foucault 2003: 33; Mauerer 2002). Dieser scheint entweder böse oder gut zu sein. Ambivalenzen von Müttern in der alltäglichen Fürsorgearbeit scheinen damit ausgeblendet zu werden (Gschwend 2009). Darauf verweist Susanne Schröders Antwort auf die Nachfrage nach der Reaktion von Raphael Meyer auf die Nachricht, dass sie schwanger ist:

> „Frage: Hast Du diesen Entschluß Raphael mitgeteilt und was meinte er dazu?
> Antwort: Ja, da hat er sich jetzt richtig gefreut, das hat er mir auch gesagt. Beim ersten Mal habe ich gesehen, daß er sich gefreut hat, aufgrund seiner Reaktion habe ich erkennen können, daß er sich gefreut hatte." (Kriminalpolizist, BV Susanne Schröder: 17)

Das ungeplante Kind erscheint in der Deutung von Susanne Schröder als ein gewünschtes Kind und zunehmend auch als eines, das sie sich gut überlegt und auf das sie sich eingerichtet haben. In der Deutung wird ihr reflektiertes Handeln in diesem Zusammenhang hervorgehoben. Dies zeigt sich unter anderem im Abwägen der Vor- und Nachteile (ein Handeln, das sich in den Deutungen meist vor der Empfängnis versteht und mit einem geplanten Kind in Verbindung gebracht wird). In der protokollierten Deutung ihrerseits wird dies deutlich, da sie sich beide sehr über die Entscheidung für das Kind freuen. Sie haben sich informiert, wollen das Kind haben und wünschen es sich auch – hätten es aber aufgrund der Verhältnisse (ihr Vater, Erfolg in der Schule) nicht einfach so geplant. Obwohl ihr ‚zu Jungsein' für Mutterschaft an anderen Stellen wiederholt genannt wird (etwa Raphael Meyer, Aktenvermerk Jugendamt), thematisiert sie selbst es gar nicht.

In der Deutung über ein Gespräch, das zwischen ihm und Frau Schröder im Anschluss an die bestätigte und ungeplante Schwangerschaft stattgefunden habe, erzählt der protokollierte Raphael Meyer, dass eine Abtreibung thematisiert wurde: So sagt er im Protokoll: „Es ging hier auch um eine mögliche Abtreibung, mit der Thematik hat aber eigentlich die Susanne begonnen." (Ebd.: 11) Hier wird der Abort als ein Lösungsweg für das Problem der Schwangerschaft diskutiert, was von dem Vernehmungsbeamten bereits zuvor in die Diskussion eingebracht wurde. Dabei wird das Thema aber nicht von ihm, sondern von Susanne Schröder aufgebracht, wie Herr Meyer nachschiebt. Er distanziert sich damit bereits von der Idee einer möglichen Abtreibung. Das bedeutet, wenn sie die Abtreibung nicht thematisiert hätte, wäre sie vielleicht nicht zum Thema geworden. Die Distanzierung kann ebenfalls wie bei Susanne Schröder als Moment gelesen werden, um als Person nicht mit der Tat in Verbindung gebracht zu werden. Ein Vater, der sich auf sein Kind freut, entspricht vermutlich nicht dem kollektiv geteilten Verständnis über einen Täter. Dass ein Schwangerschaftsabbruch nicht zur Debatte stand, lässt sich auch an seiner Einstellung dazu herauslesen:

> „Frage: Haben Sie einer möglichen Abtreibung von haus [sic!] aus zugestimmt oder waren Sie dagegen?
> Antwort: Ich bin nicht so für Abtreibungen, ich bin mehr für das Austragen der Kinder. Die Susanne wollte das Kind zwar auch, aber sie hätte wegen ihrem Vater abtreiben lassen." (Ebd.: 12)

Warum der Beschuldigte „nicht so für Abtreibungen" ist, sondern „mehr für das Austragen der Kinder" wird nicht begründet. Es scheint eine individuelle Eigenheit zu sein. Diese individuelle Einstellung gegen Abtreibungen sollte im Zusammenhang mit der Frage des Vernehmungsbeamten gesehen werden. „[V]on Haus aus" für etwas zu sein, klingt nach sozialisierter Position. Auch der Beschuldigte spricht ebenso wie die Beschuldigte nicht vom Ungeborenen oder vom Fötus, sondern vom Kind. In dieser Deutung würde man ein Kind ‚wegmachen lassen' und nicht einen Fötus. Für die Tötung von Kindern ist er – und auch sie – nicht.

Der Beschuldigte Raphael Meyer schildert, dass er sich „ganz wirklich" gefreut habe, als das Kind geboren wurde. Auf die Frage des Vernehmenden: „Sie wussten doch, dass sich das Leben dadurch drastisch ändert?" (ebd.: 47), antwortet Raphael Meyer (ebd.): „Ja, auf das waren wir eingestellt, die Susanne und ich, wir wollten das Kind haben, wir hätten auch abtreiben können, das wollte die Susanne nicht und auch ich nicht." Interpretieren lässt sich hieraus, dass ebenso wie die ‚gute Mutter' sich auch der ‚gute Vater' darüber qualifiziert, dass er sich das Kind gewünscht hat. So haben sie sich beide in der dokumentierten Aussage von Raphael Meyer als Paar, wie in dieser Sequenz klar wird, eindeutig für das Kind entschieden („wir wollten das Kind haben"). Aus der ungewünschten Schwangerschaft aufgrund der Umstände ist ein Wunschkind geworden und auch eines, auf das sie sich eingestellt und vorbereitet haben. So werden in der Deutung die Verhältnisse abgewogen und sie haben sich dafür entschieden. Einziger Grund, überhaupt von Abtreibung zu sprechen, ist die Angst von Susanne Schröder vor ihrem Vater.

Auf Nachfrage, warum eine Abtreibung wegen ihres Vaters denkbar sei, erzählt der Beschuldigte von der Angst vor den Handlungen des Vaters, sobald er von der Schwangerschaft seiner Tochter erfährt:

> „Antwort: Der Vater der Susanne ist immer sehr streng gewesen und sie hatte Angst, wie er reagieren würde. Der Vater der Susanne, Dr. Schröder, ist sehr leistungsorientiert, seine Tochter musste immer die Beste sein, so wie alle Kinder, schulisch und beruflich erfolgreich, das wäre dann der Susanne mit einem Kind nicht mehr möglich gewesen." (Ebd.)

Der Vater von Frau Schröder wird quasi als Mitentscheider für oder gegen das Kind präsentiert. Er ist derjenige, der durch sein patriarchal-autoritäres Auftreten einen Schwangerschaftsabbruch denkbar werden lässt. Er wird erzählt als ‚Helicopter Dad'[103], wie er als Figur in den Medien beschrieben wird, der über seine Tochter kreist und den ‚besten' Lebensweg seiner Tochter plant. Die Entscheidung für das Kind wird in dieser Sequenz im Gegensatz zu dem neutral geschilderten Konfliktberatungsgespräch als Entscheidung gegen Erfolg in der Bildungs- und Berufsbiografie gesetzt. Damit stehen zwei normative Frauenbilder im Konflikt. Die karriere- oder bildungsorientierte Frau und die, die sich um das Kind sorgt (Oechsle 1998). Dem erzählten Vater wird unterstellt, nur ein Entweder-oder denken zu können und diese Unterstellung scheinen auch die Beschuldigten zu übernehmen. Wenn Frau Schröder sich für das Kind entscheidet, dann gegen die Karriere oder ein beruflich erfolgreiches Leben. Die Kinderfrage wird zu einem grundsätzlichen Problem gemacht und als Problem individualisiert an die Person Susanne Schröder delegiert. Möglich wäre auch wie in der Konfliktberatungsstelle, den Blick auf die strukturellen Möglichkeiten zu legen und Aussichten durch Unterstützungsnetzwerke zu kreieren, die vielleicht beides möglich machen würden: Erfolg in der Schule und Kinder bekommen. Auch wird außer Betracht gelassen, dass die Vereinbarkeitsfrage nicht bloß ein mütterliches, sondern auch ein väterliches Problem sein könnte (König 2012: 212). Hier finden sich normative Spuren, die innerhalb des familiären Arrangements der Mutter die Hauptverantwortung für die Sorge um das Kind zuschreiben.

Nach der Geburt

Wiederholt wird das Deutungsmuster der ‚guten Mutter' sichtbar, die das ‚richtige' Alter beim Kinderbekommen haben sollte. Dies wird kontrastiert über das Deutungsmuster, bei dem ‚frühe' Mutterschaft mit Überforderung in Verbindung gebracht wird. Exemplarisch ist das am Wissen des Kinderarztes in der Zeugen-vernehmung zu sehen, der das Kind (Opfer u. a. schwerer Körperverletzung) ärztlich versorgt hat. Im Gegensatz zu den vorigen Positionen wird hier die Entscheidung für oder gegen das Kind nicht anhand der Abtreibungsfrage verhandelt, sondern darüber, ob aus Sicht des Arztes die Entscheidung für ein Kind in ihrem Alter angemessen gewesen sei.

Der Kinderarzt ist in dem Fall Auslöser für die Ermittlungen, da er Anzeige gegen Unbekannt erstattet. Anlass dazu ist, dass das Kind zweimal in der Klinik aufgrund von körperlichen Auffälligkeiten stationär behandelt wurde. Dabei kön-

---

103 Siehe etwa: http://www.nytimes.com/2012/07/29/books/review/teach-your-children-well-by-madeline-levine.html?_r=2&pagewanted=all& und http://www.zeit.de/gesellschaft/familie/2013-09/helikopter-eltern-erziehung-kinder [Zugriff am 17.07.2014]

nen die von den Eltern geschilderten Ursachen für die körperliche Verfassung des Kindes nicht in Einklang mit den Verletzungen des Kindes gebracht werden und so wird vom Arzt vermutet, dass das Kind misshandelt und schwer verletzt wurde. Die Eltern würden „eigentlich sehr liebevoll und sehr nett" mit dem Kind umgehen, wie der Kinderarzt (Kriminalpolizist, ZV Arzt: 4) auf Nachfrage des Vernehmungsbeamten meint. Darauf folgt die Frage, ob die Eltern mit dem Kind überfordert seien. Der Kinderarzt bejaht diese Frage und legitimiert seine Position vor allem über die zu frühe Mutter- und Elternschaft der Beschuldigten:

> „Antwort: Ja, das schon. Das Problem vom Benedikt [Opfer] ist, dass das ein ziemliches Schreikind ist, wo man sich vorstellen kann, dass der Junge die jungen und unerfahrenen Eltern sehr schnell an den Rand ihrer Grenzen bringt. Auch das habe ich versucht, ihnen als Brücke zu bauen. Das haben die beiden aber kategorisch abgelehnt. Sobald wir ihnen gesagt haben, dass die Verletzungen nicht zu dem Sturzgeschehen passen, haben die richtig dicht gemacht und man konnte mit denen gar nicht mehr reden." (Ebd.)

In der Schilderung des Arztes scheint frühe Elternschaft sich dadurch auszuzeichnen, dass die Eltern schneller überfordert sind, weil sie jung und unerfahren seien. Eine ‚gute Mutter', so wird als Negativfolie der Deutung des Arztes deutlich, entscheidet sich offensichtlich nicht ‚bewusst' im Alter von knapp 17 Jahren dafür, ein Kind zu bekommen. Der Arzt geht davon aus, dass so junge Eltern per se nicht gut mit einem Kind umgehen könnten. Während „unerfahren" dabei aussagt, dass Personen noch keine Erfahrungen gemacht haben – wobei im Grunde alle Eltern beim ersten Kind noch keine Erfahrungen haben – bleibt der Begriff „jung" in dieser Sequenz (noch) deutungsoffen. Dass die Eltern die Grenze – Körperverletzung am Kind – übertreten haben (könnten), scheint fast aus dem Umstand „zu jung" zu sein heraus klar, zumindest aber vorstellbar zu sein. Die zugeschriebene mögliche Unfähigkeit der Eltern zeigt sich aber auch daran, dass der Arzt mit dieser und anderen Vorlagen keine kommunikative „Brücke" bauen konnte. So hätten die beschuldigten Eltern des Opfers seinen Hinweis, dass das Kind als Problem erscheine, das junge und unerfahrene Eltern an ihre Grenzen bringen würde, nicht aufnehmen können. Die Handlungsoption der Eltern, die hier verhandelt wird, liegt zwischen Zustimmung der Überforderung als Erklärung der Tat oder „dicht machen". Dass sie nicht reden wollen, scheint nicht für die Eltern zu sprechen. Hätte für die Eltern gesprochen, einer Version zuzustimmen, auch wenn die Mutter (oder auch der Vater) die Tat möglicherweise nicht begangen hat? Die Handlungsoptionen der Mutter (und des Vaters) werden durch den Arzt stark begrenzt (Spies 2009a: 285; vgl. Spies 2013).

Der Arzt beschreibt in der Zeugenvernehmung weiter:

> „Was noch recht interessant ist, ist, dass die Mutter in der Geburtsklinik ihr Kind bekommen hat. Da ist sie dann nach einer Woche auf eigene Verantwortung nach Hause gegangen, weil es damals auch schon Schwierigkeiten gab. Es gab dort die Sorge, dass das Kind bei der Mutter nicht richtig

versorgt werden kann, weil die Mutter halt noch zu jung ist. Die wollten halt nicht, dass die Mutter schon mit dem Kind das Krankenhaus verlässt. Die Mutter ist aber dann auf eigene Verantwortung doch gegangen. [...]" (Ebd.: 6)

In dieser Sequenz problematisiert der Arzt „Schwierigkeiten" hinsichtlich der „jungen" Mutter im Umgang mit ihrem Kind. Die Schwierigkeit entpuppt sich zumindest in der Deutung weniger als Fakt, denn als Gefühl. Der Arzt spricht von der „Sorge" des Klinikpersonals und nicht etwa über Sichtbares. Die Sorge begründet sich in der Vermutung, dass eine junge Mutter ihr Kind nicht richtig versorgen könne. „Jungsein" scheint als Begründung selbstplausibel zu sein. Vor diesem Hintergrund ist die Mutter länger als üblich im Krankenhaus geblieben, aber kürzer, als vom Klinikpersonal gewollt. Möglich wäre auch, den kürzeren Klinikaufenthalt, nicht als Defizit zu deuten, sondern als Indiz für Stärke im Sinne einer ‚guten Mutter'. Diese Deutung bezieht sich auf die Handlungsautonomie, da sie selbst den richtigen Zeitpunkt, um die Klinik zu verlassen, für sich und das Kind bestimmt. Nun nimmt der Arzt nochmals Bezug auf die eingangs erwähnte Frage, ob die Eltern im Umgang mit dem Kind überfordert seien:

„Ich habe schon den Eindruck, dass die Mutter nicht ganz umgehen kann mit dem Kind und da ziemlich überfordert ist. Zum einen sieht man das ja auch daran, dass sie nach einer Woche auf eigene Verantwortung heimgegangen ist nach der Entbindung im Krankenhaus. Dies ist normalerweise nach zwei oder drei Tagen der Fall. Es ist sehr ungewöhnlich, dass man nach einer Woche immer noch auf eigene Verantwortung nach Hause geht." (Ebd.: 6-7)

„Auch die Tatsache dass sie mit diesem Ausschlag am nächsten Tag zum Kinderarzt ging, spricht dafür, dass sie die (Schutz-)Bedürfnisse ihres Kindes alleine nicht angemessen erfüllen kann. Und zwar ging sie nicht wegen eben diesem Ausschlag zum Arzt, sondern weil sie dort zufällig ihren Termin zur Vorsorgeuntersuchung hatte. Sie beherrscht zwar das Praktische und die normalen Tätigkeiten, wie Füttern, Wickeln und so weiter, aber so mitzukriegen, welche Bedürfnisse das Kind hat und wenn das Kind in Gefahr ist, das zu realisieren, das kann sie nicht." (Ebd.: 7)

Die Mutter erscheint dem Arzt als überfordert im korrekten Umgang mit ihrem Kind. Dafür sprechen aus seiner Sicht zwei Beobachtungen: Einerseits, dass sie die übliche Entlassungszeit in der Klinik im Anschluss an die Geburt, wie bereits erwähnt, nicht eingehalten und sogar überschritten hat und das Klinikpersonal sie dennoch nicht gehen lassen wollte. Und andererseits, dass sie die Bedürfnisse des Kindes selbst im offensichtlichen Krankheitsfall („Ausschlag") nicht erkennt und es somit nicht schützen kann.

Zur ersten Beobachtung: Dass die vorgesehenen Aufenthaltszeit in der Geburtsklinik überschritten wird scheint als Grund der Überforderung insofern paradox, weil die Verlängerung des Aufenthaltes nicht ihr zuzuschreiben ist, sondern dem Klinikpersonal, das einen Zusammenhang zwischen „zu jung sein" und ungenügender Versorgung des Kindes entworfen hat.

Die zweite Beobachtung, dass die Bedürfnisse des Kindes von ihr nicht realisiert werden, wird daran erzählt, dass sie „zufällig" mit den Auffälligkeiten der Haut zum Arzt gegangen sei. Erst später stellt sich heraus, dass diese aus den Verletzungen resultieren, die der Kindsvater bzw. ihr Lebensgefährte dem Kind zugefügt hat. Dies wird als ‚zufällig' beschrieben, weil sie bereits vorher einen Termin beim Arzt vereinbart hatte. Möglich wäre, dass sie auch ohne diesen Termin am nächsten Tag mit dem „Ausschlag" zum Arzt gegangen wäre. Diese Option wird argumentativ nicht in Erwägung gezogen bzw. eher ausgeschlossen, so meine Lesart. Bescheinigt wird ihr vom Arzt, dass sie zwar das Praktische (Wickeln etc.) hinbekomme, aber nicht wahrnehmen und realisieren kann, was ein Kind braucht, um es zu schützen („aber so mitzukriegen, welche Bedürfnisse das Kind hat und wenn das Kind in Gefahr ist, das zu realisieren, das kann sie nicht"). Die Beschuldigte wird entlang der Überforderungsdeutung als unverantwortlich, mit wenig Empathie zum Kind bzw. zu den Bedürfnissen des Kindes und mit wenig Reflexionsvermögen beschrieben. Dies wird auch an dem Zusatz des Arztes deutlich, der sie wiederholt noch jünger konstruiert bzw. wahrnimmt, als sie in seiner Argumentation schon ist: „Wie schon gesagt, ist sie zwar 16, vom Verhalten wirkt sie aber wie eine 12jährige [sic!]. [...]" (Ebd.: 7). Frauen in diesem Alter sollten sich nach Meinung des Arztes offenbar noch nicht für Kinder entscheiden.

Fall 4 ‚Mona Stern'

Der Frage nach den Deutungsmustern der ‚guten Mutter' im Aktenwissen des vierten Falls ‚Mona Stern' wird mithilfe unterschiedlicher Aktenauszüge zu der Entscheidung für oder gegen das Ungeborene/Kind nachgegangen. Diese Aktenauszüge beziehen sich in diesem Fall auf Aussagen zur (verheimlichten) Schwangerschaft, Motive zur Tat und Alternativen zur Kindstötung wie Babyklappe, Pflegefamilie, Adoption.

In diesem Fall baut sich der Text chronologisch nach den Geburten der getöteten Kinder der Beschuldigten auf. Er beginnt mit Margareta 1994 (Neugeborenentötung), die sie vermeintlich zur Adoption freigegeben hätte und endet mit den Deutungen im Zusammenhang mit dem getöteten Kind Lukas 2008 (Neugeborenentötung).

Kindsvater ist Lorenz Schubert; 2. Kind: Margareta (1994, 1. Neugeborenentötung nach Urteil)

Mona Stern wird von Herrn Lorenz Schubert schwanger und das Kind wird 1994 geboren. Frau Stern und Herr Schubert sehen sich gelegentlich und sie führen eine dreimonatige Beziehung.

In der Schwangerschaft

Mona Stern erzählt in ihrer vierten polizeilichen Beschuldigtenvernehmung (3), dass sie sich für das Kind Margareta klar entschieden habe:

> „Antwort: Ich hatte damals einen Freund Lorenz. [...] Nachdem ich gemerkt habe, dass ich schwanger war, habe ich damals für mich entschlossen, dass ich das Kind haben will, auch wenn meine Familie sicher absolut nicht begeistert gewesen wäre." (Kriminalpolizist, 4. BV Mona Stern: 3)

Die protokollierte Beschuldigte erzählt sich in dieser Sequenz selbst als ‚gute Mutter', da sie sich allein eindeutig für das Kind unter allen prekären familiären und partnerschaftlichen Umständen entscheiden und die Verantwortung übernehmen würde. Im Gegenzug wird sichtbar, dass es aus der Perspektive von Mona Stern optimal wäre, wenn das Kind gemeinsam mit dem Vater gewollt ist und dass es wünschenswert wäre, wenn die Familienmitglieder glücklich über die Schwangerschaft wären („Freude"). Der fehlende Kindsvater scheint in dieser Deutung Quelle dafür zu sein, dass sich die Familienmitglieder nicht über die Schwangerschaft und die bevorstehende Geburt freuen würden. Um sich für ein Kind zu entscheiden, wäre es wünschenswert, dass Mutter und Vater raum-körperlich beisammen sind.

Die Beschuldigte erklärt, dass sie die Schwangerschaft geheim gehalten habe. Auf die Frage von Frau Dr. Ganz, Rechtsanwältin der Beschuldigten während der Vernehmung, ob sie Angst vor „Repressalien in irgendeiner Form" gehabt hätte, wenn sie „zu einem früheren Zeitpunkt Ihrer Familie von der Schwangerschaft erzählt hätte[n] [...]" (ebd.: 5), antwortet Frau Stern:

> „Antwort: Ja, ich hatte Angst meine Familie damit zu konfrontieren, aus zurückliegenden Erfahrungen heraus. Weil kein Vater da gewesen wäre, für das Kind oder vielleicht schon wieder ein Reinfall aus der Sicht der Familie zu erwarten gewesen wäre. Ich wollte meine Familie vor vollendete Tatsachen stellen und sie erst mit der Geburt informieren. Meine Familie hätte mir dann sicherlich geholfen. Wissen Sie, wenn das Kind da ist, ist es da. Ich wollte einfach Diskussionen der Familie aus dem Weg gehen." (Ebd.)

Die protokollierte Mona Stern beschreibt sich in der Sequenz als ‚gute Mutter', da sie das ungeborene Kind – seine Existenz – durch das Geheimhalten der Schwangerschaft schützt. Die Schwangerschaft deutet sie als krisenhaften Zustand, in der die Existenz des Kindes noch durch das soziale Nahfeld („Familie") bedroht ist, was sich erst nach der Geburt ändern würde. Folgt man ihrer Deutung, wäre das Ungeborene von Familie und Freunden erst dann akzeptiert, wenn es ‚da' sei. Mit der Geburt hätte die Familie ihr aus ihrer Perspektive geholfen bzw. sie unterstützt, womit sie ihre Position legitimiert.

Der Vernehmungsbeamte fragt, wie „denn der Lorenz darauf reagiert [hat], nachdem er von [ihr] [...] erfahren hat, dass [s]ie von ihm schwanger sei[en]" (ebd.).

Darauf antwortet Frau Stern (ebd.): „Ich glaube schon, dass er geschockt war. Er hat dann auf alle Fälle gemeint, dass er bei mir bleiben möchte." Das Kind scheint nicht erwartet oder geplant zu sein, wenn sie seine Reaktion als „geschockt" beschreibt. Der erzählte Kindsvater hätte sich auch freuen können oder entsetzt oder verärgert sein können oder sich anderer Deutungsmöglichkeiten bedienen können. Geschockt zu sein ist dennoch keine Bewertung, die darüber informiert, ob die Schwangerschaft nun schlecht oder gut ist. Es ist zunächst einmal eine Gefühlsbeschreibung der Irritation – etwas Unfassbares. Der nachgeschobene Satz, in dem sie sagt, dass er bei ihr „bleiben möchte" lässt interpretatorisch vermuten, dass das zu erwartende Kind von Mona Stern, bei dem er der Kindsvater sei, Anlass für eine Fortsetzung der Partnerschaft oder auch Anlass sein könnte, sich zu trennen. Offensichtlich qualifiziert sich eine ‚gute Mutter' durch eine partnerschaftliche Beziehung zu dem leiblichen Kindsvater. Auch als der Vernehmungsbeamte die Abtreibungsfrage einbringt, bleibt Mona Stern eindeutig für das Austragen des Kindes:

> „Auf Frage: Nein, er hat mir nicht dazu angeraten, das Kind abtreiben zu lassen. Es war aber so, dass ich den Lorenz nicht wegen dieses Kindes hätte halten wollten. Ich habe ihm nämlich gesagt, dass ich das Kind bekommen werde und entweder alleine für es sorge oder es zur Adoption freigebe. Wobei für mich das Thema Adoption nie wirklich ein Thema war. Übrigens, eine Abtreibung war zwischen Lorenz und mir diskutiert worden, das war nie ein Thema für uns gewesen." (Ebd.)

Auch in dieser Sequenz wird Frau Stern als ‚gute Mutter' präsentiert, indem sie darauf verweist, dass sie Sorge für das Kind tragen würde, auch wenn sie dies alleine machen müsste.

Der Kindsvater wird in der Erzählung in doppelter Hinsicht relevant: Einmal als Diskussionspartner, um über das (nicht) Austragen zu beraten (die Frage wird von Experten/Expertinnen eingebracht). Dabei zieht Mona Stern den Gedanken heran (neben der eigenen Fürsorge), dass sie das Kind zur Adoption freigeben oder es abtreiben lassen könnte. Sie distanziert sich im nächsten Satz wieder von diesen offenbar nicht angemessenen Handlungsoptionen einer ‚guten Mutter'. Zum anderen wird der Kindsvater als Mann relevant, den sie „halten kann", weil sie nun ein Kind erwartet. Offenbar gehört im optimalen Fall, wie schon die vorigen Sequenz zeigt, ‚normalerweise' ein Vater zur Mutter und dem Kind.

Der Vernehmungsbeamte fragt nach, ob der Lorenz Schubert sich nicht nach unterschiedlichen Aspekten erkundigt habe wie Geburt, Name, Geschlecht. Es folgen keine klaren Antworten, worauf Frau Dr. Ganz fragt, ob „er es so akzeptiert, dass [s]ie die Schwangerschaft und das weitere Leben mit dem Kind mit sich alleine ausmach[t]?" Sie antwortet: „Ja, das hat er so akzeptiert. Wir hätten keine gemeinsame Basis." (Ebd.)

In dieser Sequenz zeigt sich, dass die Entscheidungskompetenzen über das Ungeborene/Kind während und nach der Schwangerschaft unterschiedlich gedeutet werden. Einerseits vermutet der Vernehmungsbeamte, dass der Vater ein Interesse haben könnte, an der Schwangerschaft teilzuhaben und am „weitere[n] Leben mit Kind". Andererseits legitimiert Mona Stern, dass sie alles mit sich und dem Kind „alleine ausmacht" aufgrund der fehlenden gemeinsamen Basis. Offensichtlich scheint die Paarbeziehung der Eltern die Sorge für das Kind zu bestimmen. So legitimiert die protokollierte Mona Stern ihre Position darüber, dass sie die aktive Mutterschaft übernimmt und ihm die passive Vaterschaft zuweist, weil sie keine gemeinsame Basis hätten. In dieser Deutungsweise lässt sich aus meiner Sicht herauslesen, dass das Kind als zur Mutter gehörend beschrieben wird, indem ihr die Entscheidungshoheit selbst und in gewisser Weise auch fremd zugeschrieben wird. In beiden argumentativen Zusammenhängen, die von Mona Stern und dem Vernehmungsbeamten gezogen werden, könnte zumindest der Vater seine Fürsorgebeziehung zum Kind der Mutter überlassen. Herauszulesen ist das Deutungsmuster, dass eine ‚gute Mutter‘ bereits bei der Entscheidung für oder gegen das Kind als Hauptfürsorgerin präsent sein sollte, während der Vater es sein könnte, aber nicht muss.

Im Gegensatz zu Mona Stern sagt die Zeugin Erna Erengut, Verwandte der Beschuldigten, aus, dass sie sich gegen das Kind entschieden habe. Frau Erengut wird gefragt, ob ihr noch etwas einfallen „würde dazu, also zu dieser Schwangerschaft 94 [...]" (Kriminalpolizist, ZV Frau Erengut: 16). Sie erzählt in ihrer Zeugenvernehmung (ebd.: 17), dass sie das Kind nicht haben wollte und es „kein Wunschkind" war. Dabei präzisiert sie die Motive diesbezüglich und begründet ihre Position:

> „Antwort: Sie hatte erzählt, dass der Kindsvater nach Australien gehen habe wollen, sie ihm aber keine Steine in den Weg legen habe wollen. Und das war eben der Lorenz Schubert. Der ist dann nach Australien gegangen, sagt zumindest die Mona." (Ebd.: 16)

Der Kinderwunsch scheint in dieser Argumentation für eine ‚gute Mutter‘ illegitim zu sein, wenn absehbar ist, dass für ein Kind die beiden Eltern (Vater und Mutter) körperlich und räumlich nicht beieinander sind. So wird der angestrebte Weggang des einen Elternteils (Vater) gegen das Austragen des Kindes bei der erzählten Mona Stern begründet, um ihn nicht an seiner Reise zu hindern. Frau Erengut führt in diesem Zusammenhang aus, dass ein ihres „Erachtens [nach] sehr egoistischer Satz gefallen [sei]. Der hat sinngemäß gelautet: ‚Wer wäre dann wieder aufgestanden?'" (ebd.: 17). Auf die Frage des Vernehmungsbeamten, was damit gemeint sei, sagt sie: „Dass sie nachts wegen dem schreienden Kind bzw. Neugeborenen hätte aufstehen müssen." (Ebd.)

Frau Erengut beschreibt Mona Stern als „egoistisch", was nicht den normativen Zuschreibungen einer ‚guten Mutter‘ entspricht. Sie problematisiert ihre nächtliche Sorgearbeit im Falle, dass sie ein Kind bekommen sollte. Interpretieren lässt sich, dass dahinter das Selbstverständnis steht, die Sorge mit dem Kind sei eine an sich erfüllende Arbeit, die die Mutter nicht problematisieren sollte. Dies legt die Lesart nahe, dass die Interessen der Mutter in der Sorge um das Kind aufgehen sollten. Der eigene Wunsch, nachts keine Sorgearbeit leisten zu müssen, gilt in der Erzählung nicht als Maßstab für das nicht Austragen des Kindes. Das hält Frau Erengut für egoistisch.

Kindsvater ist Hugo Heinrich; 4. Kind: Lukas (2008, 2. Neugeborenentötung)

Frau Stern wird in einem weiteren Fall der Neugeborenentötung verurteilt. Das Kind stammt im Gegensatz zu dem ersten Fall von einem anderen Beziehungspartner. Der Kindsvater ist 19 Jahre alt und damit knapp 20 Jahre jünger als Frau Stern. Dieser Altersabstand findet im Aktenmaterial erhöhte Aufmerksamkeit mit Blick auf die Selbst- und Fremddeutung im Aktenwissen über Mona Stern.

Vor der Schwangerschaft

Der Sohn Julian Stern (Kriminalpolizist, ZV: 4) schildert eine Situation, in der die Mutter ihn nach seiner Einschätzung hinsichtlich Familienzuwachses gefragt hätte:

> „Antwort: Meine Mutter kam letztes Jahr einmal auf mich zu und hat mich gefragt, ob ich was dagegen hätte, wenn noch ein Bruder oder eine Schwester zu der Familie kommen würde. Ich habe ihr daraufhin geantwortet, dass ich das nicht unbedingt für so gut halte. Wir könnten uns eigentlich kein weiteres Kind leisten." (Ebd.)

Als ‚gute Mutter‘ kann man sich laut dieser Deutung bereits vor der Geburt qualifizieren, indem der richtige Zeitpunkt für das Kinderkriegen gewählt wird. Der Zeitpunkt wäre aus Sicht des protokollierten Sohnes dann richtig, wenn sie sich das Kind „leisten" können. Der Status der ‚guten Mutter‘ bedarf eines angemessenen sozio-ökonomischen Hintergrundes. Anlass zu Fragen verortet Julian Stern in der Zeugenvernehmung im Kinderwunsch von Hugo Heinrich (ebd.), dem damaligen Partner von Mona Stern. Auf die Frage, „aus welchem Grund Ihre Mutter Sie das fragte, wie sie darauf kam?" (ebd.: 5), antwortet er nach Protokoll (ebd.): „Das war weil der Hugo unbedingt ein Kind haben wollte, wahrscheinlich ein eigenes und sie das deswegen gefragt hatte." In der Begründung für den Kinderwunsch und die Entscheidung für das Austragen des Kindes seitens Hugo Heinrichs wird der Wunsch nach „ein[em] Kind" durch „ein eigenes" präzisiert. Offenbar scheint biologische und nicht soziale Vaterschaft bzw. Elternschaft ein zentrales Kriterium des Vaters zu sein. Ein weiterer Aspekt für die Entscheidung für ein Kind scheint auch das Alter des Partners zu sein sowie die Dauer der Beziehung, wie an der Beschuldigtenvernehmung (Kriminalpolizist, BV Mona Stern: 13-14) deutlich wird:

„Frage: Wer ist denn der Kindsvater?
Antwort: Muss ich den nennen?
Aufforderung: Ja.
Antwort: Hugo Heinrich. Der hat am [Datumsangabe] oder [Datumsangabe] Geburtstag. Der ist
deutlich jünger als ich. Der ist erst 19 Jahre alt. Mit ihm war ich nur über ein halbes Jahr zusam-
men. Der hat bei mir gewohnt. [...]" (Ebd.)

Vor dem Hintergrund, dass wiederholt soziale Akteure/Akteurinnen – Zeugen und
Zeuginnen, Experten und Expertinnen sowie die Beschuldigte – das ‚zu junge
Alter' des Beziehungspartners mit einer Differenz von knapp 20 Jahren, das dem
Alter von Mona Sterns Sohn entsprechen würde, und die kurze Beziehung
zwischen dem Paar problematisieren, scheint aus meiner Sicht bei dieser Sequenz
die Lesart naheliegend, dass die kurze Beziehungsdauer und das Alter zwischen
dem Paar bedeutsam für das ‚gute Muttersein' sind. Dies insofern, als dass die
protokollierte Mona Stern in dieser Sequenz einerseits – dies könnte unter
Umständen auch andere Gründe haben – sich gerne der Antwort entziehen würde
(„Muss ich den nennen?") und andererseits, dass sie sein Alter gleich benennt mit
dem Hinweis, „[d]er ist deutlich jünger als ich". Offenbar verfügt die Beschuldigte
über ein Wissen, dass der Altersabstand zwischen ihr und ihm ebenso wie die kurze
Beziehungsdauer, was an dem Ausdruck „nur über ein halbes Jahr" deutlich wird,
nicht angemessen ist, um ein Kind zu zeugen. Interpretieren lässt sich, dass ein
geringerer Altersabstand zwischen den Eltern und eine länger angelegte Beziehung
für das Eingehen von Mutter-, Vater- und Elternschaft angemessen sei unter
Berücksichtigung des Deutungskontextes.

In der Schwangerschaft

Auf die Frage des Vernehmungsbeamten, ob sie bemerkt habe, dass „ein Kind in
ihrem Bauch heranwächst", antwortet die Beschuldigte in der Beschuldigtenvernehmung durch den Ermittlungsrichter (1) und schildert ihre Haltung, das Kind
nicht haben zu wollen:

„Ich habe es wohl bemerkt, weil meine Tage ausgeblieben sind und ich ziemlich an Umfang zuge-
legt hatte. Aber ich wollte es nicht wahrhaben, ich wollte es verdrängen. Ich war gerade dabei,
nach dem Unfall [Schwester lag nach einem Autounfall im Koma] wieder mein Leben zu ordnen.
Es passte nicht in meine Lebensplanung, ich wollte kein weiteres Kind mehr haben. Ich schätze
es war im August, als ich überhaupt wahrgenommen habe, dass ich wieder schwanger bin." (Ermittlungsrichter, BV Mona Stern: 1)

Auf normativer Ebene kann in diese Aussage interpretiert werden, dass eine ‚gute
Mutter' sich für den richtigen Zeitpunkt entscheidet, um ein Kind zu bekommen.
Frau Stern argumentiert, dass ein Kind nicht in ihre „Lebensplanung" passt, da sie

mit der Situation ‚überfordert' sei. Sie argumentiert, dass sie erst wieder den Alltag nach dem Autounfall der Schwester in den Griff bekommen wollte.

Anschließend erzählt sie, wie sie mit der Situation, ungewollt schwanger zu sein und zu wissen, dass das Kind nicht bei ihr bleibt, mit sich selbst und gegenüber Dritten umgegangen sei:

> „Ich gab vor, eine Chemo-Therapie wegen Brustkrebs zu bekommen. Um die Situation zu verdrängen nahm ich starke Beruhigungsmittel (Tilidin/Katadoton). Gerade wenn man sie zusammen nimmt, kann man gut schlafen. Zwei Frauen auf dem Spielplatz erzählte ich von mir aus, dass ich schwanger bin, das Kind jedoch wegen der Chemo wohl nicht behalten würde können. Im Übrigen verheimlichte ich die Schwangerschaft so gut es ging. Die letzten 2-3 Monate habe ich mich auch ziemlich zurückgezogen." (Ebd.)

Und an anderer Stelle:

> „Ich habe nämlich gemerkt, dass wenn immer ich das Thema Chemotherapie anbringe, sich manche Probleme schnell lösen lassen." (Ebd.: 10)

Eine Entscheidung gegen das Ungeborene erfährt die Beschuldigte dann als sozial legitim, wie an beiden Sequenzen deutlich wird, wenn sie die eigenen körperlichen Grenzen bzw. das Wohlergehen für sich und das Kind hervorhebt (vgl. Ott/ Seehaus 2010: 262). Die vorgeschobene Krebserkrankung und -behandlung scheint dem Austragen in dieser Argumentation entgegenzustehen. Unter diesen krankhaften Umständen scheint ein Austragen ‚natürlich' problematisch zu sein. Damit kann Mona Stern nicht mehr haftbar gemacht werden für die Entscheidung gegen das Kind, sondern die Krankheit, welche außerhalb ihrer Handlungsmacht steht. Durch die eingenommene Position der krebskranken Schwangeren scheint sie sich nicht dafür verantworten zu müssen, an den normativen Anforderungen an eine ‚gute Mutter' zu scheitern, weil sie sich gegen das Kind und gegen die Mutterschaft entschieden hat. Diese Legitimierungsstrategie scheint überzeugend zu sein, wie an der Aussage von Wilfriede Manschenberger, Mitarbeiterin der sozialpädagogischen Familienhilfe vom Verein Jugend und Familienhilfe, die Mona Stern bei alltäglichen Aufgaben beraten und unterstützt hat, deutlich wird. Sie schildert vor dem Hintergrund, dass sie selbst nicht an den Aussagen von Frau Stern gezweifelt hätte, ihre begründete Entscheidung gegen das Kind aufgrund der Krankheit:

> „Antwort: [...] Der Arzt würde nun prüfen, ob das Baby überhaupt gesund auf die Welt kommen könnte. Frau Stern wolle das Kind aber auf keinen Fall behalten. Es würde ihr aber wesentlich leichter fallen eine Abtreibung vorzunehmen, wenn es sowieso nicht gesund auf die Welt kommen würde. Sie möchte bei der Abtreibung evtl. gleich eine Sterilisation vornehmen lassen, da sie keine Kinder mehr möchte. [...] Ich kann sagen, dass ich die Abtreibung an sich nicht in Frage gestellt habe damals, weil für mich klar war, die Frau Stern ist krebskrank und muss entsprechende starke Medikamente nehmen, weshalb das Kind gar nicht gesund zur Welt kommen könne." (Kriminalpolizist, ZV Wilfriede Manschenberger: 7-8)

Die erzählte Entscheidung gegen das Kind von Frau Stern scheint für Frau Manschenberger nachvollziehbar zu sein, da die Einnahme der starken Medikamente zu einem nicht gesunden Kind führen könnten. Vermutlich – zumindest lässt sich kein Irritationsmoment herauslesen – teilt sie die Auffassung von Frau Stern. Die Auffassung verweist auf ein Deutungsmuster, dass auf moralischer Ebene betrachtet, ein krankes oder behindertes Kind eher abgetrieben werden könnte als ein gesundes Kind (vgl. Duden/Samerski 2006). Und es verweist mit dem Hinweis der angedachten Sterilisation auch auf ein weiteres Deutungsmuster, in welchem eine ungewollte Schwangerschaft bei vorhandenen Verhütungsmethoden als ‚nicht mehr nötig' erscheint. Hineininterpretieren lässt sich, dass Frauen ohne Kinderwunsch verhüten sollten und eine Abtreibung hierzulande gegenwärtig somit nicht mehr angemessen sei. Im Gegensatz zu Frau Manschenberger scheint der damalige Beziehungspartner Hugo Heinrich und Kindsvater des getöteten Kindes im Aktenwissen diese Legitimierungsstrategie nur eingeschränkt zu teilen. Herr Heinrich, der zum Zeitpunkt der Ermittlungen gegen Mona Stern bereits von ihr getrennt ist[104], spricht sich in seiner Zeugenvernehmung (9) für das Kind aus, auch im Falle einer möglichen Behinderung. Er meint, dass für Mona Stern die Schwangerschaft nicht Anlass zur Freude gewesen wäre und sie ihm den Vorschlag unterbreitet hätte, dass sie warten sollten, bis die Chemotherapie abgeschossen sei, um „dann einen neuen Versuch mit einem Kind machen" (ebd.). Hugo Heinrich erzählt auf Nachfrage in diesem Zusammenhang:

> „Antwort: Sie hat mir gesagt, dass das Kind, wenn es denn auf die Welt kommt, wegen der Chemotherapie behindert auf die Welt kommen wird. Ich habe ihr darauf gesagt, dass mir das egal gewesen wäre. Ich hätte das Kind so angenommen, wie es auf die Welt gekommen wäre." (Ebd.: 9)

Er erzählt die Entscheidung von Mona Stern gegen das Kind aufgrund der Behinderung nicht als seine Entscheidung. Er hätte sich im Gegensatz zu ihr unter allen Umständen für das Kind entschieden („wie es auf die Welt gekommen wäre"). Die Entscheidung wird hier nicht als gemeinsame Entscheidung gedeutet. Hugo Heinrich unterstützt ihre Entscheidung nicht, sondern präsentiert sich als jemand, der seine Position ihrer gegenüberstellt und in seinen Bedürfnissen übergangen wird. Damit begründet er einen Interessenskonflikt zwischen ihm und Mona Stern. Er will das Kind, sie will kein Kind – zumindest keines mit Behinderung. Der Schwangerschaftsabbruch kommt bei der Diskussion um die Entscheidung für oder gegen das Austragen zur Sprache. Als der Vernehmungsbeamte nach näheren Erläuterungen fragt, führt er dazu aus:

104	Diese Information scheint insofern von Relevanz, als dass er und Mona sich nicht (mehr) als gemeinsames Paar im Rahmen der Klärung von Schuld erzählen. Auch er muss sich mit dem Vorwurf auseinandersetzen, dass er von der Schwangerschaft nichts mitbekommen habe.

„Antwort: Wir haben Anfang des 3. Schwangerschaftsmonates über einen Abbruch gesprochen. Ich habe ihr wieder gesagt, dass ich das Kind auch behindert aufziehen würde. Sie hat dagegen argumentiert, mit den Kosten. Sie hat gesagt, das wäre gar nicht machbar. Ich habe ihr meinen Standpunkt klar gemacht und ihr dann die Entscheidung überlassen, was sie tun will. Wenn sie der Meinung wäre, dass aufgrund ihrer Krankheit und einer möglichen Behinderung das Kind nicht auf die Welt kommen soll, würde ich ihre Entscheidung akzeptieren." (Ebd.: 10)

Offenbar betrachtet Hugo Heinrich es als angemessen, dass die Frau/Mutter über das Austragen des Kindes bzw. über das mögliche Sorgeverhältnis entscheidet. Spricht der Protokollierte zuvor noch von zwei unterschiedlichen Interessen von Vater und Mutter hinsichtlich der Entscheidungsfindung für oder gegen ein Kind, ändert sich die womöglich bisher gleichwertige Gewichtung hier. Der Beschuldigte gibt der mütterlichen Meinung Vorrang und stellt seine hinten an. Dies, indem er ihre Argumentation akzeptiert, dass sie sich aufgrund der eingeschränkten finanziellen Ressourcen gegen ein behindertes Kind entscheidet. Mehr finanzieller Spielraum wäre nötig, um ein behindertes Kind aufzuziehen. Er unterstützt hier nicht unbedingt die Entscheidung von Frau Stern, wie im Fall 2 ‚Raphael Meyer und Susanne Schröder', aber er akzeptiert die Entscheidung.

Nach der Geburt

Während in der ersten Beschuldigtenvernehmung das Kind Lukas ungeplant (Schwangerschaft spät wahrgenommen) und ungewünscht (passt nicht in die „Lebensplanung") aber gewollt ist, um es dann in die Babyklappe zu geben, schildert Mona Stern in der zweiten Beschuldigtenvernehmung die Situation über dasselbe Kind anders.

In der zweiten Beschuldigtenvernehmung der Kriminalpolizei (6) macht Mona Stern die Entscheidung gegen das Kind deutlich und eruiert alternative Handlungsweisen zu ihrer eigenen. Dabei kommt es in den Vernehmungen immer wieder zu unterschiedlichen Deutungen ihrerseits über die Tat. In diesem Zusammenhang möchte sie nun das ‚echte' Geschehen rekonstruieren:

„Herr Luth, ich will Ihnen jetzt wirklich die ganze Wahrheit sagen. Ich will auch gar nichts mehr beschönigen. Ich sage Ihnen jetzt, wie es wirklich war. Es war so, dass ich das Kind niemals haben wollte, ich habe mir das Ganze geistig so zurecht gelegt, dass ich das Kind auf die Welt bringe, es aber nicht behalten möchte. Ich habe mir das so gedacht, dass ich das Kind auf die Welt bringe und dann abgebe, in eine Babyklappe lege. Ich habe mir dafür extra 50 Euro zur Seite gelegt, um damit eine Taxifahrt bezahlen zu können. Ich habe mir gedacht, das mit der Babyklappe sei anonym und da passiert dem Kind auch nichts. Es ist dann anders gekommen." (Ebd.)

In der Sequenz werden zwei normative Anforderungen an eine ‚gute Mutter' sichtbar: Eine Mutter sollte ihr Kind wollen und sich um ihr Kind sorgen.

Die Anforderung, dass die Mutter ein Kind wollen sollte, zeigt sich in der Aussage, dass sie „gar nichts mehr beschönigen [will]" kombiniert mit dem nachgeschobenen Satz, in dem sie formuliert, dass sie das Kind niemals haben wollte. Sie reflektiert damit das eigene Scheitern an der ihrerseits skizzierten Norm, in der eine ‚gute Mutter' ihr Kind wollen sollte, wie sie es offenbar zuvor in der Beschuldigtenvernehmung getan hätte, um die Beziehung zwischen ihr und dem Kind zu beschönigen.

Danach präsentiert sie sich als sorgende Mutter, indem sie sich als verantwortlich und informiert darstellt. Verantwortlich in dem Sinne, dass sie eine Lösung für das Kind sucht, bei dem das Kind geschützt ist und dass sie für diese Lösung schon Vorkehrung getroffen habe (sie habe 50 Euro bereitgelegt für die Taxifahrt zur Babyklappe). Informiert, da sie mögliche Optionen der ‚übertragenen Mutterschaft'[105] – Abgabe der Fürsorge an Dritte – in Erwägung gezogen habe (vgl. dazu Lutz 2007). Der Vater in der Position des (Mit-)Entscheiders und/oder möglichen Fürsorgegebers ist offenbar keine Option für sie und auch nicht Anlass für den Vernehmungsbeamten, konkreter nachzufragen. An anderer Stelle erläutert sie auf Nachfrage, was mit „es ist dann anders gekommen" gemeint ist:

> „Frage: Warum haben Sie sich nicht gleich um das Kind gekümmert, nachdem Sie es zur Welt gebracht haben? Warum haben Sie das Kind nicht gleich aus dem Wasser gehoben?
> Antwort: Ich konnte es in dem Moment nicht in die Klappe geben wie geplant. Die Janina war ja auch in der Wohnung. Ich wollte das Kind nicht in der Wanne zur Welt bringen, sondern beim Arzt. Die Geburt kam für mich zu plötzlich. Dann ist das Kind in der Badewanne zur Welt gekommen und ich wollte es nicht haben. Ich bin gleich aus der Wanne raus, habe mich geekelt und mich schlecht gefühlt." (Kriminalpolizist, 2. BV Mona Stern: 14)

Dass sie sich doch in ihrer Deutung nicht als ‚gute Mutter' qualifizieren kann, weil sie die Fürsorge für das Neugeborene durch Nutzung der Babyklappe anderen überträgt, wird in der zweiten Vernehmung begründet. Sie erklärt dies durch die plötzliche Geburt und den Umstand, dass sie nicht allein in der Wohnung gewesen

---

105 Auf den Begriff ‚übertragene Mutterschaft' bin ich im Anschluss an Studien gekommen, die aufzeigen, dass die biologische Mutter ihre fremd oder selbst zugeschriebene Fürsorgeaufgabe für ihr Kind an andere Personen oder Institutionen überträgt oder übertragen muss, zum Beispiel wegen fehlender Ressourcen emotionaler, körperlicher oder materieller Art (vgl. Jurczyk 2010; Lutz 2007). Der Begriff weist inhaltliche Nähe zur Terminologie des „shared mothering" auf (Blum/Deussen 1996: 206; siehe auch Stack 1974). ‚Übertragene Mutterschaft' scheint mir hier gewinnbringender für die Analyse, da es deutlich macht, dass auf der Handlungsebene die Fürsorgearbeit – in Bezug auf mein empirisches Material – der biologischen Mutter an Dritte übergeben und nicht geteilt wird. Obwohl etwa Stack (ebd.) diese Fürsorge-Interaktion auch mit dem Begriff „shared mothering" analytisch fassen würde, führt dies meines Erachtens allerdings zu Undifferenziertheiten. Gleichwohl ist der Begriff geteilte Mutterschaft konzeptionell auch kritisch zu reflektieren, da er Geschlechterdifferenzen reproduzieren könnte, die den Anschein erwecken könnten, dass die Frau ‚normalerweise' die immaterielle Fürsorge für andere trage. Wenn beispielsweise der Vater diese Fürsorgearbeit übernimmt, dann sollte von Vaterschaft gesprochen werden und nicht von übertragener Mutterschaft. Sonst beteiligen sich Wissenschaftler/-innen an der feminisierten Konstruktion von Mutterschaft als Fürsorge um andere.

sei, sondern auch ihre Tochter anwesend war. Sie erzählt sich so, dass sie über die angemessenen Umstände weiß. Eine ‚gute Mutter' hätte das Kind unter ärztlicher Betreuung geboren und sich umgehend um das Kind gesorgt.

Die plötzliche Geburt und ‚der Umstand' könnten als Verweis gelesen werden, dass Mona Stern nur eingeschränkt handlungsfähig gewesen sei. Dies wird am Beispiel der erzählten Geburt in der ersten Vernehmung deutlich, in der sich aus ihrer Sicht die eingeschränkte Handlungsfähigkeit äußert. Auf die Frage, wie sich die Geburt von bisherigen unterschieden habe, antwortet sie:

> „Hier war wegen der Medikamente alles ganz anders, vorher war ich jeweils bei vollem Bewusstsein und klarem Verstand. Hing ging es unerwartet für mich los, ich ließ mir eine Wanne ein, weil es mir nicht so gut ging." (Ermittlungsrichter, BV Mona Stern.: 2)

Die Beschuldigte, die auf Nachfrage erzählt, dass sie davon ausgegangen sei, das Kind lebend zu gebären, hat irrational gehandelt (nicht bei vollem Bewusstsein und nicht bei klarem Verstand). Irrational, da sie unter Medikamenteneinfluss stand und es „unerwartet" zur Geburt kam. In dieser Sequenz macht sie sich selbst zum Opfer der Medikamente und der Situation (vgl. auch Mauerer 2002: 222-230; Siebenpfeiffer 2003), aber gleichzeitig auch handlungsmächtig, indem sie mit der gelieferten Begründung ‚nicht sie selbst gewesen zu sein' nicht zur Rechenschaft gezogen werden kann. Ihre Deutungsweise ist sicherlich anschlussfähig an kriminologische Diskurse zur Schuld(un-)fähigkeit. Vermutlich hätte sie anders gehandelt, so lese ich heraus, wenn sie bei Sinnen gewesen wäre.

Frau Stern antwortet auf die Frage, aus welchen Gründen sie sich nicht umgehend im Anschluss an die Geburt um das Kind gekümmert habe und aus welchen Gründen sie „das Kind nicht gleich aus dem Wasser gehoben" habe (Kriminalpolizist, 2. BV Mona Stern: 14). Nachdem sie die „plötzliche Geburt" begründet, die ihre Idee mit der Babyklappe zerstört habe, antwortet sie:

> „Antwort: [...] Ich habe gesehen, wie mir das Blut an den Beinen heruntergelaufen [ist] und habe eine zeitlang gewartet, ich weiß nicht wie lange, aber schon ein paar Minuten, bis ich dann zu dem Kind sah. Ich habe es angestupst und es hat sich nicht bewegt. Das habe ich gewollt, denn ich wollte kein weiteres Kind mehr haben. Ich wollte es auch nicht umbringen. Ich wollte, dass es einschläft. So war's dann auch." (Ebd.: 15)

Auf Nachfrage, ob sie das Kind angeschaut habe:

> „Nein, hab ich nicht. Das hab ich mich gar nicht getraut.
> Frage: Warum?
> Antwort: Ich hatte Angst davor das Kind anzusehen.
> Frage: War es so, dass Sie Angst davor hatten sehen zu müssen, wie das Kind einschläft?
> Antwort: Ja. Wahrscheinlich war es so.

> Frage: Ging Ihnen zu diesem Zeitpunkt der Gedanke durch den Kopf, dass das Kind nicht mehr lebend aus der Badewanne rausgeholt werden soll?
> Antwort: Ja, ich habe das gehofft. Ich habe gehofft, dass alles vorbei ist." (Ebd.: 15-16)

Frau Stern deutet die Situation so, dass sie das Kind unter keinen Umständen wollte, ihm aber niemals etwas angetan hätte. Sie war quasi froh über das reale Ableben des Kindes. Außer ihrem Willen, ihre Abneigung, zieht sie keine Legitimierungsstrategien heran, um die Entscheidung gegen das Kind zu rechtfertigen. Wenn sie über ihr geborenes Kind spricht, verwendet sie – im Gegensatz zu beispielsweise dem dokumentierten Raphael Meyer und der Susanne Schröder – keine besitzanzeigenden Fürwörter wie „mein Kind" oder „unser Kind", sondern neutrale Kategorien wie „das Kind", „es". Auch auf geschlechtliche Adressierungen verzichtet sie. Wenn sie hingegen von ihren lebenden Kindern spricht, macht sie dies an keiner Stelle ‚ohne Beziehung' oder ‚anonym', in dem Sinne, dass das Kind/ihre Kinder die erzählte Persönlichkeit auch über Etikettierungen erhält. Dies fällt hier weg.

Hugo Heinrich erzählt in seiner Zeugenvernehmung (20) auf Nachfrage, dass Frau Stern nicht von der Möglichkeit einer sogenannten Babyklappe gesprochen habe. Direkt im Anschluss schwenkt der Vernehmungsbeamte zu der Frage über:

> „Trauen Sie es Frau Stern zu, ein Kind durch aktives Handeln oder durch Passivität zu töten?
> Antwort: Nachdem sie mit ihren beiden Kindern schon überfordert war, ... – Ja." (Ebd.)

Was mit „überfordert" gemeint sei, scheint für beide Interaktionspartner – Vernommener und Vernehmender – klar zu sein: dass Frau Stern in der Lage sei, sich durch aktives Töten gegen das Kind zu entscheiden. Es gibt keine Nachfrage oder Aufforderung an dieser Stelle, die Überforderung auszuführen.

Auf die Nachfrage, ob Frau Stern eine „solche Möglichkeit angesprochen" habe (ebd.: 21), nämlich die aktive Tötung des Kindes, meint Herr Heinrich:

> „Nein. Davon hat sie nicht gesprochen. Ich denke sie hat mich gut genug gekannt, dass ich so etwas nie zugelassen hätte. Nachdem ich von ihrer Schwangerschaft erfahren hatte, habe ich mit meinen engsten Freunden darüber gesprochen. Ich habe ganz klar gesagt, dass ich dafür sorgen werde, sofern die Beziehung zwischen der Mona und mir auseinandergehen würde, dass das Kind bei mir oder bei einer Pflegefamilie aufwachsen würde." (Ebd.)

Im Gegensatz zu ihr entscheidet sich Hugo Heinrich klar für das Kind: Er deutet sich als sorgender Vater – Beschützer – des Kindes. In diesem Zuge erzählt er eine Autorität gegenüber Mona Stern, mit der er deren mögliches unzulässiges Handeln, das zur Verletzung des Kindes führen könnte, er begrenzen würde. Er übernimmt damit die Verantwortung für das Wohlergehen des Kindes in der Position des ‚guten Vaters', während er ihr das Etikett ‚gute Mutter' entzieht, da er ihr die optimale Fürsorge für das Kind abspricht. So sei das Wohl des Kindes bei Frau

Stern nicht gesichert, wenn sie sich allein um das Kind sorgen sollte. Er übernimmt in der Sequenz die Sorge, indem er selbst als Fürsorgegeber auftritt oder die Sorge an Dritte – eine Pflegefamilie – überträgt. Damit scheint ‚übertragene Mutterschaft'[106] denkbar zu sein. Dass er mit der Mona Stern einen Kinderwunsch hatte, bleibt in dieser Erzählung unsichtbar. Paradox scheint, dass er sich einerseits mit Mona Stern ein Kind wünscht und auf der anderen Seite ihr die Sorgearbeit nicht zutraut bzw. das Kindeswohl bei ihr als stark gefährdet deutet.

Die Möglichkeit, die Sorge an andere Personen zu übergeben, wird auch von Mona Sterns Verwandten Emil Weißkind thematisiert, im Fall, dass die Mutter selbst nicht als Fürsorgerin des Kindes auftreten kann. Er führt aus:

> „Antwort: Also, wenn ich da richtig informiert bin, dann kann man ja bis zur 10. Schwangerschaftswoche abtreiben, das weiß ich aber nicht genau. Ich weiß nur, dass die Mona definitiv drüber war. Tatsache ist ja, dass sie das 1. Kind, also den Julian, ausgetragen hat, das 2. Kind zur Adoption frei gegeben hat, dann die Janina zwar bekommen hat, aber diese auch wieder unter schwierigen Umständen hinsichtlich der finanziellen und auch sozialen Bindung zu ihrem Lebenspartner und ich frage mich jetzt, warum sie das beim jetzigen Kind nicht auch so gemacht hat, dass sie zumindest das Kind zur Adoption frei gibt." (Kriminalpolizist, ZV Emil Weißkind: 24)

Emil Weißkind beschreibt die Situation so, dass Mona Stern nach seiner Auffassung nicht mehr hätte abtreiben können, da es zu spät war. Nach der Aufzählung der lebenden Kinder der Mona Stern, wovon das zweite Kind allerdings nicht zur Adoption freigegeben, sondern nach Aktenlage durch Mona Stern getötet wurde, stellt er sich die Frage, warum sie in diesem Fall das Neugeborene nicht auch zur Adoption freigegeben hätte, wie vermeintlich zuvor beim zweiten Kind Margareta. Offenbar ist für eine Frau ein Kinderwunsch problematisch, wenn keine gesicherten sozial-ökonomischen Verhältnisse (finanzielle und partnerschaftliche Bindung) die Lebenssituation der Frau/Mutter auszeichnen.

Fall 5 ‚Lasse Lehmann'

Im fünften Fall ‚Lasse Lehmann' werden die Deutungsmuster der ‚guten Mutter' in normativen Aushandlungen zur Entscheidung für oder gegen das Ungeborene/Kind im Aktenwissen rekonstruiert. Die Rekonstruktionsarbeit basiert auf Aktenauszügen zum Thema Familiengründung.

Vor der Schwangerschaft

Der 46-jährige Lasse Lehmann hat mit seiner zweiten Ehefrau, der 30-jährigen Paulina Lehmann, die Zwillinge Lotta, das spätere Opfer (im Alter von 5 ½

---

106   Siehe zum Begriff ‚übertragene Mutterschaft' Fußnote 105 und Kapitel 2.

Monaten), und Marie bekommen. Lasse Lehmann ist Vater von insgesamt fünf Kindern von drei Frauen.

Der Richter des Amtsgerichts[107] bezieht sich auf Erzählungen von Lasse Lehmann zur Entscheidung, mit Pauline Lehmann, seiner zweiten Ehefrau, Kinder zu bekommen:

> „Am [Datumsangabe] habe ich geheiratet. Die Schwangerschaft war gewollt. Mit meiner Frau bin ich ein Paar seit Ende [Datumsangabe]. Meine Frau war 30 Jahre. [...] Meine Frau wollte die Kinder sicherlich etwas mehr. Ich hatte ja schon Kinder. Wir wollten unsere Beziehung bereichern. Uns hat es gefreut, dass es Zwillinge wurden. Es ist etwas ganz besonderes." (Ermittlungsrichter, BV Lasse Lehmann: 1)

In der Darstellung des Beschuldigten Herrn Lehmann durch den Ermittlungsrichter lässt sich das Deutungsmuster herauslesen, dass die Entscheidung für ein Kind geplant sein sollte, wenn die Umstände angemessen seien. Die Kinder werden entlang des Eheversprechens – eine „glückliche Ehe" (Facharzt, NG über Lasse Lehmann: 34) – und der Dauer der Beziehung als gemeinsame Wunschkinder beschrieben. Wunschkinder, da sie als Beziehungsbereicherung des Paares verstanden werden. Dass der Zeitpunkt für das Kinderbekommen selbstbestimmt entschieden werden sollte, wenn die Verhältnisse ‚geklärt' seien, findet sich auch in der Deutung des Arbeitskollegen Björn Bär, der zur Realisierung des Kinderwunsches bei Lasse Lehmann befragt wird:

> „Der Zeuge Björn Bär beschrieb Herrn Lehmann am [Datum der Zeugenvernehmung] in beruflicher Hinsicht als äußerst souverän, kompetent und sehr erfolgreich. Im privaten Bereich habe er bereits schon Mitte letzten Jahres konkrete Zielvorstellungen gehabt. Er habe geheiratet und auch ziemlich bald die Familienplanung festgelegt. Er habe gesagt, möglichst bald Kinder haben zu wollen. Er habe Herrn Lehmann nie aggressiv oder gar handgreiflich erlebt. Er sei intelligent und ein großer Fachmann auf seinem Gebiet. Er empfinde ihn als sehr stabile Persönlichkeit, ausgewogen, klar denkend und emotional stabil." (Facharzt, NG über Lasse Lehmann: 6)

Der richtige Zeitpunkt scheint für den erzählten Zeugen nach der Eheschließung zu sein. Der Vater wird entlang einer Erfolgsgeschichte kreiert, indem Leistungskategorien des Arbeitshandelns (konkrete Zielvorstellungen) herangezogen werden, um ihn als erfolgreichen Familienunternehmer zu konstruieren. Dabei stützt sich

---

107 Diese Beschuldigtenvernehmung vom Richter unterscheidet sich in den mir vorliegenden Fällen stark von der Beschuldigtenvernehmung der Kriminalpolizei und anderen richterlichen Vernehmungen in meiner Untersuchung. Hier wird nicht Frage und Antwort zu Protokoll gegeben, sondern ein Bericht geschrieben, in dem die gestellten Fragen des Vernehmenden und die Antworten des Vernommenen nicht rekonstruierbar sind. Mit Blick auf den Inhalt der Beschuldigtenvernehmung vom Richter wird sichtbar, dass Ausführungen auf zuvor durchgeführte Vernehmungen des Beschuldigten gestützt werden. Die meisten mir vorliegenden Vernehmungen sind durch die Kriminalpolizeidirektion durchgeführt worden.

der Zeuge auf Zuschreibungen wie souverän, kompetent, sehr erfolgreich, nie aggressiv oder gar handgreiflich, intelligent, ausgewogen, klar denkend, emotional stabil etc. Diese Art der Darstellung kann auch als rhetorische Strategie gelesen werden, um den Beschuldigten im Feld der strafrechtlichen Diskurse, die sich um Schuld und Haftbarmachung drehen, nicht als ‚bösen‘ oder ‚schlechten‘ Vater darzustellen, der seinem Kind etwas antun würde.

So zeigt sich mit Blick auf das Original der Zeugenvernehmung, dass lediglich bestimmte Aspekte herausgegriffen werden, die Björn Bär zu Protokoll gibt, die auf bestimmte Art und Weise neu zusammengesetzt werden, um Herrn Lehmann als Vater seitens des Facharztes neu zu erzählen. So setzt sich das Zitat aus zwei unterschiedlichen Fragmenten der Zeugenvernehmung zusammen. Dazu wird aus einem Zitat etwas weggelassen. Original ist dies protokolliert:

> „Auf Frage: In beruflicher Hinsicht agiert er äußerst souverän, kompetent und auch sehr erfolgreich. Ansonsten hätte ich ihm ja nie zugeraten, den Schritt in die Selbständigkeit zu gehen. [...] Es war auch so, dass er im privaten Bereich bereits schon Mitte letzten Jahres konkrete Zielvorstellungen hatte. Er hat geheiratet und auch ziemlich bald die Familienplanung festgelegt. Er sagte, dass er möglichst bald Kinder haben möchte. All diese vorausblickenden Planungen hätte er ja nicht so treffen können, wenn er labil und unsicher und emotional reagieren würde." (Kriminalpolizist, ZV Björn Bär: 7)

Das andere Zitat aus der Gutachtensequenz stammt aus dem Kontext, in dem der Vernehmungsbeamte den Zeugen nach möglichen aggressiven oder gewalttätigen Handlungen von Herrn Lehmann fragt:

> „Frage: Wie würden Sie ihn allgemein charakterisieren? Antwort: Sehr intelligent, ein großer Fachmann auf seinem Gebiet. Ich empfinde ihn als sehr stabile Persönlichkeit. Ausgewogen, klar denkend und emotional stabil." (Ebd.: 11)

Die klare Kopplung von Beruf und Familie äußert der Zeuge nicht mit der gleichen Eindeutigkeit. Durch die Loslösung vom Kontext – Weglassen der Fragen des Vernehmungsbeamten und des Bezugspunkts für die Argumentation (z. B. Selbstständigkeit) – von der Erzählung des Vernommenen, wird eine andere Persönlichkeit des Beschuldigten kreiert. Zumindest trennt der Zeuge die Erzählungen von Familie und Beruf in seiner Erzählung und es gibt keine fließenden Übergänge, wenn auch der Beschuldigte dort in beiden Erzählungen auftritt als (werdender) Vater, der geplant das Kinderkriegen angeht und vorher die Voraussetzungen (etwa Ehe) schafft. Der Vater wird über diese Konstruktionsleistung des Facharztes positiv dargestellt. Die Mutter kommt in dieser und in anderen Sequenzen kaum bis gar nicht als Subjektposition vor, die mitentscheidet oder handelt.

In der Schwangerschaft

Wie eine nicht angemessene Begründung für ein Kind aussieht, wird im Kontrast zu den obigen Sequenzen im Fall der Deutung seitens des Beschuldigten Lasse Lehmann über seine erste Beziehung mit Ute Ulrich deutlich, aus der ein Kind hervorgegangen ist. Die Schwangerschaft war ungeplant. Dazu führt Lasse Lehmann aus, um die Trennung zu seiner ersten Beziehung zu begründen:

> „Ihre Beziehung sei normal, aber nicht besonders aufregend gewesen. Er habe Ute ganz attraktiv und nett gefunden, aber ihm sei klar gewesen, daß sie nicht ewig zusammenbleiben würden. [...] Er habe schon bei ihr bleiben wollen, aber auch gemerkt, daß sie nicht die richtige Frau für ihn sei. Auf der anderen Seite habe er aber Verantwortung übernehmen wollen. [...]" (Facharzt, NG über Lasse Lehmann: 21-22)

Der Rahmen für die Entscheidung, ein Kind zu bekommen, wird hier als nicht in jeder Hinsicht angemessen dargestellt. Nicht angemessen, da die Frau den normativen Ansprüche einer ‚guten Mutter' als begehrenswerte Frau aus seiner Sicht nicht gerecht wird (keine aufregende Beziehung). Dass Ute Ulrich und er sich trotzdem für ein Kind entschieden haben, habe daran gelegen, dass er gegen Abtreibungen sei und die „Verantwortung" übernehmen wollte.

Auch im Fall seiner ersten Ehe mit Larissa Lehmann wird eine durchgeführte Abtreibung thematisiert. Larissa Lehmann ist ein drittes Mal schwanger geworden, als sie noch mit Herrn Lehmann verheiratet war. Er schildert den Prozess der Entscheidungsfindung für oder gegen das Ungeborene, der innerhalb der fachärztlichen Begutachtung vom Arzt wie folgt beschrieben wird:

> „Es sei dann allein die Entscheidung seiner Frau gewesen, abtreiben zu lassen. Er sei zwar gegen Abtreibung, habe sich aber schon gefragt, wie er mit dem Kind hätte zurechtkommen sollen. Er glaube, daß sie am [Datum] in eine Praxis in der Paulstraße gefahren habe, wo der Eingriff vorgenommen worden sei. Er habe immer noch die Vorstellung gehabt, für sie sorgen zu müssen. Während sie in der Praxis gewesen sei, sei er nach Hause gefahren, wo er gesucht und Bilder [von dem Franzosen und Notizen der großen Liebe] gefunden habe." (Ebd.: 30-31)

Eine wichtige Norm, die hier verhandelt wird, verweist einerseits darauf, dass die Mutter in letzter Instanz über ihren Körper bzw. über das Austragen des Kindes entscheidet und andererseits darauf, dass eine ‚gute Mutter' als Ehepartnerin nicht von einem ‚fremden' Mann ein Kind bekommt. Das ‚fremde' Ungeborene im Leib der Mutter wird zur familiären Bedrohung. Dies wird in folgender Sequenz inhaltlich deutlich:

> „Am Tag der Ankunft sei sie ein bisschen bedrückt gewesen und habe ihm gesagt, ein Problem zu haben, schwanger zu sein. Er habe gedacht, daß sie ihm nur eröffnen wolle, ein nicht geplantes drittes Kind zu bekommen. Das habe er aber nicht als Problem angesehen und gesagt, daß es keine Rolle spiele, ob sie zwei oder drei Kinder hätten. Dann habe sie ihm mitgeteilt, daß das

Kind nicht von ihm sei. Er habe gemeint, daß der das erst einmal verdauen müsse [...]. Er habe Angst gehabt, sie zu verlieren. Sie habe aber schon von einem [französischer Kindername] gesprochen. Zu der Zeit habe er [...] [viel Arbeiten müssen]. Er habe gemeint, daß sie sich reumütig zeige und ihm signalisiere, daß sie wieder alles hinbekämen. Stattdessen habe sie ihm von den sexuellen Qualitäten des Franzosen erzählt, die, so sie, deutlich über den seinen lägen. Er habe sie beschimpft, aber nicht angelangt oder sogar geschlagen. Er habe nichts gemacht und versucht, mit der Situation zurechtzukommen. Die Kinder hätten mitbekommen, daß sie viel gestritten hätten. [...]" (Ebd.: 30)

Kurz nach der Abtreibung sei sie wieder zu dem französischen Mann geflogen, was den Beschuldigten emotional verletzt hätte (ebd.: 43).

Der familiären Bedrohung – das ‚fremde' Ungeborene im Körper der Ehefrau und Mutter – sollte eine ‚gute Mutter' aus Sicht Lasse Lehmanns durch ihr Handeln entgegenwirken. Er wünscht sich in der Erzählung, dass sie ihn bittet, die Beziehung weiterzuführen, indem sie durch Unterwerfung („reumütig") und Eröffnung von Zukunftsperspektiven („vermittelt, das sie das hinbekämen") darauf hinwirkt. Dies ist jedoch nicht geschehen. Stattdessen hätte sie genau das Gegenteil getan und ihn in seiner Männlichkeit abgewertet durch Aberkennung seiner sexuellen Praxen. Es scheint für ihn ohnehin eine zweischneidige Situation gewesen zu sein. Einerseits ist er grundsätzliche gegen Abtreibung eingestellt, aber andererseits weiß er nicht, wie er eine soziale Vaterschaft für das Ungeborene eingehen soll. Im Nachhinein, vielleicht mit Ironie überhaupt darüber nachzudenken, warum er mit diesem ungeborenen Kind zurechtkommen müsste, sagt er aus, dass er noch immer die Vorstellung gehabt habe, für seine Frau sorgen zu müssen. Damit scheint seine erzählte Sorge um seine Frau nur dann aufgelöst werden zu können, wenn sie ihm gegenüber nicht monogam ist und sich nicht aktiv um die Fortführung der Beziehung kümmert. Offenbar sollte eine ‚gute Mutter' bei ihrem Mann bzw. dem biologischen Vater ihrer Kinder bleiben und sich darum bemühen.

Fallübergreifende Zusammenfassung

Die normative Verhandlung der Sorge um die Entscheidung für oder gegen das Kind ist in den Akten das zentrale Feld, in dem normativ die ‚gute Mutter' ausgehandelt wird. So zeigt sich in der Durchsicht der Aktendokumente, dass die Entscheidungsfrage hinsichtlich des Kindes immer wieder ausführlich verhandelt wird und deshalb offenbar besonders relevant ist für die Beurteilung der/des Beschuldigten im Feld des Strafrechts. Auffällig ist dabei, dass ebenso wie in der medialen Öffentlichkeit, Abtreibung und Abgabe des Kindes oder die Frage, wann wer wie überhaupt legitimiert ist, Mutter, Vater oder Eltern zu werden bzw. geworden zu sein, eine gewichtige Rolle in der normativen Verhandlung der ‚guten Mutter' spielt.

Doch über die Fälle und quer zu den systematisch abgegrenzten Zeiträumen (vor der Schwangerschaft, in der Schwangerschaft und nach der Geburt) hinweg zeigt sich, dass eine ‚gute Mutter' gemeinsam mit ihrem Partner, dem zukünftigen Kindsvater, die Entscheidung für ein Kind planen und wollen sollte, wenn es in die Lebensplanung passe. Dabei sollte die Frau als Mutter die emotionale und körperliche Hauptfürsorge für ihr Ungeborenes/Kind übernehmen.

Diese Position wird durch unterschiedliche Deutungsmuster legitimiert, die im Folgenden beschrieben werden.

‚Gute Mutter' und partnerschaftliche Entscheidungen

Unabhängig davon, wie und ob der/die Beschuldigte sich für oder gegen das Kind vor oder in der Schwangerschaft entscheiden, lässt sich in den Deutungen zur ‚guten Mutter' (und Vater/Eltern) im Aktenwissen herauslesen, dass es einen optimalen Weg der Entscheidungsfindung gibt. Dabei wägt die leibliche Mutter des Kindes mit dem leiblichen Vater die Vor- und Nachteile des Kinderbekommens ab und berät sich mit ihm vor der Schwangerschaft über das zukünftige Kind, wobei die Lebensumstände und Ressourcen berücksichtigt werden (vgl. Beck-Gernsheim 2008a). Die Kinderfrage wird normativ als „Option" (ebd.: 1) verhandelt. Dies liegt nach Beck-Gernsheim mit an sozio-ökonomischen und medizinischen Veränderungen, wie etwa der Einführung der Pille 1961 und (wieder) Anstieg von Frauen in der Erwerbsarbeit in den 1970er-Jahren (ebd.). Eine Legitimierung dieser erzählten Praxis findet sich nicht, es scheint auf ein Selbstplausibilisierungsmoment bei der Gründung einer heterosexuellen Kernfamilie zu verweisen. Im Fall einer ungeplanten Schwangerschaft findet sich diese Erzählung ebenfalls, bezogen auf eine mögliche Abtreibung, in dem sich die Eltern des Kindes beratschlagen. Dies gilt auch dann, wenn sie nicht mehr als Paar zusammen sind und die Mutter die weitere Schwangerschaft und das Leben mit dem Kind mit sich alleine ausmachen (wollen) würde. Im Unterschied zu der Deutung vor der Schwangerschaft tritt hier allerdings die Frau in der Position der Mutter als „informierte Entscheiderin" (Samerski 2002) auf, die die letzte Entscheidung über das (nicht) Austragen des Ungeborenen/Kindes trägt. Dass die Frau über das (nicht) Austragen des Ungeborenen entscheidet, wird nicht gerechtfertigt. Es bietet sich einerseits die Lesart an, dass diese Deutung sich aus emanzipatorischen Diskursen der Frauenbewegung nach dem Motto „mein Bauch gehört mir" speist, wobei die Entscheidung als Selbstbestimmungsrecht der Frau gehandelt wird, die über ihren Körper selbst verfügt. Auch bietet sich die Lesart an, dass die Frau ‚natürlich' eine exklusive Beziehung zum Kind genießt, in der nur sie die angemessene Entscheidung treffen kann.

‚Gute Mutter' und ihr(e) Wunschkind(er)

Im optimalen Falle, so zeigt sich überlappend mit dem ersten Deutungsmuster, wird eine ‚gute Mutter' normativ daran gemessen, dass sie ein geplantes Kind bekommt. Diese normative Anforderung erscheint bei Wunschkinderzählungen und Erzählungen darüber, dass eine Abtreibung heutzutage nicht mehr nötig sei. Über die einzelnen sozialen Akteure/Akteurinnen hinweg gibt es ein primäres Selbstverständnis darüber, dass ein direktes ‚Wunschkind' aus einer heterosexuellen Liebes- und/oder Paarbeziehung unter Berücksichtigung der Kontexte und Ressourcen hervorgehen sollte. Beispielhaft hierfür stehen Aussagen von Beschuldigten, in denen das ‚eigene' Kind als Beziehungsbereicherung gedeutet wird. Auch eine beschuldigte Mutter, die sich rechtfertigt, wie nach einer gewollten, aber missglückten Abtreibung aus dem Ungeborenen auf Umwegen ein Wunschkind geworden sei, steht hierfür. Legitimiert wird dieses Selbstverständnis unter anderem über die exklusive Beziehung der Mutter zum Kind (Opfer), in der die ‚gute Mutter' normativ stets ausgeglichen ist. Neben der besonders intakten Beziehung der Mutter zum Kind spielen auch Schicksals- und Handlungsautonomieerzählungen eine Rolle. So wird in zwei Fällen das Opfer als Wunschkind gedeutet, da sich die Mütter aus „freiem Willen" für das Kind entschieden hätten. Sie hätten sich sonst auch für die Abtreibung entscheiden können (Land mit liberalen Abtreibungspraxen und Abtreibung). Die Schicksalserzählung bezieht sich darauf, dass ‚es wohl so sein sollte'.

Auch lässt sich die Norm dokumentieren, dass eine ‚gute Mutter' ein (Wunsch-)Kind bekommen sollte, wenn dies auf normativen Verhandlungen zu ungewollten und/oder ungeplanten Schwangerschaften basiert. Diese Schwangerschaften werden als ‚nicht mehr nötig' präsentiert: Im Aktenwissen gibt es eine Art ‚vorauseilende Rechtfertigung' bei Müttern und/oder Vätern, bei denen es zu einer ungeplanten und ungewollten Schwangerschaft gekommen ist oder kommen könnte. Ein ungeplantes Kind ist laut diesem Deutungsmuster aufgrund der Verhütungsmethoden nicht mehr nötig und vor diesem Hintergrund wird der Anspruch hervorgebracht, selbstbestimmt für den richtigen Zeitpunkt des Kinderkriegens zu sorgen (vgl. Beck-Gernsheim 2008a).

Im Zuge der Erzählung zum gewollten bzw. Wunschkind fällt auf, dass die Beschuldigten sich als Beschützer des (späteren) Wunschkindes inszenieren und sich häufig von Abtreibung und Abgabe des Kindes distanzieren.

Insbesondere von den Beschuldigten wird aus dem Ungeborenen in den Vernehmungen sowohl durch Distanzierung zur Abtreibung und durch die geschilderte eigene Fürsorgetätigkeit aus dem Ungeborenen ein Kind ‚gemacht', dem eine fertige Persönlichkeit zugeschrieben wird. Dies geschieht in den Deutungen mittels Adressierung (wie Anrede über das Geschlecht „er" und/oder Verwendung seines späteren Namens) einerseits oder durch den Bezug auf sonografische Visualisierung im Zusammenhang mit dem Arzt- und/oder Ärztinnenbesuch („man konnte ihn schon richtig sehen") andererseits. Eine ‚gute Mutter', ebenso wie ein ‚guter Vater' scheint in dieser Deutungsweise nicht für die Abtreibung von Kindern zu sein. Abtreibung wird als Mord/Tötung verhandelt. Diese Distanzierung von der Abtreibung (oder auch Adoption) bei einer ungewollten Schwangerschaft dient als eine Schutzfunktion der Beschuldigten und ihrer Partner in der Zeugen-/Zeuginnenposition, um nicht mit der Tat in (voraussehbare) Verbindung gebracht zu werden. Umgekehrt dient dies auch als eine Strategie der Vernehmenden, hier einen Zusammenhang zwischen Abtreibung und der Erklärung der Tat über die Persönlichkeit des Beschuldigten herzustellen. So präsentieren sich die Eltern (Beschuldigten und Zeugen/Zeuginnen) als ‚gute Mutter' (oder auch ‚guter Vater'), indem sie sich argumentativ willig zeigen, für das Ungeborene/Kind zu sorgen und damit, wie erwähnt, nicht in Verbindung mit der Tat bzw. (Körper)Verletzung oder Tötung des Kindes gebracht zu werden. Dabei gilt die Assoziationskette: Wenn man das Kind abtreiben wollte, dann wäre es auch naheliegend, dass man das Kind körperlich verletzten oder töten würde. Die Abtreibung steht als Indiz für die Tat oder dafür, keine ‚gute Mutter' zu sein. Für diese Lesart würde auch sprechen, dass in Fällen, bei denen das Opfer ein ungeplantes Kind war oder ist, die Vernehmungsbeamten oft überschwenken von der nicht direkten Wunschkind-Frage zur Überforderungsfrage, die dann möglicherweise die Tat erklärt.

‚Gute Mutter' und passende Lebensumstände

Das Deutungsmuster der ‚guten Mutter', die das Kind zum richtigen Zeitpunkt vor der Schwangerschaft plant, wenn die Lebensumstände (Situation und Ressourcen) passen, umfasst sehr unterschiedliche Wissensbestände. Das zeigt sich an den Deutungen der Beschuldigten, in denen sie den normativen Anforderungen offenbar (nicht) gerecht geworden sind.

Gerecht geworden sind sie den Anforderungen in den Deutungen von und/oder über Marion Müller und Lasse Lehmann. Marion Müller (und auch Lasse Lehmann, der sich als ‚guter Vater' erzählt) wird im Beschuldigtenwissen als ‚gute Mutter' präsentiert. Bei ihr sei dann als „alles in Ordnung" (Max Müller) gewesen, sie habe sich gemeinsam mit dem Ehemann unter Abwägung der Lebenssituation vor der Schwangerschaft für ein Kind entschieden. Die normativen Ansprüche, die herauszulesen sind, wenn die Lebensumstände als „in Ordnung" verstanden werden, sind im Allgemeinen sehr unterschiedlich, weisen aber im Besonderen Gemeinsamkeiten auf, wie die nun folgenden Deutungsmuster der ‚guten Mutter' zeigen, die zu den ‚passenden Lebensumständen' zählen:

- **‚Gute Mutter' und die materiellen Verhältnisse**

In allen Fällen lässt sich das Selbstverständnis identifizieren, dass die Mutter (Eltern) sich dann für ein Kind entscheiden sollte(n), wenn die materiellen Verhältnisse angemessen seien. In diesem Zusammenhang wird im Aktenwissen eine Verknüpfung der Anzahl der Kinder und der ökonomischen Verhältnisse thematisiert. Zwei Kinder in einer Beziehung scheinen im Ideal der klassischen Kleinfamilie normativ angemessen zu sein, siehe die Fälle ‚Lasse Lehmann' und ‚Ruth Reichert' (vgl. Schulten-Jaspers/Tank et al. 2013). Zu viele Kinder zu haben wird gesellschaftlich – und auch in den untersuchten Akten – oft negativ in Verbindung gebracht mit einem sozial schwachen Milieu, in dem kinderreiche Familien mit „prekären gesellschaftlichen Situationen" stereotypisiert und u. a. mit ‚Hartz IV'-Empfänger/ -innen assoziiert werden (ebd. 134, 138). Eine ‚gute Mutter' oder auch ‚gute Frau' wird offenbar daran gemessen, ob sie die Entscheidung für oder gegen ein Kind unter Berücksichtigung ‚angemessener' ökonomischer Verhältnisse trifft.

- **‚Gute Mutter' und biologische Elternschaft im heterosexuellen Beziehungsarrangement**

„In Ordnung" sind die Lebensverhältnisse auch dann, wenn es sich um ein gemeinsames Kind aus der Liebes- oder Paarbeziehung handelt. Für das Austragen des Kindes durch die Mutter spricht insbesondere in der Deutungsweise von Raphael Meyer und Lasse Lehmann, dass es sich um ein ‚eigenes' Kind handele und kein ‚fremdes'. Den Ausschlag hierfür scheint zu geben, dass es sich um biologische und nicht um soziale Vaterschaft handelt. Wichtig scheint des Weiteren für die Ordnung der Lebensverhältnisse, dass es sich um eine Triade Mutter-Vater-Kind(er) handelt. So wird im Beschuldigtenwissen im Fall ‚Lasse Lehmann' problematisiert, dass die Mutter nicht bei ihrem Ehemann bleiben möchte. Im Fall ‚Mona Stern' scheint ein nicht ‚angemessener' körperlich präsenter Vater (hinsichtlich Qualität der Beziehung zur Mutter und zum Kind; nicht zu jung vom Alter; Zeitspanne, bevor es zu einem Kind kommt) die Entscheidung für ein Kind durch die Reaktionen des sozialen Umfeldes ins Wanken bringen zu können (laut Mona Stern) oder die Entscheidung gegen das Ungeborene und für eine Abtreibung zu legitimieren (nach Erna Erengut). Auch zeigte sich in der normativen Verhandlung der Entscheidungsfrage für oder gegen das Kind, dass Familienmitglieder hinter der Entscheidung für ein (weiteres) Kind stehen sollten.

- **‚Gute Mutter' und das angemessene Alter**

Des Weiteren wird Alter als wesentliche Kategorie benannt, entlang derer normativ ‚gute Mutter' verhandelt wird: das zu junge (17 Jahre) und zu hohe Alter (47 Jahre) der Mutter, der Altersabstand der Elternteile zueinander (beispielsweise: 19 Jahre der Vater und 38 Jahre die Mutter), der Altersabstand zwischen den Kindern. Es zeigt sich, dass eine ‚gute Mutter' normativ nicht zu alt und nicht zu jung sein sollte. Herauslesen lässt sich, dass junge Mutterschaft mit ‚gefühlter' Überforderung in Verbindung gebracht wird und als individuelles Entscheidungsproblem der Mutter und nicht als partnerschaftliches oder strukturelles Problem gedeutet wird (vgl. Spies 2009a). Dass die Mutter nicht zu alt sein sollte, wenn sie sich für ein Kind entscheidet, zeigt sich daran, dass Altsein ebenfalls mit Überforderung („hektisch und zerstreut") argumentativ verknüpft im Aktenwissen steht.

Die Kategorie Alter spielt nicht nur bezogen auf die Mutter eine Rolle, sondern auch bezogen auf den Abstand zwischen Mutter und Vater und Kindern sowie zwischen den bereits vorhandenen Kindern zu dem möglichen neuen Kind. So wird im Fall ‚Ruth Reichert' der Abtreibungswunsch damit legitimiert, dass der Altersabstand zu den weiteren Geschwistern zu hoch wäre.

- **‚Gute Mutter' und ihre Bedürfnisse/körperliche Verfügbarkeit**

Auffällig ist, dass die Frau als Mutter und als Hauptfürsorgegebende im Aktenwissen auftaucht. Nicht nur bezogen auf das Ungeborene scheint die Mutter als hauptverantwortliche Fürsorgegeberin adressiert zu werden, sondern auch bezogen auf das Leben mit dem Kind im Anschluss an die Geburt. Dies zeigt sich beispielsweise daran, dass im Gegensatz zum Vater die Abgabe oder zeitliche Übergabe der Fürsorge an Dritte veranlasst durch die Mutter problematisiert wird.

Bei Mona Stern wird die Abgabe des Kindes über einen mehrjährigen Zeitraum zum Anlass, zu dem sie normativ immer wieder als ‚schlechte' Mutter etikettiert wird. Auch wird sie moralisch dafür haftbar gemacht, dass sie das Kind in eine Babyklappe geben und sich nicht selbst um das Kind sorgen wollte, um die Mutterschaft nicht einzugehen bzw. abzugeben. Dies wird etwa an ihrer dokumentierten Rechtfertigung deutlich („ich will nichts mehr beschönigen"), warum sie das Kind – ohne Berücksichtigung des Vaters als möglicher Fürsorgegeber – abgeben wollte. Im Gegensatz zu den dokumentierten Müttern scheint für Väter, die nicht hauptsächlich körperlich für das Kind verfügbar sind, nicht in demselben Maße eine Erklärung nötig. Laut den Akten können sich Väter auch dann noch als ‚gute Väter' präsentieren, wenn sie die soziale Vaterschaft nicht oder kaum bzw. episodenhaft eingehen. Hugo Heinrich im Fall ‚Mona Stern' erwähnt sehr selbstverständlich, dass er sich um das Kind gesorgt hätte, indem er sich selbst gekümmert hätte oder es an andere Pflegefamilien gegeben hätte. Die Abgabe des Kindes scheint kein großes Thema zu sein. Auch bei Lasse Lehmann und den Vätern der gemeinsamen Kinder mit Mona Stern sowie auch beim Kindsvater im Fall Ruth Reichert wird die kaum vorhandene Sorgebeziehung kaum oder gar nicht problematisiert. Dies gilt insbesondere für die anderen Kinder aus vorigen Beziehungen, die er über einen längeren Zeitraum kaum und zum Teil mit Verweis auf die Pubertät gar nicht mehr gesehen habe.

Auch ist in dem protokollierten Wortwechsel innerhalb einer der Beschuldigtenvernehmungen zwischen Beschuldigter und Rechtsanwältin herauszulesen, dass der leibliche Vater durchaus ein Interesse an dem Ungeborenen und dem weiteren Leben mit dem Kind haben könne, aber nicht dazu verpflichtet sei. So wird die Aussage der Beschuldigten, dass sie alles mit sich und dem Kind ohne den Partner ausmache, nicht zum Anlass von Vorhaltungen seitens der Experten und Expertinnen (Vernehmungsbeamte und Rechtsanwältin), die darauf verweisen könnten, dass die Aussage absurd erscheinen würde. Absurd in dem Sinne, dass sich auch der Vater oder andere Personen ebenfalls um das Kind kümmern sollen. Die Position, dass die Mutter die Hauptsorgetragende sein sollte, lässt sich auch an Sequenzen herauslesen, in denen die Mutter – bei den Vätern findet sich das nicht – ihre Interessen nicht über das Kind stellen sollte. Vielmehr wird davon ausgegangen, dass die Interessen der Mutter in der Sorge um das Kind aufgehen. Tun sie dies nicht, scheint sie sich durch das Etikett ‚Egoismus' im Zuge des „mother blaming[s]" (Caplan 1998) als ‚gute Mutter' zu disqualifizieren (Erna Erengut über die Schwangerschaft 1994).

4.2 Sorge um die Ernährung

In diesem Abschnitt steht die Frage im Vordergrund, wie die gedeutete ‚gute Mutter' im Aktenwissen basierend auf normativen Verhandlungen zur angemessen Ernährungsweise des Kleinkindes konstruiert wird. Hier ist zu klären, inwiefern die Art und Weise der Babynahrung ein Bewertungs- und Repräsentationskriterium hinsichtlich des optimalen Fürsorgeverhältnisses von Mutter bzw. Eltern und Kind darstellt.

Die empirischen Ergebnisse basieren vor allem auf der Analyse von Aktendokumenten der psychiatrischen und nervenärztlichen Gutachten der Fachärzte/-ärztinnen, der Beschuldigten und vereinzelnd auf Zeugenvernehmungen. Bei den Gutachten wird auf Auszüge Bezug genommen, die das Gespräch mit den Beschuldigten im Rahmen einer Begutachtung schildern, und auf Auszüge, die über telefonische oder rezitierte Zeugenvernehmungen informieren (u. a. Hebammen, Kinderkrankenschwester) sowie die Stellungnahme der Fachärzte/-ärztinnen.

Fall 1 ‚Marion Müller'

Marion Müller hat nach der Geburt des Kindes gestillt und hat nach Anraten der Experten und Expertinnen nach zwei Wochen abgestillt. Bei Marion Müller geht es anders als in den anderen Fällen nicht um die Rechtfertigung des Nicht-Stillens oder deren Voraussetzungen, sondern um die Bewertung und/oder die Rechtfertigung des Abstillens. In der Zeugenvernehmung des Ehemannes der beschuldigten Marion Müller[108] wird darüber berichtet. Diese Passage aus der Zeugenvernehmung wird von der Fachärztin im Rahmen des psychiatrischen Gutachtens reformuliert aufgenommen. Dort heißt es:

> „Mit dem Abstillen hätten nach weiteren Angaben des Ehemannes die Ängste der Patientin langsam an Intensität zugenommen. Sie sei davon ausgegangen, daß etwas nicht gestimmt habe, weil sie jeweils beim Hochheben des Kindes dieses nicht mehr beruhigen habe können. Somit habe sie die gewünschte körperliche Bindung zum Kind nicht bekommen, da dieses jeweils bei körperlichem Kontakt (Hochnehmen) zu schreien begonnen habe." (Fachärztin, PG über Marion Müller: 63)

In dieser Sequenz wird Stillen vermutlich mit exklusiver „körperlicher Bindung" zwischen Mutter und Kind übersetzt, die mit dem Abstillen verloren gegangen sei. Körperliche Bindung steht in dieser Aussage für die verloren gegangene Fähigkeit – es geht „nicht mehr" – der Frau, als Mutter das Kind durch körperliche Nähe wie „Hochnehmen" zu beruhigen. Offenbar qualifiziert sich eine ‚gute Mutter' darüber, dass sie über das Stillen eine exklusive Bindung zu dem Kind genießt.

Weitere Hinweise zu den Vorteilen des Stillens finden sich im gesamten Datenmaterial des Falls Müller und anderen Fällen nicht. Diese weitgehende Auslassung der Benennung der Vorteile des Stillens, die auch nur im Zusammenhang der Problematisierung von Nicht-Stillen auftaucht, verweist auf ein kollektiv geteiltes Selbstverständnis, was von einem Selbstplausibilisierungmoment bei den Verhörenden und Beschuldigten getragen wird (vgl. Gildemeister/Wetterer 1992: 226-227). Alle Beteiligten wissen scheinbar schon, was es für den ‚richtigen' Umgang zwischen Müttern und Kindern bedarf.

Diese Befunde decken sich mit den empirischen Ergebnissen anderer Wissenschaftler/-innen, dass Stillen (wieder) zu einem „Erfolgsprojekt" geworden ist und alternative Ernährungsweisen derzeit nicht mehr gleiche oder höhere Anerkennung genießen (Knaak 2005; 2006, vgl. Freudenschuß 2012; Ott/Seehaus 2010; 2012). Im aktuellen Diskurs wird das Nicht-Stillen als prinzipielles Gesundheitsrisiko für das Kind erzählt, das beispielsweise bedroht ist, eher krank zu werden, Allergien zu bekommen oder mit minderer Intelligenz ausgestattet zu sein etc. (ebd.). Als Verantwortliche wird oft die leibliche Mutter des Kindes adressiert (ebd.).[109] Im Mit-

---

108 Von Frau Müller selbst liegt keine Beschuldigtenvernehmung vor, da sie vom Verweigerungsrecht Gebrauch gemacht hat.

109 Ott und Seehaus (2010: 258) weisen darauf hin, dass bei der WHO etwa nicht Stillen präferiert wird, sondern Muttermilch, da auch Stillen durch Ammen als Handlungsempfehlung berücksichtigt wird.

telpunkt steht die normative Erwartung, dass eine ‚gute Mutter' die Bedürfnisse des Kindes qua eigener Brust stillt.

In der diskursiven Verhandlung scheint die Ernährungsweise des Kindes keine Wahlfreiheit zu bieten, wobei noch vor etwa 40 Jahren die Pro- und Kontraargumente abgewogen worden sind (Knaak 2005: 212; vgl. Faircloth 2013: 45; Freudenschuß 2012; Ott/Seehaus 2010: 258-259). In den 1970er- und 1980er-Jahren wird Stillen öffentlich problematisiert, weil die Muttermilch verschmutzt wäre, da der Schadstoffgehalt aufgrund von einigen belastenden Umwelteinflüssen extrem hoch sei (Notz 1991: 126).

In diesem Zusammenhang hat die Deutsche Forschungsgemeinschaft 1978 Ergebnisse mit dem Titel „Rückstände in Frauenmilch" veröffentlicht und nach Abwägung der Vor- und Nachteile trotzdem zum Stillen geraten. So heißt es in der DFG-Mitteilung dazu: „Klinische Befunde, die es rechtfertigen würden, vom Stillen abzuraten, liegen nach Mitteilung der Kommission jedoch nicht vor", wobei die gesundheitlich bedenklichen Schadstoffe in der Muttermilch wahrgenommen und thematisiert werden (Schöne 1978: 20):

> „Gemessen an der Verordnung an Höchstmengen an DDT und anderen Pestiziden in oder auf Lebensmitteln tierischer Herkunft liegen die in dem Produkt ‚Frauenmilch' enthaltene Schadstoffkonzentration oberhalb der festgesetzten Höchstmengen. Die von Expertengruppen der Welternährungs- und Weltgesundheitskonferenz (FAO/WHO) festgesetzten Werte für die duldbare tägliche Aufnahmemenge chlorierter Kohlenwasserstoffe für den erwachsenen Menschen werden in der Frauenmilch ebenfalls überschritten." (Ebd.)

Dass die Empfehlung nicht ganz klar ausgefallen ist, zeigt sich vor diesem Hintergrund des Zitats von Hapke (Vorsitzender der DFG-Senatskommission zur Prüfung von Rückständen in Lebensmitteln):

> „Wegen der Höhe der Schadstoffkonzentration in der Frauenmilch haben wir zunächst daran gedacht, die Empfehlung auszusprechen, das Stillen auf ein unbedingt physiologisch notwendiges Maß zu reduzieren, wie dies in verschiedenen Ländern, beispielsweise Japan, von den Kinderärzten empfohlen wird." (Hapke 1978: 21)

Sechs Jahre später wird 1984 die Stillempfehlung erneut bestätigt, sodass der Nutzen „des Stillens [optimal vier Monate und nicht wie heute sechs Monate] für die Entwicklung des Kindes höher einzuschätzen ist als ein möglicherweise vorhandenes Risiko durch die in der Frauenmilch gefundenen Rückstände" (Acker 1984: 83). Wobei, wie es heißt, mithilfe eines „Nutzen-Risiko-Vergleichs" ein weiteres Stillen nach dem 4. bis 6. Monat in Abhängigkeit der Muttermilchqualität und der Schadstoffbelastung zu eruieren ist (ebd.):

> „Nach Ablauf der ersten vier bis sechs Lebensmonate verlieren allerdings die Vorteile des Stillens zunehmend ihr Gewicht, während das Risiko durch den Gehalt an Rückständen und Verunreinigungen in der Frauenmilch unverändert besteht" (ebd.: 83).

Damit wird Nicht-Stillen bzw. die Verwendung von industrieller Milch im Rahmen eines ökologischen Diskurses von vielen Eltern legitimiert (ebd.). Im Jahre 1974 haben „über 40 Prozent aller Mütter gar nicht, 25 Prozent bis zu vier Wochen und weniger als 10 Prozent bis zu acht Wochen gestillt" (Schöne 1978: 20). Folglich ist die Deutungsweise der angemessenen Babynahrung, was auch an den unterschiedlichen empfohlenen optimalen Stillzeiten deutlich wird, kontextabhängig und grundsätzlich als kontingent zu denken.

Im psychiatrischen Gutachten und in der Zeugenvernehmung des Ehemannes von Frau Müller wird das Abstillen in einem umfassenden Ausmaß durch die herangezogenen Experten und Expertinnen legitimiert. Die Fachärztin für Psychiatrie und Psychotherapie kommt, basierend auf eigenen Angaben der Beschuldigten, im Rahmen der Begutachtung zu der folgenden Aussage im psychiatrischen Gutachten:[110]

> „Als sie dann mit Malte [Name des Babys] zu Hause gewesen sei, habe sie die auf der Intensivstation beobachteten Maßnahmen wie Wiegen und Temperaturmessen weitergeführt und alle Werte in Listen eingetragen. Sie habe Malte vor und nach dem Trinken gewogen und sich zunehmend mehr Sorgen gemacht, da er nicht so viel zugenommen habe wie vorgeschrieben. Sie sei praktisch nur mit Stillen und Wiegen beschäftigt gewesen. Nach ca. zwei Wochen habe sie abgestillt. Sie habe bemerkt, daß sie selbst schnell und viel an Gewicht verloren habe, so habe sie etwa zwei Wochen nach der Entlassung ca. 60 kg gewogen, damit weniger als vor der Schwangerschaft, als sie 63 kg auf die Waage gebracht habe." (Fachärztin, PG über Marion Müller: 34)

Abstillen wird als individuelle Entscheidung der Beschuldigten erzählt, resultierend aus der zunehmend schlechteren eigenen körperlichen bzw. gesundheitlichen Verfassung, wie hier dem schnellen Gewichtsverlust. Als problematisch wird zudem im weiteren Verlauf erkannt, dass die Mutter ähnlich professionell wie in der Klinik Tabellen anfertigte. Ob die Sorgen um ausreichende Trinkmengen und der damit einhergehende zeitliche Tabellenaufwand auch zu den Gründen des Abstillens gehört, ist in dieser Sequenz nicht ganz klar, unterstützt jedoch die Argumentation ums Abstillen. Basierend auf zusätzlichen Informationen früherer betreuender Kinderkrankenschwestern und Hebammen finden sich im Gutachten weitere Hinweise zur vermeintlichen Problematik des (zu) frühen Abstillens.

Die Fachärztin protokolliert folgende Einschätzung der Kinderkrankenschwester, die sie telefonisch befragt hat:

> „Beim Hausbesuch am [Datumsangabe] sei Frau Moos [Kinderkrankenschwester] aufgefallen, daß Frau Müller den Malte beim Stillen in einer sehr ungewöhnlichen Position angelegt habe – stehend auf ihren Oberschenkeln – in der ein Trinken für das Kind eigentlich nicht möglich sei. Frau Moos habe die Stillposition dann korrigiert, woraufhin Malte statt der üblichen 20 Gramm

---

110 Die eigenen Angaben seitens der Fachärztin basieren auf einer ihrerseits durchgeführten persönlichen Begutachtung der Patientin bzw. Beschuldigten.

100 Gramm getrunken habe. [...] [D]iesbezüglich [wegen des Gewichts] sei sie nicht zu beruhigen gewesen, auch nicht durch Zeigen von Tabellen, denen zufolge Malte sich gewichtsmäßig normal entwickelt habe. Wenn Malte beim Fläschchentrinken eingeschlafen sei, habe Frau Müller ihn wieder wachgeschüttelt, um ihn zu Ende füttern zu können, was den Schlaf-Wach-Rhythmus des Kindes gestört habe." (ebd.: 52)

Hier wird das Abstillen durch die Darstellung der Krankenschwester, wie im Weiteren noch explizit gezeigt wird, implizit durch das als nicht normal beschriebene Handeln von Frau Müller, die nicht das ,richtige' Maß der Fürsorge findet, legitimiert. Die Praxis des Stillens der Beschuldigten ist nicht korrekt ausgeführt: Die Stillposition war falsch, die Wahrnehmung zur Gewichtsentwicklung war falsch und falsch war auch, dass die Beschuldigte den „Schlaf-Wach-Rhythmus des Kindes" unterbrochen hatte durch „Wachschütteln" und nicht etwa durch sanftes Aufwecken oder in Ruhe schlafen lassen, bis es von selbst wieder Hunger hat und aufwacht. Interpretieren lässt sich daraus, dass die Beschuldigte als ,unfähig' konstruiert wird, den Anforderungen des Stillens gerecht zu werden.

Passend scheint derzeit eine relativ neue diskursive Figur des Ernährens aufzutauchen, die sich als „Lust"-Stillen und nicht mehr als „Gedeih"-Stillen (oder auch Ernährung) charakterisieren lässt (Hungerland 2003:150, vgl. Ott/Seehaus 2010: 148). Hungerland (ebd.) hat herausgearbeitet, dass das Deutungsmuster der ,guten Mutter' durch das „Stillen nach Uhr" seit den 1980er-Jahren zunehmend verdrängt wird durch die Vorstellung, dass es primär um Körperkontakt geht und dabei um das natürliche zu berücksichtigende Eigenwesen des Kindes, das seinen eigenen „Schlaf-Wach-Rhythmus" hat. Dazu, folgt man der Argumentation der Kinderkrankenschwester, sei die Beschuldigte nicht einsichtsfähig und lernfähig gewesen und habe zudem objektives Expertinnenwissen, vermittelt durch „Tabellen", nicht angenommen. Aus diesem Expertinnenwissen geht entgegen der Wahrnehmung der Mutter hervor, dass das Kind sich angemessen entwickelt. Das Gefühl der Frau zu ihrem Kind ist mit Dudens Worten[111] (1991: 22) formuliert, dem instrumentellen Projekt – als das Baby, das berechenbar und prognostizierfähig ist – gewichen. Duden (ebd.: 67) spricht von einem „allgemeinen Umbruch [...] von einer haptisch-taktilen zu einer visuell-geometrischen körperlichen Befindlichkeit der Professionellen".[112] Interpretieren lässt sich, dass sich eine ,gute Mutter' beratungsoffen zeigen sollte, indem sie medizinische Fachexpertise annimmt und ihr

---

111 Hier beziehe ich mich unter anderem auf das folgende Zitat von Duden (1991: 22): „Bis in den Anfang des letzten Jahrhunderts hinein war das Ausbleiben des Blutes ein ungewisser Zustand und Schwangerschaft ein Zustand guter Hoffnung und nicht ein durch Befruchtung ausgelöstes Syndrom. Hoffnung kann trügen, Testresultate können nur verfehlt sein. Moderne Symptomatik erlaubt kein ,es war nichts'. Das Ungeborene war ein erhofftes Kind – nicht ein mit Wahrscheinlichkeitsüberlegungen berechnetes Produkt."

112 Der Begriff ,Professionell' wird von Barbara Duden herangezogen, um medizinisches Experten- und Expertinnenwissen zu benennen.

Laienwissen, welches sich über das Gefühl und nicht über Fakten erklärt, überdenkt. Übernimmt sie allerdings die Techniken der medizinischen Experten und Expertinnen, scheint die Imitation nicht für sie als ‚gute Mutter‘ zu sprechen. Am Beispiel von Frau Müller zeigt sich nun, dass visuell-geometrische Körperwahrnehmungen „objektiv" und nicht durch die Person als Mutter anzueignen seien. So wird der beschuldigten Mutter vermutlich das fehlende Gefühl zum Kind zur Last gelegt, da sie sich eher auf Berechnungen von Werten als Indiz für das Wohlergehen des Kindes verlassen würde, die sie jedoch nicht angemessen wahrnehme.

Darüber hinaus verstärkt der Ehemann eher die Irrationalität ihres Versuchs einer Imitation des kindlichen Vermessens:

> „Antwort: Wir haben dann alle drei bis ca. 3:00 Uhr geschlafen, bis Malte aufgewacht ist und zu schreien anfing, weil er Hunger hatte. Marion hat ihn dann aus einer Flasche mit 100 ml HA-Milch gefüttert. Dies hat Marion sicher auch in die Liste eingetragen, die sie geführt hat. Marion hat auch ein Schlafprotokoll geführt, obwohl dies erst nach dem 3. Monat sinnvoll wäre. Malte hätte eigentlich 170 ml trinken sollen, also 5 X [sic!] am Tag 175 ml laut Empfehlung auf den HA-Milch Päckchen. Es ist so, dass Malte beim Füttern eingeschlafen ist und Marion ihn eigentlich wieder wecken wollte, um ihn weiter zu füttern, da er noch nicht seine Ration, wie vorgesehen, bekommen hatte. Ich muss hier auch sagen, dass es bei meiner Frau so war, dass sie versucht hat, alles im Leben zu kontrollieren. Letztlich konnte ich sie aber überzeugen, dass sie Malte nicht weiter füttert und wir sind alle wieder eingeschlafen. Als ich um 6:00 Uhr aufgewacht bin, ist meine Frau schon mit nassen Haaren entgegen gekommen, d.h. [sic!] sie hat auch schon geduscht. Ich selbst habe mich dann auch geduscht und ich habe dann gesehen, wie die Marion den Malte auf dem Arm herumgetragen hat und ihn wieder gefüttert hat. Sie hat ihn wieder versucht zu wecken und zu füttern, obwohl er geschlafen hat. Ich bin dann gegen 08:20 Uhr gegangen und habe zu Marion gesagt, dass sie doch mit unserem erst kürzlich neu angeschafften Audi A3 zu ihren Eltern oder zu Freunden fahren solle, damit sie aus den 4 Wänden heraus käme." (Kriminalpolizist, ZV Max Müller: 10)

Aus dieser Sequenz lässt sich herauslesen, dass die portionierte Fütterungsweise „nach Zeitplan" (Hungerland 2003: 150), die es nach Angaben des Herstellers zu erreichen gilt, als Empfehlungen gesehen werden müssten, über die man sich aus Sicht des Vaters souverän und emotional distanziert hinwegsetzen sollte. Interpretieren lässt sich daraus, dass es den Schlaf-Wach-Rhythmus des Kindes zu berücksichtigen gilt. Vor diesem argumentativen Hintergrund scheint seine Frau als Bedrohung der Natur des Kindes gedeutet zu werden, gestützt durch den ihr zugeschriebenen „Kontrollzwang". So beschreibt der Ehemann sich selbst in der Position des Beschützers und Ratgebers, indem er versucht, seine Frau davon abzuhalten, ihr Kind zu wecken, um es weiter zu füttern, sofern es die empfohlene „Ration" noch nicht zu sich genommen hat. Der Ehemann tritt als Ratgeber auf, übernimmt aber nicht selbst die Position des Fürsorgegebers. Als Ratgeber gibt er Handlungsempfehlungen: Seine Frau sollte doch mit dem Auto zu den Eltern oder Freunden fahren. Offenbar ist der Vater besser informiert über die Betreuung bzw.

Versorgung der Kinder sowie hinsichtlich der psychischen Gesundheit seiner Ehefrau. Auch die Hebamme gibt nach dem Gutachten via Telefon ihre Einschätzung zu Frau Müller und dem Abstillen ab:

> „Bei einem Telefonat am [Datumsangabe] gab Frau Kreis (Hebamme) an, daß sie Frau Müller nach der Entbindung etwa drei oder vier Mal zu Hause besucht habe. Dabei habe diese überlastet gewirkt, was bei jungen Müttern allerdings nichts Besonderes sei. Frau Müller habe nachts schlecht schlafen können, vom Stillen habe sie körperlich ausgezehrt gewirkt, es sei ihr zu viel geworden, so daß Frau Kreis sie darin bestärkt habe, abzustillen; danach sei es ihr besser gegangen." (Fachärztin, PG über Marion Müller: 55)

Aus der Sequenz ist herauszulesen, dass aus Sicht der zitierten Hebamme Überlastungserscheinungen bei Müttern kurz nach der Geburt[113] als „nichts Besonderes" gedeutet werden. Sie scheinen normal zu sein in dieser Argumentation. Allerdings verweist die Kombination von Schlafmangel, körperlich ausgezehrt sein und vor allem dem Empfinden der Mutter, dass es ihr „zu viel geworden" ist, für das Abstillen zu sprechen. Neben den erzählten körperlichen Umständen wird die Entscheidung abzustillen letztlich wieder an die Beschuldigte geheftet, da es ihr „zu viel" wurde. Sie scheint körperlich und emotional den Stillanforderungen nicht gerecht geworden zu sein. Die zitierte Hebamme selbst beschreibt die Empfehlung als Erfolg, da es Frau Müller mit dem Abstillen dann besser gegangen sei. Dies legt die Interpretation nahe, dass sich die protokollierte Hebamme selbst vor dem Hintergrund einer Still-Norm rechtfertigen muss, warum sie der Beschuldigten das Abstillen nahelegt (vgl. auch Ott/Seehaus 2010: 268).

Der Ehemann, Max Müller, dessen Äußerungen aus den Zeugenvernehmungen von der Fachärztin im selben psychiatrischen Gutachten rekonstruiert werden, deutet die Situation anders:

> „Mit dem Abstillen hätten nach weiteren Angaben des Ehemannes die Ängste der Patientin [Frau Müller] langsam an Intensität zugenommen. Sie sei davon ausgegangen, daß etwas nicht gestimmt habe, weil sie jeweils beim Hochheben des Kindes dieses nicht mehr beruhigen habe können. Somit habe sie die gewünschte körperliche Bindung zum Kind nicht bekommen, da dieses jeweils bei körperlichem Kontakt (Hochnehmen) zu schreien begonnen habe." (ebd.: 63)[114]

Die Besorgtheit um ausreichende Nahrung für das Kind, die sich in Frau Müllers zugeschriebenen und als ängstlich dargestellten Zügen widerspiegelt, werden als Grund für die Umstellung auf industrielle Milch, um das Kind zu ernähren,

---

113 Der Zitatausschnitt „jungen Müttern" steht in der Aussage mit Blick auf den weiteren Textverlauf vermutlich nicht für das Alter der Mütter, sondern für die Zeitspanne des Mutterseins nach der Geburt des Kindes, entsprechend für die anfängliche Phase nach der Geburt.

114 Das Zitat wird bereits zu Beginn dieses Abschnittes unter anderer Perspektive interpretiert.

genannt. Problematisch, wie oben bereits ausgeführt, war das Abstillen in der Deutung insofern, als dass die Beschuldigte das Kind nicht mehr durch körperliche Nähe „beruhigen" konnte.

Am Ende des Gutachtens wird derselbe Gegenstand – das (Ab-)Stillen –, der zuvor scheinbar objektiv durch die Beschuldigten- und Zeugenbefragungen dargestellt wurde, aus dem psychiatrischen Blickwinkel dargelegt. Unter der Unterüberschrift „Zusammenfassung und Beurteilung", die die abschließende Bewertung der Fachärztin zusammenfasst, ist Folgendes zu lesen (ebd.: 67-69):

> „Am [Datumsangabe] kam der Sohn Malte der Probandin [...] per Kaiserschnitt zur Welt und musste wegen anfänglicher Atemprobleme noch [...] stationär in der Kinderklinik bleiben. Auf diese Belastungen und die Umstellung auf ein Leben mit Kind reagierte Frau Müller zunächst mit Verunsicherung und Besorgnis, deren Ausmaß ihrem Umfeld jedoch noch situationsangemessen erschien. Entsprechend ihrer Persönlichkeitsstruktur mit hohem Anspruch an sich selbst und vorsichtig-ängstlichen Zügen bemühte sich Frau Müller darum, ihr Kind zu Hause ähnlich professionell wie in der Kinderintensiv- bzw. Frühgeborenenstation beobachtet zu versorgen, wobei sie in zwanghaft anmutender Weise verschiedene Werte wie Gewicht, Temperatur, Trinkmengen, Schlafdauer etc. protokollierte.
>
> Als die Kinderkrankenschwester Frau Klar [...] einen Hausbesuch bei der Probandin machte, fiel ihr darüber hinaus auf, daß Frau Müller trotz normaler Gewichtsentwicklung des Sohnes nicht von einem bei Malte bestehenden Trinkdefizit abzubringen war und daß sie seine Schlafphasen zum Füttern der vorgeschriebenen Trinkmengen durch Wachrütteln unterbrach. Insgesamt machte die Probandin einen überforderten Eindruck und sah übermüdet und nicht ausreichend ernährt aus. Einen ähnlichen Eindruck machte Frau Müller auf die Hebamme Frau Franz, die der Probandin daher zum Abstillen riet und ihr des weiteren wegen der offenbar nicht bewältigten Kaiserschnitterfahrung eine diesbezügliche Selbsthilfegruppe empfahl. [...]
>
> Der Kinderärztin Frau Dr. Keil fiel die Diskrepanz zwischen dem unauffälligen Untersuchungsbefund beim Kind und der Überbesorgtheit und Verunsicherung der Mutter auf. Wegen der stark gestörten Mutter-Kind-Interaktion leitete sie eine entwicklungstherapeutische Behandlung ein. [...] Frau Müller verlor innerhalb von wenigen Wochen deutlich an Gewicht, so daß sie weniger als vor der Schwangerschaft wog. Sie fühlte sich unruhig, erschöpft und ‚zittrig', rauchte viel und kam auch in der Nacht nicht zur Ruhe, weil sie ihren Sohn häufig ängstlich beim Schlafen beobachtete. Neben der Sorge um ausreichende Trinkmengen war sie zunehmend durch das häufige Schreien von Malte alarmiert, das insbesondere beim Hochnehmen des Kindes auf den Arm auftrat und wodurch sie sich in gewisse Weiser in ihrer Mutterrolle gekränkt fühlte, da sie den Anspruch an sich hatte, ihr Kind durch Körperkontakt beruhigen zu können. Mehr und mehr setzte sich in ihr der Gedanke fest, daß etwas mit dem Malte nicht stimme, daß ‚das Problem' bei ihm liege und nicht bei ihr. Von der Kinderärztin bzw. einer diensthabende [sic!] Ärztin in der Kinderklinik, die sie an einem Sonntag aufsuchte, fühlte sie sich in ihrer Besorgnis nicht ernst genommen und war auch angesichts der unauffälligen Untersuchungsbefunde nicht beruhigt; statt dessen spielte sie mit dem Gedanken, eine sog. ‚Schrei-Ambulanz' in einer Kinderklinik aufzusuchen. [...]" (ebd.: 73-75)

In diesen Sequenzen, die auf die verantwortungsvolle Fürsorge-Technik verweisen, werden die einzelnen Deutungsweisen zum Legitimieren des (Ab-)Stillens zu einer neuen Erzählung über die Beschuldigte als „überforderte [...]" Mutter aus einer psychiatrischen Haltung heraus verdichtet, in der das mütterliche Handeln der Situation nicht mehr angemessen erscheint. Die vorher teils scheinbar neutral formulierten Aussagen verwandeln sich in bewertende Aussagen (z. B. eigene Angaben der Beschuldigten zum Abstillen). Die Beschuldigte wird inszeniert als eine Mutter, die das Kind zur Selbstaufwertung instrumentalisiert. Die Mutter wird dabei als eine Frau dargestellt, die persönlich gekränkt ist, weil sie ein überhöhtes normatives Bild von ‚gutem Mutter-Sein' zur Anforderung an sich selbst gemacht habe, obwohl es diese Anforderung real gar nicht gibt. Dabei lässt sich aus dieser Zuschreibung deuten, dass sie mutterschaftliches Handeln nachahmt und nicht aus sich selbst schöpft. Nachahmen meint hier, dass sie sich vermutlich – es wird nicht ausgesprochen – nicht auf das eigene ‚Mutter-Gefühl' verlässt, sondern „ihr Kind zu Hause ähnlich professionell wie in der Kinderintensiv- bzw. Frühgeborenenstation" versorgt bzw. das Experten-/Expertinnenhandeln imitiert.[115] Es fehlt scheinbar an mütterlicher Empathie dem Kind gegenüber, da sie es eher, mit Worten Dudens (1991: 22) formuliert, als ein berechenbares Produkt verstehen würde. Sie handelt nach Vorschriften und Empfehlungen und nicht nach ihrer Intuition. Frau Müller fühle sich in der „Mutterrolle" gekränkt, weil sie das Kind, Malte, durch Körperkontakt nicht (mehr) beruhigen könne. Die Fachärztin für Psychologie und Psychiatrie lässt in dieser zusammenfassenden Bewertung die konflikthaften Deutungen unsichtbar werden. Während die Hebamme meint, es sei der Beschuldigten nach dem Abstillen besser gegangen, heißt es bei dem Ehemann, dass es ihr schlechter gegangen sei. Als Begründung wird seitens des Vaters des Opfers die Angststeigerung im Zusammenhang mit fehlender körperlicher Bindung zum Kind durch die Mutter genannt, wie zuvor ausgeführt (ebd.: 63).[116]

Die Fachärztin entwickelt hiermit eine kohärente Geschichte, indem das Stillen in ihrer Erzählung nicht mehr genannt wird, sondern nur der „Körperkontakt" als überhöhter Selbstanspruch der Beschuldigten, die damit das Kind beruhigen will, und damit als etwas, was sie verletzen würde – das sei ihr Anspruch. Damit einher geht die Individualisierung der Tat, wie auch bei den anderen wiederholten Gründen der Zeugen und Zeuginnen deutlich wird. So lässt sich im Gegensatz zu der Deutung der erzählten Beschuldigten im Gutachten die Norm dokumentieren, dass eine ‚gute Mutter' das Kind nicht durch den Körperkontakt beruhigen können muss.[117]

---

115 Siehe dazu die Ausführungen zu Duden (1991:22) hier im Text auf Seite 167.
116 In der Zeugenvernehmung mit dem Vater des Opfers Max Müller konnte keine entsprechende Stelle gefunden werden, in der vom Stillen auf das Beruhigen des Kindes geschlossen wird. Die Passage heißt hier: „Am Anfang hat Malte auch geschrien, als ich ihn hochgehoben habe, aber ich bin ein pragmatischer Mensch und gab mich damit zufrieden, dass ich ihn beruhigen konnte, wenn ich ihn auf den Wickeltisch legen konnte. Meine Frau hatte einfach mehr als ich das Bedürfnis, Malte auf den Arm zu nehmen, um ihm Geborgenheit zu geben." (ZV Max Müller: 6)
117 Bezieht man den Kontext, wie Bereswill angemerkt hat, der psychologischen Begutachtung auf andere Weise stärker ein, wäre es auch möglich, von dem Deutungsmuster auszugehen, dass eine ‚gute Mutter' nicht krank sein sollte, aber wenn sie es ist, dann auch nicht zur Rechenschaft gezo-

Fall 2 ‚Ruth Reichert'

Auch Ruth Reichert, die seit der Geburt ihr Kind mit industrieller Milch ernährt, wird explizit aufgefordert, sich zum Stillen zu positionieren. Die Frage nach dem Stillen – „Haben Sie gestillt?" (Kriminalpolizist, BV Ruth Reichert: 24) – seitens des Vernehmungsbeamten wird in der Beschuldigtenvernehmung begleitet von der Frage, ob das Opfer ein „Wunschkind" sei und ob es bei der Geburt Kompli- kationen gab. Nicht-Stillen kann mit der Platzierung der Frage in der Vernehmung eher als Abweichung gelesen werden, da es zwischen empfundener (Un-) Erwünschtheit des Kindes und Schwierigkeiten bei der Geburt abgefragt wird. Frau Reichert antwortet nach Protokoll: „Till wollte nicht [gestillt werden]" (ebd.). Und in der zweiten Beschuldigtenvernehmung greift Frau Reichert das Thema Stillen selbst auf, als sie zu ihrem problematisierten Umgang mit Alkoholkonsum befragt wird und in diesem Kontext der Vernehmungsbeamte fragt:

> „Frage: Till ist [Jahresangabe] geboren. Wie verlief ihr Leben hier in der Großstadt nach der Ge- burt?
> Antwort: Ich habe nach der Geburt langsam wieder angefangen zu trinken. Rücksicht auf das Stil- len brauchte ich nicht zu nehmen, weil Till nicht gestillt werden wollte. Er war ein sehr schlechter Esser." (Kriminalpolizist, 3. BV Ruth Reichert: 8, vgl. Facharzt, NG über Ruth Reichert: 40)

Die dokumentierte Frau Reichert macht, wie Frau Schröder, in beiden Sequenzen deutlich, dass sie grundsätzlich stillwillig wäre, aber ihr Kind, Till, nicht gestillt werden wollte. Gleichzeitig sagt sie in der zweiten Sequenz, dass sich die Interessen bzw. Bedürfnisse des Kindes und der Mutter unterscheiden. Sie bewertet das Interesse des Kindes, gestillt zu werden, höher, als ihr eigenes Bedürfnis Alkohol zu trinken. So habe sie keine „Rücksicht" auf das Kind nehmen müssen, da das Kind nicht wollte. Frau Reichert stellt sich somit als sorgende und informierte Mutter dar, da sie das Wohl des Kindes berücksichtigt und darüber Bescheid weiß, dass Alkohol dem Kind nicht zuträglich sei. Die Verantwortung für das Nicht- Stillen verortet sie damit beim Kind und nicht bei sich selbst. Dies wird durch den Zusatz untermauert, dass es „ein sehr schlechter Esser" gewesen sei. Vermutlich, so suggeriert es die Erzählung, hätte sie nicht getrunken, wenn sie gestillt hätte, denn dann hätte sie „Rücksicht" auf die Interessen des Kindes nehmen müssen.

---

gen werden kann, da sie als nicht handlungsfähig konstruiert wird. Denn Experten und Expertin- nen haben die Aufgabe zu bewerten, ob jemand krank ist oder nicht. Vor diesem Hintergrund können die Aussagen um Frau Müller als pathologierende Entlastungserzählung verstanden wer- den.

Fall 3 ‚Raphael Meyer und Susanne Schröder'

Die Situation: Raphael Meyer und Susanne Schröder geben seit der Geburt abgepumpte Milch mit dem Fläschchen. Nachts teilen sich die Eltern häufig die Versorgung ihres Kindes.
   Während bei Raphael Meyer die Ernährungsweise seines Kindes unthematisiert bleibt, wird Frau Schröder explizit auf die Ernährungsweise angesprochen
(Kriminalpolizist, BV Susanne Schröder: 22). Susanne Schröder antwortet auf die
Frage vom Vernehmungsbeamten, warum sie nicht gestillt hätte, mit ihren körperlichen Grenzen und mit dem Willen des Kindes, das die Brust verweigert:

> „Frage: Warum hast Du [sic!] den Kleinen nicht von Anfang an gestillt?
> Antwort: Das ging nicht, weil die Brustwarzen zum Stillen zu klein waren.
> Frage: Mit Brusthütchen wäre es doch dann gegangen.
> Antwort: Das hat man mir nie gesagt, daß das ginge. Man hat den Kleinen gleich mit der Flasche
> ernährt. Ich habe es später wieder versucht, aber er wollte nicht von der Brust trinken. Somit be-
> kam er die Muttermilch über die Flasche." (Kriminalpolizist, BV Susanne Schröder: 21)

Frau Schröder wird von dem Vernehmenden als „Unwissende" und als prinzipiell
‚Lernfähige' angerufen (Ott/Seehaus 2010: 264), indem der Vernehmende bei der
Art der Frage die Position des medizinischen Experten besetzt und als
Problemlösung auf die Hilfskonstruktion des Brusthütchens hinweist, mit dem das
Stillen möglich sei („Mit Brusthütchen wäre das doch dann gegangen."), da die
körperliche Begrenzung damit behoben wird (ebd.: 265). Frau Schröder wendet
sich im Protokoll der Anrufung der Hilfsmittelnutzung der Brusthütchen zu, indem
sie die Anrufung bestätigt und sich als „informierte Entscheiderin" in der Position
der Mutter präsentiert, die gestillt hätte, wenn sie die Gelegenheitsstrukturen dazu
gehabt hätte (Samerski 2002; Duden/Samerski 2006). Dies tut sie in doppelter
Hinsicht. Einerseits sind es fehlende Informationen, die ihr von Dritten vorenthalten werden, vermutlich Ärzten, Ärztinnen, Kinderpflegern/-pflegerinnen oder
Hebammen, die sie zum Stillen befähigt hätten, die aber stattdessen „den Kleinen
gleich mit der Flasche ernährt" haben. Flaschennahrung scheint hier als ein
Eingriff von außen, den sie nicht zu verantworten hat. Und andererseits – damit
werden die Stillwilligkeit und der Lernwille nochmals untermauert – hat sie es
später wieder versucht, allerdings ist sie daran gescheitert, dass das Kind „nicht
wollte". In der Folge hat sie dem Kind die Muttermilch mit dem Fläschchen
gegeben. „Somit" im letzten Satz kann gelesen werden als Rechtfertigung dafür,
dass aus der Notwendigkeit heraus, die als Effekt des Willens des Kindes und der
vermutlich fehlenden professionellen Information über Stillhilfen, das Kind die
nicht gleichwertige, sondern vermeintlich schlechtere alternative Muttermilch-
zufuhr durch die Flasche und nicht über die Brust erhält.

Von Frau Schröder selbst thematisiert scheint an anderer Stelle der Beschuldigtenvernehmung die Muttermilch für die besondere Mutterschaftsqualität zu stehen:

> „Ich habe Benedikt jeden Tag im Krankenhaus besucht, habe immer abgepumpt und hatte auch gefrorene Muttermilch von zu Hause mitgebracht. Nach diesen 10 Tagen wurde er dann wieder entlassen." (Kriminalpolizist, BV Susanne Schröder: 29)

Frau Schröder schildert vor dem Hintergrund des Krankenhausaufenthalts ihres Kindes ihre Fürsorge über den täglichen Gang ins Krankenhaus und die Versorgung des Kindes mit ihrer eigenen Muttermilch. Am Ende der Erzählung steht der vermutlich erfolgreiche Genesungsprozess, der anhand der Entlassung nach einigen Tagen auszumachen ist. Über die Muttermilch wird die verantwortungsvolle und engagierte Mutter inszeniert. Dabei handelt es sich nicht um irgendeine Muttermilch, sondern um „gefrorene". Dies kann als Verweis auf extra Aufwand und Mehr-Engagement gelesen werden. Interpretieren lässt sich vor diesem Hintergrund, dass Frau Schröder sich sehr aktiv um das Kindeswohl sorgt und sich als ‚gute Mutter' qualifiziert.

Fall 4 ‚Mona Stern'

Zu einer Versorgung des Kindes seitens Frau Stern oder anderer ist es in den beiden verhandelten Delikten – zweifache Neugeborenentötung – nicht gekommen. Anders als in den anderen Fällen wird im Fall ‚Mona Stern' Ernährung normativ über die nicht vorhandene Voraussetzung des Muttermilch-Habens thematisiert.

Aus dem diskursiven Beschuldigtenwissen lässt sich rekonstruieren, dass Mona Stern die soziale Mutterschaft nicht eingegangen sei. Frau Stern rekurriert, so meine Lesart, in bestimmter Weise auch auf den Ernährungs- und Stilldiskurs, insofern ihr die Voraussetzungen dafür gefehlt hätten, nämlich die körperliche Produktion der Muttermilch. Auf die Frage, ob die Verhörte noch etwas „berichtigen" möchte, „was ihre letzte Schwangerschaft und die letzte Geburt anbelangt", antwortet Frau Stern:

> „Das einzige [sic!] was etwas ungewöhnlich war im Vergleich zu meinen Schwangerschaften, die ich mit meinen Kindern zuvor hatte, dass ich keine Milch hatte und dass das Kind nicht ganz so lebhaft war wie meine Kinder. Herr Luth [Vernehmungsbeamte], ich will Ihnen jetzt wirklich die ganz [sic!] Wahrheit sagen. Ich will auch gar nichts mehr beschönigen. Ich sage Ihnen jetzt wie es wirklich war. Es war so, dass ich das Kind niemals haben wollte, ich habe mir das Ganze geistig so zurecht gelegt, dass ich das Kind auf die Welt bringe, es aber nicht behalten möchte." (Kriminalpolizist, BV Mona Stern: 7)

In dieser Sequenz bildet die Muttermilch die Differenzlinie zwischen „das Kind" und „meinen Kindern zuvor". Das Kind war nicht so lebhaft, wie die anderen im Mutterleib. Die Mutter ist die Mutterschaft, wie man an den beiden Adressierungen ablesen kann, für „das Kind" emotional nicht eingegangen und wollte dieses Kind auch „niemals haben". Die Fähigkeit und der Wille zum Stillen stehen hier als engmaschige Scheidelinie für das Ausfüllen oder Verweigern der Mutterschaft. Muttermilch als Substanz muss in diesem Fall als entscheidende Referenz für vollzogene oder verweigerte Bindung zum Kind gelesen werden. Während Frau Stern bei den anderen (vorhergehenden) Kindern Milch hatte, fehlte sie hier; dies erwähnt sie im gleichen Zuge wie die „wenigen Bewegungen", die vom Kind ausgingen. Quasi einem naturgegebenen Prozess gleich – der Körper mit der fehlenden Milch als Zeichen – scheint sich die fehlende emotionale Mutter-Kind-Bindung an dieser Stelle schon anzudeuten und es könnte auch als Plausibilitätsmoment gelesen werden, dass das Kind nach der Geburt in der Badewanne „eingeschlafen" sei (Kriminalpolizist, 2. BV Mona Stern: 15) und nicht gelebt hat, wie die Beschuldigte weiter protokolliert wird. Damit präsentiert die dokumentierte Frau Stern eine in sich schlüssige naturalisierte Logik: Im Vorfeld die Ablehnung der Schwangerschaft, die nicht einsetzende Milchproduktion als ‚natürliche' Nahrungsquelle, die wenigen Bewegungen des Kindes und das Einschlafen des Kindes. Über die Faktizität des kindlichen Körpers, die sich an ihrem Körper spiegelt (da ihr die Voraussetzungen zum Stillen fehlen würden), wird die Norm des Milch-Habens als ‚gute Mutter' dokumentierbar.

Fall 5 ‚Lasse Lehmann'

In der ersten Beschuldigtenvernehmung von Herrn Lehmann, der die Zwillinge seit der Geburt mit industrieller Milch vor allem nachts versorgt, wird das Thema Stillen weder von den Vernehmenden noch von dem Vernommenen angesprochen. Das Protokoll über die Vernehmung von Herrn Lehmann lässt den Leser im Unklaren darüber, ob er als Vater zur Aufteilung der nächtlichen Sorgearbeit industrielle Milch via Fläschchen gibt und/oder seine Frau stillt. Vor dem Hintergrund der Deutungsoffenheit der Ernährungsweise könnte das Fläschchengeben aus Sicht von Lasse Lehmann als gleichwertige, bewusste oder sogar bessere Alternative zum Stillen verstanden werden (Knaak 2005). Interessant ist, dass auf Etikettierungen in den Vernehmungen von Herrn Lehmann, wie industrielle Milch oder künstliche Milch, gänzlich verzichtet wird und stattdessen von Apothekenmilch gesprochen wird. Das Etikett Apotheke steht für einen besonderen Ort, der umgangssprachlich auf teure und ausgewählte Produkte verweist.[118] Dies kann als

---

118 http://www.duden.de/rechtschreibung/Apotheke [Zugriff am 16.07.2014]

Strategie gelesen werden, die zur Aufwertung der Babynahrung als qualitativ hochwertiges Produkt führt, da es nicht ‚irgendeine' Babymilch ist, sondern eine besondere Babymilch. In dem psychologischen Gutachten zu diesem Fall scheint die – vielleicht auch strategische – Offenheit der Babyernährungsweise durch die Eltern in Eindeutigkeit überführt zu werden: So ist seine erzählte Frau in diesem Text explizit am erfolgreichen Stillen gescheitert. Der folgende Auszug aus dem nervenärztlichen Gutachten über Herrn Lehmann zeugt davon. In diesem Gutachten werden Inhalte eines Gesprächs von Herrn Lehmann mit der Fachärztin von dieser wiedergegeben. Die Fachärztin hatte den Auftrag, den Beschuldigten zu beurteilen:

> „Sie hätten auch eine kurze Zeit in der [Straßenname] eine Kinderfrau, eine ältere Frau, gehabt, die aber etwas unsicher im Umgang mit den Kindern gewesen sei, verständlicherweise habe das seiner Frau nicht recht sein können. Sie habe keine richtige Entlastung gehabt. Mit dem Stillen habe es auch nicht geklappt und sie habe immer gesagt, froh zu sein, daß er sich nachts um die Kinder kümmere. Er wolle das nicht dramatisieren, er habe aber schon oft Schlafentzug gehabt, auch wenn es schön mit den Kindern gewesen sei. Nachts habe er auch Wäsche gewaschen. Es sei schon sehr anstrengend gewesen." (Facharzt, NG über Lasse Lehmann: 36-37)

Das Nicht-Stillen kann in dieser Sequenz als Scheitern der Mutter gegenüber dem Kind und dem vollberufstätigen Vater gelesen werden, da beiden Personen etwas vorenthalten wird. Es hat „nicht geklappt" mit dem Stillen steht für das Scheitern der Mutter. Es habe „nicht geklappt", ebenso wie es mit der „älteren Kinderfrau" nicht geklappt habe, die zu unsicher war im Umgang mit den Zwillingen. Aus dieser Notsituation heraus, die sich aus dem genannten Scheitern am Stillen ergeben würde, übernimmt der Vater die Arbeitsentlastungsposition der Mutter, indem er die anfallenden Aufgaben, unter anderem Füttern und Wäsche waschen, übernimmt. Es lässt sich daraus interpretieren, dass Lasse Lehmann in dieser Argumentation eine aus seiner Sicht für ihn nicht vorgesehene Position einnehmen würde, die er nicht „dramatisieren" wolle, aber die schon als anstrengend erzählt wird, wegen des Schlafentzuges. Mit der Aussage, er wolle das nicht „dramatisieren", sagt er, dass er es nicht übertreiben möchte, aber dass die Situation doch eigentlich problematisierungsbedürftig war. Vorenthalten wird zum einen dem Kind das Stillen – wobei dies nicht detailliert ausgeführt wird – und vorenthalten wird zum anderen ihm selbst seine Entlastung nachts, wenn er schon tagsüber voll arbeitet, wie aus seinen weiteren Schilderungen deutlich wird.

Fallübergreifende Zusammenfassung

Im Aktenwissen zur normativen Verhandlung der angemessenen Ernährung des Kindes zeigen sich unterschiedliche Deutungsmuster der ‚guten Mutter'.

Eine ‚gute Mutter' sollte ihr Kind qua eigenem Körper selbst stillen und die Fürsorge übernehmen. Im diskursiven Beschuldigtenwissen scheint Stillen durch die Mutter normativ als beste Ernährung des Kleinkindes verstanden zu werden. Dies zeigt sich daran, dass im gesamten Datenmaterial keine Problematisierungen von gestillten Kindern zu finden sind, während ungestillte Kinder thematisiert werden.[119] So wird fallübergreifend auf die Norm des Stillens durch die leibliche Mutter des Kindes Bezug genommen. Dies bezieht sich einerseits auf Begründungen und Legitimierungen des Nicht-Stillens oder Abstillens der Beschuldigten und der Experten/Expertinnen und andererseits auf Frageformen in den Beschuldigtenvernehmungen, in denen die weiblichen Beschuldigten explizit nach dem Stillen und den Gründen des Nicht-Stillens befragt werden in Kontexten, die u. a. darauf verweisen, dass Stillen angemessen wäre (z. B. die Frage, warum Frau Schröder keine Hilfsmittel benutzt habe, um dem Kind das Gestilltwerden zu ermöglichen). Dabei wird das Nicht-Stillen durch die Experten/Expertinnen und Beschuldigten vor allem über die körperlichen Grenzen (Gewichtsverlust, zu enge Brustwarzen, keine Muttermilch qua eigenem Körper vorhanden) legitimiert, dass sie das Stillen nicht geschafft haben oder dass es „nicht geklappt" habe. Die Beschuldigten vertreten dazu die Position, dass das Kind nicht wollte und die Experten und Expertinnen die Position, dass es der Wille der Beschuldigten im Kontext des zugeschriebenen Überfordertseins war.

Stillen scheint in diesem Sinne ein Kriterium zu sein, an dem sich ‚Gute-Mutter-Sein' messen lassen kann. Wird den Deutungsmustern gefolgt, kann bei gegebenen körperlichen Voraussetzungen nur die Frau in der Position der leiblichen Mutter das Kind stillen. Der exklusive Bezugsort des Kindes ist der Körper der Mutter. Die Position des Vaters bleibt dabei tendenziell unthematisiert. Die Ernährungspraxis ist in den Erzählungen nicht übertragbar auf Dritte, z. B. Ammen oder Väter. So wird die Mutter zur einzigen Adressatin der verantwortlichen Fürsorge in den ersten Monaten. Übertragene und geteilte Mutterschaft ist damit ausgeschlossen. In allen Wissenstypen wird diejenige Frau als ‚gute Mutter' erzählt, die prinzipiell stillwillig, informiert und reflektiert über die Ernährungsweise des Kindes entscheidet. Zentraler Bezugspunkt der Deutungsweisen scheint der kindliche Körper zu sein, dem natürliche Bedürfnisse nach Muttermilch aus der Brust der eigenen Mutter unterstellt werden. Über die Schaffung von kindlichen Bedürfnissen als Fakten über Naturalisierungsprozesse werden die normativen Anforderungen als ‚gute Mutter' konstruiert. Die Beschuldigten präsentieren sich in diesem diskursiven Still-Bezugsrahmen über alternative Ernährungsarten und -weisen in zweiter Instanz – in erster Instanz würden sie stillen – als ‚gute Mütter'. Im Fall Lasse Lehmann ist es die Apothekenmilch, die vermutlich besser sei als das Pulver,

---

119 Allerdings ist anzumerken, dass in den meisten Fällen die Frauen auch nicht gestillt haben.

und im Fall Schröder ist es die abgepumpte Muttermilch, die durch den geleisteten enormen Arbeits- und Zeitaufwand offenbar besser ist als industrielle Milch. Und im Fall ‚Marion Müller' müssen sich die Experten und Expertinnen offenbar stark für das Abstillen rechtfertigen, in dem sie betonen, dass es die ‚gestörte Mutter-Kind-Interaktion' gebessert habe, obwohl es auch andere Positionen gab, die von einer Verschlechterung des Verhältnisses ausgegangen sind.

Auch zeigte sich die Norm, dass eine gute Mutter (k)eine exklusive Bindung zu ihrem Kind über das Stillen genießen würde, um das Kind durch den Körperkontakt zu beruhigen. Während die protokollierte Marion Müller des Facharztes das Abstillen problematisiert, da sie ihr Kind nicht mehr körpervermittelt beruhigen könnte, scheint dies ein überhöhter Selbstanspruch des ‚Gute-Mutter-Sein-Wollens' bei den Experten/Expertinnen. Damit scheinen zwei Deutungsmuster zu konkurrieren. Einerseits die Deutung, dass sich eine Frau als ‚gute Mutter' durch eine exklusive Bindung zum Kind über das Stillen qualifizieren kann und andererseits die Deutung, dass die Exklusivität über den Körperkontakt nicht notwendig vorhanden sein muss. Offenbar müssen auch, wie schon gezeigt, die Experten und Expertinnen das Nicht-Stillen stark legitimieren.

Eine ‚gute Mutter' sollte die ‚natürlichen' Eigenheiten *ihres* Kindes intuitiv spüren und nicht in erster Linie durch Berechnungen wahrnehmen. Dieses Deutungsmuster der ‚guten Mutter' konnte aus dem Aktenwissen im Fall ‚Marion Müller' herausgelesen werden, die aus Sicht des Ehemannes und der Expertinnen (Fachärztin, Hebamme, Kinderkrankenschwester) eine nicht angemessene Fürsorgehaltung zum Kind pflegen würde, da sie das richtige Maß der Fürsorge nicht finden würde. Es scheint nicht für eine ‚gute Mutter' zu sprechen, wenn Frau Müller die klinischen Techniken – die Übernahme professionellen Handelns aus der Frühgeborenen- und Intensivstation – zu ihren eigenen macht und damit imitiert. Im Gegensatz zu den Experten und Expertinnen (Hebamme, Krankenhauspersonal etc.) sollte Frau Müller ihr Kind nicht als berechenbares Produkt behandeln (Duden 1991: 22), das es statistisch zu erfassen und zu berechnen gelte. Vermutlich, dies wird nicht ausformuliert seitens der Experten/Expertinnen, ist mütterliche Empathie gefragt, in der die eigenen Bedürfnisse des Kindes gespürt und berücksichtigt werden. Die eindeutige Diagnose Dudens eines Wandels von einer stärker haptischen zu einer technisch vermittelten Wahrnehmungsweise findet sich im Material nicht so klar (vgl. auch Sänger/Dörr et al. 2013: 68). Vielmehr scheint die angemessene Wahrnehmungsweise umkämpft zu sein. Des Weiteren zeigt sich, dass einmal eine starke Expertinnenorientierung von Marion Müller problematisiert wird hinsichtlich fehlender Empathie zum Kind und ein anderes Mal wird problematisiert, dass sie die Expertinnenmeinung nicht angenommen habe. Wann, wer und wie eine ‚gute Mutter' ist, scheint kontextabhängig auch in einem Feld zu variieren.

Babynahrung wird folglich in den Aktendokumenten als Instrument benutzt, um das (nicht) Eingehen bzw. Vorhandensein von Mutterschaft und die Qualität des Mutterseins über ihre Sorgebeziehung selbst zu erzählen oder fremd erzählt zu werden. Was – Muttermilch, Apothekenmilch, HA-Milch[120] – und wie – Stillen oder Fläschchen – gefüttert wird, stellt damit das Moment dar, an dem die ‚gute Mutter' gemessen, bewertet und darin repräsentiert wird.

4.3 Sorge um die Hausarbeit

Hausarbeit wird im Aktenwissen unterschiedlich hinsichtlich der ‚guten Mutter' gedeutet. Im Folgenden geht es ausgehend vom empirischen Material um die Frage, wer als Zuständige/-r bei der Hausarbeit adressiert wird und inwiefern Mutterschaft und Sorge um die Hausarbeit von den Deutenden argumentativ verknüpft werden. Auszüge aus den psychiatrischen und nervenärztlichen Gutachten, Beschuldigten- sowie Zeugenvernehmungen bilden gleichermaßen die Basis für das Thema.

Bei der normativen Verhandlung der ‚guten Mutter' wird auf unterschiedlichste Hausarbeitstätigkeiten Bezug genommen. Es beginnt mit dem täglichen Aufräumen und damit, die Wohnung sauber zu halten (etwa Wischen und Staubsaugen), geht über schmutzige Wäsche waschen, Möbel verkaufen oder Gassi gehen mit dem Hund bis hin zu Betreuung der Gäste und Kochen für die Familie oder WG-Mitbewohner/-innen.

Fall 1 ‚Marion Müller'

Im Fall ‚Marion Müller' wird an drei Stellen im psychiatrischen Gutachten die Sorge um die Hausarbeit explizit angesprochen und wird vor allem der Frau als Mutter zugeschrieben: in den Aussagen des Ehemannes basierend auf der Zeugenvernehmung, den Aussagen der Telefonzeugin und den Aussagen der Begutachtung der Beschuldigten selbst.

Im psychiatrischen Gutachten wird das Thema Hausarbeit explizit thematisiert, dort heißt es unter „Eigenen Angaben" Punkt 6 „Angaben zum Tatvorwurf":

> „Trotz ihrer gedrückten Stimmung und Anspannung habe sie nie konkrete Suizidgedanken entwickelt, sie habe auch immer alles erledigen können, was zur Versorgung des Kindes oder des Haushalts nötig gewesen sei, wenn auch nur mit Mühe, da sie immer sehr erschöpft gewesen sei. Daß die Polizei festgestellt habe, daß auf dem Anrufbeantworter 14 Anrufe gespeichert gewesen seien, bedeutet nicht, daß sie die Anrufe nicht immer sofort abgehört habe, sondern nur, daß sie

---

120   HA-Milch ist industrielle Babynahrung.

die alten, abgehörten Anrufe noch nicht endgültig gelöscht habe." (Fachärztin, PG über Marion Müller: 39-40)

Die Beschuldigte stellt sich der Fachärztin insofern als ‚gute Mutter' dar, als dass sie unter allen widrigen Umständen (gedrückte Stimmung, Anspannung, Erschöpfung) immer für das Kind und den Haushalt gesorgt habe. Ihre Zuverlässigkeit unterstreicht sie noch einmal, indem sie in Form einer „vorauseilenden Rechtfertigung" den Verdacht, sie hätte sich um die Anrufe nicht gekümmert, ausräumt (vgl. Ott/Seehaus 2010: 261; Ott/Seehaus 2012). Die Beschuldigte beschreibt sich in der Dokumentation der Fachärztin in dieser Sequenz als alleinige Verantwortliche für die Sorge um die Hausarbeit. Andere Personen, die Haushaltstätigkeiten hätten übernehmen können, tauchen in der Deutung nicht auf.

Während die dokumentierte Frau Müller sich selbst zuschreibt, die normativen Anforderungen einer ‚guten Mutter' zu erfüllen, scheitert sie aus Sicht der Kinderkrankenschwester – Telefonzeugin im psychiatrischen Gutachten – an den Anforderungen. Die Kinderkrankenschwester, die Frau Müller nach der Geburt betreut habe, wird wie folgt protokolliert:

> „Frau Ulm [Kinderkrankenschwester] sei weiter aufgefallen, daß Frau Müller alle Werte wie Trinkmengen etc. akribisch aufgeschrieben habe und daß es in der Wohnung keinen eigenen Platz für das Kind mit allen seinen Pflegeutensilien gegeben habe, sondern daß diese Dinge aus verschiedenen Ecken hätten hergeholt werden müssen. Auch habe die Wohnung einen unaufgeräumten Eindruck gemacht, es seien Schokoriegel herumgelegen und Frau Müller habe insgesamt den Eindruck einer ‚überforderten Mama' gemacht, die weder zu ausreichenden Mahlzeiten noch zu genügend Schlaf gekommen sei." (Fachärztin, PG über Marion Müller: 52-53)

Die Schilderung, Tabellen auf „akribische" Weise zu führen, stellt in diesem Sequenzausschnitt eine ‚Kippfigur' dar. Diese Beschreibung könnte zu Beginn noch für ein ‚zu ordentlich' im Sinne eines zwanghaften Verhaltens stehen, sie könnte ebenso auch für ein sehr ordentliches Protokollieren der Trinkmengen stehen. Anscheinend kann Frau Müller die Balance zwischen den verschiedenen Anforderungen nicht halten, was in der weiteren Erzählung der Fachärztin durch die Einführung des Begriffs der „überforderten Mama" in die Erzählung der zitierten Kinderkrankenschwester sichtbar wird. Durch die Adressierung der Mutter als „Mama" wird die Beziehung zwischen Mutter und Kind intimisiert. Mit dem vorgeschalteten Verb „überfordert" lässt sich interpretieren, dass die Mutter fürsorglich sein wollte, jedoch an den eigenen normativen Ansprüchen zu scheitern scheint. Das ‚richtige' Maß als ‚gute Mutter' scheint ihr in der Deutungsweise offenbar zu fehlen. Dies wird auch daran deutlich, dass sie die Sorge um sich und ums Kind nicht angemessen wahrt. In der Deutung wird die Aussage legitimiert durch den Rückgriff auf den Zustand der Wohnung, die hinsichtlich Sauberkeit nicht in Ordnung gehalten werde („seien Schokoriegel herumgelegen") und Anordnung der Kinderutensilien, die nicht an einem Platz liegen würden.

Auch in der Deutung von Max Müller, dem Ehemann der Beschuldigten in der Position des Zeugen, wird Marion Müller den Anforderungen, eine ‚gute Mutter' zu verkörpern, nicht gerecht. Das folgende Zitat aus der Zeugenvernehmung von Max Müller in diesem Zusammenhang steht zwischen der Schilderung der Schwierigkeiten, das Kind zu beruhigen und der Frage, ob seine Frau in der letzten Zeit in psychiatrischer Behandlung war.

> „Frage: Können Sie sich vorstellen, warum Ihre Frau zusammen mit Malte [Opfer] heute aus dem Fenster gesprungen ist?
> Antwort: Aus Angst, Verzweiflung, dass sie nicht die Mutter sein kann, die sie für Malte sein wollte und weil sie so fertig war, vom Schlafen, dass sie keinen Ausweg mehr gesehen hat und fand.
> Frage: Sie haben angegeben, dass Marion in der Nacht [bevor die Tat passierte] ja gut geschlafen hat. Was sagen sie dazu?
> Antwort: Ja, das ist schon richtig. Malte hat schon gut geschlafen, aber nicht meine Frau. Sie hat sich in der Zeit selber nicht ausgeruht, vielmehr hat sie den Haushalt in Ordnung gebracht und ist manchmal sogar richtig neben Malte wach geblieben, um darauf zu warten, wann er wieder aufwacht. Sie wollte einfach die Übermutter sein." (Kriminalpolizist, ZV Max Müller: 9)[121]

Der Ehemann Max Müller artikuliert seine Irritation – Unverständnis oder auch Anteilnahme – über die zu viel übernommene Hausarbeit seitens seiner Frau. Über seinen Anteil an der Hausarbeit erfährt die Leserin/der Leser nichts. Warum er den Haushalt nicht übernommen hat, wenn er die Beschuldigte als „fertig" beschreibt, bleibt offen. Zumindest scheint es für ihn keiner Rechtfertigung zu bedürfen, dabei über seine eigene Position zu reflektieren. Herr Müller berichtet offenbar in der Position eines Beobachters darüber, dass seine Frau den Haushalt macht, statt sich um sich selbst zu sorgen (zu schlafen). Mit der negativen Beschreibung seiner Frau als eine, die „Übermutter" sein wollte, wird deutlich, dass er ihr Handeln übertrieben fand. Sie hätte offenbar den Haushalt auch mal liegen lassen und sich besser ausruhen sollen. Dieser Argumentation folgend hat Frau Müller das richtige Maß der Fürsorge bezogen auf den Haushalt (und auch des Kindes) nicht gefunden. Offenbar wollte sie zu viel und ist an diesen Selbstansprüchen einer ‚guten Mutter' gescheitert. Das erzählte Problem der „Übermutter" wird individualisiert und an die Person Frau Müller delegiert, die anscheinend keine angemessene Selbst-Sorge betrieben habe. Individualisiert steht, so meine Lesart

---

121 Im Gutachten taucht diese Passage auf, ohne auf Sprecherpositionen einzugehen (Fachärztin, PG über Marion Müller: 9). Hier wird nicht mehr erkennbar, dass die Relevanz durch die Frage des Vernehmungsbeamten gesetzt wird und nicht durch den Vernommenen Herrn Müller. Es wird die Illusion einer kohärenten Geschichte hervorgebracht, die vermeintlich der Ehemann der Beschuldigten in der Form selbst in dieser Weise erzählt habe (siehe Abschnitt 3.2).

dafür, dass auch andere als mögliche Fürsorgegeber/-innen adressiert werden könnten als Frau Müller, wie zum Beispiel der Ehemann.

Fall 2 ‚Ruth Reichert'

In den Aktendokumenten über die Beschuldigte Frau Reichert finden sich nur wenige Passagen, in denen Hausarbeit thematisiert wird. Die folgenden Ausführungen stützen sich auf vier Auszüge aus dem Aktenmaterial. Dieses umfasst Aussagen aus den Beschuldigten- und Zeugenvernehmungen und Aussagen, die im Rahmen der Selbstbeschreibung von Frau Reichert im Gutachten vom Facharzt für Neurologie und Psychologie aufgenommen werden.

In der Beschuldigtenvernehmung antwortet Frau Reichert dem Vernehmungsbeamten im Anschluss auf Nachfragen zu Ablaufdetails des Tattages auf folgende Frage: „Wilfried [Kindsvater] und Tom [19-jähriger Sohn] hatten das Haus verlassen. Sie hatten Till [Opfer] in der Kinderkrippe entschuldigt, wie ging es dann weiter?" Ruth Reichert antwortet darauf:

> „Antwort: Vormittags habe ich ein bisschen Hausarbeit erledigt und auch mit Till gespielt und vormittags habe ich noch einen Antiquitätenhändler angerufen, um die alten Möbel zu verkaufen." (Kriminalpolizist, BV Ruth Reichert: 6)

Selbstadressatin der Hausarbeit ist in dieser Deutung Frau Reichert. Andere mögliche Personen, die die Hausarbeit übernehmen könnten, tauchen in dieser Sequenz der Beschuldigtenvernehmung und auch in anderen Sequenzen nicht auf. Frau Reichert inszeniert sich, so meine Lesart, als ‚gute Mutter', die die Sorge um den Haushalt quasi nebenbei übernehme. Was „ein bisschen Hausarbeit" ist, wird nicht ausgeführt. Allerdings wirkt die dokumentierte Antwort von Frau Reichert so, als ob sie den ganzen Vormittag ‚fleißig' gewesen sei.

Auch im nervenärztlichen Gutachten wird Frau Reichert unter der Überschrift „Eigenanamnese/Erkrankungen/Alkohol, Drogen, Nikotin" als Mutter präsentiert, die den Anforderungen der Hausarbeit nachkäme:

> „Wenn sie Arbeit gehabt habe, habe sie nur am Wochenende im Laufe des Vormittags schon Alkohol getrunken. Sonst habe sie schon den Haushalt gemacht und die Kinder versorgt. Damals habe sie mehr Alkohol vertragen als heute, wenn sie an den Schnaps denke." (Facharzt, NG über Ruth Reichert: 45)

In dieser Sequenz ist das Wort „schon" in doppelter Hinsicht relevant bezüglich der normativen Verhandlung der ‚guten Mutter'. In dem ersten Satz weist das „schon" darauf hin, dass der Alkoholkonsum erklärungsbedürftig zu sein scheint und vermutlich auf normativ abweichendes mütterliches Handeln verweist. Im zweiten Satz wird „schon" benutzt, um zu erzählen, dass sie sich trotzdem um den

Haushalt gekümmert und die Kinder versorgt habe. In das Aktenwissen lässt sich hineindeuten, dass sie den normativen Anforderungen einer ‚guten Mutter' trotz des ‚Lasters' Alkohol gerecht geworden sei, da sie die Sorge um die Hausarbeit übernehme. Während Frau Reichert den normativen Anforderungen der Hausarbeit in den bisherigen Deutungen entsprochen hat, schildert der Lebensgefährte Herr Kassner, dass sie diesen nicht in jeder Hinsicht gerecht geworden sei. Seine Beschreibung wird einerseits gerahmt von der Frage vom Vernehmungsbeamten, ob der Vernommene „überrascht" war von der Nachricht über die Tat, in der seine Lebensgefährtin mit dem Messer auf das gemeinsame Kind einsticht. Andererseits ging es um Faktenfragen den Tattag betreffend: Wer, wann und wie was gemacht habe. Der Auszug lautet:

> „Frage: Wie würden Sie Frau Reichert charakterisieren?
> Antwort: Wenn sie nüchtern ist, ist sie ein wunderbarer Typ. Da ist sie eine wunderbare Partnerin und auch eine gute Mutter. Sie kümmert sich um alles, macht den Haushalt und da haben wir auch überhaupt keine Probleme. Wenn sie betrunken ist, dann geht´s los, dann macht sie Stress. Sie fängt dann irgendeine Arbeit an, macht dann wieder etwas anderes, wird nicht fertig und hat keinen Überblick mehr und schmeißt dann mir vor, dass sie alles machen muss und ich sie nicht unterstützen würde." (Kriminalpolizist, ZV Wilfried Kassner: 9)

Der dokumentierte Lebensgefährte der Beschuldigten beschreibt Frau Reichert als eine Frau, die den normativen Anforderungen einer ‚guten Mutter' (und guten Partnerin) gerecht wird, wenn sie nicht betrunken ist. Eine ‚gute Mutter' wird in dieser Sequenz explizit definiert als Frau, die sich um „alles" kümmert und den Haushalt macht. Im betrunkenen Zustand ihrerseits käme es allerdings zu Problemen. Die erwähnte Kritik seiner Frau, dass sie allein zuständig wäre für die Hausarbeit, wird seinerseits dramatisiert, indem sie als Effekt der Trunkenheit gedeutet wird. Laut Herrn Kassner ist offenbar das Problem der Alkoholkonsum seiner Frau und nicht seine mangelnde Unterstützung bei der Hausarbeit. So würde Frau Reichert seiner Ansicht nach die Kritik, dass er zu wenig im Haushalt übernehmen würde, nüchtern vermutlich nicht äußern. Ihre Kritik – der Argumentationslinie folgend –, ist, so meine Lesart, entsprechend nicht ernst zu nehmen. Diese gesamte Sequenz verweist auf ein traditionelles Verständnis von Hausarbeitsteilung, in der vor allem die Frau als Mutter und nicht der Mann als Vater der privaten Sphäre zugeordnet wird.

Fall 4 ‚Mona Stern'

Im Fall ‚Mona Stern' ist Hausarbeit im Gegensatz zu den anderen Fällen – insbesondere zu dem dritten Fall ‚Susanne Schröder und Raphael Meyer', in der die Sorge um die Hausarbeit kaum bis gar nicht Gegenstand der normativen

Verhandlungen in den Aktendokumenten ist[122] – ein zentrales Thema. Zur Reflexion der gedeuteten ‚guten Mutter' werden unterschiedliche Auszüge aus den nervenärztlichen Gutachten des Facharztes für Psychiatrie und Psychotherapie und den Zeugenvernehmungen herangezogen.

Eine Besonderheit an ihrem Lebensumfeld ist, dass Mona Stern innerhalb einer WG-ähnlichen Wohnform lebte: Die Beschuldigte Frau Stern bewohnte mit ihren Kindern – Janina acht und Julian neunzehn Jahre alt – eine gemeinsame Wohnung. Gewohnt haben dort gemeinsam und/oder zeitweise mit der Frau Stern der 27-jährige Stiefsohn Jascha Klee[123], der 16-jährige Denis Doll und die 22-jährige Olga Ohms sowie der 19-jährige Sascha Schmitter. Auch lebte zeitweise der Beziehungspartner von Mona Stern dort, der 19-jährige Hugo Heinrich, der so alt wie ihr Sohn Julian gewesen ist. Ansonsten lebten noch der Hund und einige Kleintiere in der Wohnung.

In den Aktendokumenten wird die angemietete Wohnung von Mona Stern mehrheitlich von den Zeugen und Zeuginnen als nicht immer sauber und nicht immer ordentlich gedeutet. Der Begriff Vernachlässigung wird dabei in unterschiedlichen argumentativen Zusammenhängen im Aktenwissen genannt. Vernachlässigt heißt für die einen, dass der Zustand der Wohnung als „nicht gerade ordentlich" (Antonio Azele, ZV: 10) oder „leicht dreckig und ein bisschen schmutzig" zu beschreiben sei, aber „keine Müllhalde" (Kriminalpolizist, ZV Julia Jens: 3) und reicht bis zu Äußerungen „ähnlich wie eine Messie-Wohnung" (Kriminalpolizist, ZV Jascha Klee: 13) oder „Horrorwohnung" (Kriminalpolizist, ZV Nadine Neu: 5). Jascha Klee beschreibt den Zustand der Wohnung als „pervers" und „katastrophal". So sei die Wohnung durch Hundekot verschmutzt gewesen (u. a. Kriminalpolizist, ZV Franziska Varo: 3).

Nachfolgend werde ich die Position der dokumentierten Väter, die als Zeugen im Fall ‚Mona Stern' vernommen wurden, anhand der Frage, wie die Hausarbeit normativ verhandelt wird, darstellen. Dabei werde ich exemplarisch auf Carl Stern, Vater des 19-jährigen Julian Stern und Klaus Klee, biologischer Vater der 8-jährigen Janina Klee eingehen.

Herr Stern problematisiert, dass Mona Stern die Hausarbeit in der damaligen gemeinsamen Zeit vernachlässigt habe. Der Vernehmungsbeamte fragt, ob er wisse, ob Frau Stern in der Zeit schwanger war und fragt danach, wie die Beziehung zwischen ihm und Frau Stern verlaufen sei. In diesem Zusammenhang erzählt Herr

---

122 Dies ist der Grund, warum der Fall 3 ‚Raphael Meyer und Susanne Schröder' in diesem Kapitel keine Erwähnung findet.

123 Mona Stern übernimmt die soziale Mutterschaft von Jascha Klee. Sie ist nicht die biologische Mutter. Biologischer Vater ist Klaus Klee. Aus der Beziehung mit Klaus Klee ist die gemeinsame Tochter Janina hervorgegangen. Mona Stern und Klaus Klee sind zum Zeitpunkt der letzten Tat seit mehreren Jahren getrennt.

Stern, dass er „überwiegend am ‚Buckeln' war und das Geld besorgt habe", während sie „zuhause [sic!] mit dem Kind Julian" (Kriminalpolizist, ZV Cal Stern: 8) gewesen sei und nicht gut mit dem gemeinsam zur Verfügung stehenden Geld umgegangen sei. Er führt weiter aus:

> „Antwort: [...] Der gravierendste Bereich, der mich ärgerte, war aber die Ordnung in unserer gemeinsamen Wohnung. Die Mona hat das völlig vernachlässigt und überhaupt keine Ordnung gehalten. Mich hat das total gestört, unter welchen Verhältnissen der Julian mit ihr gehaust hat. Sie hat einfach nichts aufgeräumt und alles nur stehen und liegen lassen. Ich musste dann am Wochenende noch Buckeln in der Wohnung und zusätzlich sauber machen. Sie hat z.b. Essensreste einfach im Ofen liegen lassen, bis sie verschimmelten, und solche Dinge. Deswegen gab es zwischen uns sehr oft Streit. Ich brauche es allgemein einfach ordentlich. Wobei Streit kann man nicht so direkt sagen." (Ebd.)

Er beschreibt sich selbst – und dies steht beispielhaft für fast alle im Aktenwissen beschriebene sozialen oder biologischen Väter oder Lebensgefährten – in der Position mit einer „doppelten Belastung" (Becker-Schmidt 1987), in die er durch die Ehefrau manövriert wird. Klee erzählt, dass er neben seinem Beruf auch noch zur Hausarbeit gedrängt wird, da seine Frau Mona Stern die gemeinsame Wohnung „völlig vernachlässigt" habe. Die Sorge um den Haushalt, die er der Mutter zuschreibt, sollte gemacht werden, da es für das Wohl des Kindes angemessen sei und auch für sein Wohlempfinden.

Die Sequenz von Carl Stern steht beispielhaft für viele andere Stellen, in denen weibliche und männliche Geschlechtscharaktere (Hausen 1976; Abschnitt 1.3 und 3.1) aufgerufen werden. Während die Frau in der privaten Sphäre verortet wird, die ‚eigentlich' Sorge um den Haushalt tragen sollte, steht er in seiner Deutung für die öffentliche Sphäre. Dies wird daran deutlich, dass er zusätzlich zu seiner Lohnarbeit, so meine Lesart, gezwungener Maßen bei der Hausarbeit mithelfen musste, da Mona Stern den Anforderungen nicht nachgekommen sei. Wie sich die geschlechtsbezogene Arbeitsteilung legitimiert, bleibt deutungsoffen. So kann es sein, dass es etwa der Effekt der pragmatischen Aushandlung des Paares ist oder dass es als ‚natürlich' gesehen wird. Für Herrn Stern scheint der Zusammenhang von Ordnung in der Wohnung und Kindeswohl selbstverständlich zu sein, denn eine Begründung seinerseits fehlt an dieser Stelle. Der Vernehmungsbeamte ist irritiert, dass es vor dem Hintergrund des Wissens der unterschiedlichen „Eigenschaften" trotzdem zur Eheschließung kam:

> „Frage: Wenn Sie die Eigenschaften bei der Mona schon relativ bald bemerkt haben, wie kam es dennoch zur Heirat?
> Antwort: Es stimmt schon, dass mir bald aufgefallen ist [...], dass sie einen Haushalt einfach nicht auf die Reihe kriegt. Der ausschlaggebende Punkt war aber nach der Geburt vom Julian, dass mich mein Vater mehr oder weniger zu der Heirat mit Mona drängte. Er ist sehr traditionell und kirchlich orientiert und hat mich damals eben überzeugt, die Mona zu heiraten. Mein Vater mein-

te damals auch dazu, dass die Mona sich vielleicht verbessert, wenn man heiratet und die Verhältnisse geordneter werden." (Ebd.)

Der dokumentierte Carl Stern legitimiert die Eheschließung über die Referenz auf seinen eigenen Vater, der vermutlich eher konservative Werte vertreten würde (traditionell und kirchlich orientiert). So gehöre zum Mutter-, Vater-, Elternwerden – Geburt des gemeinsamen Kindes – die Eheschließung. Die Gründung einer heterosexuellen Kernfamilie mit dem Eheversprechen steht, so meine Lesart, über den Kompetenzen der Frau zur Haushaltsführung. Interpretieren lässt sich hieraus, dass sobald eine Schwangerschaft besteht, die Ehe eingegangen werden soll und man als heterosexuelles Paar zusammen bleibt, unabhängig davon, wie die Haushaltskompetenzen der Frau/Mutter seien.

Der Hinweis, dass sein Vater der Ansicht gewesen sei, dass sie sich mit den „geordneten" Verhältnissen (also der Eheschließung) ändern würde, untermauert diese Argumentation. Herauslesen lässt sich zusätzlich, dass eine Frau sich im Idealfall als ‚gute Mutter' und ‚gute Partnerin' qualifiziert, wenn sie die Hausarbeit übernimmt. Diese Sequenz enthält wiederholt Spuren der traditionellen Geschlechtscharaktere. Dies gilt insofern, als dass der dokumentierte Herr Stern seiner Frau eher den Platz in der ‚Privatsphäre' – Sorge um den Haushalt – zuweist, wie bereits in der vorigen Sequenz. In seinen Ausführungen bleibt offen, wie er diese Position legitimiert. Die Hausarbeitsaufteilung zwischen ihm und Frau Stern könnte aus seiner Sicht sowohl ‚natürlich' im Sinne ‚Biologie als Schicksal' als auch ‚pragmatisch' im Sinne ‚kontextbezogen die beste Arbeitsteilung' sein (vgl. Ansatz von Kassner/Rüling 2005).

Auch Klaus Klee, Vater der Tochter Janina und ehemaliger Lebensgefährte der Beschuldigten, problematisiert, dass Mona Stern der Hausarbeit nicht angemessen nachkäme. Herr Klee antwortet auf die Frage, ob irgendeines seiner leiblichen Kinder bei ihm wohne:

> „Antwort: [...] Nein, derzeit nicht mehr. Ich hätte aber ganz gerne, dass die Janina jetzt wieder bei mir wohnt. Ich möchte nicht, dass sie weiterhin unter diesen misslichen Umständen haust. Wissen Sie, es ist so, dass ich mit der Mona eine Vereinbarung getroffen habe. Die Vereinbarung schaut so aus, dass ich die Janina alle 14 Tage zu mir holen darf. Ich komme mit der Janina übrigens ausgezeichnet aus. Wir verstehen uns sehr gut. In der letzten Zeit habe ich schon gar keine Lust mehr gehabt [zu ihr] [...] zu fahren, da die Wohnung der Mona aus meiner Sicht immer mehr herunterkommt. Ich kann gar nicht mit ansehen, es tut mir im Herzen weh, wie meine Tochter unter solchen Umständen aufwächst. Wissen Sie, es ist auch so, dass ich erfahren musste, dass die Janina unregelmäßig am Schulbesuch teilnimmt. Das ist natürlich auch nicht in meinem Interesse. [...] Ich bin auf alle Fälle viel mehr geeignet, der Janina ein vernünftiges Elternhaus zu bieten. Ich würde mich vielmehr [sic!] um sie kümmern." (Kriminalpolizist, ZV Klaus Klee: 4)

In dieser Sequenz bezieht sich Klaus Klee auf die Situation nach der Trennung vor der letzten Tat im Jahr 2008. Der dokumentierte Herr Klee möchte Janina aus den gegenwärtigen „misslichen Umständen" bei der Beschuldigten Frau Stern herausholen und kämpft in diesem Zuge dafür, dass er als Vater das Sorgerecht für seine Tochter nach der Anklage der Staatsanwaltschaft wegen der Neugeborenentötung in zwei Fällen bekommt. In der Erzählung, die dadurch angetrieben wird, dass er sich selbst als „geeignet[eren]" Fürsorgegeber im Verhältnis zu Mona Stern erzählt, bestimmt er die Mutter als allein Zuständige für die Sorge um ihren Haushalt. Herr Klee verknüpft in seiner Erzählung Mutterschaft und Haushalt, wie auch bereits Herr Stern, über das Wohlergehen seiner Tochter. Die Mutter scheint an den normativen Anforderungen einer ‚guten Mutter' zu scheitern, da sie den Haushalt nicht in Ordnung hält. Er selbst präsentiert sich als Beobachter, der nicht an der Fürsorge beteiligt ist. Klaus Klee beschreibt die prekäre Situation seiner Tochter Janina durch die nicht angemessenen Wohnungsverhältnisse. Es hätte für ihn auch die Möglichkeit gegeben, Mona Stern bei der Hausarbeit zu unterstützen oder die Sorge für seine Tochter vollständig zu übernehmen oder zumindest öfter als episodenhaft im 14-Tage-Rhythmus. Stattdessen erzählt er, er habe „schon gar keine Lust mehr gehabt", wegen der Wohnungsverhältnisse zu der Mutter und der Tochter zu fahren. Eine andere Lesart wäre, ohne den Kontext der Sequenz zu kennen, dass er keine Lust mehr hätte, am Ende der Besuchszeiten Janina zurück zur Mona Stern zu bringen, da es ihrem Wohl nicht dienlich wäre. Dies ist hier nicht der Fall. Es geht darum, dass er, wie ich interpretiere, sein eigenes Wohl in den Mittepunkt stellt.

An keiner vergleichbaren Stelle finden sich Erzählungen, in denen sich eine Mutter normativ als ‚gute Mutter' präsentieren möchte und ihr eigenes Interesse – nicht mehr in die Wohnung fahren zu wollen, um ihre Tochter abzuholen – über die dem Kind selbst zugeschriebenen Bedürfnisse nach Sauberkeit und Ordnung stellt. Mit eigenem Interesse ist hier gemeint, wie auch an weiteren Stellen deutlich wird, dass der dokumentierte Herr Klee sein eigenes Ekelempfinden, nicht mehr in die Wohnung fahren zu wollen, höher bewertet, als sein Interesse, das Kind aus der prekären Situation herauszuholen.

So wird in der dokumentierten Zeugenvernehmung Herr Klee an dieser Stelle vom Vernehmungsbeamten gefragt, warum sein Sohn Jascha Klee von Mona Stern, die nicht die leibliche Mutter des Kindes sei, versorgt wird und nicht von ihm, wenn er doch der „geeignetere" Fürsorgegeber sei. Am Rande – da es nicht mehr explizit zur normativen Verhandlung von Hausarbeit zählt – sei erwähnt, dass Herr Klee und auch Herr Lehmann präsentiert werden als Väter, die die fehlende Fürsorge entlang des problematischen Kindes legitimieren, dafür aber keine oder kaum Vorhaltungen seitens der Vernehmungsbeamten bekommen. Entlang etwa einer Pubertätskonstruktion wird der kaum oder gar nicht vorhandene Kontakt am Wesen des Kindes festgemacht und nicht etwa als eigene Unzulänglichkeit gedeutet. Anders: Die nicht vorhandene Beziehung im Sinne einer Face-to-Face-Interaktion scheint durch das Kind selbstverschuldet zu sein und nicht durch den Vater fremdverschuldet. Eine andere Art der Fremdverschuldungserzählung bei kaum vorhandenem Kontakt mit dem Kind kommt in der vierten Beschuldigtenvernehmung von Mona Stern auf: Hier findet sich eine Stelle, in der die Mutter Mona Stern die Fremdbetreuung des Kindes über etwa drei Jahre bei den Verwandten legitimiert:

> „Frage: Wo war Ihr Sohn Julian damals?
> Antwort: Der hat bei meinen [Verwandten] gelebt.
> Frage: Warum war er beim [Verwandten] und nicht bei Ihnen?
> Antwort: Der Julian war bei meinen [Verwandten], weil ich ja damals ganztags gearbeitet habe. Meine Familie hat mir das Angebot ja gemacht, den Julian aufzunehmen. Das Angebot habe ich nicht gleich angenommen, sondern erst etwas später. Dann habe ich mich ja auch noch um meine Schwester kümmern müssen, wenn sie allnächtlich irgendwo, wegen Drogensucht, unterwegs war.
> Vorhalt: War es nicht vielmehr so, dass Sie zu dieser Zeit schlichtweg mit einer Kindeserziehung überfordert waren?
> Antwort: Mit der Erziehung war ich nicht überfordert, sondern deswegen, dass ich tagsüber arbeiten musste. Wie hätte ich es denn tagsüber abgeben sollen.
> Vorhalt: Sie hätten beispielsweise Ihr Kind nach Ihrer Arbeitszeit von Ihrer Verwandtschaft wieder abholen und bei sich aufnehmen können. Kam das überhaupt in Betracht?
> Antwort: Das ging damals nicht, weil ich in [Ortsangabe] gearbeitet habe [Fahrzeiten betragen nur in die Region mit Bus und Bahn zwischen 1 ½ bis 2 Stunden und mit dem Auto etwa 35 Minuten ohne erhöhtes Verkehrsaufkommen]. Ich war wegen der Fahrten zur und von der Arbeitsstätte auf meinen Chef angewiesen. Der hat mich nämlich immer mitgenommen. Ich wollte [sic!] damals in [Ortsangabe] und meine Familie mit dem Julian in [Ortsangabe].[124] Einen Führerschein hatte ich nicht.
> Frage: Wie lange haben Sie denn [Jahresangabe] gearbeitet? Haben Sie da überhaupt gearbeitet?
> Antwort: Ich kann Ihnen das jetzt nicht definitiv sagen. Ich habe beim [Name des Arbeitgebers] gearbeitet, bis [Jahresangabe wie oben]. Irgendwann habe ich mit der Arbeit aufgehört.
> Vorhalt: Nun werden Sie von diesem Lorenz Schubert schwanger und möchten das Kind behalten und alleine aufziehen. Ihr Kind, das Sie damals bereits hatten, lebte bei der Verwandtschaft. Wie haben Sie sich das vorgestellt?
> Antwort: Ich hätte ja damals Kindergeld und Erziehungsgeld bekommen. Mein [sic!] Sohn hätte ich dann auch wieder geholt und dann wäre ich mit dem Baby daheim gewesen.
> Auf Frage: Den Julian haben [sic!] ich [Jahresangabe] zu mir genommen." (Kriminalpolizist, 4. BV von Mona Stern: 25-26)

Im Gegensatz zu der Aussage von Klaus Klee, die beispielhaften Charakter für andere Vätererzählungen hat, wird nicht das Kind problematisiert, sondern Mona Stern problematisiert die sozialen Arbeitsbedingungen, die in ihrem Fall nicht vereinbar mit der Fürsorge für das Kind (inkl. der Hausarbeit) scheinen, und die Sorge um gesicherte materielle Verhältnisse als doppelte Anforderung, die sie als

---

124 Fahrzeiten verlängern sich mit Bring- und Abholzeiten des Kindes bei den Verwandten mit der Bahn um drei Stunden täglich und mit dem Auto um etwa 35 Minuten ohne erhöhtes Verkehrsaufkommen und ohne den Zeitaufwand vor Ort (Betreuung wie Essen vorbereiten und geben sowie Anziehen etc. oder auch Wartezeiten, die eingeplant werden müssten, wenn man mit den öffentlichen Verkehrsmitteln fährt).

Alleinerziehende zu leisten habe. Interpretieren lässt sich, dass für eine ‚gute Mutter' das körperliche Dasein für das Kind eine viel gewichtigere Norm darstellt als für den Vater, was nicht zuletzt an den starken Vorhaltungen deutlich wird, in denen die Abgabe des Kindes mit dem Überfordertsein der Mutter argumentativ verbunden wird. Deutlich wird dies auch darüber, dass die Mutter Bezug darauf nimmt, dass sie das Kind wieder unter Berücksichtigung finanzieller Aspekte zu sich holt. Damit steht die selbstständige Frau/Mutter, die finanziell unabhängig ist, und die Mutter, die für ihr Kind körperlich verfügbar ist, im Konflikt (Oechsle 1998; Oechsle/Geissler 1998). Beides scheint für die dokumentierte Frau Stern aufgrund der Rahmenbedingungen in ihrer jetzigen Lebenssituation nicht gleichermaßen kompatibel zu sein. Festhalten lässt sich aus meiner Sicht, dass für Väter die Abgabe der Sorge ums Kind inklusive Hausarbeitstätigkeiten normativ nicht so dramatisch zu sein scheint wie für eine Mutter.

An der zweiten Stelle in der die Sorge um die Hausarbeit, die in der Vernehmung von Klaus Klee erwähnt wird, bezieht sich Herr Klee in seinen Ausführungen auf die mehrere Jahre zurückliegende gemeinsame Zeit vor der Trennung, in der Mona Stern und er gemeinsam Sorge um Janina getragen haben und zusammenlebten. Bevor Herr Klee auf die Sorge um die Hausarbeit Bezug nimmt, wird in der Zeugenvernehmung ausgesagt, dass die Beschuldigte vor der Geburt des gemeinsamen Kindes Janina in einer Drogeriemarktkette gearbeitet habe – danach folgt diese Frage zu Frau Stern:

> „Frage: Wie sah es denn im Haushalt aus? Hatte sie diesen im Griff?
> Antwort: Na ja, das war mehr oder weniger nur durchwachsen, würde ich sagen. Wissen Sie, ich habe doch selbst gearbeitet, aber wenn Zeit war, hab ich da schon mitgeholfen. Das war auch erforderlich." (Kriminalpolizist, ZV Klaus Klee: 6)

Auf Nachfrage des Vernehmungsbeamten, in der die Haushaltsführung der Mutter und nicht dem Vater oder anderen möglichen WG-Mitbewohnern/-bewohnerinnen zugeschrieben wird, wird Frau Stern erzählt als eine Frau/Mutter, die den Haushalt alleine nicht geschafft habe, sodass die Mithilfe seinerseits „auch erforderlich" gewesen sei. Normativ scheint Mona Stern den Haushaltsanforderungen nicht in jeder Hinsicht zu entsprechen. Hätte sie den Anforderungen entsprochen, hätte er vermutlich ebenfalls mitgeholfen, aber es wäre nicht notwendig gewesen. Ob Frau Stern zu diesem Zeitpunkt auch gearbeitet hat, lässt sich nicht rekonstruieren.

Auch Herr Sönke Sörensen, ehemaliger Lebensgefährte von Mona Stern, schreibt Frau Stern in seiner Erzählung zu, dass sie den Haushalt vernachlässigen würde:

> „Antwort: So vom Umgang mit den Kindern her, war der Umgang jetzt nicht schlecht, was mir so aufgefallen ist. Aber sie war durchaus anders wie ich das von meiner Mutter gewohnt bin. Aber

man muss aber schon sagen, dass die Bude chaotisch war. Das Zimmer von der Janina war ständig unaufgeräumt. Bezeichnend war ja auch, dass der Hund, den sie schon viel länger hatte, vielmehr [sic!] auf mich gehört hat als auf sie. Der musste halt auch mal öfter raus und nicht nur einmal. Ich glaube es war ihr einfach wurscht, was mit dem passiert. Der hat dann einfach in die Wohnung gemacht und alles, weil sie sich halt einfach nicht darum gekümmert hat." (Kriminalpolizist, ZV Sönke Sörensen: 11)

Es scheint, dass diese beiden Momente der Vernachlässigung der Hausarbeit und der Vernachlässigung der Kinder üblicherweise ineinandergreifen müssten. Sein „Aber" suggeriert allerdings, dass dieses Ineinandergreifen nicht bei Mona Stern zutrifft. Als Leserin/Leser stellt sich die Frage, ob sich ein guter Umgang der Mutter zu ihren Kindern ‚normalerweise' in einem guten Umgang mit der Wohnung ausdrückt. Ist eine ‚gute Mutter' stets auch eine gute Haushälterin? Basierend auf dem Auszug wäre diese Lesart möglich. Frau Stern wird hier erzählt als eine Frau, die den normativen Anforderungen einer ‚guten Mutter' im Umgang mit den Kindern entsprochen, allerdings den Haushalt vernachlässigt habe.

Auch Jascha Klee, der Stiefsohn der Beschuldigten, der zeitweise in der WG-ähnlichen Lebensform mit Frau Stern gewohnt hat, zieht sie ebenfalls für die nicht erledigte Hausarbeit zur Verantwortung:

„Auf Frage: Sie hat halt wenig zuhause gemacht. [...] Aber um den Haushalt hat sich die Frau Stern nicht gekümmert."
„Frage: Gab es Streit wegen der Unordnung im Haus bzw. in der Wohnung?
Antwort: Ja, mich hat das halt gelangweilt, weil immer so Unordnung war. Ich habe dann selbst auch aufgeräumt. Man konnte ja kaum noch Freunde mit nach Hause nehmen, weil die sich schon gewundert haben, wie es bei uns ausschaut. Die haben teilweise sogar mitgeholfen aufzuräumen. Die Frau Stern hat schon ab und zu auch etwas gemacht, aber eben nichts regelmäßig. Sie hat sich halt ‚kein Haxn ausgerissen', sagen wir halt so." (Kriminalpolizist, ZV Jascha Klee: 6-7)

In dieser Sequenz präsentiert Jascha Klee, der sich auf einen Zeitpunkt bezieht, indem er etwa 15 Jahre alt ist, Frau Stern als Verantwortliche für den Haushalt. Dies begründet er damit, dass er in der Zeit, in der sie gemeinsam in einem Haushalt gewohnt haben, noch ein „Bub" war und viel „unterwegs" gewesen sei (ebd.: 6). Er selbst präsentiert sich dennoch als ordentlich und zuverlässig seinen Aufgaben nachkommend, indem er ergänzt, dass sein Zimmer „soweit eigentlich ganz in Ordnung" war (ebd.). Wäre die Beschuldigte ihren Anforderungen in jeder Hinsicht nachgekommen und hätte sich „regelmäßig" um die Hausarbeit gekümmert, wäre es nicht seine Aufgabe und die Aufgabe seiner Freunde gewesen, für die Ordnung im Haushalt zu sorgen. Neben dem eigenen Gefühl („halt gelangweilt") scheint es vor allem die Repräsentation der Familie bzw. Wohnverhältnisse nach außen zu sein, die problematisch für ihn sind. Die Wohnverhältnisse werden als das Private in die Öffentlichkeit getragen, in dem es für ‚Fremde' – etwa Freunde – sichtbar wird. Dass die Freunde mithelfen beim Aufräumen, scheint in seiner Deutungsweise nicht angemessen zu sein und zeigt deutlich die Zuweisung an Frau Stern, ihren Pflichten nicht nachgekommen zu sein. Individuell haftbar gemacht wird Frau Stern auch von dem WG-Mitbewohner Denis Doll und der WG-Mitbewohnerin Olga Ohms dafür, die Hausarbeit kombiniert mit der Sorge ums Kind nicht angemessen erledigt zu haben. Denis Doll führt aus:

> „Antwort: Derweil war die eine Woche lang beim Sönke und hat sich um die Kinder nichts geschissen und auch nicht um den Haushalt. Das haben dann alles meine Freundin und ich erledigt." (Kriminalpolizist, ZV Denis Doll: 4)

Frau Stern wird hier in erster Linie moralisch zur Rechenschaft gezogen. Keine Sorge zu tragen für die Kinder wird im selben Zuge genannt, wie keine Sorge für den Haushalt zu tragen. Scheinbar gehören beide Momente in den Augen der Deutenden zusammen und verweisen wechselseitig aufeinander.

Während Frau Stern von Denis Doll als Frau ohne jegliche Fürsorge dargestellt wird, stellt es sich bei Olga Ohms, die ebenfalls Frau Stern als Mutter verantwortlich für die Hausarbeit macht, anders dar: „Hinzu kam eben auch, dass die Frau Stern ständig nur unterwegs war und uns zuhause im Haus die Arbeit hinterlassen hat. Wir sollten auf die Kinder aufpassen und Ordnung machen. Das wollte ich nicht länger machen." (Kriminalpolizist, ZV Olga Ohms: 11)

Neben anderen Faktoren sei es vor allem die hinterlassene Hausarbeit und Arbeit mit dem Kind, die zum Auszug des Paares aus der WG Anstoß gab. Hier wird die Beschuldigte als eine Frau beschrieben, die als Mutter nicht stets körperlich für ihre Kinder anwesend sei, was Schlüsse über die Deutung der ‚guten Mutter' zulässt. Verknüpft wird dies damit, dass sie die Hausarbeit an andere delegieren würde und sich nicht ‚einfach' – wie in der Deutung von Denis Doll – der Verantwortung um die Fürsorge entziehen würde. So habe sie sich schon darum gesorgt, dass Bezugspersonen für die Tochter da seien und auch darum, dass für die Ordnung der Wohnung gesorgt sei. Dies ist der Punkt, der ihr von Olga Ohms im Gegensatz zu Denis Doll negativ angelastet wird. Sie habe sich nicht selbst um das Kind und um den Haushalt gekümmert, sondern anderen die Fürsorgearbeit sowie die Hausarbeit übertragen, jedoch ohne das Einverständnis des Paares über ‚geteilte Mutterschaft' (Kapitel 2). Das heißt, dass eine ‚gute Mutter', so die Norm, die in dieser Sequenz deutlich wird, in der Regel qua eigener körperlicher Präsenz selbst die Hausarbeitstätigkeiten so wie die Sorge ums Kind übernimmt und sie nicht (un-)gewollt mit anderen teilt.

Auch (ehemalige) Freunde und Bekannte, deren Positionen ich im Folgenden darstelle, deuten Frau Stern als Hauptadressatin für die Sorge um den Haushalt. Während die einen erzählen, sie würden mithelfen müssen, da Frau Stern ihren zugeschriebenen Hausarbeitsverpflichtungen nicht optimal nachgekommen sei, nehmen andere eine Zuschauerposition ein oder distanzieren sich von der Beschuldigten. Beispielsweise[125] erzählt die ehemalige Freundin Jennifer Schnee auf Nachfrage des Vernehmungsbeamten, dass sie den Kontakt wegen der unsauberen Wohnung abgebrochen hätte. Es wird von den Vernehmungsbeamten nach dem „Zustand der Wohnung im [Ortsangabe]" gefragt. Frau Schnee antwortet: „Da habe ich zeitweise immer sauber gemacht. Das hat Frau Stern auf jeden Fall auch nicht gemacht." (Kriminalpolizist, ZV Jennifer Schnee: 7). Wie durch die vorangegangenen Äußerungen zur Kinderbetreuung deutlich wird, bezieht sich „auch nicht" in dieser Erzählung darauf, dass Frau Stern in der Sicht von Frau Schnee auch den Erziehungs- und Betreuungsaufgaben nicht gerecht geworden sei, wie in der Antwort auf die vorige Frage ausführlich dargelegt wird. Beispielsweise ist sie der Überzeugung, dass Frau Stern sich nicht darum gekümmert habe, dass das Kind in den Kindergarten kommt (ebd.: 6). Die Beschuldigte scheint nach Frau Schnee den normativen Anforderungen einer ‚guten Mutter', die Sorge für den Haushalt ebenso wie die Sorge für die Kinder tragen sollte, nicht zu entsprechen. Frau Stern wird individuell haftbar gemacht, da sie sich einfach nicht „darum gekümmert" (ebd.) habe. Im Gegensatz zu den Deutungen von Frau Schnee, die keine Begründung dafür liefern, warum Frau Stern Ordnung zu halten habe, begründet Frau Neu, warum eine Mutter Ordnung in der Wohnung halten sollte. Sie stellt im Zusammenhang mit der geschilderten „Horrorwohnung" der Frau Stern auf Nachfrage des Vernehmungsbeamten fest: „Es lagen z.B. Wäscheberge herum, die Küche war nicht aufgeräumt, gerade wenn man Kinder hat, sollte man da vielleicht mehr auf Hygiene achten. Das war halt nicht der Fall." (Kriminalpolizist, ZV Nadine Neu: 5) Die Wichtigkeit, als Mutter Ordnung zu halten in der Wohnung, wird bei Frau Neu begründet über die Bedürfnisse des Kindes nach Hygiene. Diese Vorstellung, dass die Mutter sich um die für das Kindeswohl nötigen angemessenen hygienischen Bedingungen sorgen sollte, geht zurück auf einen geschlechtsbezogenen Hygiene- und Gesundheitsfürsorgediskurs, der sich in die zweite Hälfte des 18. Jahrhunderts rückverfolgen lässt. Diese Vorstellung wird im 19. Jahrhundert, als sich der Diskurs zunehmend entfaltete, unter anderem im Zuge der „Professionalisierung der Kindermedizin" wirkungsmächtig (vgl. u. a. Honig 2009: 82; Sarasin 2001: 23). Die Hygienik galt als ein Randbereich der Medizin: „Die Hygieniker des 19. Jahrhunderts öffneten den diskursiven Raum für die subjektive Freiheit, sich ‚anders' als andere wahrzunehmen, ‚selbstverständlich' mit sich umzugehen und zwischen verschiedenen Verhaltensweisen eine Wahl zu treffen, [...]" (Sarasin 2001: 23), indem sie die angemessene Selbst- und Fremdsorge im Umgang mit dem Körper trafen. Dies berührte Frauen und Männer, Mütter und Väter in ihrer sozialen Existenzweise in ganz unterschiedlichem Maße. In der Praxis waren

---

125 Siehe auch Ausführungen von Nadine Neu (ZV: 5) und einem Freund der Beschuldigten Antonio Azele (ZV: 10) in der jeweiligen Zeugenvernehmung.

es vor allem Mütter, die die Interessen der Hygiene- und Gesundheitsfürsorgebe-
wegung in Bezug auf ihre Kinder/Säuglinge verkörperten (Frevert 1985: 426). „Die
mütterliche Sorge um sich selbst musste immer auch die [Fremd-]Sorge für das
Neugeborene bzw. für die Familie mit einschließen" (Fehlmann 2004: 31). Die
Ordnungen der Frauen als Mütter und Kinder als eigenständige Personengruppe
mit spezifischen normativen Fürsorgeansprüchen folgten vorher anderen kollektiven Selbstverständnissen. Mütter werden nicht als alleinige Fürsorgegeberin
gegenüber dem Kind konstruiert und auch werden Kinder und Kindheit etwa bis
zu Erfindung der Kinderheilkunde nicht als eigenständiges Lebensalter verstanden;
das Kind „zählte [...] wenig, weil es weder als unersetzlich noch als eine einmalige
Persönlichkeit noch gar als ein Reichtum galt" (Badinter 1987: 58-59).

Dies verweist darauf, dass im historischen Rückblick die mütterliche Sorge um
das Kind(eswohl) nicht immer schon mit der Vorstellung eines gepflegten und
gesunden Kinderkörpers durch angemessene hygienische Umstände – Sauberkeit
und Ordnung etwa – einherging. Diese Verknüpfung, die in dieser Vorstellung
getragen wird, ist geschichtlich gesehen relativ jungen Datums. Mit Fleig (2008)
gedacht, machte die „Verwissenschaftlichung [...] ihn [den Körper des Kindes] zu
einer physischen Einheit, zu einem klar umrissenen Gegenstand" der Fremd- und
Selbstsorge. Dieser Gegenstand, so meine Lesart, des angemessenen sich „gedei-
henden" Körpers des Kindes wird zur Messlatte, über die komplementär die ‚richtige' Sorge der Mutter zum Kind bewertet wird (Hungerland 2003: 159).

Die Konstruktion der ‚guten Mutter' basiert auf Deutungen der Experten und
Expertinnen zum Thema Hausarbeit: Bei den protokollierten Vernehmungsbeamten und dem Facharzt für Psychiatrie und Psychotherapie finden sich sowohl im
psychiatrischen Gutachten als auch in den Beschuldigtenvernehmungen Deutungen zur ‚guten Mutter', die auf einer Sorge der Mutter/Frau für den Haushalt basieren. So tauchen, wie schon erwähnt, u. a. folgende Fragen auf: „Wie sah es denn im
Haushalt aus? Hatte sie diesen im Griff?" und „Wie war es z. B. mit dem Kochen,
hat sich Frau Stern darum gekümmert?". Diese Fragen verweisen darauf, dass aus
Sicht des Vernehmungsbeamten im Aktenwissen Frau Stern prinzipiell für den
Haushalt und z. B. auch für das Kochen zuständig zu sein scheint. Vor dem Hintergrund, dass unterschiedliche und auch erwachsene Personen eine WG-ähnliche
Lebensform teilen, hätten die Fragen auch offener formuliert werden können und
nicht nur die Mutter als (Haupt-)Fürsorgegeberin im Zusammenhang mit dem
Haushalt benannt werden müssen. Nur selten finden sich den Haushalt betreffend
geschlechtsneutrale Fragen oder Fragen, die explizit den Vater als Hauptverant-
wortlichen benennen.

Im psychiatrischen Gutachten über Mona Stern vom Facharzt für Psychiatrie
und Psychotherapie werden unter anderem unterschiedliche Zeugen- und Zeuginnenaussagen aus dem sozialen Nahfeld der Frau Stern und der Jugendhilfe herangezogen, um die Schuld(un-)fähigkeit der Beschuldigten zu eruieren. Dabei wird

auf die Vernachlässigung der Wohnung, verantwortet durch die Mutter, als Norm Bezug genommen, in der die Mutter bei Nicht-Entsprechung pathologisiert wird. Für diese Pathologisierung wird die Person Mona Stern auf besondere Art inszeniert:

Beispielsweise wird der Exlebensgefährte von Frau Stern basierend auf Angaben aus der Zeugenvernehmung (Kriminalpolizist, ZV Sönke Sörensen: 11) im Gutachten des Facharztes protokolliert: „In der Wohnung der Probandin sei es verwahrlost gewesen, ihr Hund habe ‚in die Wohnung gemacht', da die ‚Probandin' sich einfach nicht darum gekümmert habe." (Facharzt, PG über Mona Stern: 19). Durch die selektive Auswahl einzelner Aussagen von Zeugen und Zeuginnen wird sie tendenziell als ‚schlechte Mutter' konstruiert. Sie erscheint in der Erzählung des Facharztes als eine Frau, die sich nicht um den Haushalt sorgt. Auch andere Optionen der Deutung wären möglich: Die Beschuldigte hätte durch den Facharzt unter Bezug auf die Zeuginnenaussage von Franziska Varo (Kriminalpolizist, ZV: 3) etwa als verantwortlich gegenüber dem Haushalt beschrieben werden können, indem sie die Tätigkeiten an Dritte übertragen hätte. Die Beschuldigte hätte auch in der Ambivalenz der Zeugen- und Zeuginnenaussagen präsentiert werden können. So findet sich im Aktenmaterial ein weites Spektrum an unterschiedlichen Positionen, die von „die Beschuldigte hätte sich (nicht) drum gekümmert" bis hin zu „andere Personen der WG-ähnlichen Lebensform hätten sich auch darum kümmern können" reicht. Dieses Spektrum wird durch eine Position im Gutachten, das starken Einfluss auf das Urteil hat (Abschnitt 3.2), überschrieben und damit eine „Mutter ohne Sorge um den Haushalt", was in den argumentativen Zusammenhängen auf das Engste mit der vernachlässigten Sorge um das Kind ineinandergreift, hervorgebracht.

Die zitierte Position, dass sie keine Sorge für den Haushalt übernommen habe, schließt an die weitere Interpretation des Facharztes an. Unter dem Punkt „Biographische Anamnese", die auf eigenen Angaben der Beschuldigten basiert, heißt es: „Die Wohnung der Familie [in der die Beschuldigte aufwuchs] sei hochgradig vernachlässigt bzw. verwahrlost gewesen. Der Hund habe sein Geschäft zeitweise in der Wohnung verrichtet, da er nicht ausgeführt worden sei." (Facharzt, PG über Mona Stern: 28) Der Facharzt sieht starke „Belastungsfaktoren" in der biografischen Entwicklung der „Probandin" (ebd.). Unterschiedliche Gründe sind dafür ausschlaggebend. Die von ihr selbst als „verdreckt" und beengt beschriebenen Wohnverhältnisse und etwa, dass die eigene Mutter sich kaum um sie kümmerte. Folge ist die Ausbildung einer „dissozialen Persönlichkeit", die sich in der Vernachlässigung ihrer Kinder, aber auch ihrer Wohnungen und Tiere äußert (ebd.: 29). Die abweichende Handlung, die zur Vernachlässigung der Wohnung führt, ist in dem argumentativen Zusammenhang des Facharztes unter anderem in ihrer eigenen biografisch belasteten Sozialisationsgeschichte beheimatet, die wiederum in erheblichem Ausmaß ursächlich für das Krankheitsbild der „dissozialen Persönlichkeit" sei. Die „dissoziale Persönlichkeit" wird aus der Missachtung von Normen – Vernachlässigung der Hausarbeitstätigkeiten durch die Frau – abgeleitet. Kurz: Eine Frau/Mutter, die der gegenwärtigen Norm nicht entspricht, in der die Frau/Mutter für die Hausarbeit als zuständig adressiert wird, wird pathologisiert.

Interessant ist, dass das oben genannte protokollierte Zitat von Sönke Sörensen, das als Referenz für die nicht übernommene Sorge um den Haushalt herangezogen wird, im Original auch Sequenzen umfasst (Kriminalpolizist, ZV Sönke Sörensen: 11), in denen sich Herr Sörensen von der Annahme distanziert, dass von der Vernachlässigung des Haushalts auf die Vernachlässigung der Kinder geschlossen werden könne. So beschreibt er den Umgang mit den Kindern als anders aber nicht unangemessen, im Gegensatz zum hier zitierten Facharzt (siehe Seite 189).

Frau Stern wird in den Erzählungen fast durchgängig moralisch haftbar für das Scheitern an der Norm der ‚guten Mutter' gemacht (vgl. Ladd-Taylor/Umansky 1998b). Die Mutter sollte die Hausarbeit erledigen und eine Übernahme der Hausarbeitstätigkeiten durch andere als die Mutter, scheint in diesen argumentativen Zusammenhängen ‚normalerweise' nicht üblich zu sein, gemessen an der hierzulande gültigen Mutterschaftsnorm. Damit zeigt sich anhand der normativen Verhandlung der ‚guten Mutter' bzw. auch ‚schlechten Mutter', dass diese durch eine Art Komplexitätsreduzierung sozialer Wirklichkeit hervorgebracht wird. Dazu werden seitens des Facharztes uneindeutige zu eindeutigen Aussagen hinsichtlich der qualitativen Bewertung von Muttersein transformiert (vgl. Fall ‚Lasse Lehmann' in diesem Abschnitt, der im Gegensatz zu Mona Stern potenziell zum ‚guten Vater' gemacht wird).

Während die Position zuvor sich dadurch charakterisieren lässt, dass der Frau als Mutter die Hauptsorge um den Haushalt zugeschrieben wird, verweisen die kommenden Erzählungen auf die Position, in die die Mutter mehr Sorge hätte tragen sollen. Dabei bleibt deutungsoffen, inwiefern der Partner oder andere bei der Übernahme der Hausarbeitstätigkeiten mitwirken sollten. Diese Position erscheint in Zeugen- und Zeuginnenaussagen auf, in denen Themen wie Trennung, Gespräch „unter Männern" und Beobachtung der Hausarbeitsteilung im Hause Stern behandelt werden.

Der Exlebensgefährte Hugo Heinrich antwortet auf die Frage nach dem Arbeitgeber und dem Lohn, in der die Hausarbeitsteilung thematisiert wird, wie folgt:

> „Ich habe als Tischler [...] bei einer Firma [gearbeitet]. Ich habe dort ca. 1000 Euro netto monatlich verdient. Ich bin am Monatsanfang immer einkaufen gegangen und habe geschaut, daß ich die Wohnung auf Fordermann [sic!] bringe. Wenn die Mona zu mir gekommen ist, dass sie Geld braucht, dann hab ich ihr das gegeben." (Kriminalpolizist, ZV Hugo Heinrich: 15)

An anderer Stelle erzählt Hugo Heinrich:

> „Antwort: [...] Ich habe die Wohnung sauber gemacht. Ich habe gewaschen. Ich habe mich ums
> Essen gekümmert und auch um sie. [sic!]
> Frage: Wie meinen Sie das, dass Sie sich auch ‚um sie' gekümmert hätten?
> Antwort: Ich habe geschaut, dass die Kinder versorgt sind. Nachdem sie ja Brustkrebs gehabt hat.
> Sie hat zwei verschiedene Brustkrebsarten gehabt." (Kriminalpolizist, ZV Hugo Heinrich: 5)

Auch Herr Heinrich sieht sich, wie sich im Aktenwissen herauslesen lässt, in der Position der „doppelten Belastung". Er habe sich sowohl um die Familie – Hausarbeit und die Kinder – als auch um die Erwerbsarbeit gekümmert. Auslegen lässt sich, dass die Sorge um die ‚fremden' Kinder, von denen er nicht der leibliche Vater sei, ‚normalerweise' nicht seine Aufgabe sei, sondern die von seiner Lebensgefährtin, der Mutter Mona Stern. So habe er sich seiner Deutungsweise nach um seine Lebensgefährtin gesorgt, indem er aufgrund ihrer körperlichen Grenzen durch die vermeintliche Krebserkrankung die Sorge für die Kinder übernommen habe.

Im Gegensatz dazu bleibt in dieser Sequenz deutungsoffen, ob die doppelte Sorge für die Erwerbsarbeit und Hausarbeit – im Gegensatz zur Sorge um „ihre" Kinder – seine Aufgabe sei. Zwei Lesarten scheinen sich in diesem Zusammenhang anzubieten: Erstens könnte die Sequenz als Entkopplung von dem Eingehen der Partnerschaft und Eingehen der sozialen Vaterschaft interpretiert werden. Zweitens könnte die Sequenz auch als keine Entkopplung interpretiert werden, sondern als ein sehr traditionelles Verständnis von sozialer Vaterschaft mit zwei Hauptzuständigkeitsbereichen (Mutter erfüllt die Sorge um das Kind und den Haushalt und Vater erfüllt die Sorge um die Erwerbsarbeit), in der die Frau als Mutter und nicht der Mann als Vater hauptzuständig für die Sorge um das Kind erscheint. Diese Deutungsoffenheit schließt sich mit Blick auf die nächste Sequenz, in der Herr Heinrich nach den Trennungsgründen von ihm und Mona Stern gefragt wird. Herr Heinrich wird wie folgt protokolliert:

> „Antwort: Ich hatte die Schnauze voll, dass sie nur vor dem Fernseher lag. Ich habe geputzt, gekocht, mich um die Kleine gekümmert und auch um den Großen. Der hat damals ein paar Mal was angestellt. Ich wollte einfach nicht mehr und darum bin ich Anfang [*Datumsangabe*] ausgezogen." (Kriminalpolizist, ZV Hugo Heinrich: 22)

Eine Antwort auf die Frage, wie der Anteil an der Hausarbeitsübernahme von Herrn Heinrich angemessener Weise aussehen sollte, bleibt in dieser wie auch in anderen Sequenzen offen. Beleuchtet wird allerdings die Norm, dass eine Mutter/Frau, die im Haushalt gänzlich unbeteiligt sei (da „sie nur vor dem Fernseher lag"), eine plausible Legitimation für Hugo Heinrich darstellt, um das Beziehungsende zu begründen. Eine solche Legitimation lässt sich für Frauen/Mütter nicht im gleichen Maße rekonstruieren: Im gesamten Aktenmaterial findet sich keine solche oder ähnliche Begründung. Wenn Frauen von Trennungen berichten, dann u. a., weil beide eine Beziehung nicht mehr wollen würden (Fall ‚Lasse Lehmann', Fall ‚Mona Stern'), weil die Frau durch den Beziehungspartner geschlagen oder bedroht wird oder weil die Frau das Kind vor dem Beziehungspartner schützen wollte, da es ebenfalls von dem Beziehungspartner geschlagen wird (Fall ‚Lasse Lehmann', Fall ‚Ruth Reichert').

In der Aussage des Ex-WG-Mitbewohners Sascha Schmitter wird Mona Stern ebenfalls als Person präsentiert, die zu wenig im Haushalt gemacht habe. Dazu findet sich folgende Sequenz zur Sorge um die Hausarbeit:

> „Frage: Haben Sie mit dem Hugo Heinrich in irgendeiner Form über seine Beziehung mit Frau Stern gesprochen?
> Antwort: Nein, eigentlich nicht. Man hat halt so ‚unter Männern' mal geredet und er hat halt mal ein bisschen über die Frau Stern hergezogen. Das war in der Form, dass er sich halt mal aufgeregt hat darüber, dass sie im Haushalt nichts macht und dass sie mal etwas mehr tun könnte. Mehr war das eigentlich nicht. Man muss schon auch dazu sagen, dass ich tagsüber eigentlich nie in der Wohnung war und deshalb auch viel nicht mitbekommen habe, darüber bin ich ehrlich gesagt im Nachhinein auch froh." (Kriminalpolizist, ZV Sascha Schmitter: 22)

Welche Vorstellung Herr Heinrich oder Sascha Schmitter über die optimale Verteilung der Hausarbeit haben, darüber informiert die Sequenz nicht. Allerdings informiert die Sequenz darüber, dass zumindest Herr Heinrich die Verteilung nicht optimal finden würde. Möglich wäre auch, dass eine gemeinsame Arbeitsteilung zwischen den Personen in der WG inklusive Frau Stern gemeint sei. Herauslesen lässt sich in dieser Sequenz jedoch, dass der volljährige Herr Schmitter sich nicht adressiert fühlt, aktiv am Haushalt mitzuwirken, gleichwohl er denselben Haushalt teilte. In der Sequenz nimmt er die Position des Beobachters ein, ohne seine mögliche eigene Eingebundenheit zu begründen.

Auch in der Deutung der Nachbarin, Erika Muhl, wird die Beschuldigte als eine Person präsentiert, die keine oder kaum Hausarbeitstätigkeiten übernommen habe:

> „In der Zeit, in der der Hugo Heinrich da war, war eigentlich ziemlich Ruhe in der Wohnung Stern. Der Hugo hat sich um alles gekümmert kann man sagen. Er hat gewaschen, geputzt, war beim Einkaufen, hat die Wäsche gemacht usw. Er hat quasi die ganze Haushaltsarbeit erledigt. [...]." (Kriminalpolizist, ZV Erika Muhl: 6)

Die Argumentationskette, die bei Frau Muhl aufscheint, lautet: In der Zeit, in der Herr Heinrich erscheint, kehrt Ruhe in der Wohnung Stern ein – er kümmert sich um die gesamte Hausarbeit. Ruhe bezieht sich darauf, dass es kaum noch zu Vorfällen kam, die durch die Polizei geschlichtet werden oder von der Polizei begleitet worden sind. So habe beispielsweise die Tochter vor der Tür gestanden und es sei zu Streitigkeiten mit dem Exlebensgefährten gekommen (Kriminalpolizist, ZV Erika Muhl: 3-6). Durch die Gegenüberstellung der Zeit ohne und mit

Herrn Heinrich entlang des selbst eingeführten Bewertungskriteriums der Ruhe im Hause Stern wird im Kontrast eine Mutter sichtbar, die sich überhaupt nicht am Haushalt beteiligt, zumindest in der Zeit als Herr Heinrich körperlich anwesend war. Ob es angemessen ist, dass er „sich um alles gekümmert" hat im Haushalt, bleibt auch in dieser Sequenz deutungsoffen, vermutlich aber ist es nicht ‚richtig' für eine ‚gute Mutter', wenn die ‚vorhandene Ruhe' als Zeichen von Angemessenheit verstanden wird.

Neben der Haltung der Zeugen und Zeuginnen, die kein Verständnis dafür haben, dass Frau Stern der Hausarbeit nicht angemessen nachkäme, wird auch die Position der Zeugen und Zeuginnen, die Verständnis dafür haben, dass andere Personen wegen der vermeintlichen Krebserkrankung die Hausarbeit übernehmen, dokumentiert. Auch in dieser Position, die ich im Folgenden beschreiben werde, erscheint die ‚gute Mutter' als eine, die Sorge um den Haushalt tragen sollte. Gemeinsam ist diesen Positionen die Vorstellung, dass die Beschuldigte den normativen Anforderungen des Sorgetragens um den Haushalt nachgekommen sei. Dies zeigt sich in Argumentationszusammenhängen, in denen die eigene Mithilfe der Zeugen und Zeuginnen begründet wird.

Freunde und Bekannte der Frau Stern und/oder ihre Kinder haben Hausarbeitstätigkeiten übernommen. Begründet wird die Übernahme der Hausarbeitstätigkeiten mit dem eigenen Sauberkeits- und Ordnungsempfinden, oft kombiniert mit der eigenen Hilfsbereitschaft anlässlich der vermeintlichen Krebskrankheit von Frau Stern, wie an diesem Zitat deutlich wird, in dem eine Freundin des Sohnes von Mona Stern über den Anlass, in der ‚fremden' Wohnung zu reinigen, reflektiert:

> „Antwort: Weil sie [die 15-jährige Miriam Varo] einfach helfen wollte beim Aufräumen, weil wir schon die ganze Woche zusammen aufgeräumt haben und die Miriam, das muss man dazusagen, hat einen kleinen Putzfimmel und die will alles sauber haben. Und da die Mona Stern krank ist und so viele Tabletten nehmen muss und nicht so viel in der Wohnung machen kann, wollten wir einfach alle zusammen helfen." (Kriminalpolizist, ZV Julia Jens: 8)

Frau Stern wird als verantwortlich für den Haushalt beschrieben und scheint es unter ‚normalen' Bedingungen auch zu sein. Die 17-jährige Frau Jens legitimiert die Mithilfe bei den Hausarbeiten bei Frau Stern neben der bereits vorhandenen Routine über deren körperliche Grenzen, die vermeintliche Krebserkrankung. Außerdem betont sie die zugeschriebenen Eigenschaften ihrer Freundin, die gerne „alles sauber haben" möchte. So hätten sie nicht im Haushalt Ordnung gemacht, da es so dreckig gewesen oder Frau Stern nicht ordentlich sei, sondern weil die Freundin ihrerseits ein überhöhtes Ordnungs- und Sauberkeitsempfinden habe, das als nicht ‚ganz normal' präsentiert wird. Dabei zeugt die starke Rechtfertigung davon, dass es begründungspflichtig zu sein scheint, in einer ‚fremden' Wohnung

Hausarbeitstätigkeiten zu übernehmen. Damit wird Hausarbeit als Privates konstruiert. Eine Freundin der Beschuldigten sagt im Anschluss an die Feststellung, dass „Frau Stern krankheitsbedingt [Krebserkrankung] das [die Hausarbeit] nicht mehr so auf die Reihe bekommt" auf die Frage, ob die Kinder schon öfter bei der Hausarbeit geholfen haben:

> „Antwort: Ja. In letzter Zeit haben wir der Frau Stern öfter mal mit der Wohnung geholfen. [....]. Dazu muss ich sagen, dass Frau Stern das selbst angestoßen hat. Dass man den Balkon mal sauber machen müsste. Es war so, dass auf dem Balkon Hundekot war und es entsprechend gestunken hat. Das war der Frau Stern unangenehm und sie hätte das gerne beseitigt gehabt. Das war dann der Grund, warum die Kinder sich an dem Tag auch um den Balkon gekümmert haben." (Kriminalpolizist, ZV Franziska Schulze: 3)

Die Beschuldigte wird gedeutet als eine Frau, die aufgrund der Krebserkrankung die Hausarbeitstätigkeiten nicht optimal ausführen könne. Dass die Kinder dann den Balkon, den Ort, an dem die eine Babyleiche gefunden wird, gesäubert haben, sei von Frau Stern selbst aufgrund ihres eigenen Schmutzempfindens gewünscht gewesen, welches ihr von vielen Zeugen und Zeuginnen abgesprochen wird. Dies legt die Lesart nahe, dass es ihr „unangenehm" ist, mit dem „Dreck" auf dem Balkon und dass sie es für sich selbst wichtig findet, wenn die Wohnung in einem ‚ordentlichen' Zustand ist. Frau Stern wird hier gedeutet als eine Frau, die grundsätzlich die Hausarbeitstätigkeit übernehmen würde, wenn sie denn könnte. Dass sie die Hausarbeit vorher übernommen habe, lässt sich aus dem zeitlichen Marker ablesen „dass sie es nicht mehr so auf die Reihe bekommen hat" seit der vermeintlichen Erkrankung. Das scheint normativ seine Richtigkeit als ‚gute Mutter' zu haben. In dieser Position wird Mona Stern den normativen Anforderungen der ‚guten Mutter' gerecht, indem sie sich um die Hausarbeit sorgt und diese an andere überträgt. Die vernachlässigte Hausarbeit wird somit im Ergebnis nicht als individuelles Versagen gedeutet, sondern als ein körperliches Versagen und das scheint sehr viel legitimer zu sein. Diese Deutungsweise versperrt sich dem ‚Selbstverschuldungsansatz', in dem sie moralisch haftbar gemacht wird, da das Wohlbefinden ihres eigenen Körpers vermutlich nicht in ihrer Handlungsmacht stehe, im Gegensatz zu ihrer Haltung bzw. veränderbaren Kopfentscheidung, sich einfach nicht kümmern zu wollen (vgl. Bartlett 2002).

Während bisher vor allem die Beschuldigte, Frau Stern, als Hauptadressatin der Hausarbeitstätigkeiten gedeutet wird, die ihren Aufgaben als Mutter (nicht) angemessen nachkäme, gibt es auch Äußerungen von dokumentierten Zeugen und Zeuginnen, die auch andere Personen als Frau Stern (eigene Kinder, WG-Mitbewohner/-innen und Freunde/Freundinnen) als mögliche Fürsorgegeber/-innen adressieren. Diese Position, in der die ‚gute Mutter' die Sorge um den Haushalt nicht alleine tragen sollte/müsste, findet sich in argumentativen Zusammenhängen, in denen sich auf das alltägliche WG-Leben bezogen wird oder auf die wünschenswerte Erziehung der Kinder.

Diese Position lässt sich unter anderem exemplarisch an dokumentierten Aussagen von Sascha Schmitter, dem Ex-WG-Mitbewohner, aufzeigen. Herr Schmitter wird – nachdem er die Abgabe des Kindes in eine Betreuung als Verwahrlosung deutet, wenn Mona Stern selbst zu Hause sei – auf Nachfrage wie folgt protokolliert:

> „Frage: Wie war es z.B. mit dem Kochen, hat sich Frau Stern darum gekümmert?
> Antwort: Na ja, jeder hat mal etwas gekocht. Das war im Prinzip wie eine große WG. Jeder hat mal was gemacht. Das hat schon alles irgendwie funktioniert." (Kriminalpolizist, ZV Sascha Schmitter: 19).

Der Vernehmungsbeamte formuliert die Frage nicht neutral, sondern weist Frau Stern die Aufgabe des Kochens schon suggestiv zu. Der Vernommene reagiert auf die Frage nicht, indem er mit ja oder nein antwortet. Also ‚ja, sie hat sich um das Kochen gekümmert' oder ‚nein, sie hat sich nicht um das Kochen gekümmert', sondern er beantwortet die Frage ausgehend von seiner gegenwärtig gelebten WG-ähnlichen Wohnform, in der alle erwachsenen Personen des Haushalts aufgerufen sind, sich am Kochen zu beteiligen und nicht bloß Frau Stern. Dieses Haushaltsarrangement hätte funktioniert.

Auch der volljährige Sohn Julian Stern lässt aus seinen Äußerungen vermuten, dass es mehr als einen möglichen Adressaten oder eine mögliche Adressatin für die Hausarbeit gibt:

> „Frage: Wer kam denn eigentlich auf die Idee, die Wohnung aufzuräumen?
> Antwort: Die Ella [16 Jahre] und Miriam [15 Jahre].
> Frage: Warum denn ausgerechnet die beiden? Die wohnen ja in [Ortsangabe].
> Antwort: Also ich hab meine Freundin [Julia Jens] mal zu mir mitgenommen und es wurde ja schon ein bisschen unregelmäßig aufgeräumt. Genauer gesagt, hat es ausgeschaut, wie die Sau. Und dann haben wir uns halt entschlossen, mal rüber zu fahren und die ganze Wohnung sauber zu machen." (Kriminalpolizist, ZV Julian Stern: 13)

Julian Stern erzählt sich über die Einführung des „wir" als Teil-Fürsorgegeber, der sich um das Aufräumen der Wohnung mit seinen Freundinnen gekümmert habe. Dabei erscheint keine Bezugnahme auf einen konkreten Dritten oder eine konkrete Dritte, der/die diese Aufgabe übernehmen hätte können. Weder die körperlichen Grenzen in Form der (vorgeschobenen) Krebserkrankung, die seine Mutter am Säubern der Wohnung hindern könnten, noch die zugeschriebenen Wesens- oder Charaktereigenschaften (etwa ‚Nicht-Ordentlich-Sein' etc.), wie in anderen Erzählungen von Frau Stern, werden als Bezugsgrößen in seiner Erzählung herangezogen, um seine bzw. ihre Arbeit im Haushalt zu legitimieren. Mit der Verwendung, so meine Lesart, des personenunbestimmten Pronomens „es" („und es

wurde ja schon ein bisschen unregelmäßig aufgeräumt"), bleibt offen, wer normalerweise zuständig sein sollte.

Auch die Erzählung von Hugo Heinrich, biologischer Vater des 2008 getöteten Neugeborenen, verweist darauf, dass eine ‚gute Mutter' auf der normativen
Ebene die Hausarbeit nicht ganz allein machen sollte:

> „Frage: Warum wollten Sie dieses Kind in einem solchen Fall keinesfalls bei Frau Stern lassen?
> Antwort: Das Kind hätte eine Erziehung bekommen sollen. Es hätte nicht in einer verdreckten
> Wohnung aufwachsen sollen. Es hätte erzogen werden sollen zu Respekt vor dem Alter. Die
> Kinder hätten aufräumen sollen." (Kriminalpolizist, ZV Hugo Heinrich: 21)

Wäre Mona Stern in der Erzählung von Hugo Heinrich, Exlebensgefährte der
Beschuldigten, den normativen Anforderungen einer ‚guten Mutter' gerecht geworden, hätte sie dafür Sorge getragen, dass die Wohnung sauber sei und die Kinder
aufgeräumt hätten. Herr Heinrich scheint damit die Verantwortung für die
Übernahme für die Organisation der Hausarbeit Frau Stern zuzuschreiben. Die
Ausübung der Tätigkeit sei im Haushalt allerdings nicht auf Frau Stern zu
beschränken, sondern auch die Kinder hätten diese Aufgabe, verantwortet durch
die Mutter, mit übernehmen sollen. Deutungsoffen bleibt, inwiefern der Vater der
Kinder und Beziehungspartner der Mutter sich an der Hausarbeit beteiligen sollten.

Fall 5 ‚Lasse Lehmann'

Die Sorge um die Hausarbeit wird im Fall ‚Lasse Lehmann' in unterschiedlichen
argumentativen Zusammenhängen verhandelt. Im Folgenden wird auf Aussagen
des Beschuldigten in der Vernehmung zum Ablauf des Tattages und auf Aussagen
des Facharztes für Neurologie und Psychiatrie sowie auf Aussagen vom Arbeitskollegen in der Zeugenvernehmung, der über einen Besuch bei der Familie
Lehmann reflektiert, Bezug genommen.

In der zweiten Beschuldigtenvernehmung bezogen auf Ermittlungen zum
Tattag von Lasse Lehmann heißt es nach einer Vernehmungspause auf die Frage,
ob er selbst auch mit beim Zubettbringen der Kinder dabei war: „Antwort: Ich
habe hin und wieder mal vorbeigeguckt. Das Zubettbringen der Kinder erfolgte
aber eigenständig durch meine Frau. Ich war in der Hauptsache mit Haushaltstätigkeiten beschäftigt." (Lasse Lehmann, 2. BV: 9; vgl. Kriminalpolizist, BV Lasse
Lehmann: 2, 7)

Offenbar gibt es ein Wissen um gemeinsames Arbeiten im Haushalt und auch
Aufgaben um das Kind. Aus Sicht Herrn Lehmanns scheint die Übernahme der
Hausarbeitstätigkeiten seinerseits ‚normal' zu sein, da er diese nicht problematisiert.
Anscheinend vertritt er eine egalitäre Einstellung zur Hausarbeitsteilung. Interpre-
tieren lässt sich, dass die Entscheidung, wer welche Sorgetätigkeiten übernehme,
vor allem eine pragmatische Entscheidung ist (vgl. Kassner/Rüling 2005). Dabei

zählt vermutlich nicht, wer welche Tätigkeiten übernimmt, sondern dass diese Tätigkeiten erledigt werden.

Während die Übernahme der Hausarbeit durch Herrn Lehmann in dieser Sequenz nicht problematisiert wird, ändert sich dies in der nächsten Erzählung vom Facharzt. Die Position, dass eine ‚gute Mutter' sich die Hausarbeit durchaus mit dem Ehemann teilen könne, wird eingeschränkt. Auffällig ist dabei, dass der Bruch der Deutung parallel mit dem Tatnachweis einhergeht. Nach dem Geständnis der Tat seitens Herrn Lehmanns verschiebt sich die egalitäre Einstellung zur geschlechtsbezogenen Hausarbeitsteilung tendenziell hin zu einer traditionelleren Einstellung, in der die Mutter im Aktenwissen als Hauptverantwortliche für die Sorge um die Kinder und den Haushalt benannt wird und nicht er in der Position des Vaters. Der Facharzt für Neurologie und Psychiatrie schreibt im nervenärztlichen Gutachten über Herrn Lehmann unter dem Punkt „II. Angaben von Herrn Lehmann bei der Untersuchung" (7) im Anschluss an die Familienanamnese (ebd.) unter der Überschrift „Eigenanamnese" (8):

> „Er wolle das nicht dramatisieren, er habe aber schon oft Schlafentzug gehabt, auch wenn es schön mit den Kindern gewesen sei. Nachts habe er auch Wäsche gewaschen. Es sei schon sehr anstrengend gewesen. Im August sei eine Dienstreise angestanden, die er nicht gemacht habe. Er hätte schon mal gerne nachts durchgeschlafen. Wenn seine Frau manchmal nachts gekommen sei, um ihn abzulösen, habe er das nicht gewollt, da er ihr den Rücken habe freihalten wollen. Er habe gemeint, es schon zu schaffen." (Facharzt, NG über Lasse Lehmann: 36-37)

Der Facharzt präsentiert Herrn Lehmann als sorgenden Familienvater, der das ‚richtige' Maß der Sorge um den Haushalt nicht gefunden habe. Er scheint an seinen eigenen Ansprüchen, der „doppelten Belastung" (vgl. Becker-Schmidt 1987) – tagsüber im Büro und nachts beim Haushalt und den Kindern – in dieser Sequenz gescheitert. Gescheitert, da er die Unterstützung seiner Frau nicht angenommen habe und stattdessen „ihr den Rücken habe freihalten wollen". Den Rücken frei halten ist ein normativer Anspruch, der im Zuge des „familiären Geschlechterarrangements" (Jurczyk/Schier et al. 2009: 226; vgl. Schwiter 2011: 131) von Männern und Frauen gegenwärtig oft der Frau in der Position der ‚guten Mutter' zugeschrieben wird. Die individuelle Selbst-Haftbarmachung des erzählten Vaters an den überhöhten – wohlmöglich weiblich codierten – Selbstansprüchen gescheitert zu sein, kippt im Rahmen dieser Sequenz so, dass womöglich seine Frau diese Aufgaben unter anderen Umständen hätte übernehmen können/sollen. Denn zuvor wird vom Facharzt ausgeführt, dass Herr Lehmann erzählt habe, seine Frau sei „froh" (Facharzt, NG über Lasse Lehmann: 37) darüber, dass er nachts die nächtliche Sorgearbeit übernehmen würde und sie selbst könnte aufgrund ihrer „Besorgnis" um die Kinder nachts nicht bei ihnen schlafen (ebd.: 35-36). In diesem Zuge heißt es: „Tagsüber habe im wesentlichen seine Frau die Versorgung der Kinder übernommen und er von Anfang an in der Nacht. [...] Am Anfang seien sie dreimal in der Nacht gekommen." (Ebd.) Dies legt die Assoziation nahe, dass, wenn Frau Lehmann andere Eigenschaften (nicht so besorgt zu sein) hätte, Herr Lehmann die Unterstützung seiner Frau angenommen hätte. Der Deutung folgend käme es in der Konsequenz nicht zu seiner Überforderung durch Schlafentzug und Ausfälle am Arbeitsplatz. Die Überforderungserzählung erscheint im Aktenwissen als Indiz für die Tat, bei der er das Kind durch Schütteln disziplinieren will (siehe Urteil, vgl. Bereswill 2009). Hätte also die Frau als ‚gute Mutter' in dieser argumentativen Verknüpfung mehr Sorge getragen, dann wäre er womöglich nicht in die Situation der Überforderung gekommen, die die Tat nach dem Urteil auslöst. Interpretieren lässt sich daraus, dass Lasse Lehmann als ein ‚guter Vater' und Ehemann erscheint, gerade weil er sich so überfordert habe, um seiner Frau und seinen Kindern gerecht zu werden.

Auch in der Zeugenvernehmung des Arbeitskollegen Herrn Bär wird die Hausarbeit in Verbindung mit der Sorge um die Kinder erzählt.

> „Frage: Was hatten Sie bei Ihrem Besuch in [Ortsangabe] für einen Eindruck von Frau Lehmann? Antwort: Einen sehr guten Eindruck. Sehr um die Kinder besorgt und permanent bei Ihnen [sic!]. Ich habe bei diesem Besuch natürlich auch Geschäftliches mit Herrn Lehmann zu besprechen gehabt. Frau Lehmann war die ganze Zeit bei ihren Kindern, um die Kinder besorgt. Fast schon wie eine ‚Glucke'. Sie ist nicht mal dazu gekommen, uns einen Kaffee zu machen oder etwas in der Richtung." (Kriminalpolizist, ZV Björn Bär: 10)

Der Arbeitskollege Björn Bär beschreibt Frau Lehmann mit dem Wort „Glucke". Eine Glucke ist eine brütende Henne oder eine Henne, die zumindest sehr nah – und hier zu nah – an den Kindern ist, sie verlässt die Kinder nur ungern aus der Befürchtung heraus, es könnte ihnen etwas passieren (vgl. Schwiter 2011: 122). Die Beschuldigte ist, deutet man das Wort „Glucke" umgangssprachlich, eine Mutter, die ihre Kinder zu stark umsorgt. Schwiter interpretiert die symbolische Wirkungsmächtigkeit, indem sie meint, dass Glucken-Sein für das Überbemuttert-Sein steht: „Das Überbemuttern bezeichnet ein Tun, das unbeabsichtigt über das Ziel der Sorge für das Kind hinausschießt und dadurch die Eigenständigkeit der bemutterten Person übermäßig einschränkt." (Ebd.)

Dieses zu starke Umsorgen, das aus Sicht von Herrn Bär eher negativ konnotiert ist, wie ich herauslese, führt in Herrn Bärs Augen dazu, dass sie ihre häuslichen Pflichten – Kaffee kochen oder anderes für den Gast und ihren Mann zu machen – vernachlässigt. Adressatin der Sorge um den Haushalt ist in der Erzählung von Herrn Bär die Frau/Mutter, die sich um die Gäste im Haus kümmern sollte.

Fallübergreifende Zusammenfassung

Die Analyse dieses Sorgeteilbereiches hat gezeigt, dass Hausarbeit ein zentrales Aushandlungsthema ist, entlang dem die ‚gute Mutter' im Aktenwissen normativ verhandelt wird. Hausarbeit stellt dabei einen Kristallisierungspunkt unterschiedlicher Interessens- und Positionskämpfe darüber dar, wer, wie und wann (nicht) angemessene Mutter ist. Insgesamt kann eine überschaubare Bandbreite von Positionen der ‚guten Mutter' herausgelesen werden. Diese Positionen finden sich über die Akteure/Akteurinnen – Experten und Expertinnen, Beschuldigte sowie Zeugen und Zeuginnen – hinweg, aber auch innerhalb eines Akteurs/einer Akteurin im Aktenwissen. Im Gegensatz zu einzelnen Zeugen und Zeuginnen und einem Beschuldigten (Lasse Lehmann), die mit wenigen Ausnahmen auch andere als die Mutter mitverantwortlich für die Sorge um die Hausarbeit erzählen, vertreten mehrheitlich die dokumentierten Beschuldigten (auch u. a. Lasse Lehmann) sowie Experten (Facharzt und Vernehmungsbeamte) ein sehr traditionelles Verständnis von mütterlicher, väterlicher und elterlicher Fürsorge, in der vor allem die Mutter als Hauptadressatin für die Hausarbeit gilt und der Vater kontrastierend dazu als Hauptadressat für die Erwerbsarbeit. In diesem Zusammenhang lassen sich vier Deutungsmuster aus dem Aktenwissen rekonstruieren, die im Folgenden skizziert werden:

‚Gute Mutter' und die Sorge um andere

Hausarbeit scheint ein wesentliches Kriterium für die Konstruktion der ‚guten Mutter' zu sein. Die ‚gute Mutter' wird vor allem über die Bedürfniskonstruktion des Kindes (Hungerland 2003: 159), aber auch über die des Vaters und der Fremden (Gäste/Freunde/Besucher/-innen) konstruiert. In dieser Konstruktion werden die Mutter als Fürsorgegeberin und die Fürsorgenehmer/-innen komplementär zueinander ins Verhältnis gesetzt (ebd.). Das heißt, dass den Fürsorgenehmern/-nehmerinnen Bedürfnisse nach angemessener Verpflegung (Bewirtschaftung der Gäste) oder sauberen, ordentlichen und/oder hygienischen Verhältnissen (Kind und Gäste/Freunde/Besucher/-innen) zugeschrieben werden, die von der Frau durch die angemessenen Sorgetätigkeiten erfüllt werden sollten. Dieses Selbstverständnis wird unterschiedlich legitimiert: angefangen mit Bezugnahme auf eine aktuell gültige mütterliche Norm, die eine geschlechtsbezogene Hausarbeitsteilung vorsehe (laut den Experten und Expertinnen) über ein Selbstplausibilisierungsargument bis hin zur Natur des Kindes sowie über das eigene scheinbar individuelle Sauberkeits- und Ordnungsempfinden der Erwachsenen.

,Gute Mutter' und (un-)sichtbare Hausarbeit

Die Sorge um die Hausarbeit von Müttern und Vätern wird durch Normalisierungstechniken der Sichtbarkeit und Unsichtbarkeit feminisiert. Auffällig ist in diesem Zusammenhang, dass die Hausarbeit, die durch die Mütter verrichtet wird, in den Deutungen der Mütter in starkem Maße (siehe Zeugenvernehmungen) unsichtbar bleibt, während die Hausarbeit der Väter sehr sichtbar gemacht wird: Mütter thematisieren die verrichtete Hausarbeit von selbst kaum. Väter hingegen betonen diese auffallend stark. Häufig scheinen die Väter in der für sie in den Deutungen nicht vorgesehenen Position für Erwerb und Familie verantwortlich zu sein, die zur doppelten Belastung führe. In der Geschlechtersoziologie wird dieses Phänomen mit dem Konzept der „doppelten Vergesellschaftung" (Becker-Schmidt 1987) erfasst. Dabei wird dieses Konzept, das in den 1980er-Jahren entwickelt wird, bisher vor allem für die Beschreibung weiblicher Lebenszusammenhänge herangezogen, um deutlich zu machen, dass Frauen als Mütter, wie an Interviews mit Fabrikarbeiterinnen aufgezeigt wird, zwischen den Praxisbereichen Erwerb und Familie vergesellschaftet sind. Die Erwartungen, die sich aus den Praxisbereichen ergeben, sind nach Becker-Schmidt durchaus konflikthaft (ebd.). Diese Konflikthaftigkeit bei der Vereinbarkeitsanforderung an die Frauen führe zur doppelten Belastung (Becker-Schmidt 2008: 68; vgl. ausführlich Kapitel 2). Die vorliegende Arbeit zeigt, dass das Konzept auch für die normative Verhandlung von Vaterschaft zentral ist (vgl. König 2012: 200). Diese Position, die mit einer doppelten Belastung der Väter wie in dem vorliegenden empirischen Aktenmaterial geschildert einhergeht, ist eine nicht vorgesehene Position, da sie überwiegend ,unfreiwillig' oder ,ungewollt' von Vätern besetzt wird. Begründet wird die Position beispielsweise im Fall ,Lasse Lehmann' über zu hohe eigene Ansprüche an sich als einen ,guten Vater' und Ehemann (,Übervater'), die sich auch aus der fehlenden Sorgeübernahme aufgrund fehlender mütterlicher Kompetenzen – wenn sie könnte, würde sie – speist. Neben fehlenden Kompetenzen der Mutter, die den Vater in diese (Zwangs-)Lage bringt, wird die Position folglich durch den fehlenden Willen der Mutter, die Hausarbeit zu übernehmen, begründet. Des Weiteren wird die Position der „doppelten Vergesellschaftung" auch darüber begründet, dass die körperlichen Grenzen (z. B. vermeintliche Krebserkrankung) der Mutter sie an der Übernahme ihrer eigentlichen Hausarbeitspflichten hindern würden. Die Übernahme von weiblich codierten Sorgetätigkeiten durch die Väter kann in diesem Kontext unterschiedlich gelesen werden: Die Inszenierung kann entweder als überforderter Vater und/oder als überdurchschnittlich engagierter Vater erfolgen, wobei beide Fälle aus einer Vernachlässigung der Sorgetätigkeit durch die Mutter resultieren. Diese Inszenierung geschieht darüber, dass die traditionellen Bilder der Hausarbeitsteilung als Normalität des elterlichen Alltags aufgerufen werden, die eine Zuständigkeit der Mutter für die Hausarbeit vorsehen. Der Vater kann sich nun in diesem Gefüge positiv positionieren. Im Falle des engagierten Vaters wird gleichzeitig auf eine egalitäre Hausarbeitsteilungsnorm verwiesen, da es für den ,guten Vater' zu sprechen scheint, wenn er aktiv an der Hausarbeit beteiligt ist; dies vor allem dann, wenn das die Frau nicht leisten würde. Der ,gute Vater' erscheint als Verantwortlicher und engagierter Teil der Familie.

Auch aus Sicht der Experten und Expertinnen (Vernehmungsbeamte und Fachärzte/-ärztinnen) aber auch Zeugen und Zeuginnen sowie der Beschuldigten findet über Techniken der (Un-)Sichtbarmachung von Hausarbeit eine Normalisierung von feminisierter Hausarbeit über Adressierungen statt. An Fragestellungen und Diagnosen der Experten und Expertinnen, aber auch am Antwortverhalten innerhalb von Zeugen- und Beschuldigtenvernehmungen wird eine Norm deutlich, die vor allem die Frau explizit als zuständig für die Hausarbeit etikettieren. Beispielsweise wird oft danach gefragt, ob die Mutter – und nicht die Väter oder andere – den Haushalt angemessen erledigt hätten („Hatte sie den Haushalt im Griff?" siehe Seite 189). Auch wird in Akten beschuldigter Mütter viel stärker die Hausarbeit problematisiert als bei den beschuldigten Vätern. Offenbar scheint es für den überwiegenden Teil der Sprecher/-innen innerhalb des Aktenwissens ,normal' zu sein, dass die ,gute Mutter' die Sorge um die Hausarbeit in unterschiedlichen Konstellationen übernimmt. Die Konstellationen reichen von alleinerziehenden, heterosexuellen Kernfamilien bis in WG-Lebensformen, in der auch (fast) volljährige Mitbewohner/-innen wohnen. Erwähnenswert ist auch die Entkopplung von Partnerschaft und Elternschaft entlang der normativen Verhandlung von Hausarbeitsteilung (Fall ,Mona Stern'). Es gibt die Position, dass der Partner innerhalb einer Partnerschaft in Maßen die Sorge um den Haushalt übernehmen könne, während er nicht selbstverständlich die Sorge für die nicht leiblichen bzw. ,eigenen' Kinder übernehmen müsse. Doch Hauptzuständige für die Sorge um die Hausarbeit scheint auch in dieser Deutungsweise die Mutter zu sein.

,Gute Mütter' und ihre Bedürfnisse

Eine ,gute Mutter' scheint sich dadurch auszuzeichnen, dass sie die Bedürfnisse der Kinder stets über den eigenen Bedürfnissen einordnet. Des Weiteren zeigt sich, dass der Vater die Position eines ,guten Vaters' auch dann einnehmen kann, wenn er seine Bedürfnisse über die des Kindes stellt. So kann ein Vater dann über die Vernachlässigung des Kindes durch u. a. die nicht geleistete oder zu viel erbrachte Hausarbeit der Mutter – zwischen Rabenmutter und Übermutter – berichten, ohne sich selbst als involviert zu betrachten. Hierzu zählt beispielsweise die Legitimierung seitens des Vaters, das Kind zu den rechtlich geregelten Besuchszeiten nicht mehr abholen zu wollen, da die Wohnung der Mutter zu unordentlich sei oder die Begründung, über mehrere Monate keinen Kontakt zu dem ,eigenen' Kind zu haben aufgrund des ,problematischen Kindes' (es würde sich etwa gerade in der

Pubertät befinden); diese Argumente stellen Positionen dar, die Müttern vermutlich versperrt bleiben. Ein Vater kann bei der Hausarbeit mithelfen, er ist aber nicht dazu verpflichtet. Die Pflicht für eine gelungene Hausarbeit bleibt bei der Mutter, die am besten selbst die Sorgetätigkeit übernehmen sollte. Überträgt die Mutter die Hausarbeitstätigkeiten, um ihren Interessen jenseits vom Kind nachzugehen, riskiert sie hingegen dafür, als ‚schlechte Mutter' etikettiert zu werden.

‚Gute Mutter' und ihre überhöhten Selbstansprüche

Ein gängiges Bild einer Mutter, die zu viel Sorge um ihre Kinder hat, ist das der ‚Glucke' oder ‚Übermutter'. Diese Zuschreibung findet sich nicht ausschließlich für die Mutter (Fall ‚Marion Müller'), sondern in gewisser Weise auch bei einem Vater (Fall ‚Lasse Lehmann'), der ebenso an einem überhöhten Selbstanspruch leiden würde. In den beiden Fällen ‚Lasse Lehmann' und ‚Marion Müller' wird die Übermutter- und Übervaterkonstruktion herangezogen, um die Tat zu plausibilisieren.

Der qualitative Unterschied ist, dass bei dem Vater der zu hohe Selbstanspruch in seiner Beschuldigtenvernehmung letztlich durch die Partnerin/Mutter verursacht wird, während im Fall der Mutter der zu hohe Selbstanspruch durch zu wenig Selbstsorge der Mutter begründet wird. Statt sich auszuruhen, würde sie aus Sicht des Ehemannes die Hausarbeit verrichten. Der Deutungsweise folgend erfolge die Überforderung bei ihm – nicht ausschließlich, aber zumindest teilweise – fremdverschuldet und bei ihr selbstverschuldet. Damit werden traditionelle Geschlechtscharaktere aufgerufen, in der die Mutter und nicht der Vater für das Private – Sorge um Hausarbeit und Betreuung der Kinder – zuständig sei.

Abschließend bleibt festzuhalten, dass sich im Aktenwissen weniger ein egalitäres als in der Hauptsache ein sehr traditionelles Verständnis von Mutterschaft und Arbeitsteilung rekonstruieren lässt. Dieses scheint sich nach wie vor an der Ordnung der Geschlechter, wie sie sich im Übergang zum 19. Jahrhundert herausbildet, zu orientieren und erfolgt durch die aufgezeigten Normalisierungspraxen, wie zum Beispiel (Un-)Sichtbarmachung von geleisteter Hausarbeit durch Frauen/Mütter und Sichtbarmachung von geleisteter Hausarbeit von Vätern und umgekehrt (siehe hierzu etwa die Ausführungen zur Norm der „doppelte Vergesellschaftung" bei Vätern).

Durch Naturalisierungspraxen, wie etwa die Konstruktion der Bedürfnisse des Kindes als „natürlich", werden Frauen als Mütter und Männer als Väter mit klaren geschlechtsbezogenen Hauptzuständigkeitsbereichen vergesellschaftet: Die Mutter als mehrdimensionale Fürsorgegeberin (für das Kind, den Vater und Fremde) wird mehrheitlich in der privaten Sphäre verortet und Väter dürfen dort lokalisiert werden, werden aber hauptsächlich in der öffentlichen Sphäre verortet. Dies gilt auch dann, wenn es sich um eine alternative Lebensform (WG) mit mehreren möglichen Fürsorgegebern/-geberinnen handelt.

4.4 Ergebnisse zur ‚guten Mutter' in den Akten

In den vorigen Abschnitten zeigt sich, dass entlang der normativen Verhandlung von Kindstötung in den Akten die Diskurse zur Mutter-, Vater- und Elternschaft hinsichtlich Sorgebeziehung expandieren. So wird jeweils ein Bereich der Sorgebeziehung im Aktenwissen fokussiert und hinsichtlich des Deutungsmusters der ‚guten Mutter' analysiert: erst die „Sorge um die Entscheidung für oder gegen ein Kind" (Abschnitt 4.1), dann die „Sorge um die Ernährung" (Abschnitt 4.2) und anschließend die „Sorge um den Haushalt" (Kapitel 4.3).

In diesem Abschnitt werden zunächst quer zu diesen Sorgebereichen die Deutungsmuster der ‚guten Mutter' zusammenfassend rekonstruiert. Dabei geht es nicht um eine 1:1-Wiedergabe des schon Gesagten, sondern darum, in verdichteter Form die übergeordneten Deutungsmuster der ‚guten Mutter' zu skizzieren. Vor diesem Hintergrund werden im anschließenden Abschnitt, die vorgefundenen Subjektpositionen der ‚guten Mutter' spezifiziert. Am Schluss werden die Ergebnisse zur Mutterschaftskonstruktion vor dem Hintergrund einer möglichen De- und/oder Restabilisierung der Geschlechterordnung unter Berücksichtigung des strafrechtlichen Kontextes diskutiert. Das bedeutet, dass der Zusammenhang des machtdurchdrungenen institutionellen Rahmens, in dem es um die Verhandlung von (Un-)Schuld und Haftbarmachung der Beschuldigten geht, mitgedacht wird (siehe Abschnitt 3.1).

Bei der Darstellung der übergeordneten Deutungsmuster wird in erster Linie chronologisch vorgegangen und in zweiter Linie nach der Relevanz der Aussagen sortiert. Die Relevanz bemisst sich daran, ob das Deutungsmuster zu den Sorgebereichen übergeordnet sichtbar wird oder lediglich in zwei Sorgebereichen oder gar nur in einem auftaucht.

Eine ‚gute Mutter' entscheidet sich für ihr Kind bei passenden Lebensumständen

Es zeigt sich im Aktenwissen, dass sich eine Frau (ausschließlich!) bereits vor der Schwangerschaft und vor der Geburt als ‚gute Mutter' normativ qualifizieren kann, ebenso qualifiziert sich parallel dazu ein Mann (ausschließlich!) als ‚guter Vater' (vgl. Bereswill/Scheiwe et al. 2006a: 7). Die Qualifikation gelinge über die Wahl des richtigen Zeitpunktes für die Entscheidung, Kinder zu bekommen. Der Zeitpunkt sei dann vorhanden, wenn ein Kind in die Lebensumstände passen würde. Dies wäre im optimalen Falle dann, wenn es eine intakte Paar- bzw. Liebesbeziehung geben würde, in der zukünftig raum- und körperbasiert Mutter, Vater und Kind(er) zusammenleben und wenn sich das Paar ein Kind materiell leisten könne. Das Selbstverständnis einer intakten Paar- und Liebesbeziehung enthält diskursive Spuren, die sich im Übergang ins 19. Jahrhundert finden lassen. In dieser Zeit wird das Modell der Liebe als Passion von der romantischen Liebe überschrieben. In der Folge wird unter anderem heterosexuelles Begehren (Liebe nicht mehr als zeitlich begrenzt) und Sexualität und Ehe sowie das Kinderbekommen räumlich aneinander gekoppelt und als exklusives und dyadisches Paar-Moment zwischen Mann und Frau gedacht, die sich durch ihre komplementär angelegten Geschlechtscharaktere ergänzen (Luhmann 1994; Hausen 1976). Exemplarisch für materielle Stabilität als Voraussetzung steht die Position, dass die Eltern sich aufgrund der entstehenden Mehrkosten kein Kind mit Behinderung leisten könnten. Auch ist der Zeitpunkt dann richtig, wenn die Eltern und insbesondere die Mutter und ggf. die bereits vorhandenen Kinder über das angemessene Alter verfügen würden. Auch sollten es nicht zu viele Kinder sein (zwei bis maximal drei scheinen noch angemessen), da dies womöglich als Stereotyp für ein sozial niedriges Milieu gilt, und es sollte sich um das ‚eigen' gezeugte Kind bzw. die Kinder handeln. Psychische und physische Stabilität der Mutter werden als Bedingungen für das Kinderkriegen genannt. Wie mit Beck-Gernsheim (2008a) aufgezeigt, ist das Selbstverständnis, über den Zeitpunkt des Kinderkriegens zu beratschlagen und abzuwägen, eine relativ neue Erscheinung, da das Kinderkriegen zu einer Option geworden ist. Die Autorin formuliert dies so: „Aus dem Kinderhaben ist die Kinderfrage geworden", was nicht zuletzt auch durch die Einführung der Pille in den 1960er-Jahren beeinflusst wird, aber auch durch kritische Reflexion der Sexualmoral und den Bildungserfolgen und -möglichkeiten der Frauen sowie der Idee der „verantworteten Elternschaft" (Schweizer 2007: 103). Ein Kind zu bekommen, gehört nicht mehr notwendigerweise in einem so starken Ausmaß zum Leben einer Frau bzw. anderer, weil Sexualität und Fruchtbarkeit entkoppelt werden (Rudat 2012: 18 ff.).

Eine ‚gute Mutter' wünscht sich ihr Kind

Im Aktenwissen zeigt sich das Deutungsmuster, dass eine ‚gute Mutter' (und auch ein ‚guter Vater') sich, wenn sie sich für das Kind entschieden habe, das Kind permanent wünschen solle. Im optimalen Falle scheint ein „Wunschkind" (Abschnitt 5.2) ein Kind zu sein, das vor der Schwangerschaft geplant war. Wird das Kind als ungeplant gedeutet, scheinen die Eltern an den normativen Ansprüchen ‚guter Eltern' in erster Instanz gescheitert. Eine ungeplante Schwangerschaft sei heute hierzulande bei den vorhandenen Verhütungsmethoden nicht mehr nötig, so das Selbstverständnis (Schwiter 2007: 90). Deutlich zeigt sich, dass selbst, wenn das Kind ungeplant ist, es im Aktenwissen von den Beschuldigten und einigen Zeugen und Zeuginnen dennoch als Wunschkind präsentiert wird. Diese Präsentation erfolgt nach verschiedenen Aspekten: zum einen über die herausragende Stellung des Kindes unter den Geschwistern als Lieblingskind der Mutter; dann darüber, dass die Mutter nicht überfordert gewesen sei, obwohl die Wesensart des Kindes dazu Anlass böte. Und zum Dritten über den eigenen Willen, sich das Kind in Abwägung der Vor- und Nachteile gewünscht zu haben, sich aber auch anders entscheiden zu können. Neben der Handlungsautonomie wird das Wunschkind zudem über eine Schicksalsentscheidung begründet: Dass sich die gewünschte Abtreibung hierzulande nicht mehr durchführen lässt, wird positiv umgedeutet als ‚es sollte wohl kommen'. Diese Wunschkinderzählung macht deutlich, dass die protokollierten Beschuldigten und einige Zeugen und Zeuginnen (meisten die nicht beschuldigten Elternteile und Personen, die sich für die Beschuldigten aussprechen) auf die unausgesprochene Beschuldigung reagieren, dass ein nicht dauerhaft gewünschtes wie u. a. ungeplantes Kind als Indiz für eine nicht intakte Beziehung zwischen Mutter (Vater) und Kind interpretiert wird. Vor diesem Hintergrund scheinen mögliche Anzeichen gelesen zu werden, dass es zur Tat kommen konnte. Obwohl empirisch belegt ist, dass Mutterschaft in der Praxis dauerhaft oder zeitweise von ambivalenten Gefühlen geprägt ist, die von extrem starker Zuneigung zum Kind bis zur extremen Abneigung für das Kind seitens der Mutter (auch des Vaters) reichen kann (etwa Gschwend 2009; Müller 2008; Streep 2009; Parker 1996), scheint normativ eine ‚gute Mutter' stets positiv zu ihrem Kind eingestellt zu sein, sich das Kind permanent zu wünschen und den Wunsch gut zu planen. Offenbar gibt es im strafrechtlichen Kontext ein Wissen darüber, dass eine Mutter entweder einen guten oder einen schlechten festen und unveränderlichen Wesenskern habe (vgl. auch Mauerer 2002: 225), den man im Verhör, in der Vernehmung oder im Gutachten durch Aussagen der vermeintlichen Täter/-innen identifizieren könne. Vor diesem Hintergrund wird nachvollziehbar, warum alle der Tat Beschuldigten sich im Aktenwissen in erster Instanz von Abtreibung, Babyklappe, Adoption oder Pflegefamilie distanzieren. Damit lässt sich das Ergebnis von Bergmann (2012: 240) auf die vorliegende Untersuchung übertragen. Wunschkinder sind vor allem Kinder, die durch das aktive „Machen" – Planbarkeit – entstehen, im Sinne eines „doing kindship" (siehe erstes Deutungsmuster), und sie sind, das geht aus dieser Untersuchung hervor, ebenso und nicht weniger gewichtig dauerhaft „Ergebnis des Wunsches" in ihrer Verkörperung bzw. materialisierten Gestalt.

Eine ‚gute Mutter' übernimmt die Hauptfürsorge

Im Aktenwissen wird die Norm sichtbar, dass eine ‚gute Mutter' als hauptverantwortliche Fürsorgegeberin adressiert wird. Dies zeigt sich vor allem daran, dass Frauen im Gegensatz zu Männern, die sich nicht primär selbst (qua eigenen

Körpers) um vor allem ihr Kind – aber auch den Vater oder andere Personen (WG-Mitbewohner/-innen und Gäste) – gekümmert haben, sichtbar gemacht werden, indem die fehlende Sorge problematisiert wird. Das gilt für alle Sorgebereiche. Beispielsweise zeigt sich bei der ungeplanten Schwangerschaft, die aufgrund scheinbar sicherer Verhütungsmethoden als nicht mehr nötig gedeutet wird, dass der Frau stets bei voriger Beratung mit dem Partner oder biologischen Vater die Letztentscheidung über das Austragen des Ungeborenen überlassen wird. Dies auch dann, wenn der biologische Erzeuger des Ungeborenen oder der Beziehungspartner eine andere Haltung vertritt oder wenn die Eltern als Paar nicht mehr zusammen sind. Offenbar wird durch die Schwangerschaft und das Gebären quasi ‚natürlich‘ über den Körper die Hauptfürsorge im Sinne einer pränatalen Mutterschaft an die werdende Mutter geheftet (Villa 2006: 68; Sänger/Dörr et al. 2013; vgl. Sänger 2010). Die Entscheidung über das Leben des Ungeborenen scheint damit an die Frau gebunden zu sein, da sie die Hauptfürsorge übernehmen würde. Dabei zeigt sich, mit Sänger et al (2013: 68) formuliert, wie über erlebtes körperbasiertes im Ineinandergreifen mit technikbasiertem und biomedizinischem Wissen das Ungeborene im Falle eines gewollten Austragens zu einem Kind gemacht wird. Darüber hinaus wird, wie im Falle eines ungewollten Ungeborenen, auf diese Konstruktionsleistung verzichtet, indem beispielsweise auf besondere geschlechts- bzw. personenbezogenen Adressierungen wie ‚sie‘, ‚er‘ oder ‚unser‘ und ‚mein‘ Kind verzichtet wird. Das bedeutet, dass keine positiven Gefühlsäußerungen zu einem möglichen Kind oder Kindern erzählt werden. Dieser Entkörperungs- und/oder Verkörperungsprozess des Kindes ist verzahnt mit „moralischen Imperativen mütterlicher (und väterlicher) Subjektpositionen im Kontext der heteronormativen Kleinfamilie" (ebd.).

Auch im Bereich der normativen Verhandlung, wie das Kind am besten ernährt werden sollte, kann herausgelesen werden, dass sich die Frau als ‚gute Mutter‘ qualifiziert, wenn sie sich während der Schwangerschaft und nach der Geburt hauptverantwortlich für die angemessene Ernährung des Kindes zeigt. So fungiert der Körper der Mutter in der Schwangerschaft und nach der Geburt als „Ökosystem" des Ungeborenen (Duden 1991: 75). Alternative Ernährungsformen scheinen nicht gleichwertig zu sein. So wird herausgearbeitet, dass es derzeit im Aktenwissen normativ eine Hierarchisierung zwischen den unterschiedlichen Ernährungsformen gibt. Ernährungsformen im Plural, da es im historischen Rückblick schon seit Jahrhunderten alternative Ernährungsformen zum Stillen gibt, die nicht an den Körper und die Brust der Mutter gebunden sind. Nicht durch Ammen, nicht mit Tiermilch – unter anderem vom Esel oder von der Ziege –, nicht mit einer Mischung aus Tiermilch mit anderen Lebensmittelzutaten wie Mehlzusatz und auch nicht mit der Ende des 19. Jahrhunderts erfundenen industrielle Milch als Babynahrung, sondern die ‚gute Mutter‘ sollte heutzutage durch ihren eigenen Körper das Kind mit ihrer eigenen Milch aus der eigenen Brust stillen (Freudenschuß 2012: 140-141). In Ausnahmefällen, wenn es „nicht klappt", auch mit industrieller Milch (siehe u. a. Ott/Seehaus 2010; Knaak 2005).[126] Damit werden auf der normativen Ebene Ernährungsformen unterschiedliche Qualitäten zugesprochen und somit hierarchisch nach ihrem zugesprochenen Wert angeordnet. Dass andere Personen als die Mütter die Sorge um das Kleinkind übernehmen könnten, kommt nicht vor. Dies zeigt sich auch daran, dass die Vereinbarkeitsfrage tendenziell als ‚übliches' Mutterschaftsproblem und nicht Vaterschaftsproblem abgehandelt wird.

Im Gegensatz dazu scheint die Vereinbarkeitsfrage für die dokumentierten Väter eher unüblich zu sein und gleichzeitig eine Gelegenheit darzustellen, um sich als ‚guter Vater' zu präsentieren. Dies deshalb, da die Väter weit über das für sie vorgesehene Maß hinaus Sorge tragen würden: Indem sie nicht nur wie vermeintlich vorgesehen in der Produktionssphäre für das materielle Wohl des Kindes und der Familie insgesamt sorgen, sondern zusätzlich auch Sorge um Hausarbeit und Sorge um das Kind übernehmen würden. Dabei findet sich häufig ein expliziter oder impliziter Verweis darauf, dass diese Sorgearbeit, die eigentlich von den Müttern ausgeführt werden sollte, zu einer doppelten Belastung führen würde. Sie sollten/müssten die Sorgearbeit nicht übernehmen und sie sei auch nicht für sie vorgesehen (Becker-Schmidt 1987; siehe auch König 2014: 212). Beispielsweise wird die doppelte Belastung damit erklärt, dass die Mutter sich darum nicht kümmern wolle oder könne. Etwa wie in einem Fall aufgrund fehlender Sorgekompetenzen der Mutter bzw. Beziehungspartnerin (sie konnte bei den Zwillingen nicht schlafen, da sie zu sehr besorgt sei): Neben seinem eigenen zu hohen Anspruch an sich selbst, scheint die Mutter (Ehepartnerin, nicht der Tat beschuldigt) vom Vater als mitverantwortlich erzählt zu werden. Hätte die Mutter bzw. Frau des Beschuldigten, so die Argumentationsfigur, die väterliche Beteiligung im Privaten besser selbst verantwortet, wäre es nicht zur Überforderung des Vaters gekommen und die Tat, so wird herausgelesen, wäre womöglich nicht geschehen. Interessant ist, dass auch bei Müttern der zu hohe Anspruch genannt wird als Ursache für die Überforderung, die die Tat erklärt, mit dem Unterschied, dass sie nicht richtige

---

126 Das heißt allerdings nicht, dass es derzeit oder auch in anderen Zeiten nicht immer schon Mütter gegeben hat, die sich aus unterschiedlichen Motiven heraus gegen das Stillen entschieden haben. Derzeit werden nach der Entbindung die meisten Kinder gestillt: „Bundesweit wurden 81,5 % der im Jahr 2005 geborenen Kinder gestillt; dies stellt im Vergleich zur Stillhäufigkeit der 1986 geborenen Kinder von 74 % einen Anstieg um von gut 7 Prozentpunkten dar." (Lange/Schenk et al. 2007: 626). Nach der Deutschen Gesellschaft für Ernährung (1977) werden in der zweiten Hälfte der 1970er-Jahre unter 10 Prozent der Kinder in den westlichen Industrieländern länger als vier Wochen gestillt (Freudenschuß 2012: 139). Erst unter Einfluss der La Leche League wird Stillen wieder en vogue (Badinter 2012: 82) und damit wandeln sich die Einstellungen. Ende der 1970er- und zu Beginn der 1980er-Jahre postulieren zunehmend unterschiedliche Institutionen das Stillen als das beste und gesündeste für das Kind (Freudenschuß 2012: 139). Zu den Institutionen gehören etwa die Weltgesundheitsorganisation und das Kinderhilfswerk der UNO (UNICEF) (ebd.).

Selbstsorge betrieben haben. Bei dem Vater scheint es die fehlende mütterliche Fremdsorge um ihn zu sein, die wie aufgezeigt zu überhöhten Selbstansprüchen als 'guter Vater' führe, (siehe auch Abschnitt 4.4).

Bei den Müttern, auch wenn sie retrospektiv berichten, scheint in den Deutungsweisen die Anforderung des Mutterseins im Vergleich zum Vatersein nicht als doppelte Belastung gedeutet zu werden. Offenbar bietet die Überlastungserzählung für die Väter und (Ex-)Beziehungspartner die Möglichkeit, sich als 'gute Väter' zu präsentieren. Diese Möglichkeit scheint einer Frau in der Position der Mutter nicht zur Verfügung zu stehen.

Dass die Mutter als Hauptverantwortliche adressiert wird, zeigt sich auch darin, dass sie als Fürsorgegeberin angerufen wird, während der Vater kaum bis gar nicht thematisiert wird. Sein Platz in der Deutung ist oft durch Auslassung charakterisiert. So wird zum Beispiel von den Vernehmungsbeamten nicht danach gefragt, ob *er* den Haushalt im „Griff" hätte oder ob *er* sich darum gekümmert habe oder auch wird nicht erwähnt, dass der Vater und nicht die Mutter die Gäste nicht ordentlich mit Getränken versorgt habe. Auch wäre „selbstverständlich" der Frau eine unsichere Kinderbetreuungsfrau nicht recht und nicht dem Mann. Nur ein WG-Mitbewohner erwähnt explizit in einem Fall, dass auch diese alternative Lebensform funktioniert, indem jeder einmal für das Kochen zuständig sei.

Dass eine Mutter tendenziell als Hauptverantwortliche für unbezahlte Reproduktionsarbeiten gedeutet wird, zeigt sich auch daran, dass quer zu den Fällen der Vater vor allem als aktiv sorgetragend erscheint, in dem er 'normalerweise' für die materielle Sicherheit sorgt und der Frau beratend zur Seite steht bei Entscheidungsfindungsprozessen bezogen auf die Kinder. In einem Fall wird seitens des Beziehungspartners der Wunsch seiner Frau nach mehr Unterstützung bei der Sorge im Haushalt dramatisiert und als unangemessen abgetan, während in zwei anderen Fällen eine gewollte aktive Vaterschaft vom Windelnwechseln bis zum Trösten erzählt wird, wobei die Hauptzuständigkeiten zwischen Vater und Mutter klar getrennt erzählt werden. Die Mutter sei normativ in der Hauptsache für die private Sphäre der Sorge um die Kinder und den Haushalt zuständig, während der Vater vor allem in der öffentliche Sphäre der Erwerbsarbeit zu verorten sei. Dies wird nicht zuletzt daran deutlich, dass ein Zuviel der Arbeit, wie im sechsten Deutungsmuster „Eine 'gute Mutter' sollte sich hauptsächlich um die Kinder sorgen" ausgeführt, von den Vätern und Männern in der privaten Sphäre als nicht angemessene Doppelbelastung problematisiert wird.

Eine 'gute Mutter' sorgt sich um das emotionale Wohl des Kindes

Außerdem zeigt sich das übergeordnete Deutungsmuster im Aktenwissen, dass eine 'gute Mutter' ihrem Kind gegenüber empathisch sein sollte, indem sie leibbasiert spürt und sinnlich wahrnimmt, was das Kind brauche. Den Vätern wird das nicht gleichermaßen zugeschrieben, aber auch. Was wird unter Empathie verstanden? Im Zusammenhang mit der Problematisierung in einem Fall früher Mutterschaft, die aus sich selbst heraus mit Überforderung aufgrund des zu jungen Alters der Mutter (knapp 17 Jahre) einhergehe, würde Empathiefähigkeit darin bestehen, dass eine ‚gute Mutter' über die Ressource verfüge mitzukriegen, was die ‚wirklichen' Bedürfnisse des Kindes seien, um ihr Kind zu „beschützen". In einem anderen Fall besteht Empathiefähigkeit darin, dass eine ‚gute Mutter' das klinische Handeln der Experten und Expertinnen (Klinikpersonal) nicht adaptiert und zu ihrem eigenen mache, sondern sich optimalerweise durch ihr ‚gespürtes' oder ‚gefühltes' Mutterschaftswissen leiten lassen sollte. Tabellen, Statistiken, Ratgeber, Richtwerte können als Informationsquelle dienen und auch anerkannt werden, aber sollten nicht handlungsweisend für die Beschuldigten sein. Das Gespürte, Gefühlte und exklusive Wissen um das ‚eigene' Kind der Mutter, aber im Einzelnen auch für den Vater, sollte für die Beschuldigten – im Gegensatz zu den Ärzten und Ärztinnen etwa – an erster Stelle stehen. Damit zeigt sich, dass unterschiedliche Akteure/Akteurinnen aus der Akte mit unterschiedlichen normativen Anforderungen konfrontiert sind.

Eine ‚gute Mutter' sorgt sich um das körperliche Wohl des Kindes, anderer und sich selbst

Ein anderes übergeordnetes Deutungsmuster, dass sich rekonstruieren lässt, ist, dass eine ‚gute Mutter' sich insbesondere um das körperliche Wohl des Kindes und auch anderer – Gäste, Väter, Freunde, WG-Mitbewohner/-innen – sorgen sollte und um ihr eigenes körperliches Wohl, damit es in der Folge dem Kind und den anderen gutgehe. Dabei wird dem Kind das Bedürfnis nach „Sauberkeit", „Hygiene", „Ordnung" und der richtigen Ernährungsweise – das Stillen durch die Mutter – als wesenhafte Eigenheit unterstellt. Über die Herstellung der Faktizität des Bedürfnisses des Kindes resultieren Leistungsanforderungen an die Eltern und insbesondere die Mutter im Umgang mit dem ‚eigenen' Kind (siehe dazu auch Hungerland 2003: 159-160; Orland 2004). Eine ‚gute Mutter' sollte sich heute, wie die Analyse der Deutungsmuster zeigt, im Zusammenhang mit der Kindeswohlsicherung auch um ihr eigenes körperliches Wohl kümmern (Textor 2013; Gschwend 2009: 19-21). Dies zeigt sich daran, dass die Mutter angehalten wird, besser Selbstsorge (vgl. Foucault 1989b) zu tragen, indem sie ihren Körper angemessen pflegt. Dabei stehen u. a. Rauchen und Alkohol trinken oder zu wenig Schlaf und Ruhe der Sorge um sich selbst entgegen. Beispielsweise zeigt sich in einem Fall, dass ein Zuviel der Sorge um das Wohlergehen des Kindes nicht angemessen sei, wenn die Mütter sich dabei selbst völlig vernachlässigen, was in den Aussagen der Experten/Expertinnen und Zeugen/Zeuginnen legitimiert wird mit Gewichtsverlust und Überforderung.

Die Selbstsorge der Mutter für die Fremdsorge des ‚eigenen' Kindes umfasst den Zeitraum von vor der Schwangerschaft bis nach der Geburt. Ein geeigneter Begriff, um das Phänomen zu fassen, ist der des „Ökosystem[s]" (Duden 1991: 65), der sich wie ausgeführt nicht nur auf das Ungeborene in der Schwangerschaft (ebd.), sondern auch auf das Ungeborene vor der Schwangerschaft und das Neugeborene beziehen lässt (vgl. auch Wall 2001: 602-603). So unterliegt die werdende Mutter dem normativen Anspruch, sich besonders zu schützen, um die Versorgung des „personifzierte[n] Leben[s]" (ebd.: 64) im Uterus und des Kleinkindes nach der Geburt optimal zu gewährleisten. Diese Vorstellung, dass eine ‚gute Mutter' für ihr eigenes Wohl mit Beginn und vermutlich schon vor Beginn des Wissens um die Schwangerschaft sorgen sollte, um Risiken vorzubeugen, ist charakteristisch für unsere gegenwärtiges kollektives Selbstverständnis.

Eine ‚gute Mutter' stellt ihre Interessen nicht über die Bedürfnisse des Kindes und der Familie

Quer zu den Sorge-Themen findet sich das Deutungsmuster, dass eine ‚gute Mutter' ihre Interessen nicht über die Bedürfnisse des Kindes stellen sollte (Abschnitt 2.3). Eine Frau mit einem ‚eigenen' Ungeborenen/Kleinkind ist in erster Linie eine Mutter und nicht möglicherweise eine Dozentin, eine Theater- und/oder Kinogängerin, eine Unternehmerin (vgl. Villa 2006: 29, 154). Mit Freudenschuß (2012: 144) formuliert zeigt sich, dass Mütter vor allem als „Gattungswesen" erzählt werden, die die Bedürfnisse des Kindes selbstlos zu erfüllen hätten. Wird die Norm von den Frauen übertreten, setzen sie sich dem Risiko aus, als ‚schlechte Mutter' adressiert zu werden.

Dies lässt sich im Aktenwissen herauslesen, wenn die Mütter tendenziell als ‚schlechte' bzw. egoistische und/oder überforderte, ihr Kind vernachlässigende Mutter gedeutet werden, sobald sie ihren eigenen Bedürfnissen nachgehen und dadurch die dem Kind zugeschriebenen Bedürfnisse nicht erfüllen würden (vgl. auch Klein 1993: 51; 1998: 52).

Dass die Interessen einer Frau in der Mutterschaft aufzugehen hätten, zeigt sich zum Beispiel daran, dass es offenbar seitens der Mutter nicht angemessen ist, nächtliche Sorgearbeit zu problematisieren und daran, dass eine Mutter (oder ein Vater) sich auch für den optimalen Zeitpunkt des Kinderkriegens entscheidet (Abschnitt 2.3 und 4.4). Es zeigt sich weiterhin darin, dass Stillen zumindest in den ersten Monaten erfordert, dass die Mutter körperbasiert und exklusiv für das Kind verfügbar ist und häufig übertragene Mutterschaft ausgeschlossen wird. Ein weiteres Beispiel dafür ist, dass eine Mutter dann als reflektiert und verantwortlich in den Aktendokumenten geschildert wird, wenn sie sich gegen ein weiteres Kind entscheidet, da sie nicht das Risiko eingeht, ihm durch eine psychische Erkrankung schaden zu können. Die Mutter solle damit ihre Interessen nicht über die des möglichen Kindes stellen, das geschützt werden solle. Dies wird auch deutlich an der widerstreitenden Deutung über die Betreuung des Kindes außerhalb der Kernfamilie: Wird Fremdbetreuung in Anspruch genommen, wird sie einmal als Vernachlässigung und ein anderes Mal, wo sie nicht in Anspruch genommen wird, als Vernachlässigung der Mutter gegenüber ihrem Kind gedeutet. In beiden Fällen steht das dahinterliegende Deutungsmuster, dass die Mutter sich vor allem um ihre eigenen Bedürfnisse gesorgt hätte und nicht um die des Kindes. Das Deutungsmuster wird von dem Imperativ getragen, dass eine ‚gute Mutter' ihre Bedürfnisse nicht über die des Kindes stellen sollte.

Eine ‚gute Mutter' ist eine gute Partnerin

Im Aktenwissen kann auf Basis der normativen Verhandlung der Sorge um den Haushalt und der Sorge um das Kinderbekommen die Norm rekonstruiert werden, dass eine ‚gute Mutter' auch eine ‚gute Partnerin' sein sollte und umgekehrt. Dies scheint bei dem protokollierten Lebensgefährten einer Beschuldigten selbstplausibel zu sein, in dem er die Beschuldigte als eine gute Partnerin und gute Mutter schildert, da sie sich um „alles kümmern" würde. Im Gegensatz dazu scheint bei dem Exehemann und Lebensgefährten einer anderen Beschuldigten die Vernachlässigung der Sorge um den Haushalt, die mit der Vernachlässigung des Kindes argumentativ ineinandergreift, sie nicht nur als Mutter, sondern auch als Partnerin zu disqualifizieren. So habe sich beispielsweise der Beziehungspartner von ihr getrennt, weil sie den normativen Sorge-Ansprüchen nicht genüge und er selbst zu stark eingebunden gewesen sei. Im Fall eines Beschuldigten hingegen scheint die Beziehungspartnerin, mit der er ein gemeinsames Kind bekommen hat, als Frau nicht in jeder Hinsicht begehrenswert zu sein, sodass er sich gegen die Fortführung der Kernfamilie entscheidet , indem er seine Partnerin und sein Kind verlassen habe.

Keine Mutter deutet die Trennung von ihrem Lebensgefährten darüber, dass er den Ansprüchen als begehrenswerter oder ‚guter Partner' nicht gerecht geworden sei. Deutungsmuster für Trennungen seitens der protokollierten weiblichen Beschuldigten stellen Gewalt in der Partnerschaft dar, vor allem gegenüber den Kinder, aber auch gegenüber der Frau. Andere Muster besagen, dass sie sich einvernehmlich getrennt hätten oder das kein adäquater Vater für die Kinder dagewesen wäre. Dies verweist auch auf das bereits genannte Deutungsmuster, dass eine Mutter ihre Bedürfnisse nicht über die Kinder und die Familie stellen sollte.

Eine ‚gute Mutter' ist körperlich verfügbar

Im Aktenwissen zeigt sich das übergeordnete Deutungsmuster, dass eine ‚gute Mutter' für ihr Kind verfügbar sein sollte und idealerweise gemeinsam mit dem biologischen Vater des Kindes innerhalb eines heteronormativen Bezugsrahmens zusammen ist. In Bezug auf die körper-/raumbasierte Präsenz – körperliche Verfügbarkeit – der Mutter gegenüber ihrem Kind wird deutlich, dass etwa durch das Stillen zumindest in den ersten Monaten des Kindes die Mutter normativ die Pflicht habe, beim Kind zu sein. Stillen durch die ‚eigene' Mutter in den ersten Lebensmonaten verlangt, dass die Mutter exklusiv körperbasiert für das Kind da ist und der Partner ggf. bloß Unterstützungsaufgaben übernehmen kann. Geteilte oder übertragene Mutterschaft ist in diesem normativen Denkhorizont nicht möglich. Der normative Anspruch, dass vor allem die Mutter körperlich für das Kind präsent sein sollte, zeigt sich auch daran, dass Väter sich als ‚gute Väter' präsentieren können, indem sie ihre eigenen Kind teilweise kaum oder gar nicht gesehen haben, ohne sich dafür stark legitimieren zu müssen. Beispielsweise steht für diese Position der ehemalige Beziehungspartner einer Beschuldigten, der die unangemessene Fürsorgebeziehung der Mutter zum Kind anprangert, ohne seine eigene Eingebundenheit zu begründen. Auch zeigt sich im selben Fall, dass ein anderer Beziehungspartner sich als sorgender bzw. beschützender Vater des Kindes erzählt, indem er die Sorge selbst übernehmen oder aber an Dritte – Pflegefamilie – übergeben würde. Dies scheinen für ihn zwei mögliche Handlungsoptionen. Demgegenüber rechtfertigt die Beschuldigte sehr vehement die Überlegung, das Kind in die Babyklappe geben zu wollen. Ein Vater könne sich um das Kind sorgen wollen und eine Mutter solle sich um das Kind sorgen, kann daraus interpretiert werden.

Dabei wird sichtbar, dass biologische Vaterschaft das Sorgeverhältnis entscheidend beeinflusst. Ein Vater, so lässt sich das Deutungsmuster rekonstruieren, sorge sich vor allem dann im besonderen Maße um das Ungeborene/Kind, wenn er der biologische Vater sei (vgl. zur Ver- und Entkopplung von Biologie und Elternschaft: Schneider/Rosenkranz et al. 1998: 145-147; Kaufmann 1990; Süß 2010: 84, Stein-Hilbers 1994: 107; Schweizer 2007: 107).

So erscheint das ‚fremde' Ungeborene, da von einem anderen biologischen Vater, in einer Partnerschaft als Bedrohung der Paarbeziehung und ggf. auch der Kernfamilie und ein ‚eigenes' Ungeborenes tendenziell als Bereicherung dieser und wird als freudiges Ereignis erzählt. Es stellt sich heraus, dass offenbar die bis dato vorhandenen biologischen Kinder eines Elternteils diese Bereicherungsfunktion nicht etwa im Rahmen einer Patchworkfamilie übernehmen können. Die Konstruktion des ‚richtigen' Kindes als eines, das aus der heterosexuellen Paarbeziehung hervorgeht, führt zur Konstruktion des nicht richtigen ‚fremden' Kindes, das beispielsweise in Patchworkfamilien vorhanden ist oder in Ein-Kind- oder Regenbogenfamilien. Damit kann festgehalten werden, dass es eine Verkopplung von heterosexueller Paarbeziehung und biologischer Elternschaft zu geben scheint und eine Entkopplung von heterosexueller Partnerschaft und notwendiger sozialer Eltern- bzw. Vaterschaft (vgl. dazu Schweizer 2007: 106-113). Aktive Vaterschaft erscheint im diskursiven Beschuldigtenwissen nicht für alle protokollierten Väter selbstverständlich – bei Müttern gibt es den Fall nicht, da sie ihre Kinder in der Hauptsache selbst versorgen oder über das Heim betreut werden –, wenn das Kind nicht das ‚eigene' im biologischen Sinne sei. So kann das Deutungsmuster herausgearbeitet werden, dass die Sorge um die leiblichen Kinder der Partnerin oder des Partners, von denen der Elternteil nicht der leibliche ist, nicht automatisch zur sozialen Mutter- und Vaterschaft führen; auch dann nicht, wenn ein gemeinsamer Haushalt geführt wird. Exemplarisch steht dafür die Deutung, dass über die körperlichen Grenzen – etwa eine vermeintliche Krebserkrankung – die soziale Vaterschaft eingegangen und darüber die Sorge um die Kinder begründet wird. Eine ‚gute Mutter', so wird aus dem diskursiven Beschuldigtenwissen rekonstruierbar, bekommt ihr Kind mit ihrem Partner (nicht etwa Partnerin) und bringt damit keine Kinder aus voriger Beziehung oder Beziehungen mit in die Partnerschaft. Diese Deutung trägt Splitter eines Diskurses im Zuge der Erfindung der „romantischen Liebe" in sich: Die Liebe, deren Ausdruck nun die Ehe sei, wird zum Verbindungsstück von Paarbeziehung und Elternschaft. In diesem Modell dient die „bürgerlich geprägte, ehezentrierte Kleinfamilie als ideale Grundlage, Gatten- und Elternliebe zu vereinen" (Schweizer 2007: 107; Kapitel 2.2).

5 Diskussion der Ergebnisse zur Konstruktion von Mutterschaft

In diesem Kapitel werden die Ergebnisse zur Konstruktion von Mutterschaft über die normative Verhandlung der ‚guten Mutter' anhand der gesamten Bandbreite an Subjektpositionen von Müttern, Vätern, Kindern und anderen Fürsorgegebern/ -geberinnen und Fürsorgenehmern/-nehmerinnen in den Akten vor dem Hintergrund des sozialwissenschaftlichen Forschungsstandes diskutiert (siehe Kapitel 4). Damit wird die in Kapitel 3 konkretisierte Frage wieder aufgenommen:

Welches diskursive Aktenwissen hinsichtlich Mutterschaft in Zusammenhang mit Geschlecht lässt sich ausgehend von den normativen Verhandlungen der ‚guten Mutter' im Feld des Strafrechts (re-)konstruieren?

Um diese Frage basierend auf den vorliegenden Ergebnissen zu diskutieren, werden alle inhaltlichen Stränge wieder zusammengeführt (Kapitel 1, 2, 3 und 4). Nach den Besonderheiten des strafrechtlichen Feldes – dem Ort der Mutterschaftskonstruktion in den Akten (Abschnitt 5.1) – werden zunächst die Erkenntnisse aus dem diskursiven Aktenwissen betrachtet (Abschnitt 5.2), um dann im Fazit die zweite Frage nach der Dynamisierung der Geschlechterordnung (Kapitel 3) zu stellen.

5.1 Die dokumentierte Mutter: Reflexion des Konstruktionsortes

Um die Konstruktion von Mutterschaft in der gegenwärtigen Krisenerzählung zu diskutieren, müssen vorab die untersuchten Akten aus dem strafrechtlichen Feld betrachtet werden, da sie der Ort sind, an dem Mutterschaft bzw. die ‚gute Mutter' entwickelt werden.

Die Besonderheit dieses Feldes ist, dass die beteiligten Aktenkonstrukteure (etwa Beamte/Beamtinnen der Kriminalpolizei, Staatsanwälte/-anwältinnen, Richter/-innen, Jugendamtsmitarbeiter/-innen, Fachärzte/-ärztinnen) über die elterliche Schuldfrage hinsichtlich der versuchten oder tatsächlichen Tötung des unter dreijährigen Kindes verhandeln und über Freiheit oder Inhaftierung von konkreten Personen entscheiden (Abschnitt 3.2). Daher lassen sich Aktendokumente über ihren autoritären Charakter beschreiben, sie entfalten besondere Machtpotenziale: Über die Aktendokumente wird über das Leben der Beschuldigten entschieden.

Dieses produzierte Aktenwissen gewinnt feldspezifisch an Relevanz, die sich von anderen Feldern des Wissens unterscheidet (Abschnitt 3.1). Im Gewand der scheinbaren Objektivität und Neutralität – nicht zuletzt durch ihren wissenschaftlich zugeschriebenen Status – werden Akten(dokumente) produziert (Abschnitt 3.2). Dabei unterliegt die Aktenproduktion, wie ich im Anschluss an Aktenforscher/-innen (etwa Ralser 2006; Müller 1980; Zaft 2011; Muckel 1997) herausarbeiten konnte, unterschiedlichen Selektions- und Filterungsmechanismen: Die Personen – als Mütter, aber auch Väter und Eltern – innerhalb der Akte, die mit der Person außerhalb der Akten nicht viel gemein haben müssen, werden erst durch diese Mechanismen hergestellt und bewertet (Zaft 2011: 89). So werden, wie gezeigt, Subjektpositionen auf besondere Weise produziert, die sich durch spezifische Betonungen und Auslassungen auszeichnen. Meine Arbeit zeigt, dass etwa in Gutachten partiell einzelne Zeugenaussagen zitiert und auf bestimmte Weise neu zusammengesetzt werden, während andere ganz unberücksichtigt bleiben. Als Konsequenz wird der Sinngehalt der dokumentierten Aussage[127] der Zeugen und Zeuginnen verschoben und ‚gute' und ‚schlechte' Mütter und auch Väter konstruiert. Da es sich bei nervenärztlichen und psychiatrischen Gutachten nicht um beliebige Dokumente aus der Strafakte handelt, sondern um Dokumente mit sehr hohem Einfluss auf die Bewertung der/des Beschuldigten, die die Haftbarmachung bzw. Bewertung der Tat bezüglich des Strafmaßes primär bestimmen, ist diese Konstruktionsleistung für konkrete Frauen und Männer folgenschwer.

Nicht nur bezogen auf die Gutachten, sondern auch bezogen auf die Vernehmungen, haben meine Untersuchungen gezeigt, dass die Konstruktion von Mutterschaft in den Akten von stark traditionell-bürgerlich und ehezentrierten Diskurssplittern durchzogen ist. Damit zeigt die Akte bzw. der Ausschnitt des Strafrechts bezogen auf das vorliegende Datenmaterial dieser Untersuchung nicht bloß tendenziell ein traditionelles Geschlecht (vgl. Temme/Künzel 2010). Es wird auch ein entsprechendes Bild der traditionellen Mutter geprägt, das durch die Wissensvorräte der sozialen Akteure/Akteurinnen in der Akte, also der Zeugen und Zeuginnen, Experten und Expertinnen sowie der Beschuldigten, entsteht.

5.2 Vielschichtigkeit der normativen Mutterschaftsanforderungen

Die zentrale Frage der vorliegenden Arbeit beschäftigt sich damit, wie Mutterschaft in der Akte (re-)konstruiert wird. Dabei wird angenommen, dass sich Mutterschaft als Institution über die Deutungsmuster der ‚guten Mutter' als Subjektposition

---

127 Die Aussagen aus der Akte können in konstruktivistischen Perspektiven ohnehin nicht als Spiegel der Wirklichkeit verstanden werden (siehe Abschnitt 3.2).

innerhalb der normativen Verhandlung der schlechten Eltern (re-)konstruieren lässt (siehe Kapitel 2 und 3).

Im Folgenden werde ich vor diesem Hintergrund meine Ergebnisse zur normativen Verhandlung von Mutterschaft (und Geschlecht) mit einem primären Fokus auf unter dreijährige Kinder (Opfer) basierend auf den drei Sorgebereichen – „Sorge um die Entscheidung für oder gegen ein Kind", „Sorge um die Ernährung" und „Sorge um den Haushalt"– anhand der bestehenden sozialwissenschaftlichen Erkenntnisse diskutieren, die in Kapitel 3 dargelegt werden.

Zwischen exklusivem Dasein und „doppelter Vergesellschaftung"

Als ein Ergebnis ist festzuhalten, dass die Mutter – stärker noch als der Vater – körperlich verfügbar sein sollte. Abhängig von den jeweiligen Entwicklungsphasen des Kindes nach der Geburt hat dies unterschiedliche Bedeutungen. In den ersten Monaten, in denen die Mütter aufgefordert sind zu stillen, scheint sich eine ‚gute Mutter' darüber zu qualifizieren, dass sie Mutterschaft im Sinne Vinkens (2002) zum Lebensmittelpunkt macht, unabhängig davon, ob sie mit einem Partner zusammenwohnt oder nicht oder ob sie materiell abgesichert ist oder nicht. In diesem Zeitraum sollte sie stets körperlich-räumlich für das Kind da sein. Zu einem späteren Zeitpunkt – nach der Stillzeit (mindestens sechs Monate) und abhängig von der Lebenslage der Frau, z. B. alleinerziehend und ohne Partner, der für die materiellen Verhältnisse sorgen würde, kann ‚richtige' Mutterschaft etwas anderes heißen. Da kann das exklusive Dasein als mangelnde Fürsorge für das größere Geschwisterkind gedeutet werden, da diesem Kind nicht die Möglichkeit auf einen Kindergartenbesuch gegeben wird, und es kann auch im gleichen Fall als mangelnde Fürsorge gedeutet werden, wenn das Kind fremdbetreut wird. Deutlich zeigt sich aber, dass die Abgabe der Hauptfürsorge für das Kind über einen mehrmonatigen oder mehrjährigen Zeitraum durch übertragene Mutterschaft (Kapitel 2) – Hauptfürsorge übernimmt eine dritte Person – eine Frau als ‚gute Mutter' disqualifiziert. Demgegenüber scheint es für Väter häufig kaum bis gar nicht problematisch, die Kinder ‚abzugeben'. Damit zeigt sich wie bei Oechsle und Geissler (1996; 1998; 1998), dass die normativen Anforderungen an Mütter und Väter mit dem Alter bzw. Älterwerden des Kindes variieren. So ist das Selbstverständnis einer ‚guten Mutter' (auch des Vaters) an das Selbstverständnis von einer guten altersgemäßen kindlichen Erziehung gekoppelt. Im Gegensatz zu Vinken (2002) kann bezogen auf das vorliegende Datenmaterial festgehalten werden, dass exklusives Muttersein für das Kind nicht die maßgebende Norm für ‚richtige' Mutterschaft ist. Dies gilt ebenso für die These der „doppelten Vergesellschaftung" (Becker-Schmidt 1987), die, wie es Villa und Thiessen (2008: 236-237) formulieren, zur Norm für Frauen als Mütter geworden sei. Beides – sowohl das exklusive Mutter-Dasein für das Kind als auch die Norm der

„doppelten Vergesellschaftung" – scheint abhängig von der Altersentwicklung des Kindes und des Kontextes sowie des Beziehungsstatus der Mutter zu variieren.

(Un-)Sichtbarkeit von Reproduktionsarbeit

Diese Untersuchung bestätigt die Einsicht von Bock und Duden (1977), dass die geleistete Reproduktionsarbeit von Frauen tendenziell unsichtbar gemacht wird. In Erweiterung zu den Autorinnen zeigt sich hingegen, dass die Arbeit von Vätern in diesem Zusammenhang sehr sichtbar gemacht wird. Oder anders herum: Sichtbar wird die nicht verrichtete Reproduktionsarbeit der Frauen und die verrichtete Reproduktionsarbeit der Väter. Im Sinne von Kaufmann (2005) präsentieren viele Väter ihr überdurchschnittliches Engagement darüber, dass sie neben den Produktionsarbeiten auch Reproduktionsarbeiten übernehmen. Kaufmann vertritt die These der Idee der Gleichheit bei der innerfamiliären Arbeitsteilung, die mit der Praxis nicht übereinstimmt. Er zeigt auf, dass im individualistischen Milieu zwar eine Gleichheit zwischen den Geschlechtern zu finden ist, die sich allerdings auf die Rhetorik bezieht und nicht auf die Praxis (siehe auch Wetterer 2004: 63-64; Koppetsch/Burkart 1999; Geissler/Oechsle 2000). Dabei hält Kaufmann fest, dass alle interviewten Männer und Frauen ganz selbstverständlich ohne faktische Grundlage von der Gleichheit sprechen. So sei beispielsweise das hohe Engagement bei der Hausarbeit seitens der Männer/Väter von ihnen selbst und von ihren Beziehungspartnerinnen sehr betont worden. Und Väter, die nicht genug bei der Hausarbeit getan hätten, würden sich sehr stark rechtfertigen. Die dokumentierten Väter präsentierten sich auch in der vorliegenden Arbeit, wie bei Kaufmann, als sehr stark an der Reproduktionsarbeit beteiligt, aber auf eine andere Weise als in der Untersuchung von Kaufmann. Die dokumentierten Väter erzählen ihr Engagement weniger häufig, aber auch im Sinne einer Gleichheitsrhetorik mit „[S]tolz", allerdings oft nicht als freiwillige selbst gewählte Entscheidung (Kaufmann 2005: 176), sondern eher als unfreiwillige und damit als nicht selbst gewählte Entscheidung, durch die sie doppelt belastet seien. Die Notwendigkeit der zusätzlichen Arbeit für sie wird häufig damit legitimiert, dass die Mütter ihren Aufgaben nicht angemessen nachgekommen seien, da sie nicht ‚Willens' waren und/oder sein konnten oder dazu nicht in der Lage waren. Die stärkere Übernahme der weiblich codierten Aufgaben scheint hauptsächlich nur dann angemessen für Väter und andere zu sein, wenn körperliche Grenzen (psychische Erkrankung, Krebserkrankung) als Begründung herangezogen werden. Vor dem Hintergrund eines Wissens, dass es durchaus angebracht ist, dass Väter sich bei Reproduktionsarbeiten einbringen, werden traditionelle Geschlechterselbstverständnisse aktualisiert, um sich als übermäßig engagierter Vater zu beschreiben. Diese dokumentierte doppelte Belastungserzählung der Väter interpretiere ich als eine Restabilisierung der Geschlechterordnung über die Flexibilisierung der Norm (siehe Kapitel 6). Mit der doppelten Belastungserzählung der Väter kann gezeigt werden, dass sich das Konzept der „doppelten Vergesellschaftung" auf der normativen Ebene auch auf Männer und Väter beziehen lässt und nicht nur auf Frauen und Mütter (siehe dazu auch König 2012: 212).

Viele Studien (etwa BMFSFJ 2011: 237; Notz 1991; Kaufmann 2005, siehe Abschnitt 2.3) weisen darauf hin, dass es vor der Geburt oft die Vorstellung einer egalitären Arbeitsteilung gäbe, die sich im Anschluss an die Geburt als Illusion herausstellen würde. Die nicht erfolgte Problematisierung der Arbeitsaufteilung vor der Geburt im Aktenwissen kann zwar so gelesen werden, dass die geschlechtergerechte Aufteilung für eine Illusion steht, aber dadurch, dass die geschlechtergerechte Arbeitsteilung gar nicht als Wunschvorstellung vor der Geburt aufkommt, kann es auch keine Illusion sein. Vor und nach der Geburt scheint für alle Akteure/Akteurinnen innerhalb der Akte selbstverständlich, dass die Frau hauptsächlich für die Reproduktionsarbeiten zuständig ist. Von einer erzählten Illusion – verstanden als unerfüllte Erwartung – der Mütter und Väter kann bezogen auf das vorliegende Datenmaterial entsprechend nicht die Rede sein. Seitens der Frauen wird in den Dokumenten nicht problematisiert, dass sie zu viel machen würden oder vor der Geburt andere Absprachen getroffen wurden bzw. ausgehandelt worden seien. Von Vätern oder anderen Zeugen und Zeuginnen, Beschuldigten sowie Experten und Expertinnen wird die stärkere Mitarbeit der Frauen thematisiert, nur um dies zu dramatisieren und als unangemessen dastehen zu lassen. Beispielsweise wird in einem Fall eine Mutter, die die Entscheidung gegen ein weiteres Kind mit dem Verweis auf die nächtliche belastende Sorgearbeit getroffen habe, von einer dokumentierten Zeugin als egoistisch etikettiert. In einem anderen Fall thematisiert der Mann die erzählte Aufforderung seiner Frau (die Beschuldigte), er solle sich stärker im Haushalt einbringen, als Effekt ihrer Trunkenheit.

Vielmehr sind es die Väter, die, wie im Abschnitt 4.4 zur erzählten väterlichen/männlichen doppelten Belastung dargelegt wird, sich die Arbeitsteilung ‚gerechter' vorgestellt hätten, indem sie nicht dermaßen an den Reproduktionsarbeiten beteiligt sind. Konkret bleibt häufig unthematisiert, wie es zur Arbeitsteilung von (Re-)Produktionstätigkeiten kommt (Aushandlung, Ansichtssache) und wie sich die Vorstellung vor und die Praxen nach der Geburt hinsichtlich der Arbeit verändern. Dass die Frau hauptsächlich für den Reproduktionsbereich zuständig ist, scheint allen sozialen Akteuren/Akteurinnen innerhalb der Akte ‚selbstverständlich'. Dies verweist umso mehr auf ein traditionelles Verständnis von Mutter-, Vater- und auch Elternschaft.

Anders als Rüling und Kassner (2005; 2005), die vor allem den Kontext bei der Aufteilung der (Re-)Produktionstätigkeiten zentralisieren, weisen meine Ergebnisse auf keine pragmatische Aufteilung der (Re-)Produktionsarbeiten hin, in der geschlechtlich codierte Aufgabenbereiche kaum von Bedeutung sind. Es gibt eindeutig der Frau zugewiesene Aufgaben als Mutter und eindeutig dem Mann zugewiesene Aufgaben als Vater. Dabei spielt der Kontext innerhalb der Aktenrealität keine besondere Bedeutung. Starke Übertritte der geschlechtlich codierten Bereiche bzw. Sphären zeigen deutlich, dass weiblich codierte Aufgaben, die vom Mann übernommen werden und männlich codierte Aufgaben, übernommen von der Frau, als nicht angemessen gewertet werden. Auch wenn sich alle Akteure und Akteurinnen auf der rhetorisch-pragmatischen Ebene als gleichwertig oder überdurchschnittlich aktiv Fürsorgetragende erzählen (wenn auch in unterschiedlichen Hinsichten), indem sie unterschiedliche Sorgebereiche abdecken, sind allerdings diese Tätigkeiten in den untersuchten Akten sehr stark geschlechtlich codiert. Die übermäßige Einbindung des Mannes/Vaters in den Haushalts- und Betreuungsbereich wird genauso problematisiert wie die übermäßige Einbindung der Frau/Mutter im Erwerbsbereich; bezogen auf die Frau als Mutter besonders dann, wenn das Kind vermeintlich darunter leiden würde. Bei Vätern findet sich die Deutung nicht. Dies lässt sich als Retraditionalisierung einer geschlechterdifferenzierenden Arbeitsaufteilung verstehen.

So wird auch die Vereinbarkeitsfrage, wie auch viele andere Studien (etwa Notz 1991; Oechsle/Geissler 1998) und amtliche Statistiken (siehe Abschnitt 2.3) aufgezeigt haben, vor allem als Frauen- und Mutterschaftsproblem gewertet und nicht als Männer- und Väterproblem ganz ‚pragmatisch' behandelt. Dies zeigt sich mit Oechsle und Geissler (etwa 1998) besonders gut daran, dass Frauen entweder als selbstständige Frauen gesehen werden oder aber als ‚gute Mütter', die primär für das Kind und die Familie da sind und nicht mehr erfolgreich in Beruf oder Ausbildung sein könnten. Dadurch, dass beide Pfade als einander ausschließend verhandelt werden, werden die Bilder als konfliktbehaftet konstruiert. Dieser Konflikt zeigt sich besonders drastisch im Fall der ‚alleinerziehenden Mutter' im untersuchten Aktenmaterial der vorliegenden Arbeit, die in der WG wohnt: Sie kann keinem der Bilder gerecht werden. Gibt sie ihr Kind aufgrund der schlechten materiellen Verhältnisse an Dritte ab, ist sie keine ‚gute Mutter'; kümmert sie sich zunächst um angemessene materielle Verhältnisse, spricht das ebenfalls nicht für sie.

Die Mutter zwischen Werden und Sein

Kindheitsforscher/-innen kommen im Zuge der konstatierten „Entwicklungskindheit" zu dem Ergebnis, dass über die Konstruktion der Bedürfnisse von Kindern komplementär die Leistungsanforderungen der Eltern und vor allem der Mutter ‚gemacht' werden (Honig 2009; Seehaus 2014; Honig 2009; Ott/Seehaus 2010; Orland 2004; Hungerland 2003). Meine Untersuchungsergebnisse zeigen, dass in diesem Zusammenhang nicht nur das Kind konstruiert wird, sondern auch die Frau als Mutter. Sie (die Mutter) wird nach den Bedürfnissen anderer – nicht nur nach den Bedürfnissen des Kindes, sondern auch denen des Vaters, der Gäste, Mitbewohner/-innen etc. – gestaltet. Dabei zeigt sich im Gegensatz zu vielen Arbeiten (zusammengefasst in Abschnitt 2.3), dass der Leistungsanspruch nicht nur über das *Mutterwerden*, sondern primär auch über das *Muttersein* erfüllt werden sollte. Die Frauen können sich weniger als ‚gute Mütter' qualifizieren, indem sie sich das ‚richtige' Sorgewissen oder die ‚richtigen' Sorgepraxen aneignen (Statistiken führen, Handlungsanweisungen befolgen, Förderungskurse für Mutter und Kind besuchen, mit enormen Aufwand für die beste (Mutter-)Milch sorgen), sondern sie qualifizieren sich häufig über das *Muttersein*. *Muttersein* verweist darauf, dass die Frau als Mutter im Gegensatz zum erlernten Wissen ‚intuitiv' oder auch ‚instinktiv' bzw. ‚natürlich' fühlt und spürt (und eben nicht nur antrainiert weiß), welche Bedürfnisse vor allem das Kind hat, um sie zu befriedigen. Dies zeigt sich in der vorliegenden Untersuchung beispielsweise über die normative Verhandlung von Empathie, die eine Mutter zum Kind haben sollte. Empathie, so zeigt sich im Untersuchungsmaterial, hat eine Frau als Mutter – der Vater bleibt in diesem Zusammenhang tendenziell unerwähnt – abhängig vom Alter oder der Psyche/ Persönlichkeit. So legitimieren als Bezugsgrößen sowohl die Kultur als auch die Natur angemessene Mutterschaft und verweisen auf (Un-)Gleichzeitigkeiten der Legitimationsgrundlage normativer Ansprüche.

Das zeigt sich zum Beispiel bezogen auf den ‚richtigen' Umgang mit dem Kind: Eine Mutter, die sich primär auf technisch vermitteltes Wissen verlassen würde und nicht auf ihr gespürtes Wissen – also ihre Empathie – vertraut, riskiert, als ‚schlechte Mutter' etikettiert zu werden (Abschnitt 2.3). Damit trifft für die vorliegende Untersuchung die Aussage von Duden (1991) für die protokollierten Experten und Expertinnen zwar zu, dass im Zuge eines gesellschaftlichen „Umbruchs von einer haptisch-taktilen zu einer visuell-geometrischen körperlichen Befindlichkeit" (ebd.: 67) das Ungeborene bzw. Kind zu einem „berechenbaren Produkt" (ebd.: 22) geworden sei, allerdings trifft diese Aussage für die beschuldigten Mütter (und teilweise auch beschuldigten Väter) nicht in jeder Hinsicht zu. „Produkt" bedeutet in diesem Zusammenhang, dass das Kind durch statistische Wahrscheinlichkeiten normalisiert wird, indem es etwa durch Vermessungstechniken und deren Durchschnittswerte als normal oder abweichend bewertet wird. Diese hier erarbeiteten Ergebnisse zeigen auf, dass der Spürsinn – die Empathie – damit nicht durch technisch vermitteltes Wissen „ersetzt" wird, sondern sich „verlagert" hat (Sänger/Dörr et al. 2013: 68). Darüber hinaus kann hier aber auch gezeigt werden, dass sich dieses Wissen bei unterschiedlichen Akteuren/Akteurinnen in der Akte mit einem unterschiedlichen Gewicht verlagert hat. So bestehen Ungleichzeitigkeiten bei den normativen Anforderungen im Umgang mit dem Kind. Während die Ärztin bzw. der Arzt sich primär auf technikvermitteltes Wissen stützen sollte, sollte die Mutter sich primär auf ihr Gefühl verlassen, um angemessen mit dem Kind umzugehen.

Die Kriterien *Muttersein* und *Mutterwerden* können sogar innerhalb eines/einer dokumentierten Akten-Akteurs/-Akteurin variieren: In einem Fall kann es für die

Mutter sprechen, wenn sie sich stark an Richtlinien hält und im gleichen Fall auch wiederum gegen sie. Das heißt, bezogen auf die Forschungsfrage nach der Konstruktion von Mutterschaft in den Strafakten, dass das ‚richtige' Mutterschaftshandeln kontextabhängig und personenabhängig ist. Je nachdem welche Bewertungskriterien innerhalb eines Kontextes und bezogen auf die Person oder über die Kontexte hinweg für angemessenes mütterliches Handeln herangezogen werden, erscheint die Mutter (nicht) als verantwortliche Fürsorgegeberin. Anders: Gleiches Handeln einer Frau als Mutter (auch des Vaters oder der Eltern) wird je nach Akteur/Akteurin und Kontext unterschiedlich positiv oder negativ bewertet und damit die geschlechtliche Zuweisung unterschiedlich inhaltlich codiert. Das heißt, es gibt Gleichzeitigkeiten unterschiedlichster, auch widersprüchlichster Anforderungen, auf die mit gewisser Beliebigkeit Bezug genommen wird.

Wunschkind

In der sozialwissenschaftlichen Forschung – und über diese Disziplin hinweg – zeigen diverse Studien zu Elternschaft, Geschlecht, Kind(heit) und Sorge, dass Mutterschaft nicht als erstes und alleiniges Interesse einer Frau gilt (siehe Daten und Fakten zu Mutterschaft in Kapitel 2) und dass durchaus ambivalente Gefühle zu dem Kind den Alltag prägen (etwa Kortendiek 1999; 2002; Gschwend 2009; Featherstone/Hollway 1997; medizinisch: Collatz 2005; Arnhold-Kerri/Collatz 2006). Kaum eine Frau hat als Mutter dauerhaft eine positive Einstellung zu ihrem Kind: Viele Mütter sind zeitweise auch genervt, verärgert, wütend über die Handlungen ihres Kindes oder von anderen Umständen. Es könnte vor diesem Hintergrund davon ausgegangen werden, dass die Frauen durchaus ‚selbstverständlich' darüber in den Akten reden. Dies bestätigt sich in meiner Arbeit nicht. Hier zeigt sich, dass es innerhalb der Akten ein kollektiv geteiltes Wissen darüber gibt, dass eine Frau, aber auch ein Mann in der Position des Beschuldigten, den Status von angemessener Mutterschaft (oder Vaterschaft) zur Disposition stellt, wenn sie – stärker noch als er – nicht stets gefühlsmäßig positiv gegenüber ihrem Kind eingestellt ist und das eigene Kind nicht das Resultat eines dauerhaft vorhandenen Kinderwunsches ist. Im Gegenzug wird sichtbar, dass primär Mütter, aber auch beschuldigte Väter, gegen ein Bild anreden und sich erklären, in dem das Kind potenziell durch die Eltern bedroht erscheint (vgl. Ott/Seehaus 2010). Wird von der Tat ausgegangen, so meine Interpretation, dienen Abtreibung, Abgabe des Kindes, ambivalente Gefühle und/oder Überforderung primär als Indiz für die Tat (Ausnahme Ruth Reichert) – repräsentiert durch die innere Einstellung zum Kind bzw. die Persönlichkeit der Beschuldigten oder des Beschuldigten. Die Tat wird verständlich bzw. intelligibel für alle Akteure/Akteurinnen aus der Akte, wenn das Kind einmal oder mehrmals nicht gewünscht war. Eine ‚gute Mutter' und auch ein

‚guter Vater', so zeigen meine Ergebnisse, wünschen sich das Kind stets und sind dauerhaft positiv dem Kind gegenüber eingestellt.

Die Mutter als multidimensionale Fürsorgegeberin

In vielen Studien (etwa Badinter 1987; Mauerer 2002), die häufig von der empirischen Wirklichkeit ausgehen, wird die Mutter implizit oder explizit als ein-, zwei- oder dreidimensionale Fürsorgegeberin konzeptioniert. Meine Ergebnisse zeigen, dass die Mutter eine multidimensionale Fürsorgegeberin ist. Ihre Fürsorge-anforderungen lassen sich nicht auf nur eine, zwei oder drei Dimensionen zwischen „love and labor" (Fisher/Tronto 1990: 56) reduzieren. Aus meiner Sicht verantwortet die Fürsorgegeberin je nach Beziehungsstatus sowohl die immaterielle als auch materielle Bedürfniserfüllung.

Die Position der multidimensionalen Fürsorgegeberin zeigt sich daran, dass die Frau als Mutter nicht nur die Bedürfnisse des Kindes, sondern auch die des Vaters, sich selbst oder anderer Personen erfüllt. Dabei werden häufig selbstplausi-bilisierend diese Fürsorgeverhältnisse vorausgesetzt, was auf ein kollektiv geteiltes Selbstverständnis verweist, das als Normalisierungsstrategie verstanden werden kann. Auch werden durch Naturalisierungsstrategien den Fürsorgenehmern/ -nehmerinnen (insbesondere dem Kind und dem Vater) bestimmte Bedürfnisse unterstellt und zum Fakt gemacht. Aus dieser Faktizität werden dann von den Akteuren/Akteurinnen aus der Akte die Pflichten und Aufgaben der Mutter, des Vaters und der Eltern abgeleitet (Abschnitt 4.4).

Die geplante Mutterschaft

Die Aussage von Beck-Gernsheim (2008a: 1; 2006), dass aus dem Kinderhaben eine Kinderfrage geworden ist, zeigt sich in meinem Material in dem Sinne, dass ‚Kinder bekommen' normativ als Option – als Entscheidung – verhandelt wird.[128] Diese Option wird in den Akten normativ im kulturell-heteronormativen

---

128 Mit Blick auf die Daten und Fakten zur Kindstötung gehe ich davon aus, dass die „Kinderfrage" in der Praxis nicht so neu ist. Die Arten der Geburtenkontrolle haben sich geändert, aber nicht die Optionsfrage. So zeigen die Daten zu Kindstötungsdelikten, dass im Zeitraum, in dem die Pille in Deutschland auf den Markt gekommen ist, die Kindstötungsdelikte sehr stark zurückgegangen sind. Daraus lässt sich interpretieren, dass es Geburtenkontrolle auch vorher schon gegeben hat. Wie wir heute über die Kinderfrage diskutieren, ist sicherlich neu, aber neu ist aus meiner Sicht nicht, dass wir oder Generationen vor uns darüber diskutiert haben, wann und unter welchen Umständen der richtige Zeitpunkt ist, um Kinder zu bekommen. Selbstverständlich haben sich heute die Vorstellungen über den richtigen Zeitpunkt verändert, aber auch vorher gab es Ver-handlungen darüber. Damit trifft aus meiner Sicht die Kritik zur Pluralisierungsthese auf die „Kinderfrage" ebenso zu (siehe Fußnote 74).

Denkhorizont verhandelt, der sich maßgeblich auf ein bürgerliches ehezentriertes Bild der Kernfamilie stützt, wie es sich diskursiv im 19. Jahrhundert zunehmend etablierte. Auffällig ist, dass die Vaterschaft eingegangen und die Kernfamilie gegründet oder weitergeführt wird, sobald biologische Vaterschaft bzw. Elternschaft über ein ‚fremd' gezeugtes Ungeborenes/Kind bestimmt wird. Auch fällt auf, dass die Entscheidung dazu vor allem an einen materiellen Status gebunden wird und an das ‚angemessene' Alter im empirischen Material gekoppelt ist (vgl. etwa Spies 2013; Correll 2010; Toppe 2009; Thiessen/Villa 2008).

Alternative Lebensformen werden laut den Aktendokumenten nicht gleichermaßen anerkannt – damit bestätigen sich die Untersuchungsergebnisse von Correll (2010). So wird eine Mutter explizit als alleinerziehend und alleinsorgend für den Haushalt und das Kind beschrieben, die zusätzlich für ihre WG-Mitbewohner/-innen sorgt, obwohl teilweise erwachsene Personen dort mitgewohnt haben. Einzig ein WG-Mitbewohner weist bei der Frage eines Vernehmungsbeamten, ob sie „alles im Griff" hätte, auf eine egalitäre Verteilung der Hausarbeitstätigkeiten mit dem Hinweis hin, dass in einer WG ‚alle mal kochen' würden. Damit hat der erwachsene WG-Mitbewohner in der Position des Zeugen die Frage des Vernehmungsbeamten zurückgewiesen und in der Vernehmung zur Disposition gestellt.

Ein Kontinuum von guter Mutterschaft

Die vorliegenden Untersuchungsergebnisse zeigen, dass die gedeutete ‚gute Mutter' sich nicht einfach 1:1 als Negativfolie der normativen Verhandlung der ‚schlechten Mutter' ablesen lässt. Sondern was sich zeigt ist, dass die normativ ‚schlechte Mutter' (ebenfalls übertragbar auf den Vater), die wegen versuchter oder tatsächlicher Tötung des Kindes beschuldigt wird, sich selbst auch immer als ‚gute Mutter' präsentiert und von ihr wohlgesonnenen Zeugen und Zeuginnen ebenfalls als solche dargestellt wird. Es gibt ein Kontinuum des ‚guten Mutterseins' (auch des ‚guten Vaterseins') innerhalb des Aktenwissens im Sinne eines „graduellen Scheiterns" (Zahlmann 2005: 17): Wenn eine Frau oder ein Mann als Mutter oder Vater in der ersten Instanz[129] an den normativen Ansprüchen der angemessenen Mutter-, Vater- und Elternschaft gescheitert ist, kann er/sie in der zweiten oder dritten Instanz sich noch immer als ‚gute Mutter' oder ‚guter Vater' qualifizieren. Das verweist auf unterschiedliche Aneignungsweisen im Diskurs zu den dokumentierten Frauen und Männern, die sich weniger als „falsch" oder im Sinne einer „Lüge" verstehen lassen, sondern als individuelle Aneignungsweisen, durch die sie sich innerhalb der Aktendokumente als handlungsmächtig im gesetzten strafrechtlichen Rahmen erzählen (Fischer/Tolasch 2014). Dabei fällt auf, dass sich die

---

129   Instanz steht hier nicht für eine gerichtliche Instanz, sondern für unterschiedliche Ebenen.

Diskurse über kindstötende Mütter in den Medien mit den Diskursen aus den Akten stark überschneiden (siehe Kapitel 1). Das medial vermittelte Selbstverständnis, dass Kindstötungen heute nicht mehr nötig seien, da es Alternativen dazu gibt, findet sich auch in den Akten. So wird beispielsweise argumentiert, dass das Kind gewünscht war, da die Mütter sich auch für eine Abtreibung, Adoption und/oder Pflegefamilie hätten entscheiden können. Es finden sich ebenfalls Argumentationen bei einem ungewünschten Kind, bei dem alle Voraussetzungen geschaffen waren, um es in eine Babyklappe zu geben und es damit eben nicht töten zu wollen. Auch wenn die Mutter in der ersten Instanz in diesem Fall mit dem Wunsch der Abgabe des Kindes an den normativen Ansprüchen der ‚guten Mutter' gescheitert ist, ist sie es in zweiter Instanz nicht, da sie unter Berücksichtigung des Kindeswohls eine geeignetere Fürsorgeoption sucht.

Zusammenfassend zeigt sich, dass das Interesse der Mutter häufig auf die Erfüllung der Bedürfnisse des Kindes und anderer reduziert wird. Eine Mutter ist primär eine Mutter und nicht etwa eine Dozentin, Freundin, Theatergängerin etc. So werden die Frauen in erster Linie (nicht ausschließlich!) als „Gattungswesen" wahrgenommen, die kaum andere Bedürfnisse haben, als die des Kindes (Freudenschuß 2012: 144) aber – wie meine Ergebnisse gezeigt haben – auch die der Familie und anderer zu erfüllen. Dabei ist es nicht von Bedeutung, welche Sorge- und Lebensformen praktiziert werden: Die alleinerziehende Mutter beispielsweise argumentiert vor dem gleichen Denkhorizont wie die Mutter innerhalb der Kernfamilie. Oder anders: Alle Fürsorgegeber/-innen und Akteure/Akteurinnen aus den Akten qualifizieren sich mit wenigen Ausnahmen fremd- oder selbstzugeschrieben entlang normativer Maßstäbe, die auf die traditionellen Selbstverständnisse einer bürgerlichen heterosexuellen Kernfamilie verweisen. Dabei scheinen sich die normativen Sorgeanforderungen vervielfältigt zu haben. Retrospektiv gilt die Mutter nicht mehr nur als engste Vertraute des Vaters und des Kindes und sorgt sich um den Haushalt, sondern sie kümmert sich auch um Gäste und WG-Mitbewohner/ -innen.

Im folgenden Kapitel wird ein Fazit gezogen, wobei die Ergebnisse der vorliegenden Untersuchung unter Berücksichtigung der Krisenerzählung über kindstötende Mütter diskutiert werden (siehe Kapitel 1 und 3).

6 Schlüsse: Flexibilisierte Restabilisierung der Geschlechterordnungen

Ausgangspunkt der vorliegenden Arbeit ist die Annahme, dass der gegenwärtigen „diskursive[n] Explosion" (Foucault 1983: 23) zum Thema Mütter, die ihre Kinder töten, die Faktenlage zu Kindstötung fehlt (Kapitel 1 und Abschnitt 3.2). Diese Dramatisierung, die als „moralische Panik" (Cohen 2011) von Mutterschaft im Zusammenhang mit Geschlecht verstanden wird, wird im Anschluss an die Geschlechter- und Männlichkeitsforschung als Zeichen für eine mögliche Verschiebung der Geschlechterordnung gelesen. Sie bildet den Rahmen der vorliegenden Untersuchung zur Konstruktion von Mutterschaft in den Strafakten zu Kindstötungsfällen (Abschnitt 1.3). Die öffentliche Diskussion über die krisenhafte Mutterschaft wird als Mechanismus gedacht, durch den sich Ordnungen der Geschlechter (re-)stabilisieren (Martschukat 2005: 89; Fegter 2012 180; siehe auch Kimmel 2011; Krämer 2012). Durch Befürwortung und Ablehnung von Mutterschafts- und Geschlechternormen werden kollektive Selbstverständnisse neu justiert bzw. verfestigt, aber auch verschoben (ebd.). Insofern werden die seit 2005 wuchernden Diskurse in Politik, Wissenschaft und Medien über kindstötende Mütter bezüglich der Thematik Mutterschaft und Geschlecht als Moment verstanden, an dem entlang der Krisenfigur ‚Kindstöterin' Geschlechterordnungen (re-)konstruiert werden (Mauerer 2002: 28, 29, 205).

In der vorliegenden Arbeit wird Mutterschaft mit der Geschlechterordnung insofern in Verbindung gebracht, als dass von der Annahme ausgegangen wird, dass sich die (Be-)Deutung von Mutter(schaft) aus der gegenwärtigen diskursiven Geschlechterordnung speist. Geschlechterordnungen bringen Mutterschaft hervor und können als Rahmen verstanden werden, in dem Mutterschaft intelligibel wird. Es gibt nicht die eine Geschlechterordnung, vielmehr muss von Geschlechterordnungen im Plural ausgegangen werden, da sich das Geschlechterarrangement zeit- und raumabhängig entfaltet.

Die in dieser Arbeit gewonnenen Ergebnisse basieren auf der diskursanalytisch-performativen Untersuchung – unter Bezugnahme auf wissenssoziologische Einsichten – von Akten aus dem Zeitraum 2005 bis 2010, in denen fünf Fälle zu Kindstötung strafrechtlich verhandelt werden. In allen Fällen ist die Mutter und/oder der Vater wegen tatsächlicher oder versuchter Tötung des eigenen Kindes (Opfer) beschuldigt. Der Aktenzugang wurde durch die Staatsanwaltschaft einer deutschen Großstadt ermöglicht. Dabei werden basierend auf dem Material die Sorgebereiche „Sorge um die Entscheidung für oder gegen ein Kind", „Sorge um die Ernährung" und „Sorge um die Hausarbeit" thematisch-fallbezogen hinsichtlich der normativen Verhandlung der ‚guten Mutter' untersucht. Mutterschaft wird als diskursiv-performativ hervorgebracht und im Anschluss an wissenssoziologische Perspektiven als feldabhängig verstanden. Forschungsleitend ist die Annahme, dass sich über die gedeutete ‚gute Mutter' als Subjektposition und mehrdimensionale Fürsorgegeberin am Beispiel der normativ ‚schlechten Eltern', die der versuchten oder tatsächlichen Tötung des eigenen Kindes beschuldigt sind, die normative Verhandlung von Mutterschaft in den Akten rekonstruieren lässt (vgl. Kapitel 3).

Die qualitative Analyse innerhalb der vorliegenden Arbeit zeigt, dass die Mutter in der Aktenwirklichkeit als multiple vergeschlechtlichte Fürsorgegeberin im Feld des Strafrechts konstruiert wird. Diese Konstruktionen von Mutterschaft und Geschlecht sind durchkreuzt von Diskursen, die auf ein heteronormatives Verständnis von Familie als ehezentriert und bürgerlich verweisen, in der vor allem die Mutter exklusiv für das Kleinkind körperlich und zeitlich da sein sollte. Fallübergreifend zeigt sich dabei, dass routinemäßig die ‚Körpergebundenheit' als Kriterium für ‚gute Mutterschaft' abgefragt wird.[130] Innerhalb dieses heteronormativen Denkraumes werden soziale Differenzkategorien strukturiert und organisiert, indem bestimmt wird, wer, wann und in welcher Form als eine ‚gute Mutter' gelten kann. Diese Differenzkategorien sind hier unter anderem: beziehungs- und sozioökonomischer Status, Empathie, Alter, körperliche Verfügbarkeit, biologische Elternschaft gekoppelt an eine heterosexuelle dauerhafte Liebesbeziehung sowie psychische Verfassung und die Anzahl bereits vorhandener Kinder.

Vor diesem Hintergrund wird sichtbar, dass die Krisenerzählung, die sich in öffentlichen Diskursen wiederfindet, in diesem Wissensfeld weniger auf eine De- als vielmehr auf eine Restabilisierung mit Flexibilisierungstendenzen der Geschlechterordnung verweist. Diese geht mit einer Vervielfältigung der normativen Sorgeansprüche an die Mütter einher. Vervielfältigung bedeutet in diesem Zusammenhang, dass die Mutter nicht nur angerufen wird, für das Kind und den (Ehe-)Mann zu sorgen, sondern auch für viele(s) mehr zuständig ist. Dabei haben sich die Mechanismen der Konstitution der Geschlechterordnung(en) im Feld des Strafrechts dynamisiert.

Damit gehe ich von einer *flexibilisierten Restabilisierung* der Geschlechterordnung aus. Flexibilisierte Restabilisierung meint, dass – vom Standpunkt unterschiedlichster und vielfältig möglicher Lebensformen und -weisen – ‚gute Mutterschaft' (aber auch Elternschaft) der traditionellen Ordnung der Geschlechter folgt. Die kollektiven Selbstverständlichkeiten zu der ‚guten Mutter' sind allerdings durchzogen von

---

130   Für den Formulierungshinweis danke ich Mechthild Bereswill.

Brüchen, Ambivalenzen und Ungleichzeitigkeiten. Diese können als Destabilisierungsmomente gelesen werden, da auf der normativen Aktenebene Bezug auf die dynamisierten und auch egalitären kollektiven Selbstverständnisse des Geschlechterarrangements genommen wird.

An der Bandbreite der Subjektpositionen in den untersuchten Akten in Bezug auf die Fürsorge ums Kind und andere lässt sich entsprechend herauslesen, dass die Verantwortung der Frau zugeschrieben wird und der Mann sich durchaus an den Reproduktionsarbeiten beteiligen kann, soll und/oder darf. Beim Scheitern der Sorgeanforderungen wird jedoch primär die Frau/Mutter zur Rechenschaft gezogen. Es zeigt sich, dass die Frau in der Position der Mutter dazu normativ aufgefordert wird, ihre Entscheidungen, Interessen, Bedürfnisse am Kindeswohl orientiert auszurichten. Sie erscheint damit vor allem als Gattungswesen. Auffallend ist, dass im empirischen Aktenmaterial sowohl ein Zuviel als auch ein Zuwenig an Hausarbeit, an Erwerbsarbeit und an elterlicher Fürsorge ums Kind als Kriterium herangezogen wird, um die Frau als ‚schlechte Mutter' zu etikettieren. Wer und was eine ‚gute Mutter' (einen ‚guten Vater') dann repräsentiert, ist folglich raum/zeitabhängig und durch (Dis-)Kontinuitäten geprägt.

Die Bandbreite an Subjektpositionen ist im Besonderen in der untersuchten normativen Aktenwirklichkeit damit ‚eigentlich' sehr eng gezogen. Vor dem Hintergrund, dass es auf der gesellschaftlich-normativen Ebene durchaus kollektive Vorstellungen davon gibt, dass sich Mütter und Väter gleichberechtigt im Sinne von gleichermaßen die Re- und Produktionsaufgaben teilen (Kapitel 2), kann dieses Ergebnis auf der strafrechtlich-normativen Ebene als Zeichen dafür gelesen werden, dass gegenwärtig unterschiedliche kollektive Vorstellungen von Mutterschaft und Geschlecht die Ordnung des Sozialen durchziehen. So steht das hier untersuchte Aktenwissen im Gegensatz zu dem Erfahrungs- und Alltagswissen (Kaufmann 2005; König 2012; Rüling 2007; Wetterer 2003; Geissler/Oechsle 2000; Koppetsch/Burkart 1999), das durch eine egalitäre Vorstellung des Geschlechterarrangements zu charakterisieren ist, für ein sehr traditionelles Selbstverständnis von Mutterschaft. Wenn in diesem Zusammenhang von egalitären Geschlechterarrangements im Sozialen – Medien- und Erfahrungswissen – gesprochen wird, dann spielt zunächst keine Rolle, wie faktisch es ist. Damit ist gemeint, dass es nicht von Bedeutung ist, ob Männer und Frauen etwa sozialisationsbedingt (Kaufmann 2005) oder kontextbezogen (Rüling 2007; Kassner/Rüling 2005) diese Aufgaben in der Praxis nach traditionellen Mustern – Männer vor allem im Produktionsbereich und Frauen vor allem im Reproduktionsbereich – erfüllen.

In Anbetracht dessen kann gegenwärtig von einer (Un-)Gleichzeitigkeit von normativen Anforderungen an die Mutter als Frau (auch an den Vater und die Eltern) ausgegangen werden. Je nach Feld bzw. Kontext, in dem sie verortet ist und welches Ereignis verhandelt wird, gelten andere Aufgaben und Pflichten für die Frau als ‚richtig'. Wer wann und wie eine ‚gute Mutter' ist, variiert mit den feldspezifischen Kriterien, die Mutterschaft als Institution strukturieren und nach Kategorien sozialer Differenzierung organisieren. Damit sind die in der vorliegenden Arbeit herausgearbeiteten kollektiven Selbstverständlichkeiten zur ‚guten Mutter‘ nicht ‚einfach‘ übertragbar auf andere Felder des Sozialen wie etwa Medien-, Alltags- und Expertenwissen.

Somit wird an der normativen Verhandlung von Kindstötung in den Akten über die ‚gute Mutter‘ sichtbar, dass es (Un-)Gleichzeitigkeiten zwischen den Fällen und innerhalb der Fälle und auch Aktenakteure gibt und (Un-)Gleichzeitigkeiten zwischen den Wissensfeldern im Sozialen, das von einem sehr traditionellen Wissen bis hin zu einem egalitären Wissen von Mutterschaft und Geschlecht getragen wird.

Anschlussgedanken

Was bedeutet die *flexibilisierte Restabilisierung* vor dem Hintergrund sozio-ökonomischer Umbrüche, die sich durch u. a. eine (wieder) erhöhte Erwerbsbeteiligung von Müttern auszeichnet und dadurch, dass Frauen gleiche Zugangsmöglichkeiten im Sinne der Chancengleichheit zur Erwerbsarbeit haben sollten? Wie kann mit dieser normativen Belastung die Gratwanderung zwischen den Sphären bewältigt werden, ohne das Etikett der ‚schlechten Mutter‘ zu erhalten? Was bedeutet diese Einsicht vor allem für alle Frauen und/oder Mütter, aber auch für Männer und/oder Väter, die alternative Lebens- und Wohnformen leben? Was bedeutet es für die empirisch gesehen steigende Anzahl an Patchworkfamilien, für Ein-Kind-Familien, Regenbogenfamilien, dass die von mir untersuchten Akten als entscheidender Deutungsgeber von einem sehr traditionellen Mutterschafts- und Geschlechterwissen getragen werden? Welche Auswirkungen haben diese gewichtigen Repräsentationen für die, die diesem Bild nicht gerecht werden? Und was heißt das auch für alle außerhalb der Akte – insbesondere für die Mütter –, die in der Alltagspraxis über das Wissen verfügen, wenn es institutionell-rechtlich ‚darauf hinausläuft‘, dass ‚gute Mütter‘ (‚gute Väter‘) vor allem entlang traditioneller Geschlechter-Selbstverständnisse hervorgebracht werden? Diese Fragen sind sozial relevant und müssen gestellt werden, können an dieser Stelle allerdings nicht beantwortet werden. Was aber beantwortet werden kann, ist die Frage, welche unterschiedlichen Anschlussmöglichkeiten die Ergebnisse der vorliegenden Untersuchung bieten.

Diese Ergebnisse können methodisch gewinnbringend genutzt werden, indem sie dazu auffordern, Mutterschaft nicht als eindimensionale – bezogen auf das Kind – oder zweidimensionale – bezogen auf den Vater und das Kind – oder dreidimensionale – bezogen auf sich selbst (Mutter), den Vater und das Kind – Fürsorgebeziehung zu untersuchen (Badinter 1987: 13), sondern wenn im Sinne einer „Nullhypothese" (Gildemeister/Wetterer 1992: 210) Mutterschaft als multidimensionale Fürsorgebeziehung zwischen „love and labor" (Fisher/Tronto 1990) verstanden wird. Damit würden auch Fürsorgebeziehungen zu anderen in den Blick rücken, wie etwa zu den WG-Mitbewohnern/-bewohnerinnen und den Eltern der untersuchten Mütter. Des Weiteren könnten die Ergebnisse der Arbeiten, die darauf verweisen, dass die (un-)gleichzeitigen normativen Anforderungen an Mütter in Abhängigkeit zum Alter ihres Kindes variieren, für weitergehende Forschung genutzt werden. Die vorliegende Untersuchung bezieht sich primär auf die normative Verhandlung von Mutterschaft bei Kindern im Alter von null bis drei Jahren. Eine Anschlussforschung, die sich auf Kinder zwischen drei und sechs Jahren (Kindergartenphase) stützt, wäre interessant. Welche Gemeinsamkeiten und Unterschiede im Selbstverständnis über Mutterschaft werden dabei sichtbar?

Für die Praxis stellt sich im Anschluss an die Arbeit die Frage, wie Mutterschaft (aber auch Vater- und Elternschaft) empirisch gesehen als feminisierte Sorgepraxis, weniger als private sondern als öffentliche Angelegenheit begriffen werden kann, in der so häufig negativ konnotierte „fremde" Sorge durch Unterstützung nicht als Qualitätsmangel, sondern als Normalität verstanden wird. Überforderung als Deutungsmuster der Motiv- und Ursachenerklärung (Exkurs in Kapitel 1) durchzieht im neuen Gewand alle Dokumente als Indiz für die Tat (vgl. Bereswill 2009: 97). Dies ist historisch gesehen ein neues kollektives Selbstverständnis. Nehmen wir dies aber für die empirische Praxis ernst, dann gehört Überforderung demnach auch zum Alltag von Müttern (auf andere Weise auch von Vätern und Eltern) und sollte nicht als individuelles sondern als strukturelles Problem gesehen werden. Die Hauptlast liegt bei den Müttern und den Familien, wenn Netzwerke fehlen, die in den zunehmenden arbeitsmarktbedingten Anforderungen der zeitlichen und räumlichen Mobilität (etwa Kesselring/Vogl 2010; Meil 2010; Schier 2010, 2013) zu einer Trennung von (Groß-)Elternteilen und Kindern führen. Sie fehlen nicht nur normativ „unterwünschten" jungen Müttern oft (Spies 2009a), sondern auch den gut qualifizierten im Arbeitsmarkt integrierten Frauen und auch Männern in heterosexuellen Paarbeziehungen, die von familienpolitischen Instrumenten als ‚gewünschte Mütter' adressiert werden (Veil 2010; vgl. dazu Ausführungen im Kapitel 3).

Die Forderungen der zweiten Frauenbewegung sind damit auch heute noch relevant. Gute Betreuung der Kinder als Elternproblem, gute Netzwerke im Krankheitsfall, mehr Männer in der Reproduktionsarbeit und/oder eine angemessen bezahlte Umverteilung von Sorgearbeit etc. (vgl. Kapitel 2; Lenz 2010: 179).

Vor dem Hintergrund, dass Mutterschaft als vergeschlechtlichte Sorgebeziehung konstruiert ist und empirisch gesehen gelebt wird,[131] scheint es mir gewinnbringend zu sein, Mutterschaft und auch Weiblichkeit – die beide derzeit vernachlässigte Kategorien in ihrem Ineinandergreifen in den Sozialwissenschaften darstellen – wieder stärker in den Fokus zu rücken. Durch die vorliegende Untersuchung kann gezeigt werden, dass es zu kurz greift, wenn statt Mutterschaft die Analysekategorien Elternschaft, familiäres Beziehungsarrangement, Vaterschaft oder Sorge/Care herangezogen werden, wie es gegenwärtig häufig zu beobachten ist (vgl. Kapitel 2). So ist etwa das „Dasein für andere" (Beck-Gernsheim 2008b) eine feminisierte Praxis, der es analytisch gerecht zu werden gilt. Die ‚neuen' Analysekategorien führen aus meiner Sicht dazu, dass die individuelle Einbindung der Frauen und Mütter in die Sorgepraxis ausgeblendet wird, wobei Frauen nicht gleich Mütter sind und Mütter auch Frauen, die mehrdimensional agieren und Interessen jenseits des Kindes haben. Sie sind stets viel mehr (vgl. Kapitel 2). Dies zielt nicht auf eine Abwertung der (Für-)Sorgearbeit, sondern darauf, dass bedeutende Arbeit anerkannt und gerecht verteilt wird. In dieser ethischen Dimension von Sorgearbeit geht es nicht um eine Umkehr der (Geschlechter-)Verhältnisse bei der Sorgearbeit, sondern, darum, dass Männer und Frauen die gleichen Gelegenheitsstrukturen an der gesellschaftlichen Teilhabe nutzen können. Dies wird nicht zuletzt durch Entlohnung bestimmt. Insofern plädiere ich im Umverteilungssinne für eine angemessene Absicherung für Mütter und Väter und all die, die sich für die Sorgearbeit entscheiden, unabhängig davon, wer sie leistet und wie sie geleistet wird (Winker 2009: 1). Denn bisher ist die Mutterschaft strukturell an Armut gekoppelt (siehe Armuts- und Reichtumsbericht der Bundesregierung 2013 in Kapitel 2). Das bereitet auf moralisch-ethischer Ebene Unbehagen, da Fürsorge eine wertvoller(e) Arbeit ist, die existenziell notwendig ist (Nussbaum 2003; Gilligan 1982). So ist die soziale Wertschätzung und Organisation von Sorge im Anschluss an Strömungen der ersten und zweiten Welle der Frauenbewegung eine sozio-kulturelle Frage und keine, die aus der Natur der Sache ableitbar wäre.

---

131   Auch wenn konstatiert wird, dass insbesondere in Familien mit einem sozio-ökonomisch höheren Status die Sorge auf andere – Sorgenetzwerke wie Nachbarn, Au-pair, Haushaltshilfen – umverteilt wird, ist es vor allem eine Umverteilung zwischen Frauen und nicht von Frauen zu Männern (vgl. Kapitel 2).

7 Literatur- und Quellenverzeichnis

Acker, Ludwig (1984): Rückstände und Verunreinigungen in Frauenmilch/Deutsche Forschungsgemeinschaft. Mitteilung XII der Kommission zur Prüfung von Rückständen in Lebensmitteln. Weinheim. Verlag Chemie

Albrecht, Günter (1972): Zur Stellung historischer Forschungsmethoden und nicht-reaktiver Methoden im System der empirischen Sozialforschung. In: Albrecht, Günter (Hg.): Kölner Zeitschrift für Soziologie und Sozialpsychologie. Sonderheft 16. Opladen. Westdeutscher Verlag: 242-293

Aries, Philippe (1978): Geschichte der Kindheit. München. dtv

Arnhold-Kerri, Sonja/Collatz, Jürgen (2006): Besteht bei Müttern ein Zusammenhang zwischen psychischem Befinden, negativen Stressverarbeitungsstrategien und der Wahrnehmung kindlicher Verhaltensauffälligkeiten? Praxis klinische Verhaltensmedizin und Rehabilitation. 72: 165-171

Arnold, Klaus (1980): Kind und Gesellschaft in Mittelalter und Renaissance. Paderborn. Schöningh

Atteslander, Peter (1971): Methoden der empirischen Sozialforschung. Berlin/New York. Walter de Gruyter

Badinter, Elisabeth (1987): Die Mutterliebe. Geschichte eines Gefühls vom 17. Jahrhundert bis heute. München. dtv

Badinter, Elisabeth (2012): Der Konflikt: Die Frau und die Mutter. München. dtv

Bähr, Andreas (2005): Schiffbruch ohne Zuschauer? Überlegungen zur heuristischen Kategorie des Scheiterns aus der Perspektive moralischer Ausweglosigkeit im 18. Jahrhundert. In: Zahlmann, Stefan/Scholz, Sylka (Hg.): Scheitern und Biographie. Die andere Seite moderner Lebensgeschichten. Gießen. Psychosozial-Verlag: 53-69

Banscherus, Jürgen (1977): Polizeiliche Vernehmung: Formen, Verhalten, Protokollierung. Wiesbaden. BKA

Bartlett, Alison (2002): Breastfeeding as Headwork: Corporeal Feminism and Meanings of Breastfeeding. Women´s Studies International Forum. 25. 3: 373-382

Baumann, Zygmunt (1991): Moderne und Ambivalenz. In: Bielefeld, Ulrich (Hg.): Das Eigene und das Fremde. Neuer Rassismus in der Alten Welt? Hamburg. Junius: 23-49

Beck, Friedrich/Henning, Eckart (2004): Die archivalischen Quellen. Mit einer Einführung in die Historischen Hilfswissenschaften. Köln. UTB

Beck-Gernsheim, Elisabeth (1991): Was Eltern früher das Leben erschwert: Neue Anforderungen und Konflikte in der Kindererziehung. In: Teichert, Volker (Hg.): Junge Familien in der Bundesrepublik. Opladen. Leske + Budrich: 55-73

Beck-Gernsheim, Elisabeth (2006): Die Kinderfrage heute. Über Frauenleben, Kinderwunsch und Geburtenrückgang. München. C.H. Beck

Beck-Gernsheim, Elisabeth (2008a): Störfall Kind. Frauen in der Planungsfalle. APuZ. 24-25: 26-32

Beck-Gernsheim, Elisabeth (2008b): Vom „Dasein für andere" zum Anspruch auf ein Stück „eigenes Leben": Individualisierungsprozesse im weiblichen Lebenszusammenhang. In: Wilz, Sylvia Marlene (Hg.): Geschlechterdifferenzen – Geschlechterdifferenzierungen. Ein Überblick über gesellschaftliche Entwicklungen und theoretische Positionen. Wiesbaden. VS Verlag für Sozialwissenschaften: 19-62

Becker-Schmidt, Regine (1987): Die doppelte Vergesellschaftung – die doppelte Unterdrückung: Besonderheiten der Frauenforschung in den Sozialwissenschaften. In: Unterkircher, Lilo/Wagner, Ina (Hg.): Die andere Hälfte der Gesellschaft. Österreichischer Soziologentag 1985. Soziologische

Befunde zu geschlechtsspezifischen Formen der Lebensbewältigung. Wien. Verlag des Österreichischen Gewerkschaftsbundes: 10-25

Becker-Schmidt, Regina (2002): Neue Ansprüche, alte Muster in modernen Paarbeziehungen. Anmerkungen zum Diskurs von der Krise der Familie. In: Breitenbach, Eva/Bürmann, Ilse et al. (Hg.): Geschlechterforschung als Kritik. Bielefeld. Kleine: 139-148

Becker-Schmidt, Regina (2008): Doppelte Vergesellschaftung von Frauen: Divergenzen und Brückenschläge zwischen Privat- und Erwerbsleben. In: Becker, Ruth/Kortendiek, Beate (Hg.): Handbuch Frauen- und Geschlechterforschung. Theorie, Methoden, Empirie. Wiesbaden. VS Verlag für Sozialwissenschaften: 65-74

Becker-Schmidt, Regina/Knapp, Gudrun-Axeli (Hg.) (1995): Das Geschlechterverhältnis als Gegenstand der Sozialwissenschaften. Frankfurt am Main/New York. Campus

Becker-Schmidt, Regina/Knapp, Gudrun-Axeli (2001): Feministische Theorien zur Einführung. Hamburg. Junius

Beer, Ursula (1990): Geschlecht, Struktur, Geschichte. Soziale Konstituierung des Geschlechterverhältnisses. Frankfurt am Main/New York. Campus

Beer, Ursula (2008): Sekundärpatriarchalismus: Patriarchat in Industriegesellschaften. In: Becker, Ruth/Kortendiek, Barbara (Hg.): Handbuch Frauen- und Geschlechterforschung. Theorie, Methoden, Empirie. Wiesbaden. VS Verlag für Sozialwissenschaften: 56-61

Bereswill, Mechthild (2009): Mediale Inszenierungen von Weiblichkeit und Kriminalität. Eine sozialwissenschaftliche Reflexion. In: Elz, Jutta: Täterinnen. Wiesbaden. KrimZ: 89-101

Bereswill, Mechthild (2006): Weiblichkeit und Gewalt – grundsätzliche Überlegungen zu einer undurchsichtigen Beziehung. In: Zander, Margherita/Hartwig, Luise et al. (Hg.): Geschlecht Nebensache? Zur Aktualität einer Gender-Persepktive in der Sozialen Arbeit. Wiesbaden. VS Verlag für Sozialwissenschaften: 245-256

Bereswill, Mechthild/Höynck, Theresia et al. (2013): Heimerziehung 1953-1973 in Einrichtungen des Landeswohlfahrtsverbandes Hessen. Bericht zum Interdisziplinären Forschungs- und Ausstellungsprojekt. Kassel. Eigenverlag des LWV

Bereswill, Mechthild/Meuser, Michael et al. (2007): Männlichkeit als Gegenstand der Geschlechterforschung. In: Bereswill, Mechthild/Meuser, Michael et al. (Hg.): Dimensionen der Kategorie Geschlecht: Der Fall Männlichkeit. Münster. Westfälisches Dampfboot: 7-21

Bereswill, Mechthild/Scheiwe, Kirsten et al. (2006a): Einleitung. In: Bereswill, Mechthild/Scheiwe, Kirsten et al. (Hg.): Vaterschaft im Wandel. Multidisziplinäre Perspektiven aus geschlechtertheoretischer Sicht. Weinheim. Juventa: 7-18

Bereswill, Mechthild/Scheiwe, Kirsten et al. (2006b): Vaterschaft im Wandel: Multidisziplinäre Analysen und Perspektiven aus geschlechtertheoretischer Sicht. Weinheim. Juventa

Bergmann, Sven (2012): Wunschkind. In: Netzwerk Körper (Hg.): What Can a Body Do? Praktiken und Figurationen des Körpers in den Kulturwissenschaften. Frankfurt am Main. Campus: 236-242

BFS (2013): Polizeiliche Kriminalstatsitik 2013. Wiesbaden. Bundesministerium des Inneren

Biermann, Ingrid (2002): Die einfühlsame Hälfte. Weiblichkeitsentwürfe des 19. und frühen 20. Jahrhunderts in Familienratgebern und Schriften der Frauenbewegung. Bielefeld. Kleine

Biermann, Ingrid (2009): Von Differenz zu Gleichheit. Frauenbewegung und Inklusionspolitiken im 19. und 20. Jahrhundert. Bielefeld. Transcript

Bilden, Helga/Dausien, Bettina (2006a): Sozialisation und Geschlecht. Theoretische und methodologische Aspekte. Opladen/Farmington Hills. Barbara Budrich

Bilden, Helga/Dausien, Bettina (2006b): „Sozialisation und Geschlecht" – Einleitung in eine vielstimmige Diskussion. In: Bilden, Helga/Dausien, Bettina (Hg.): Sozialisation und Geschlecht. Theoretische und methodologische Aspekte. Opladen/Farmington Hills. Barbara Budrich: 7-15

Blum, Linda M./Deussen, Theresa (1996): Negotiating Independent Motherhood: Working-class African Women Talk about Marriage and Motherhood. Gender and Society 10. 2: 199-211

BMAS (2013): Lebenslagen in Deutschland. Armuts- und Reichtumsberichterstattung der Bundesregierung. Der vierte Armuts- und Reichtumsbericht der Bundesregierung. Herausgegeben von dem Bundesministerium für Arbeit und Soziales. URL: https://www.bmas.de/SharedDocs/Downloads/DE/PDF-Publikationen-DinA4/a334-4-armuts-reichtumsbericht-2013.pdf?__blob=publicationFile [Zugriff am 16.07.2014]

BMFSFJ (2006): Siebter Familienbericht. Familie zwischen Flexibilität und Verlässlichkeit. Perspektiven für eine lebenslaufbezogene Familienpolitik. Berlin

BMFSFJ (2009): Ziele des Elterngeldes und soziale Gerechtigkeit. URL: http://www.bmfsfj.de/BMFSFJ/familie,did=118202.html [Zugriff am 09.09.2014]

BMFSFJ (2011): Neue Wege – Gleiche Chancen. Gleichstellung von Frauen und Männern im Lebenslauf. Erster Gleichstellungsbericht. URL: http://www.bmfsfj.de/BMFSFJ/Service/publikationen,did=174358.html [Zugriff am 11.07.2014]

BMFSFJ (2012a): Achter Familienbericht. Familienzeitpolitik als Chance einer nachhaltigen Familienpolitik. URL: http://www.beruf-und-familie.de/system/cms/data/dl_data/9580b8fe447865dc80e2a6d880244cab/8_Familienbericht_und_Stellungnahme_der_Bundesregierung.pdf [Zugriff am 17.07.2014]

BMFSFJ (2012b): Ministerin Schröder: „Das Elterngeld ist ein Erfolgsmodell". Pressemitteilung vom 27.02.2012. URL: http://www.bmfsfj.de/BMFSFJ/Presse/pressemitteilungen,did=184506.html [Zugriff am 16.07.2014]

Bock, Gisela/Duden, Barbara (1977): Arbeit aus Liebe – Liebe als Arbeit: Zur Entstehung der Hausarbeit im Kapitalismus. In: Tröger, Annemarie (Hg.): Frauen und Wissenschaft. Beiträge zur 1. Sommeruniversität für Frauen. Berlin: 118-199

Bogner, Alexander/Littig, Beate et al. (2005): Das Experteninterview. Theorie, Methoden, Anwendung. Wiesbaden. VS Verlag für Sozialwissenschaften

Böllert, Karin/Heite, Catrin (2011): Einleitung: Sozialpolitik als Geschlechterpolitik – Geschlechterpolitik als Sozialpolitik. In: Böllert, Karin/Heite, Catrin (Hg.): Sozialpolitik als Geschlechterpolitik. Wiesbaden. VS Verlag für Sozialwissenschaften: 7-10

Böllert, Karin/Peter, Corinna (2012): Mutter + Vater = Eltern? Sozialer Wandel, Elternrollen und Soziale Arbeit. Wiesbaden. VS Verlag für Sozialwissenschaften

Bourdieu, Pierre (1984): Homo academicus. Paris. Les Éditions de Minuit

Bozankaya, Nadine (2010): Neonatizid. Die rechtliche Reaktion auf die Tötung Neugeborener. Eine strafrechtliche Untersuchung anhand von Aktenanalysen. Berlin/Münster. LIT

von Brandt, Ahasever (1996): Werkzeug des Historikers. Eine Einführung in die historischen Hilfswissenschaften Stuttgart/Berlin/Köln. Kohlhammer

Bröckling, Ulrich (2007): Das unternehmerische Selbst. Soziologie einer Subjektivierungsform. Frankfurt am Main. Suhrkamp

Brückner, Margrit (2010): Entwicklungen der Care-Debatte – Wurzeln und Begrifflichkeiten. In: Apitzsch, Ursula/Schmidbauer, Marianne (Hg.): Care und Migration. Die Ent-Sorgung menschlicher Reproduktionsarbeit entlang von Geschlechter- und Armutsgrenzen. Opladen. Barbara Budrich: 43-58

Brunner, Claudia (2011): Wissensobjekt Selbstmordattentat. Epistemische Gewalt und okzidentalistische Selbstvergewisserung in der Terrorismusforschung. Wiesbaden. VS Verlag für Sozialwissenschaften

Brunner, José (2008): Mütterliche Macht und väterliche Autorität. Elternbilder im deutschen Diskurs. Göttingen. Wallstein

Bublitz, Hannelore/Bührmann, Andrea D. et al. (1999): Das Wuchern der Diskurse. Perspektiven der Diskursanalyse Foucaults. Frankfurt am Main/New York. Campus

Bühler-Niederberger, Doris (2010): Organisierte Sorge für Kinder. Eigenarten und Fallstricke – eine gerationale Persppektive. In: Bühler-Niederberger, Doris/Mierendorff, Johanna et al. (Hg.): Kindheit zwischen fürsorglichem Zugriff und gesellschaftlicher Teilhabe. Wiesbaden. VS Verlag für Sozialwissenschaften: 17-42

Burkart, Günter (1994): Die Entscheidung zur Elternschaft. Stuttgart. Ferdinand Enke

Burkart, Günter (2008): Familiensoziologie. Konstanz. UVK

Buschmeyer, Anna (2013): Zwischen Vorbild und Verdacht. Wie Männer im Erzieherberuf Männlichkeit konstruieren. Wiesbaden. VS Verlag für Sozialwissenschaften

Butler, Judith (1991): Das Unbehagen der Geschlechter. Frankfurt am Main. Suhrkamp

Butler, Judith (1993): Kontingente Grundlagen. Der Feminismus und die Frage der „Postmoderne". In: Benhabib, Seyla/Butler, Judith et al. (Hg.): Der Streit um Differenz. Feminismus und Postmoderne in der Gegenwart. Frankfurt. Fischer: 31-58

Butler, Judith (1997): Körper von Gewicht. Die diskursiven Grenzen des Geschlechts. Frankfurt am Main. Suhrkamp

Candeias, Mario (2004): Prekarisierung der Arbeit und Handlungsfähigkeit. Das Argument. 256. 46: 398-413

Caplan, Paula J. (1998): Mother-Blaming. In: Ladd-Taylor, Molly/Umansky, Lauri (Hg.): „Bad" Mothers. The Politics of Blame in Twentieth-Century America. New York/London. New York University Press: 127-144

Castel, Robert (2009): Wiederkehr der sozialen Unsicherheit. In: Robert, Castel/Dörre, Klaus (Hg.): Prekarität, Abstieg, Ausgrenzung. Die soziale Frage am Beginn des 21. Jahrhunderts. Frankfurt am Main/New York. Campus: 21-34

Chavkin, Wendy/Maher, JaneMaree (2010): The Globalization of Motherhood: Deconstructions and Reconstructions of Biology and Care. New York [u. a.]. Routledge.

Chesler, Phyllis (1987): Mutter werden. Die Geschichte einer Verwandlung. Hamburg. Rororo.

Chodorow, Nancy (1978): The Reproduction of Mothering. Psychoanalysis and the Sociology of Gender. Berkley/Los Angeles/London. University of California Press

Christian, Barbara (1994): An Angle of Seeing: Motherhood in Buchi Emecheta's Joys of Motherhood and Alice Walker's Meridian. In: Glenn, Evelyn Nakano/Chang, Grace et al. (Hg.): Mothering. Ideology, Experience, and Agency. New York/London. Routledge: 95-120

Chua, Amy (2011): Battle Hymn of the Tiger Mother. New York. Penguin Books

Cicourel, Aaron V. (1970): Methode und Messung in der Soziologie. Frankfurt. Suhrkamp

Cohen, Stanley (2011): Folk Devils and Moral Panics. The Creation of the Mods and Rockers. London/New York. Routledge

Collatz, Jürgen (2005): Risiken von Müttern und Kindern in einer flexiblen Gesellschaft. Versorgungsprobleme und salutogenetische Möglichkeiten. In: Collatz, Jürgen/Barre, Friederike et al. (Hg.): Prävention und Rehabilitation für Mutter und Kind. Bedarf – Gesetze – Umsetzungen. Tagungsband des III. Wissenschaftlichen Symposium. Berlin. VWB: 32-50

Collins, Patricia Hill (1994): Shifting the center: Race, Class, and Feminist Theorizing about Moterhood. In: Glenn, Evelyn Nakano/Chang, Grace et al. (Hg.): Mothering. Ideology, Experience, and Agency. New York/London. Routledge: 45-66

Cornelißen, Waltraud/Dressel, Christian et al. (2005). Gender-Datenreport. 1. Datenreport zur Gleichstellung von Frauen und Männern in der Bundesrepublik Deutschland. Herausgegeben von Waltraud Cornelißen und erstellt durch das Deutsche Jugendinstitut e. V. in Zusammenarbeit mit dem Statistischen Bundesamt. URL: http://www.bmfsfj.de/doku/Publikationen/genderreport/01-Redaktion/PDFAnlagen/gesamtdokument,property%3Dpdf,bereich%3Dgenderreport, sprache%3Dde,rwb%3Dtrue.pdf [Zugriff am 17.07.2014]

Correll, Lena (2010): Anrufungen zur Mutterschaft: Eine wissenssoziologische Untersuchung von Kinderlosigkeit. Münster. Westfälisches Dampfboot

Davis, Angela (1981): Women, Race & Class. New York. Random House

de Beauvoir, Simone (1951): Das andere Geschlecht. Sitte und Sexus der Frau. Reinbeck. Rohwolt

de Beauvoir, Simone (1968): Das andere Geschlecht. Sitte und Sexus der Frau. Reinbek. Rowohlt

Degele, Nina/Winker, Gabriele (2010): Intersektionalität. Zur Analyse sozialer Ungleichheit. Bielefeld. Transcript

Derr, Regine/Heitkötter, Martina et al. (2009): Stellungnahme des Deutschen Jugendinstituts e. V. zur öffentlichen Anhörung der Kinderkommission zum Thema „Neue Konzepte Früher Hilfen". URL: http://www.dji.de/index.php?id=43098 [Zugriff am 18.08.2014]

Destatis (2012): Kindertagesbetreuung in Deutschland 2012. Begleitmaterial zur Pressekonferenz am 6. November in Berlin. Herausgegeben vom Statistischen Bundesamt Wiesbaden. URL: https://www.destatis.de/DE/PresseService/Presse/Pressekonferenzen/2012/kindertagesbetreu ung/begleitmaterial_PDF.pdf?__blob=publicationFile [Zugriff am 16.07.2014]

Destatis (2013a): Elterngeld: Väterbeteiligung mit 27,3 % auf neuem Höchststand. Pressemitteilung Nr. 176 vom 27.05.2013. URL: https://www.destatis.de/DE/PresseService/Presse/ Pressemitteilungen/2013/05/PD13_176_22922.html [Zugriff am 16.07.2014]

Destatis (2013b): Geburtentrends und Familiensituation in Deutschland 2012. Herausgegeben vom Statistischen Budesamt Wiesbaden. URL: https://www.destatis.de/DE/Publikationen/ Thematisch/Bevoelkerung/HaushalteMikrozensus/Geburtentrends5122203129004.pdf?__blob= publicationFile [Zugriff am 16.07.2014]

Deutsch, Carl Christian (2007): Die strafrechtliche Behandlung der Kindstötung in Preußen vom Ausgang des 18. Jahrhunderts bis zur Gegenwart in der Bundesrepublik. In: Häßler, Frank/Schepker, Renate et al. (Hg.): Kindstod und Kindstötung. Berlin. Medizinisch Wissenschaftliche Verlagsgesellschaft: 55-71

Dill, Bonnie Thornton (1988): Our Mothers's Grief: Racial Ethnic Women and the Maintenance of Families. Journal of Family History. 13: 415-431

Döge, Peter (2006): Männer als aktive Väter: Studie zum Rollenwandel von Männern in der Bundesrepublik Deutschland. Berlin. IAIZ

Dölling, Irene (2003): Das Geschlechter-Wissen der Akteur/e/innen. In: Andresen, Sünne/Dölling, Irene et al. (Hg.): Verwaltungsmodernisierung als soziale Praxis. Opladen. Leske + Budrich: 113-166

Dölling, Irene (2005): „Geschlechter-Wissen" – ein nützlicher Begriff für die „verstehende" Analyse von Vergeschlechtlichungsprozessen? Zeitschrift für Frauenforschung und Geschlechterstudien. 23. 1-2: 44-62

Donath, Orna: Regretting Motherhood: A Sociopolitical Analysis. Signs Journal of Women in Culture and Society. 40. 2: 343-367

Dreyfus, Hubert L./Rabinow, Paul (1994): Jenseits von Strukturalismus und Hermeneutik. Weinheim. Athenäum

Duden, Barbara (1987): Geschichte unter der Haut. Ein Eisenacher Arzt und seine Patientinnen um 1730. Stuttgart. Klett-Cotta

Duden, Barbara (1991): Frauenleib als öffentlicher Ort. Hamburg. Luchterhand

Duden, Barbara/Samerski, Silja (2006): Vererbung und Selbstmanagement. Wie „Gen" den eigenen Leib zum Risiko macht. In: Rehberg, Karl-Siegbert (Hg.): Soziale Ungleichheit – kulturelle Unterschiede. Verhandlungen des 32. Kongresses der Deutschen Gesellschaft für Soziologie in München 2004. Frankfurt. Campus: 558-568

Ehrenreich, Barbara/Hochschild, Arlie Russell (2003): Global Woman: Nannies, Maids, and Sex Workers in the New Economy. New York. Owl Books

Etzemüller, Thomas (2009): Zu traditionell, zu emanzipiert: Frauen als Quell der permanenten demographischen Katastrophe. In: Villa, Paula-Irene/Thiessen, Barbara (Hg.): Mütter – Väter: Diskurse, Medien, Praxen. Münster. Westfälisches Dampfboot: 63-73

Featherstone, Brid/Hollway, Wendy (1997): Mothering and Ambivalence. London. Routledge

Fegter, Susann (2012): Die Krise der Jungen in Bildung und Erziehung: Diskursive Konstruktion von Geschlecht und Männlichkeit. Wiesbaden. Springer VS

Fehlmann, Silke (2004): Armutsrisiko Mutterschaft: Mütter- und Säuglingsfürsorge im Deutschen Reich 1890-1924. URL: http://docserv.uni-duesseldorf.de/servlets/DocumentServlet?id=4390 [Zugriff am 06.07.2014]

Festinger, Leon/Katz, David (1966): Research Methods in the Behavioral Siences. New York. Holt

Fischer, Gabriele/Tolasch, Eva (2014): „Weil ich mich nicht als Rabenmutter fühle" – biografische Narrative als Selbstermächtigung in Diskursen um die ‚gute Mutter' In: Spies, Tina/Tuider, Elisabeth (Hg.): Biografie und Diskurs (im Erscheinen)

Fisher, Berenice/Tronto, Joan (1990): Toward a Feminist Theory of Caring. In: Abel, Emily K./Nelson, Margaret K. (Hg.): Circles of Care. Work and Identity in Womens's Lives. Albany. State University of New York Press: 35-62

Flaake, Karin (2009): Geteilte Elternschaft – Veränderte Geschlechterverhältnisse? Ergebnisse einer empirischen Studie zu Familiendynamiken und Sozialisationsprozessen. In: Villa, Paula-Irene/Thiessen, Barbara (Hg.): Mütter – Väter: Diskurse, Medien, Praxen. Münster. Westfälisches Dampfboot: 128-142

Fleig, Anne (2008): Körperkultur und Moderne: Robert Musils Ästehtik des Sports. Berlin. Walter de Gruyter

Flicker, Eva (2008): Visualisierung von Geschlechterwissen im öffentlichen Raum. In: Wetterer, Angelika (Hg.): Geschlechterwissen und soziale Praxis. Königstein im Taunus. Ulrike Helmer: 96-121

Foerster, Klaus/Dreßing, Harald (2009a): Aufgaben und Stellung des psychiatrischen Sachverständigen. In: Venzlaff, Ulrich/Foerster, Klaus (Hg.): Psychiatrische Begutachtung. Ein praktisches Handbuch für Ärzte und Juristen. München/Jena. Urban & Fischer: 3-15

Foerster, Klaus/Dreßing, Harald (2009b): Die Erstattung des Gutachtens. In: Venzlaff, Ulrich/Foerster, Klaus (Hg.): Psychiatrische Begutachtung. Ein praktisches Handbuch für Ärzte und Juristen. München/Jena. Urban & Fischer: 43-54

Foerster, Klaus/Winckler, Peter (2009): Forensisch-psychiatrische Untersuchung. In: Venzlaff, Ulrich/Foerster, Klaus (Hg.): Psychiatrische Begutachtung. Ein praktisches Handbuch für Ärzte und Juristen. München/Jena. Urban & Fischer: 17-34

Forsa (2014). Meinungen und Einstellungen der Väter in Deutschland. Berlin.

Foucault, Michel (1974): Die Ordnung der Dinge. Eine Archäologie der Humanwissenschaften. Frankfurt am Main. Suhrkamp

Foucault, Michel (1978): Dispositive der Macht. Über Sexualität, Wissen und Wahrheit. Berlin. Merve

Foucault, Michel (1983): Der Wille zum Wissen. Sexualität und Wahrheit. Band 1. Frankfurt am Main. Suhrkamp

Foucault, Michel (1987): Warum ich die Macht untersuche. Die Frage des Subjekts. Interview mit Michel Foucault. In: Dreyfus, Hubert L./Rabinow, Paul (Hg.): Jenseits von Strukturalismus und Hermeneutik. Frankfurt am Main. Athenäum: 243-261

Foucault, Michel (1989a): Der Gebrauch der Lüste. Sexualität und Wahrheit. Band 2. Frankfurt am Main. Suhrkamp

Foucault, Michel (1989b): Die Sorge um sich. Sexualität und Wahrheit. Band 3. Frankfurt am Main. Suhrkamp

Foucault, Michel (1996): Der Mensch ist ein Erfahrungstier. Frankfurt am Main. Suhrkamp

Foucault, Michel (2003): Die Anormalen: Vorlesungen am Collége de France (1974-1975). Frankfurt am Main. Suhrkamp

Foucault, Michel (2004): Geschichte der Gouvernementalität II. Die Geburt der Biopolitik. Frankfurt am Main. Suhrkamp

Franz, Eckhart G. (2007): Einführung in die Archivkunde. Darmstadt. Wissenschaftliche Buchgesellschaft

Fraser, Nancy (2009): Feminismus, Kapitalismus und die List der Geschichte. Blätter für deutsche und internationale Politik. 8: 43-57

Fraser, Nancy (2013): Neoliberalismus und Feminismus: Eine gefährliche Liaison. Blätter für deutsche und internationale Politik. 12: 29-31

Freudenschuß, Ina (2012): Vom Recht auf Stillen zur Pflicht der Mutter: Elemente eines globalen Stilldiskurses. Gender. Zeitschrift für Geschlecht, Kultur und Gesellschaft. 3: 138-145

Frevert, Ute (1985): „Fürsorgliche Belagerung": Hygienebewegung und Arbeiterfrauen im 19. und frühen 20. Jahrhundert. Geschichte und Gesellschaft. 11. 4: 420-446

Frevert, Ute (1988): Bürgerliche Meisterdenker und das Geschlechterverhältnis. Konzepte, Erfahrungen, Visionen an der Wende vom 18. zum 19. Jahrhundert. In: Frevert, Ute (Hg.): Bürgerinnen und Bürger. Göttingen. Vandenhoeck & Ruprecht: 17-48

Frohnhaus, Gabriele (1994): Feminismus und Mutterschaft. Eine Analyse theoretischer Konzepte und der Mütterbewegung in Deutschland. Weinheim. Deutscher Studien Verlag

Fthenakis, Wassilios E./Textor, Martin R. (1998): Qualität von Kinderbetreuung: Konzepte, Forschungsergebnisse, internationaler Vergleich. URL: http://www.kindergartenpaedagogik.de/6a.pdf [Zugriff am 16.08.2014]

Fuchs, Ralf-Peter/Schulze, Winfried (2002): Zeugenverhöre als historische Quellen – einige Vorüberlegungen. In: Fuchs, Ralf-Peter/Schulze, Winfried (Hg.): Wahrheit, Wissen, Erinnerung: Zeugenverhörprotokolle als Quellen für soziale Wissensbestände in der Frühen Neuzeit. Münster/Hamburg/London. LIT: 7-40

Fuhs, Burkhard (2007): Zur Geschichte der Familie. In: Ecarius, Jutta (Hg.): Handbuch Familie. Wiesbaden. VS Verlag für Sozialwissenschaften: 17-35

Geissler, Birgit/Oechsle, Mechthild (1996): Lebensplanung junger Frauen. Zur widersprüchlichen Modernisierung weiblicher Lebensläufe. Weinheim. Deutscher Studien Verlag

Geissler, Birgit/Oechsle, Mechthild (2000): Die Modernisierung weiblicher Lebenslagen. Aus Politik und Zeitgeschichte. 28. 7: 11-17

Gerhard, Ute (2008): Frauenbewegung. In: Roth, Roland/Rucht, Dieter (Hg.): Die Sozialen Bewegungen in Deutschland seit 1945. Ein Handbuch. Frankfurt am Main/New York. Campus: 187-219

Gilcher-Holtey, Ingrid (2001): „Kritische Ereignisse" und „kritischer Moment": Pierre Bourdieus Modell der Vermittlung von Ereignis und Struktur. In: Suter, Andreas/Hettling, Manfred (Hg.): Struktur und Ereignis. Göttingen. Vandenhoeck & Ruprecht: 120-137

Gildemeister, Regine/Wetterer, Angelika (1992): Wie Geschlechter gemacht werden. Die soziale Konstruktion der Zweigeschlechtlichkeit und ihre Reifizierung in der Frauenforschung. In: Knapp, Gudrun-Axeli/Wetterer, Angelika (Hg.): Traditionen Brüche. Entwicklungen feministischer Theorie. Freiburg: 201-254

Gilligan, Carol (1982): In a Different Voice: Psychological Theory and Women's Development. Cambridge. Harvard University Press

Glenn, Evelyn Nakano (1994): Social Construction of Mothering: A Thematic Overview. In: Glenn, Evelyn Nakano/Chang, Grace et al. (Hg.): Mothering: Ideology, Experience, and Agency. New York. Routledge: 1-29

Glenn, Evelyn Nakano/Chang, Grace et al. (1994): Mothering: Ideology, Experience, and Agency. New York. Routledge

Gloor, Daniela/Meier, Hanna (2009): „Von der Harmonie zur Trübung" – Polizeiliche (Re-) Konstruktionen von Tötungsdelikten im sozialen Nahraum: Eine qualitativ-soziologische Aktenuntersuchung. Bern. Stämpfli

Gschwend, Gaby (2009): Mütter ohne Liebe. Vom Mythos der Mutter und seinen Tabus. Bern. Hans Huber

Hagemann-White, Carol (2002): Gewalt im Geschlechterverhältnis als Gegenstand sozialwissenschaftlicher Forschung und Theoriebildung: Rückblick, gegenwärtiger Stand, Ausblick. In: Dackweiler, Regina-Maria/Schäfer, Reinhild (Hg.): Gewalt-Verhältnisse. Feministische Perspektiven auf Geschlecht und Gewalt. Frankfurt am Main/New York. Campus: 29-52

Hagemann-White, Carol (2010): Geschlecht und Gewaltprävention. In: Hagedorn, Jörg/Schurt, Verena et al. (Hg.): Ethnizität, Geschlecht, Familie und Schule. Heterogenität als erziehungswissenschaftliche Herausforderung. Wiesbaden. VS Verlag für Sozialwissenschaften: 127-140

Hänsel, Kerstin/Martin, Renate et al. (2013): Datenreport 2013. Ein Sozialbericht für die Bundesrepublik Deutschland. Herausgegeben vom Statistischen Bundesamt, Wissenschaftszentrum Berlin für Sozialforschung in Zusammenarbeit mit dem Sozio-oekonomischen Panel am

Deutschen Institut für Wirtschaftsforschung. URL: https://www.destatis.de/DE/Publikationen/ Datenreport/Downloads/Datenreport2013.pdf?__blob=publicationFile [Zugriff am 16.07.2014]

Hapke, Hans-Jürgen (1978): Wichtige Mutter-Kind-Beziehung. Rückstandsärmere Nahrung gefordert. Interview mit Jans-Jürgen Hapke geführt vom „Mittagsmagazin" des Westdeutschen Rundfunks. Mitteilungen. Herausgegeben von der Deutschen Forschungsgemeinschaft (DFG) 3. 78: 21

Hark, Sabine (2005): Dissidente Partizipation. Eine Diskursgeschichte des Feminismus. Frankfurt am Main. Suhrkamp

Häßler, Frank/Schepker, Renate et al. (2007). Kindstod und Kindstötung. Berlin. Medizinisch Wissenschaftliche Verlagsgesellschaft.

Haug, Frigga/Hauser, Kornelia (1986): Der Widerspenstigen Lähmung. Kritische Psychologie der Frauen Band 2. Berlin/Hamburg. Argument

Haug-Schnabel, Gabriele/Bensel, Joachim (2010): Kinder unter drei – ihre Entwicklung verstehen und begleiten. Kindergarten heute kompakt. Freiburg. Herder

Hausen, Karin (1976): Die Polarisierung der „Geschlechtscharaktere" – Eine Spiegelung der Dissoziation von Erwerbs- und Familienleben. In: Conze, Werner (Hg.): Sozialgeschichte der Familie in der Neuzeit Europas. Stuttgart. Klett: 363-393

Heidinger, Isabella (2010): Das Prinzip Mütterlichkeit – geschlechterübergreifende soziale Ressource. Gegenstandstheoretische und handlungsorientierte Perspektiven. Wiesbaden. VS Verlag für Sozialwissenschaften

Hengst, Heinz/Kelle, Helga (2003). Kinder – Körper – Identitäten. Theoretische und empirische Annäherungen an kulturelle Praxis und sozialen Wandel. Weinheim/München. Juventa

Herrmann, Bernd/Dettmeyer, Reinhard et al. (2008): Kindesmisshandlung: Medizinische Diagnostik, Intervention, rechtliche Grundlagen. Heidelberg. Springer Medizin

Herwartz-Emden, Leonie (1995): Mutterschaft und weibliches Selbstkonzept: Eine interkulturell vergleichende Untersuchung. Weinheim. Juventa

Hess, Sabine (2005): Au-pair als Migrationsstrategie von Frauen aus Osteuropa. Wiesbaden. VS Verlag für Sozialwissenschaften

Hiess, Peter/Lunzer, Christian (2013): „Erst die Kinder, nur zur Qual": Der Fall Monika Weimar. In: (Hg.): Mörderinnen. Künstlerische und mediale Inszenierung weiblicher Verbrechen. Wiesbaden. Transcript: 291-304

Hochschild, Arlie Russell/Beister, Hella (2006): Keine Zeit: Wenn die Firma zum Zuhause wird und zu Hause nur Arbeit wartet. Wiesbaden. VS Verlag für Sozialwissenschaften

Hoffmann-Richter, Ulrike (2005): Die psychiatrische Begutachtung: Eine allgemeine Einführung. Stuttgart [u. a.]. Thieme

Honegger, Claudia (1991): Die Ordnung der Geschlechter: die Wissenschaftsen vom Menschen und das Weib 1750-1850. Frankfurt am Main/New York. Campus

Honig, Michael-Sebastian (2009): Ordnungen der Kindheit. Problemstellungen und Perspektiven der Kindheitsforschung. Weinheim/München. Juventa

Hopf, Caroline (1997): Frauenbewegung und Pädagogik. Gertrud Bäumer zum Beispiel. Bad Heilbrunn. Julius Klinkhardt

Höynck, Theresia (2010a): Das KFN-Forschungsprojekt „Tötungsdelikte an Kindern": Erste Eindrücke zu Opfermerkmalen und Fallgruppen. In: Meier, Bernd-Dieter (Hg.): Kinder im Unrecht. Berlin. LIT: 39-61

Höynck, Theresia (2010b): Tötungsdelikte an Kindern – erste Eindrücke aus einem kriminologischen Forschungsprojekt. Verhaltenstherapie. Praxis, Forschung, Perspektiven. 2010. 20: 29-36

Höynck, Theresia (2014): Monstermütter, Horrorväter, schwierige Jungen? Geschlechtsrollenstereotype bei Tötungsdelikten an Kindern. In: Baier, Dirk/Mössle, Thomas (Hg.): Festschrift zum 70. Geburtstag von Christian Pfeiffer. Baden-Baden. Nomos: 291-312

Höynck, Theresia/Zähringer, Ulrike (2012): Ergebnisse des KFN-Forschungsprojekts „Tötungsdelikte an Kindern". URL: http://www.kfn.de/versions/kfn/assets/toetungsdelikte1.pdf [Zugriff am 04.10.2013]

Hungerland, Beatrice (2003): „Und so gedeiht das Baby!" Altersgerechte Entwicklung und Gesundheit als gesellschaftliche Norm und Leistung. In: Hengst, Heinz/Kelle, Helga (Hg.): Kinder – Körper – Identitäten. Theoretische und empirische Annäherungen an kulturelle Praxis und sozialen Wandel. Weinheim/München. Juventa: 139-160

IDAF (2014): Kindstötung: Schockierende Einzelfälle, aber rückläufige Zahlen. Nachricht der Woche, 4/2014 vom 15.02.2014. URL: http://www.i-daf.org/aktuelles/aktuelles-einzelansicht/archiv/2014/02/15/artikel/kindstoetungen-schockierende-einzelfaelle-aber-ruecklaeufige-zahlen.html [Zugriff am 22.06.2014]

IFDA (2007): Vorwerk Familienstudie 2007. Ergebnisse einer repräsentativen Bevölkerungsumfrage zur Familienarbeit in Deutschland. Vorwerk & Co. KG (Hg.): Wuppertal. URL: http://www.ifd-allensbach.de/uploads/tx_studies/7202_Vorwerk_Familienstudie_2007.pdf [Zugriff am 14.04.2014].

IFDA (2009): Vorwerk Familienstudie 2009. Ergebnisse einer repräsentativen Bevölkerungsumfrage zur Familienarbeit in Deutschland. Vorwerk & Co. KG (Hg.): Wuppertal URL: http://www.ifd-allensbach.de/uploads/tx_studies/7467_Vorwerk_Familienstudie_2009.pdf [Zugriff am 16.07.2014].

IFDA (2013): Der Mann 2013. Arbeits- und Lebenswelten – Wunsch und Wirklichkeit. Eine Studie von Bild der Frau: Frauenbilder. URL: http://www.axelspringer.de/downloads/21/16383966/BdF_Studie_Ma__776_nner1-86_finale_Version.pdf [Zugriff am 17.07.2014]

Jäckel, Monika/Tüllmann, Greta (1978): „Die aktuelle Gretchenfrage heißt: Wie stehst du zur Mütterfrage". Frauen und Mütter – Beiträge zur 3. Sommeruniversität von und für Frauen: 47-52

Jäger, Siegfried/Jäger, Margarete (2003): Medienbild Israel. Zwischen Solidarität und Antisemitismus. Münster/Hamburg/London. LIT

Jurczyk, Karin (2008): Geschlechterverhältnisse in Familie und Erwerb: Widersprüchliche Modernisierungen. In: Wilz, Sylvia Marlene (Hg.): Geschlechterdifferenzen – Geschlechterdifferenzierungen. Ein Überblick über gesellschaftliche Entwicklungen und theoretische Positionen. Wiesbaden. VS Verlag für Sozialwissenschaften: 63-103

Jurczyk, Karin (2010): Care in der Krise? Neue Fragen zu familialer Arbeit. In: Apitzsch, Ursula/Schmidbauer, Marianne (Hg.): Care und Migration. Die Ent-Sorgung menschlicher Reproduktionsarbeit entlang von Geschlechter- und Armutsgrenzen. Opladen. Barbara Budrich: 59-76

Jurczyk, Karin/Lange, Andreas (2009): Vaterwerden und Vatersein heute. Neue Wege – neue Chancen! Gütersloh. Bertelsmann Stiftung

Jurczyk, Karin/Schier, Michaela et al. (2009): Entgrenzte Arbeit – entgrenzte Familie. Grenzmanagement im Alltag als neue Herausforderung. Berlin. edition sigma

Kahlert, Heike (2009): „Reproduktionsstreik" – Mediale (Re)Präsentationen zum Geburtenrückgang. In: Villa, Paula-Irene/Thiessen, Barbara (Hg.): Mütter – Väter: Diskurse, Medien Praxen. Münster. Westfälisches Dampfboot: 41-62

Kallenberg, Vera (2013): „... den historischen Boden zu begreifen, auf dem man sich bewegt": Verflechtung, Struktur, Geschichte. Erwägen, Wissen, Ethik. 3: 407-409

Kappler, Florian (2011): Die Organisation des Möglichen. Poetologien kapitalistischen Organisationswissens bei Robert Musil. In: Innerhofer, Roland/Rothe, Katja et al. (Hg.): Das Mögliche regieren. Gouvernementalität in der Literatur- und Kulturanalyse. Bielefeld. Transcript: 49-72

Karl, Michaela (2011): Die Geschichte der Frauenbewegung. Ditzingen. Reclam

Kassner, Karsten (2008): Männlichkeitskonstruktionen von „neuen Vätern". In: Nina, Bauer/Luedtke, Jens (Hg.): Die soziale Konstruktion von Männlichkeit: hegemoniale und marginalisierte Männlichkeiten in Deutschland. Opladen. Barbara Budrich: 141-163

Kassner, Karsten/Quander, Angelika (2012): Alleinerziehende in Deutschland –Lebenssituationen und Lebenswirklichkeiten von Müttern und Kindern. Herausgegeben vom Bundesministerium für Familie, Senioren, Frauen und Jugend. URL: http://www.bmfsfj.de/RedaktionBMFSFJ/

Broschuerenstelle/Pdf-Anlagen/Monitor-Familienforschung-Ausgabe-28,property=pdf,bereich=bmfsfj,sprache=de,rwb=true.pdf [Zugriff am 16.07.2014]

Kassner, Karsten/Rüling, Anneli (2005): „Nicht nur am Samstag gehört Papa mir!" – Väter in egalitären Arrangements von Arbeit und Leben. In: Tölke, Angelika (Hg.): Männer – das „vernachlässigte" Geschlecht in der Familienforschung. Wiesbaden. VS Verlag für Sozialwissenschaften: 235-264

Kasten, Hartmut (2013): Entwicklungspsychologische Grundlagen: 0-3 Jahre. Berlin. Cornelsen Scriptor

Kaufmann, Franz-Xaver (1990): Zukunft der Familie: Stabilität, Stabilitätsrisiken und Wandel der familialen Lebensformen sowie ihre gesellschaftlichen und politischen Bedingungen. München. Beck

Kaufmann, Franz-Xaver (1993): Generationenbeziehungen und Generationenverhältnisse im Wohlfahrtsstaat. In: Lüscher, Kurt/Schultheis, Franz (Hg.): Generationenbeziehungen in „postmodernen" Gesellschaften: Analysen zum Verhältnis von Individuum, Familie, Staat und Gesellschaft. Konstanz. UVK: 95-108

Kaufmann, Jean-Claude (2005): Schmutzige Wäsche: Ein ungewöhnlicher Blick auf gewöhnliche Paarbeziehungen. Konstanz. UVK

Keller, Reiner (1997): Diskursanalyse. In: Hitzler, Ronald/Honer, Anne (Hg.): Sozialwissenschaftliche Hermeneutik. Eine Einführung. Opladen. Westdeutscher Verlag: 309-333

Keller, Reiner (2007a): Diskurse und Dispositive analysieren. Die Wissenssoziologische Diskursanalyse als Beitrag zu einer wissensanalytischen Profilierung der Diskursforschung. Forum Qualitative Sozialforschung. 8. 2/16: URL: http://nbn-resolving.de/urn:nbn:de:0114-fqs0702198 [Zugriff am 20.03.2014]

Keller, Reiner (2007b): Diskursforschung: Eine Einführung für SozialwissenschaftlerInnen. Wiesbaden. VS Verlag für Sozialwissenschaften

Keller, Reiner (2008): Der Müll der Gesellschaft. Eine wissenssoziologische Diskursanalyse. In: Keller, Reiner/Hirseland, Andreas et al. (Hg.): Handbuch Sozialwissenschaftliche Diskursanalyse. Band 2. Wiesbaden. VS Verlag für Sozialwissenschaften: 197-232

Keller, Reiner (2009): Müll – Die gesellschaftliche Konstruktion des Wertvollen. Die öffentliche Diskussion über Abfall in Deutschland und Frankreich. Opladen. Westdeutscher Verlag

Keller, Reiner (2011): Wissenssoziologische Diskursanalyse: Grundlegung eines Forschungsprogramms. Wiesbaden. VS Verlag für Sozialwissenschaften

Kenkmann, Alfons (1992): Gertrud – ein Fürsorgebericht. In: Rusinek, Bernd-A./Ackermann, Volker (Hg.): Einführung in die Interpretation historischer Quellen: Schwerpunkt Neuzeit. Paderborn/München/Wien/Zürich. UTB: 133-152

Kern, Thomas (2008): Soziale Bewegungen. Ursachen, Wirkungen, Mechanismen. Wiesbaden. VS Verlag für Sozialwissenschaften

Kerner, Ina (2009): Differenzen und Macht. Anatomie von Rassismus und Sexismus. Frankfurt am Main. Campus

Kessel, Martina (2004): Heterogene Männlichkeit. Skizzen zur gegenwärtigen Geschlechterforschung. In: Jäger, Friedrich/Liebsch, Burkhard et al. (Hg.): Handbuch der Kulturwissenschaften: Themen und Tendenzen. Stuttgart. Metzler: 372-384

Kesselring, Sven/Vogl, Gerlinde (2010): Betriebliche Mobilitätsregime. Die sozialen Kosten mobiler Arbeit. Berlin. edition sigma

Kimmel, Michael (2011): Jungen und Schule: Ein Hintergrundbericht über die „Jungenkrise". In: Forster, Edgar/Rendtorff, Barbara (Hg.): Jungenpädagogik im Widerstreit. Stuttgart. Kohlhammer: 27-44

Klein, Uta (1993): Frauenkriminalität in der Öffentlichkeit: Zum Fall Monika Weimar. In: Greive, Wolfgang (Hg.): Nicht länger schweigen! Fraueninhaftierung und Gewalt. Rehburg-Loccum. Evangelische Akademie: 39-52

Klein, Uta (1998): „Schmallippig und eiskalt": Der Fall Monika Weimar. In: Henschel, Petra/Klein, Uta (Hg.): Hexenjagd – weibliche Kriminalität in den Medien. Frankfurt am Main. Suhrkamp: 40-56

Klier, Claudia M./Demal, Ulrike et al. (2001): Mutterglück und Mutterleid. Diagnose und Therapie der postpartalen Depression. Wien. Facultas

Klotzbach, Heike/Püschel, Klaus et al. (2003): Forensische Pädopathologie. Tötung von Kindern und Jugendlichen – kriminologische Aspekte. Päd 9. 3: 201-204

Knaak, Stephanie (2005): Breast-Feeding, Bottle-Feeding and Dr. Spock: The Shifting Context of Choice. Canadian Review of Sociology and Anthropology. 42. 2: 197-216

Knaak, Stephanie (2006): The Problem with Breastfeeding Discourse. Canadian Journal of Public Health. 97. 5: 412-414

Knapp, Gudrun-Axeli (1988): Das Konzept „weibliches Arbeitsvermögen" –theoriegeleitete Zugänge, Irrwege, Perspektiven. ifg Frauenforschung. 6. 4: 8-20

Knapp, Gudrun-Axeli (2012): Im Widerstreit. Feministische Theorie in Bewegung. Wiesbaden. VS Verlag für Sozialwissenschaften

Knorr-Cetina, Karin (1984): Die Fabrikation von Erkenntnis: Zur Anthropologie der Naturwissenschaft. Frankfurt am Main. Suhrkamp

König, Tomke (2012): Familie heißt Arbeit teilen. Transformation der symbolischen Geschlechterordnung. Konstanz. UVK

Koppetsch, Cornelia/Burkart, Günter (1999): Die Illusion der Emanzipation. Konstanz. UVK

Kortendiek, Barbara (1999): Mütterzentren. Selbsthilfeprojekte und Frauenöffentlichkeit: Studie über ambivalente Mutterschaft und alltägliche Lebensführung. Bielefeld. Kleine

Kortendiek, Barbara (2002): Mutterschaft als Ressource: Zum Verhältnis von Ambivalenz, Selbsthilfe und Gesundheit. Anhörung der Enquetekommission zur Zukunft einer frauengerechten Gesundheitsversorgung in NRW. Landtag NRW 13/38: 18-23

Kortendiek, Barbara (2008): Familie: Mutterschaft und Vaterschaft zwischen Traditionalisierung und Modernisierung. In: Becker, Ruth/Kortendiek, Beate (Hg.): Handbuch Frauen- und Geschlechterforschung. Theorie, Methoden, Empirie. Wiesbaden. VS Verlag für Sozialwissenschaften: 434-445

Krämer, Felix (2009): „Playboy tells his story". Krisenszenario um die hegemoniale US-Männlichkeit der 1970er Jahre. Feministische Studien: Zeitschrift für interdisziplinäre Frauen- und Geschlechterforschung. 1. 27: 83-96

Krämer, Felix (2012): Ernährer. In: Netzwerk Körper (Hg.): What Can a Body Do? Praktiken und Figurationen des Körpers in den Kulturwissenschaften. Frankfurt am Main. Campus: 60-66

Krämer, Felix/Stieglitz, Olaf (2011): Männlichkeitskrisen und Krisenrhetorik, oder: Ein historischer Blick auf eine besondere Pädagogik für Jungen. In: Forster, Edgar/Rendtorff, Barbara et al. (Hg.): Jungenpädagogik im Widerstreit. Stuttgart. Kohlhammer: 45-61

Krey, Volker (2007): Deutsches Strafverfahrensrecht. Band 2: Hauptverhandlung, Beweisrecht, gerichtliche Entscheidungen, Tatbegriff und Rechtskraft, Rechtsmittel und Rechtsbehelfe. Stuttgart. Kohlhammer

Kuhn, Bärbel (2002): Familienstand: ledig. Köln/Weimar/Wien. Böhlau

Kühne, Hans Heiner (2010): Strafprozessrecht. Eine systematische Darstellung des deutschen und europäischen Strafverfahrensrechts. Heidelberg/München/Landsberg/Frechen/Hamburg. C.F. Müller

Ladd-Taylor, Molly/Umansky, Lauri (1998a): „Bad" Mothers. The Politics of Blame in Twentieth-Century America. New York/London. New York University Press.

Ladd-Taylor, Molly/Umansky, Lauri (1998b): Introduction. In: Ladd-Taylor, Molly/Umansky, Lauri (Hg.): „Bad" Mothers. The Politics of Blame in Twentieth-Century America. New York/London. New York University Press: 1-28

Lamnek, Siegfried (2005): Qualitative Sozialforschung: Lehrbuch. Basel. Beltz

Lamott, Franziska (2013): Aspekte forensischer Psychotherapie. In: Boothe, Brigitte/Riecher-Rössler, Anita (Hg.): Frauen in der Psychotherapie. Grundlagen – Störungsbilder – Behandlungskonzepte. Stuttgart: Schattauer: 220-229

Lamott, Franziska/Pfäfflin Friedemann (2001): Bindungsrepräsentationen und Beziehungsmuster von Frauen, die getötet haben. In: Monatszeitschrift für Kriminologie und Strafrechtsreform. 84. 1: 10-24

Lange, Cornelia/Schenk, Liane et al. (2007): Verbreitung, Dauer und zeitlicher Trend des Stillens in Deutschland. Ergebnisse des Kinder- und Jugendgesundheitssurveys (KiGGS). Bundesgesundheitsblatt. 50. 5/6: 624-633

Lange, Helene (1928): Intellektuelle Grenzlinien zwischen Mann und Frau. In: Lange, Helene (Hg.): Kampfzeiten 1. Berlin: 197-216

Laqueur, Thomas (1992): Auf den Leib geschrieben. Die Inszenierung der Geschlechter von der Antike bis Freud. Frankfurt am Main/New York. Campus

Lemke, Thomas/Krasmann, Susanne et al. (2000): Gouvernementalität, Neoliberalismus und Selbsttechnologien. Eine Einleitung. In: Bröckling, Ulrich/Krasmann, Susanne (Hg.): Gouvernementalität der Gegenwart. Studien zur Ökonomisierung des Sozialen. Frankfurt am Main. Suhrkamp: 7-40

Lenz, Ilse (1995): Geschlecht, Herrschaft und internationale Ungleichheit. In: Becker-Schmidt, Regina/Knapp, Gudrun-Axeli (Hg.): Das Geschlechterverhältnis als Gegenstand der Sozialwissenschaften. Frankfurt am Main/New York. Campus: 19-46

Lenz, Ilse (2010): Die neue Frauenbewegung in Deutschland: Abschied vom kleinen Unterschied. Eine Quellensammlung. Wiesbaden. VS Verlag für Sozialwissenschaften

Lenze, Anne (2014): Alleinerziehende unter Druck. Rechtliche Rahmenbedingungen, finanzielle Lage und Reformbedarf. Herausgegeben von der Bertelsmann Stiftung. URL: http://www.bertelsmann-stiftung.de/bst/de/media/xcms_bst_dms_39498_39499_2.pdf [Zugriff am 16.07.2014]

Lichte, Marijke (2007): Deutschlands tote Kinder: Kindstötung als Folge von Gewalthandlung, sexuellem Missbrauch und Verwahrlosung. Eine historisch-soziologische Untersuchung zum Thema Infantizid. Oldenburg. Schardt

Littig, Beate (2008): Interviews mit Eliten – Interviews mit ExpertInnen: Gibt es Unterschiede? Forum Qualitative Sozialforschung. 9. 3/16 URL: http://nbn-resolving.de/urn:nbn:de:0114-fqs0803161 [Zugriff am 01.06.2013]

Luhmann, Niklas (1994): Zur Codierung von Intimität. Frankfurt am Main. Suhrkamp

Lupton, Deborah (1993): Risk and Moral Danger: The Social and Political Functions of Risk Discourse in Public Health. International Journal of Health Services. 23. 3: 425-435

Lupton, Deborah (1999): Risk and the Ontology of Pregnant Embodiment. In: Lupton, Deborah (Hg.): Risk and Sociocultural Theory: New Directions and Perspectives. Cambridge. Cambridge University Press: 59-85

Lutz, Helma (2007): Vom Weltmarkt in den Privathaushalt: Die neuen Dienstmädchen im Zeitalter der Globalisierung. Opladen. Barbara Budrich

Lutz, Helma/Herrera Vivar, Maria T. et al. (2010): Fokus Intersektionalität. Bewegungen und Verortungen eines vielschichtigen Konzeptes. Opladen. Barbara Budrich

Maihofer, Andrea (1995): Geschlecht als Existenzweise. Frankfurt am Main. Helmer

Martschukat, Jürgen (2005): „Es ist ein Junge!" Einführung in die Geschichte der Männlichkeiten in der Neuzeit. Tübingen. diskord

Martschukat, Jürgen (2008): Diskurse und Gewalt: Wege zu einer Geschichte der Todesstrafe im 18. und 19. Jahrhundert. In: Keller, Reiner/Hirseland, Andreas et al. (Hg.): Handbuch sozialwissenschaftliche Diskursanalyse. Band 2. Wiesbaden. VS Verlag für Sozialwissenschaften: 69-97

Martschukat, Jürgen (2013): Die Ordnung des Sozialen. Väter und Familien in der amerikanischen Geschichte seit 1770. Frankfurt/New York. Campus

Matzner, Michael (2007): Männer als Väter – ein vernachlässigtes Thema soziologischer Männerforschung. In: Bereswill, Mechthild/Meuser, Michael et al. (Hg.): Dimensionen der Kategorie Geschlecht: Der Fall Männlichkeit. Münster. Westfälisches Dampfboot: 223-240

Mauerer, Gerlinde (2002): Medeas Erbe: Kindsmord und Mutterideal. Wien. Milena

Mayring, Philipp (1999): Einführung in die qualitative Sozialforschung. München. Psychologie Verlags Union

Mayring, Philipp (2002): Qualitative Sozialforschung. Weinheim. Beltz

McCarthy, Jane Ribbens/Edwards, Rosalind (2011): Key Concepts in Family Studies. London. Sage

McRobbie, Angela (2008): Top Girls. Feminismus und der Aufstieg des neoliberalen Geschlechterregimes. Wiesbaden. VS Verlag für Sozialwissenschaften

Mead, Magret (1958): Mann und Weib. Das Verhältnis der Geschlechter in einer sich wandelnden Welt. Hamburg. Rowohlt

Meil, Gerardo (2010): Job mobility and family life. In: Schneider, Norbert F./Collet, Beate (Hg.): Mobile Living Across Europe II. Opladen. Barbara Budrich: 215-236

Merton, Robert K./Kendall, Patricia (1979): Das fokussierte Interview. In: Hopf, Christel/Weingarten, Elmar (Hg.): Qualitative Sozialforschung. Stuttgart. Klett-Cotta: 171-204

Meuser, Michael (2009): Vaterschaft und Männlichkeit. (Neue) Väterlichkeit in geschlechtersoziologischer Perspektive. In: Jurczyk, Karin/Lange, Andreas (Hg.): Vaterwerden und Vatersein heute. Neue Wege – neue Chancen! Gütersloh. Bertelsmann Stiftung: 79-93

Meuser, Michael (2012): Vaterschaft im Wandel. Herausforderungen, Optionen, Ambivalenzen. In: Böllert, Karin/Peter, Corinna (Hg.): Mutter + Vater = Eltern? Sozialer Wandel, Elternrollen und Soziale Arbeit. Wiesbaden. VS Verlag für Sozialwissenschaften: 63-80

Meyen, Michael/Löbich, Maria et al. (2011): Qualitative Forschung in der Kommunikationswissenschaft: Eine praxisorientierte Einführung. Wiesbaden. VS Verlag für Sozialwissenschaften

Meyer, Thomas (2002): Moderne Elternschaft – neue Erwartungen, neue Ansprüche. Aus Politik und Zeitgeschichte. 22/23: 40-46

Michalik, Kerstin (1994): Vom „Kindsmord" zur Kindstötung: Hintergründe der Entwicklung des Sondertatbestandes der Kindstötung (Paragraph 217) im 18. und 19. Jahrhundert. Feministische Studien. 12. 1: 44-55

Michalik, Kerstin (1997): Kindsmord: Sozial- und Rechtsgeschichte der Kindstötung im 18. Jahrhundert am Beispiel Preußen. Pfaffenweiler. Centaurus

Miller, Jean Baker (1976): Toward a New Psychology of Women. Boston. Beacon Press

Moebius, Stephan/Reckwitz, Andreas (2008): Einleitung. Poststrukturalismus und Sozialwissenschaften: Eine Standortbestimmung. In: Moebius, Stephan/ Reckwitz, Andreas (Hg.): Poststrukturalistische Sozialwissenschaften. Frankfurt am Main. Suhrkamp: 7-23

Moser, Andrea (2010): Kampfzone Geschlechterwissen: Kritische Analyse populärwissenschaftlicher Konzepte von Männlichkeit und Weiblichkeit. Wiesbaden. VS Verlag für Sozialwissenschaften

Muckel, Petra (1997): Der Alltag mit Akten – psychologische Rekonstruktionen bürokratischer Phänomene: Eine empirische Untersuchung in verschiedenen Institutionen auf der Grundlage der Grounded Theory. Aachen. Shaker

Müller, Marion (2003): Geschlecht und Ethnie. Historischer Bedeutungswandel, interaktive Konstruktionen und Interferenzen. Wiesbaden. Westdeutscher Verlag

Müller, Siegfried (1980): Aktenanalyse in der Sozialarbeitsforschung. Weinheim/Basel. Beltz

Müller, Ursula (2008): Privatheit als Ort geschlechtsbezogener Gewalt. In: Jurczyk, Karin/Oechsle, Mechthild (Hg.): Das Private neu denken. Erosionen, Ambivalenzen, Leistungen. Münster. Westfälisches Dampfboot: 224-245

Müller, Ursula/Schröttle, Monika (2006): Gewalt gegen Frauen in Deutschland – Ausmaß, Ursachen, Folgen. In: Heitmeyer, Wilhelm/Schröttle, Monika (Hg.): Gewalt. Beschreibungen, Analysen, Prävention. Bonn. Bundeszentrale für politische Bildung: 77-97

Nadig, Maya (1987): Mutterbilder in zwei verschiedenen Kulturen. Ethnopsychoanalytische Überlegungen. In: Braun, Christina von/Sichtermann, Barbara et al. (Hg.): Bei Licht betrachtet wird es finster. FrauenSichten. Frankfurt am Main. Athenäum: 81-104

Nadig, Maya (1989): Die gespaltene Frau – Mutterschaft und öffentliche Kultur. In: Brede, Karola (Hg.): Was will das Weib in mir? Freiburg. Kore: 141-161

Nadig, Maya (2011): Körperhaftigkeit, Erfahrung und Ritual: Geburtsrituale im interkulturellen Vergleich. In: Villa, Paula-Irene/Thiessen, Barbara (Hg.): Soziologie der Geburt. Diskurse, Praktiken und Perspektiven. Frankfurt am Main. Westfälisches Dampfboot: 39-74

Nassehi, Armin (2004): Eliten als Differenzierungsparasiten: Skizze eines Forschungsprogramms. In: Hitzler, Ronald/Hornborstel Stefan (Hg.): Elitenmacht. Wiesbaden. VS Verlag für Sozialwissenschaften: 25-41

Neidhard, Friedhelm/Rucht, Dieter (1993): Auf dem Weg in die „Bewegungsgesellschaft"? Über die Stabilisierbarkeit sozialer Bewegungen. Soziale Welt 44. 3: 305-326

Neuß, Norbert (2011): Grundwissen Krippenpädagogik. Ein Lehr- und Arbeitsbuch. Berlin. Cornelsen Scriptor

Newitz, Annalee (1998): Murdering Mothers. In: Ladd-Taylor, Molly/Umansky, Lauri (Hg.): „Bad" Mothers. The Politics of Blame in Twentieth-Century America. New York/London. New York University Press: 334-355

Niehaus, Michael (2004): Warum gestehen? Diskursanalytische Bemerkungen zur Psychologie des Strafverfahrens. Polizei & Wissenschaft. 4: 2-13

Niehaus, Michael (2011): Epochen des Protokolls. Medien des Rechts: Zeitschrift für Medien- und Kulturforschung. 11. 2: 141-156

Notz, Gisela (1991): Du bist als Frau um einiges mehr gebunden als der Mann. Die Auswirkungen der Geburt des ersten Kindes auf die Lebens- und Arbeitsplanung von Müttern und Vätern. Bonn. Dietz

Nowicka, Magdalena/Tolasch, Eva (2014): (Un)fassbare Körper. Frauen erzählen von ihrer Schwangerschaft. In: Schmidt, Wolf/Schütz-Bosbach, Simone (Hg.): Körperbilder in Kunst und Wissenschaft. Berlin. Walter de Gruyter: 139-164 (im Erscheinen)

Nussbaum, Martha (2003): Langfristige Fürsorge und soziale Gerechtigkeit. Deutsche Zeitschrift für Philosophie. 51. 2: 179-198

o. A. (1988): Stellungnahme grüner Frauen zum Müttermanifest. In: Beck-Oberdorf, Marieluise (Hg.): Wo liegt der Frauen Glück? Neue Wege zwischen Beruf und Kindern. Köln. Kölner Volksblatt: 125-128

O'Reilly, Andrea (2004): From Motherhood to Mothering: The Legacy of Adrienne Rich's of Woman Born. Albany. State University of New York Press

O'Reilly, Andrea (2008): Feminist Mothering. Albany. State University of New York Press

Oechsle, Mechthild (1998): Ungelöste Widersprüche. Leitbilder für die Lebensführung junger Frauen. In: Oechsle, Mechthild/Geissler, Birgit (Hg.): Die ungleiche Gleichheit. Junge Frauen und der Wandel im Geschlechterverhältnis. Opladen. Leske + Budrich: 185-200

Oechsle, Mechtild/Geissler, Birgit (1998): Die ungleiche Gleichheit: Junge Frauen und der Wandel im Geschlechterverhältnis. Opladen. Leske + Budrich

Oechsle, Mechthild/Müller, Ursula et al. (2012): Fatherhood in Late Modernity. Cultural Images, Social Practices, Structural Frames. Opladen. Barbara Budrich

Opitz, Sven (2004): Gouvernementalität im Postfordismus. Hamburg. Argument

Orland, Barbara (2004): Wissenschaft, Markt und Erfahrung. „Natürliche" versus „künstliche" Säuglingsernährung im 19. Jahrhundert. In: Bos, Marguérite/ Vincenz, Bettina et al. (Hg.): Erfahrung: Alles nur Diskurs? Zur Verwendung des Erfahrungsbegriffs in der Geschlechtergeschichte. Beiträge der 11. Schweizerischen HistorikerInnentagung 2002. Zürich. Chronos: 291-396

Ostner, Ilona (1992): Zum letzten Male: Anmerkungen zum „weiblichen Arbeitsvermögen". In: Krell, Gertraude/Osterloh, Margit (Hg.): Personalpolitik aus der Sicht von Frauen – Frauen aus der Sicht der Personalpolitik: Was kann die Personalforschung von der Frauenforschung lernen? München. Hampp: 107-121

Ostner, Ilona/Pieper, Barbara (1980): Problemstruktur Familie oder: Über die Schwierigkeit in und mit Familie zu leben. In: Ostner, Ilona/Pieper, Barbara (Hg.): Arbeitsbereich Familie. Umrisse einer Theorie der Privatheit. Frankfurt am Main. Campus: 96-170

Ott, Marion/Seehaus, Rhea (2010): Stillen – zum Wohle des Kindes. Reproduktion und Effekte von Stilldiskursen in Praktiken der Kindervorsorgeuntersuchungen. Feministische Studien. Die Zeitschrift für interdisziplinäre Frauen- und Geschlechterforschung. 28. 2: 257-269

Ott, Marion/Seehaus, Rhea (2012): „Es ist halt durchs Stillen, dadurch ergibt es sich einfach." Familiale Arbeitsteilungsmuster und Naturalisierungseffekte von Stilldiskursen. In: Moser, Vera/Rendtorff, Barbara (Hg.): Riskante Leben? Geschlechterordnung der Reflexiven Moderne. Opladen. Barbara Budrich: 131-140

Park, Shelley M. (2013): Mothering Queerly, Queering Motherhood: Resisting Monomaternalism in Adoptive, Lesbian, Blended, and Polygamous Families. Albany. State University of New York Press

Parker, Rozsika (1996): Mother Love – Mother Hate. The Power of Maternal Ambivalence. New York. Basic Books

Paulus, Stanislawa (2001): Identität außer Kontrolle. Handlungsfähigkeit und Identitätspolitik jenseits des autonomen Subjekts. Berlin/Hamburg/Münster. LIT

Pfäfflin, Friedemann (2014): Noch mehr psychiatrische Prognosegutachten? Recht und Psychiatrie. 32. 2: 62-63

Pfau-Effinger, Birgit (1998): Der soziologische Mythos von der Hausfrauenehe – Sozio-historische Entwicklungspfade der Familie. Soziale Welt. 2: 167-182

Pfau-Effinger, Birgit (2005). Das deutsche Work-Life-Balance-Regime im europäischen Vergleich. Beitrag zum Internationalen Kongress „Femme Globale. Geschlechterperspektiven im 21. Jahrundert". Berlin.

Platen, Heide (1991): Kindsmord. Der Fall Weimar. Berlin. Rotbuch

Popp, Ulrike (2009): Das hegemoniale Familienleitbild zwischen anachronistisch-restaurativen Tendenzen und gegenwärtigen Familienrealitäten – Über Paradoxien in Medien und Alltagsdiskursen. In: Villa, Paula-Irene/Thiessen, Barbara (Hg.): Mütter – Väter: Diskurse, Medien, Praxen. Münster. Westfälisches Dampfboot: 90-106

Porter, Marie/O'Reilly, Andrea et al. (2005): Motherhood. Power & Oppression. Minnesota. Women's Press.

Possinger, Johanna (2013): Vaterschaft im Spannungsfeld von Erwerbs- und Familienleben: „Neuen Vätern" auf der Spur. Wiesbaden. Springer VS

Potthast, Gabriele/Jäckel, Monika (1989): Mütterzentren. Der andere Teil der Frauenbewegung. In: Schön, Bärbel (Hg.): Emanzipation und Mutterschaft. Weinheim/München. Juventa: 225

Prickett, David James (2010): „Hat die Schreckenstat ein Gesicht?" Das Bild der ‚ostdeutschen Mutter'. In: Temme, Gaby/Künzel, Christine (Hg.): Hat Strafrecht ein Geschlecht? Zur Deutung und Bedeutung der Kategorie Geschlecht in strafrechtlichen Diskursen vom 18. Jahrhundert bis heute. Bielefeld. Transcript: 79-97

Pühl, Katharina (2003): Der Bericht der Hartz-Kommission und die ‚Unternehmerin ihrer selbst': Geschlechterverhältnisse, Gouvernementalität und Neoliberalismus. In: Pieper, Marianne/ Gutiérrez Rodríguez, Encarnación (Hg.): Gouvernementalität. Ein sozialwissenschaftliches Konzept in Anschluss an Foucault. Frankfurt am Main. Campus: 111-135

Ralser, Michaela (2006): Der Fall und seine Geschichte. Die klinisch-psychiatrische Fallgeschichte als Narration an der Schwelle. In: Höcker, Arne (Hg.): Wissen. Erzählen. Bielefeld. Transcript: 115-126

Ralser, Michaela (2010): Das Subjekt der Normalität: Das Wissensarchiv der Psychiatrie: Kulturen der Krankheit um 1900. Paderborn/München. Fink

Rauch, E./Madea, Burkhard (2003): Kindestötung. In: Brinkmann, Bernd/Madea, Burkhard (Hg.): Handbuch gerichtliche Medizin. Band 1. Berlin. Springer: 921-938

Reichertz, Jo (1994): „Das stimmt doch hinten und vorne nicht." Begründung und Überprüfung von Verdacht am Beispiel einer Mordermittlung. Kriminologisches Journal. 26. 2: 123-137

Reichertz, Jo/Schneider, Manfred (2007): Einleitung. In: Reichertz, Jo/Schneider, Manfred (Hg.): Sozialgeschichte des Geständnisses. Zum Wandel der Geständniskultur. Wiesbaden. VS Verlag für Sozialwissenschaften: 7-21

Rerrich, Maria S. (2006): Die ganze Welt zu Hause. Cosmobile Putzfrauen in privaten Haushalten. Hamburg. Hamburger Editionen

Rich, Adrienne (1979): Von Frauen geboren. Mutterschaft als Erfahrung und Institution. München. Frauenoffensive

Richter, Martina (2008): Familie/Generation. In: Hanses, Andreas/Homfeldt, Hans Günther (Hg.): Lebensalter und soziale Arbeit. Band 1: Eine Einführung. Baltmannsweiler. Schneider: 46-77

Rohde, Anke (2001): Die Tötung und Aussetzung des eigenen Kindes – klinische und juristische Aspekte. In: Klier, Claudia M./Demal, Ulrike et al. (Hg.): Mutterglück und Mutterleid. Diagnose und Therapie der postpartalen Depression. Wien. Facultas: 117-127

Rudat, Carla (2012): Das Wunschkind. Die Sehnsucht nach dem perfekten Kind. Diplomarbeit. Hamburg. Diplomica

Rüling, Anneli (2007): Jenseits der Traditionalisierungsfallen. Wie Eltern sich Familien- und Erwerbsarbeit teilen. Frankfurt am Main. Campus

Saalfrank, Katharina (2013): Du bist ok, so wie du bist. Das Ende der Erziehung. Köln. Kiepenheuer & Witsch

Samerski, Silja (2002): Die „informierte Entscheidung" als Fall. Wie die genetische Beratung zum Selbst-Management verpflichtet. Sowi. 4. 2: 53-61

Sänger, Eva (2010): „Einfach mal schauen, was gerade los ist". Biosoziale Familialisierung in der Schwangerschaft. In: Liebsch, Katharina/Manz, Ulrike (Hg.): Leben mit den Lebenswissenschaften. Bielefeld. Transcript: 43-61

Sänger, Eva/Dörr, Annalena et al. (2013): Embodying Schwangerschaft: pränatales Eltern-Werden im Kontext medizinischer Risikodiskurse und Geschlechternormen. Gender. Zeitschrift für Geschlecht, Kultur und Gesellschaft. 1: 56-71

Sänger, Eva/Rödel, Malaika (2012): Biopolitik und Geschlecht: Zur Regulierung des Lebendigen. Münster. Westfälisches Dampfboot

Schaser, Angelika (2006): Frauenbewegung in Deutschland 1848-1933. Darmstadt. Wissenschaftliche Buchgesellschaft

Schier, Michaela (2010): Multilokaler Alltag erwerbstätiger Eltern: Erweiterte Optionen oder erhöhte Probleme für die Lebensführung? In: Soeffner, Hans-Georg (Hg.): Unsichere Zeiten. Verhandlungen des 34. Kongresses der Deutschen Gesellschaft für Soziologie in Jena 2008. Wiesbaden. VS Verlag für Sozialwissenschaften: 1-13

Schier, Michaela (2013): Räumliche Entgrenzung – Multilokales Familienleben: Spezifische Anforderungen einer mehrörtigen Alltagsgestaltung und die Rolle von Medien. In: Wagner, Ulrike (Hg.): Familienleben: Entgrenzt und vernetzt?! München. kopaed: 39-55

Schier, Michaela/Jurczyk, Karin (2007): „Familie als Herstellungsleistung" in Zeiten der Entgrenzung. Aus Politik und Zeitgeschichte: http://www.bpb.de/apuz/30290/familie-als-herstellungsleistung-in-zeiten-der-entgrenzung?p=4 [Zugriff am 19.09.2012]

Schier, Michaela/Szymenderski, Peggy et al. (2007): Eltern in entgrenzter Erwerbsarbeit – differenzierte und flexible Betreuungsbedarfe. URL: http://www.academia.edu/2574729/Eltern_in_entgrenzter_Erwerbsarbeit-differenzierte_und_flexible_Bedarfe_an_Kinderbetreuung [Zugriff am 09.08.2014]

Schlang, Christiane (2006): Tödlich verlaufende elterliche Gewalt: Psychiatrische Auswertung von Daten einer bundesweiten multizentrischen Studie (Berichtszeitraum 1985 bis 1989). Bonn. Psychiatrie-Verlag

Schmid, Gerhard (2004): Akten. In: Beck, Friedrich/Henning, Eckart (Hg.): Die archivalischen Quellen: Mit einer Einführung in die historischen Hilfswissenschaften. Köln/Weimar/Wien. UTB: 74-110

Schmitz, Walter (1978): Tatgeschehen, Zeugen und Polizei – Zur Rekonstruktion und Beschreibung des Tathergangs in polizeilichen Zeugenvernehmungen. BKA-Forschungsreihe Band 9. Wiesbaden. BKA

Schmitz, Walter (1983): Vernehmung als Aushandeln der Wirklichkeit. Wissenschaftliche Kriminalstatistik. BKA-Forschungsreihe Band 16. Wiesbaden. BKA: 353-387

Schneider, Norbert F./Rosenkranz, Doris et al. (1998): Nichtkonventionelle Lebensformen. Entstehung, Entwicklung und Konsequenzen. Berlin. Leske + Budrich

Schneider, Werner (1999): „So tot wie nötig – so lebendig wie möglich!" Sterben und Tod in der fortgeschrittenen Moderne. Eine Diskursanalyse der öffentlichen Diskussion um den Hirntod in Deutschland. Augsburg. LIT

Scholz, Sylka (2005): Die „Show des Scheiterns" und der „Club der Polnischen Versager". Der (neue) Diskurs der Gescheiterten. In: Zahlmann, Stefan/Scholz, Sylka (Hg.): Scheitern und Biographie. Die andere Seite moderner Lebensgeschichten. Gießen. Psychosozial-Verlag: 265-289

Scholz, Sylka (2009): Männer und Männlichkeiten im Spannungsfeld zwischen Erwerbs- und Familienarbeit. In: Aulenbacher, Brigitte/Wetterer, Angelika (Hg.): Arbeit, Perspektiven und Diagnosen in der Geschlechterforschung. Münster. Westfälisches Dampfboot: 82-100

Schöne, Hubert (1978): Schadstoffe in der Muttermilch. Trotzdem raten Forscher zum Stillen. Mitteilungen. Herausgegeben von der Deutschen Forschungsgemeinschaft (DFG). 3. 78: 20

Schreiber, Hans Ludwig/Rosenau, Henning (2009): Rechtliche Grundlagen der psychiatrischen Begutachtung. In: Venzlaff, Ulrich/Foerster, Klaus (Hg.): Psychiatrische Begutachtung. Ein praktisches Handbuch für Ärzte und Juristen. München/Jena. Urban & Fischer: 77-152

Schröer, Norbert (1994): Routiniertes Expertenwissen: Zur Rekonstruktion des strukturalen Regelwissens von Vernehmungsbeamten. In: Hitzler, Ronald/Honer, Anne et al. (Hg.): Expertenwissen. Die institutionalisierte Kompetenz zur Konstruktion von Wirklichkeit. Opladen. Westdeutscher Verlag: 214-231

Schröer, Norbert (2003): Zur Handlungslogik polizeilichen Vernehmens. Hermeneutische Polizeiforschung. Reihe: Studien zur Inneren Sicherheit. 5: 61-77

Schröer, Norbert (2007a): Der Vernehmer als Ratgeber: Oder: die distanzierte Führung des Beschuldigten zur eigenverantwortlichen Selbstführung. In: Reichertz, Jo (Hg.): Sozialgeschichte des Geständnisses. Wiesbaden. VS Verlag für Sozialwissenschaften: 229-250

Schröer, Norbert (2007b): Geständnis gegen Beziehung. Zur Geständnismotivierung in Beschuldigtenvernehmungen seit 1980. In: Reichertz, Jo/Schneider, Manfred (Hg.): Sozialgeschichte des Geständnisses. Zum Wandel der Geständniskultur. Wiesbaden. VS Verlag für Sozialwissenschaften: 195-227

Schulten-Jaspers, Yasmin/Tank, Jennifer et al. (2013): Der politische Restposten. Presseberichterstattung über kinderreiche und andere Familien in Deutschland. URL: http://issuu.com/prinzing_tank_schulten-jaspers/docs/der_politische_restposten [Zugriff am 20.08.2014]

Schultz, Susanne (2003): Von der Regierung reproduktiver Risiken. Gender und die Medikalisierung internationaler Bevölkerungspolitik. In: Pieper, Marianne/Gutiérrez Rodríguez, Encarnación (Hg.): Gouvernementalität. Ein sozialwissenschaftliches Konzept in Anschluss an Foucault. Frankfurt am Main. Campus: 68-89

Stern, Winfried (1996): Ego-Dokumente: Annäherung an den Menschen in der Geschichte. Berlin. Akademie Verlag.

Schütze, Yvonne (1991a): Die gute Mutter – Zur Geschichte des normativen Musters „Mutterliebe". In: Karsten, Maria-Eleonora/Otto, Hans-Uwe (Hg.): Die sozialpädagogische Ordnung der Familie. Weinheim/München. Juventa: 45-66

Schütze, Yvonne (1991b): Die gute Mutter. Zur Geschichte des normativen Musters „Mutterliebe". Bielefeld. Kleine

Schwab, Angelica (2001): Serienkiller in Wirklichkeit und Film: Störenfried oder Stabilisator? Eine sozioästhetische Untersuchung. Hamburg. LIT

Schweizer, Herbert (2007): Soziologie der Kindheit. Wiesbaden. VS Verlag für Sozialwissenschaften

Schwiter, Karin (2007): „Ich hätte gerne Kinder, aber es muss passen": Wie junge Erwachsene über ihre Zukunft und übers Kinderkriegen sprechen. Zeitschrift für Frauenforschung und Geschlechterstudien. 25. 3/4: 85-97

Schwiter, Karin (2009): „Ich würde gerne Hausmann spielen...": Gute und schlechte Väter in den Erzählungen junger Erwachsener. In: Villa, Paula-Irene/Thiessen, Barbara (Hg.): Mütter – Väter: Diskurse, Medien, Praxen. Münster. Westfälisches Dampfboot: 213-225

Schwiter, Karin (2011): Lebensentwürfe. Junge Erwachsene im Spannungsfeld zwischen Individualität und Geschlechternormen. Frankfurt am Main. Campus

Sears, William/Sears, Martha (2001): The Attachment Parenting Book. A Commonsense Guide to Understanding and Nurturing Your Baby. Boston/New York/London. Little Brown Company

Seehaus, Rhea (2014): Die Sorge um das Kind: Eine Studie zu Elternverantwortung und Geschlecht. Opladen. Barbara Budrich

Siebenpfeiffer, Hania (2003): ‚Entartete Mütterlichkeit' – Kindsmörderinnen in literarischen und nicht-literarischen Texten des 20. Jahrhunderts. In: Hilbig, Antje/Kajatin, Claudia et al. (Hg.): Frauen und Gewalt. Interdisziplinäre Untersuchungen zu geschlechtsgebundender Gewalt in Theorie und Praxis. Würzburg. Königshausen & Neumann: 133-152

Silkenbeumer, Mirja (2007): Biografische Selbstentwürfe und Weiblichkeitskonzepte aggressiver Mädchen und junger Frauen. Berlin. LIT

Speck, Sarah (2014): Mütter ohne Grenzen. Paradoxien verberuflichter Sorgearbeit am Beispiel der SOS-Kinderdörfer. Wiesbaden. Springer VS

Spies, Anke (2009a): Wunschkinder mit guten Müttern? – Der Babysimulator als Medium der Verunsicherung benachteiligter Mädchen. In: Villa, Paula-Irene/Thiessen, Barbara (Hg.): Mütter – Väter: Diskurse, Medien, Praxen. Münster. Westfälisches Dampfboot: 275-289

Spies, Anke (2013): Frühe Mutterschaft – die Bandbreite der Perspektiven und Aufgaben angesichts einer ungewöhnlichen Lebenssituation. Baltmannsweiler. Schneider

Spies, Tina (2009b): Diskurs, Subjekt und Handlungsmacht. Zur Verknüpfung von Diskurs- und Biografieforschung mithilfe des Konzepts der Artikulation. Forum Qualitative Sozialforschung 10. 2/36. URL: http://nbn-resolving.de/urn:nbn:de:0114-fqs0902369 [Zugriff am 14.09.2014]

Springgay, Stephanie (2012): Mothering a Bodied Curriculum: Emplacement, Desire, Affect.Toronto [u. a.]. University of Toronto Press.

Sprondel, Walter Michael (1979): „Experte" und „Laie": Zur Entwicklung von Typenbegriffen in der Wissenssoziologie. In: Sprondel, Walter Michael/Grathoff, Richard (Hg.): Alfred Schütz und die Idee des Alltags in den Sozialwissenschaften. Stuttgart. Enke: 140-154

Stack, Carol (1974): All Our Kin: Strategies for Survival in a Black Community. New York. Harper

Stefan, Verena (1984): Häutungen. Autobiografische Aufzeichnungen, Gedichte, Träume, Analysen. München. Frauenoffensive

Stein-Hilbers, Marlene (1994): Wem „gehört" das Kind? Frankfurt am Main/New York. Campus

Strauss, Anselm L. (1991): Grundlagen qualitativer Sozialforschung. München. Wilhelm Fink

Strauss, Ansem L./Corbin, Juliet (1996): Grounded Theory. Grundlagen Qualitativer Sozialforschung. Weinheim. Psychologie Verlags Union

Streep, Peg (2009): Mean Mothers. New York. William Morrow

Süß, Bernd (2010): Die Feststellung der Vaterschaft unabhängig von Anfechtungsverfahren. Das neue Abstammungsrecht unter besonderer Berücksichtigung der Perspektive der Väter. Frankfurt am Main. Peter Lang

Taeger, Angela (2002): Aktenanalyse in der kriminologisch-geschichtswissenschaftlichen Forschung zum Strafrecht. Polizeiliche Aufzeichnungen über männliche Homosexuelle im Paris des 18. Jahrhunderts. Forum: Qualitative Sozialforschung. 3. 1/19 URL: http://nbn-resolving.de/ urn:nbn:de:0114-fqs0201190 [Zugriff am 29.05.2013]

Tazi-Preve, Irene M. (2007): Väter im Abseits: Zum Kontaktabbruch der Vater-Kind-Beziehung nach Scheidung und Trennung. Wiesbaden. DUV

Tegethoff, Dorothea (2011): Bilder und Konzeptionen vom Ungeborenen. Zwischen Visualisierung und Imagination. Opladen. Leske + Budrich

Temme, Gaby/Künzel, Christine (2010): Hat Strafrecht ein Geschlecht? Zur Deutung und Bedeutung der Kategorie Geschlecht in strafrechtlichen Diskursen vom 18. Jahrhundert bis heute. Bielefeld. Transcript

Textor, Martin R. (2012): Weiterhin Mittelmaß: Zur Qualität frühkindlicher Betreuung. In: Textor, Martin R. (Hg.): Kinderpädagogik – Online Handbuch. URL: http://www.kindergartenpaedagogik.de/2170.html [Zugriff am 16.08.2014]

Textor, Martin R. (2013): Historische und interkulturelle Variabilität von Mutterschaft – Konsequenzen für die Gegenwart. Kindergartenpädagogik – Online-Handbuch. In: URL: http://www.kindergartenpaedagogik.de/1457.html [Zugriff am 19.06.2013]

Thiessen, Barbara (2009): Der Wandel gesellschaftlicher Rahmenbedingungen und die Konsequenzen für Familien. Evangelischer Pressedienst. 16: 8-23

Thiessen, Barbara (2010): Jenseits der Norm: Lebenslagen junger Mütter. In: Spies, Anke (Hg.): Frühe Mutterschaft – die Bandbreite der Perspektiven und Aufgaben angesichts einer ungewöhnlichen Lebenssituation. Baltmannsweiler. Schneider: 25-46

Thiessen, Barbara (2012): Vom Versuch private Care-Arbeit öffentlich zu steuern. Entwicklungen und Herausforderungen der Familienpolitik. In: Krüger, Dorothea (Hg.): Familie(n) heute. Weinheim. Juventa: 175-188

Thiessen, Barbara/Villa, Paula-Irene (2008): Die „Deutsche Mutter" – ein Auslaufmodell? Überlegungen zu den Codierungen von Mutterschaft als Sozial- und Geschlechterpolitik. In: Brunner, José (Hg.): Mütterliche Macht und väterliche Autorität. Elternbilder im deutschen Diskurs. Göttingen. Wallstein: 277-292

Thiessen, Barbara/Villa, Paula-Irene (2009): Müter und Väter: Diskurse – Medien -Praxen. Eine Einleitung. In: Villa, Paula-Irene/Thiessen, Barbara (Hg.): Mütter – Väter: Diskurse, Medien, Praxen. Münster. Westfälisches Dampfboot: 7-25

Thome, Helmut/Birkel, Christoph (2007): Sozialer Wandel und Gewaltkriminalität. Deutschland, England und Schweden im Vergleich, 1995 bis 2000. Wiesbaden. VS Verlag für Sozialwissenschaften

Thomsen, H., Bauermeister, Matthias et al. (1992): Zur Kindstötung unter der Geburt. Eine Verbundstudie über die Jahre 1980-1989. Rechtsmedizin. Organ der Deutschen Gesellschaft für Rechtsmedizin 1. 2: 135-142

Thürmer-Rohr, Christina (1987): Aus der Täuschung in die Ent-Täuschung. Zur Mittäterschaft von Frauen. In: Thürmer-Rohr, Christina (Hg.): Vagabundinnen – Feministische Essays. Berlin. Orlanda-Frauenverlag: 38-56

Tolasch, Eva (2009): Celebrating Intersectionality? Debates on a multi-faceted Concept in Gender Studies. Internationale Konferenz an der Goethe-Universität Frankfurt 22./23. Januar 2009. Feministische Studien. 1. 27: 149-152

Tolasch, Eva (2011): Von Monstermüttern zu Supermoms – Bilder in Kindstötungsdiskursen. In: Reuschling, Felicita (Hg.): Beyond Re/Production Mothering. Katalog zur gleichnamigen Ausstellung vom 25.02.-25.04.2011 im Kunstraum Kreuzberg/Bethanien. Berlin. Revolver Publishing: 48-53

Tolasch, Eva (2013): Die gute Mutter im Mörderinnendiskurs: Experten, Leute und Medien. In: Lee, Hyunseon/Maurer Queipo, Isabel (Hg.): Mörderinnen. Künstlerische und mediale Inszenierung weiblicher Verbrechen. Bielefeld. Transcript: 329-358

Tölke, Angelika/Hank, Karsten (2005): Männer – Das vernachlässigte Geschlecht in der Familienforschung. Zeitschrift für Familienforschung/Sonderheft. Wiesbaden. VS Verlag für Sozialwissenschaften

Tondorf, Günter/Tondorf, Babette (2011): Psychologische und psychiatrische Sachverständige im Strafverfahren: Verteidigung bei Schuldfähigkeits- und Prognosebegutachtung. Heidelberg/München [u. a.]. Müller

Toppe, Sabine (2009): Rabenmütter, Supermuttis, abwesende Väter? – Familien(leit)bilder und Geschlechtertypisierungen im Kinderarmutsdiskurs in Deutschland. In: Thiessen, Barbara/Villa,

Paula-Irene (Hg.): Mütter – Väter: Diskurse, Medien, Praxen. Münster. Westfälisches Dampfboot: 107-123

Treutler Rechtsanwälte (2008): Düsseldorfer Tabelle 2008. URL: http://www.t-anwaelte.de/Duesseldorfer-Tabelle-2008.366.0.html [Zugriff am 09.09.2014]

Trotha, Trutz von (1997): Zur Soziologie der Gewalt. In: Trotha, Trutz von (Hg.): Soziologie der Gewalt. Kölner Zeitschrift für Soziologie und Sozialpsychologie. Sonderheft 37. Opladen. Westdeutscher Verlag: 9-56

Tsokos, Michael/Guddat, Saskia (2014): Deutschland misshandelt seine Kinder. München. Droemer

Unicef (2003): A League Table of Child Maltreatment Deaths in Rich Nations. Florence

Veil, Mechthild (2010): Familienpolitik ohne Gleichstellungspolitik? Zu einigen Paradoxien aktueller familienpolitischer Interventionen in Deutschland. feministische studien. Zeitschrift für interdisziplinäre Frauen- und Geschlechterforschung. 28. 2: 214-228

Venzlaff, Ulrich (1986): Die Erstattung des Gutachtens. In: Venzlaff, Ulrich (Hg.): Psychiatrische Begutachtung. Ein praktisches Handbuch für Ärzte und Juristen. Stuttgart/New York. Gustav Fischer: 127-140

Venzlaff, Ulrich (2009): Die Erstattung des Gutachtens. In: Venzlaff, Ulrich (Hg.): Psychiatrische Begutachtung: Ein praktisches Handbuch für Ärzte und Juristen. Stuttgart/New York. Gustav Fischer: 127-139

Villa, Paula-Irene (2001): Natürlich Queer? Soziologische Überlegungen zu Natur, Kultur und (Geschlechts-)Körpern. In: Nebelung, Andreas/Poferl, Angelika (Hg.): Geschlechterverhältnisse – Naturverhältnisse. Feministische Auseinandersetzungen und Perspektiven der Umweltsoziologie. Opladen. Leske + Budrich: 161-179

Villa, Paula-Irene (2004): „Sich bewegen, um die Verhältnisse zu verändern". Räumliche, subjektbezogene und politische Dimensionen des Bewegungsbegriffs in der feministischen Theorie und Praxis. In: Klein, Gabriele (Hg.): Bewegung. Sozial- und kulturwissenschaftliche Konzepte. Bielefeld. Transcript: 239-264

Villa, Paula-Irene (2006): Sexy Bodies. Eine soziologische Reise durch den Geschlechtskörper. Wiesbaden. VS Verlag für Sozialwissenschaften

Villa, Paula-Irene (2008): Habe den Mut, Dich Deines Körpers zu bedienen! Thesen zur Körperarbeit in der Gegenwart zwischen Selbstermächtigung und Selbstunterwerfung. In: Villa, Paula-Irene (Hg.): schön normal. Manipulationen am Körper als Technologien des Selbst. Bielefeld. Transcript: 245-272

Villa, Paula-Irene (2010): Subjekte und ihre Körper. Kultursoziologische Überlegungen. In: Wohlrab-Sahr, Monika (Hg.): Kultursoziologie: Paradigmen – Methoden – Fragestellungen. Wiesbaden. VS Verlag für Sozialwissenschaften: 251-276

Villa, Paula-Irene (2011): Sexy Bodies. Eine soziologische Reise durch den Geschlechtskörper. Wiesbaden. VS Verlag für Sozialwissenschaften

Villa, Paula-Irene (2012): Judith Butler. Eine Einführung. Frankfurt am Main. Campus

Villa, Paula-Irene/Moebius, Stephan et al. (2011): Soziologie der Geburt: Diskurse, Praktiken und Perspektiven. Frankfurt am Main. Campus

Vinken, Barbara (2002): Die deutsche Mutter: Der lange Schatten eines Mythos. München. Piper

Vismann, Cornelia (2000): Akten: Medientechnik und Recht. Frankfurt am Main. Fischer Taschenbuch

Waldschmidt, Anne/Klein, Anne et al. (2008): Das Wissen der Leute. Bioethik, Alltag und Macht im Internet. Wiesbaden. VS Verlag für Sozialwissenschaften

Wall, Glenda (2001): Moral Constructions of Motherhood in Breastfeeding Discourse. Gender & Society. 15. 4: 592-610

Webb, Eugene J. (1975): Nichtreaktive Meßverfahren. Weinheim/Basel. Beltz

Weber, Max (1980 [1922]): Wirtschaft und Gesellschaft. Grundriss der verstehenden Soziologie. Tübingen. J.C.B. Mohr (Paul Siebeck)

Weedon, Chris (1990): Wissen und Erfahrung. Feministische Praxis und poststrukturalistische Theorie. Zürich. Efef

Wetterer, Angelika (2003): Rhetorische Modernisierung. Das Verschwinden der Ungleichheit aus dem zeitgenössischen Differenzwissen. In: Knapp, Gudrun-Axeli/Wetterer, Angelika (Hg.): Achsen der Differenz. Gesellschaftstheorie und feministische Kritik. Münster. Westfälisches Dampfboot: 286-319

Wetterer, Angelika (2004): Widersprüche zwischen Diskurs und Praxis. Gegenstandsbezug und Erkenntnispotenziale einer sozialkonstruktivistischen Perspektive. In: Helduser, Urte/Marx, Daniela et al. (Hg.): under construction? Konstruktivistische Perspektiven in feministischer Theorie und Forschungspraxis. Frankfurt am Main. Campus: 58-67

Wetterer, Angelika (2009a): Gender-Expertise, feministische Theorie und Alltagswissen. Grundzüge einer Typologie des Geschlechterwissens. In: Riegraf, Birgit/Plöger, Lydia (Hg.): Gefühlte Nähe – Faktische Distanz. Geschlecht zwischen Wissenschaft und Politik. Perspektiven der Frauen- und Geschlechterforschung auf die „Wissensgesellschaft". Opladen/Farmington Hills. Barbara Budrich: 81-99

Wetterer, Angelika (2009b): Gleichstellungspolitik im Spannungsfeld unterschiedlicher Spielarten von Geschlechterwissen. Eine wissenssoziologische Rekonstruktion. Gender. Zeitschrift für Geschlecht, Kultur und Gesellschaft. 1. 2: 45-60

Wiese, Annegret (1996): Mütter, die töten. Psychoanalytische Erkenntnis und forensische Wahrheit. München. Wilhelm Fink

Winker, Gabriele (2009): Care Revolution – ein Weg aus der Reproduktionskrise. Feministisches Institut Hamburg. URL: http://www.feministisches-institut.de/carerevolution/ [Zugriff am 15.08.2014]

Winterhoff, Michael (2009): Warum unsere Kinder Tyrannen werden. Oder: Die Abschaffung der Kindheit. Gütersloh. Gütersohler Verlagshaus

Wolde, Anja (2007): Väter im Aufbruch? Deutungsmuster von Väterlichkeit und Männlichkeit im Kontext von Väterinitiativen. Wiesbaden. VS Verlag für Sozialwissenschaften

Wolff, Stephan (1995): Text und Schuld: Die Rhetorik psychiatrischer Gerichtsgutachten. Berlin [u. a.]. Walter de Gruyter

Woltersdorff, Volker (2008): Queer und Hartz IV? Arbeit, Ökonomie, Sexualität und Geschlecht im Neoliberalismus. In: Degele, Nina (Hg.): Gender/Queer Studies. Paderborn. Wilhelm Fink: 181-192

WSI (2013): Neue Zahlen zur Betreuungssituation: Kleinkindbetreuung: Deutschland macht Fortschritte, bleibt aber Mittelmaß in Europa. Herausgegeben vom Wirtschafts- und Sozialwissenschaftlichen Institut. URL: http://www.boeckler.de/cps/rde/xchg/hbs/hs.xsl/41910_42724.htm [Zugriff am 16.07.2014]

Wulf, Christoph/Hänsch, Anja et al. (2008): Das Imaginäre der Geburt: Praktiken, Narrationen und Bilder. Opladen. Barbara Budrich

Zaft, Matthias (2011): Der erzählte Zögling: Narrative in den Akten der deutschen Fürsorgeerziehung. Bielefeld. Transcript

Zahlmann, Stefan (2005): Sprachspiele des Scheiterns – Eine Kultur biographischer Legitimation. In: Zahlmann, Stefan/Scholz, Sylka (Hg.): Scheitern und Biographie. Die andere Seite moderner Lebensgeschichten. Gießen. Psychosozial-Verlag: 7-31

Zerle, Claudia/Krok, Isabelle (2009): Null Bock auf Familie: Der schwierige Weg junger Männer in die Vaterschaft. Gütersloh. Bertelsmann-Stiftung

The manufacturer's authorised representative in the EU is Springer
Nature Customer Service Centre GmbH, Europaplatz 3, 69115 Heidelberg,
Germany. If you have any concerns regarding our products, please
contact ProductSafety@springernature.com

Printed and bound by CPI Group (UK) Ltd, Croydon, CR0 4YY

28/04/2026

02098479-0005